涵芬香远译丛

亲历林肯

〔美〕威廉·H.赫恩登　杰西·W.魏克　著
胡雍丰　邢尧　王晓刚　等译
胡雍丰　审校

商务印书馆
创于1897　The Commercial Press

2012·北京

William H.Herndon with Jesse W.Weik
Herndon's Lincoln
The True Story of a Great Life
根据 The Herndon's Lincoln Publishing Company
伊利诺伊州斯普林菲尔德1888年版译出

图书在版编目(CIP)数据

亲历林肯/(美)赫恩登，魏克著；胡雍丰等译. —北京：商务印书馆，2012
(涵芬香远译丛)
ISBN 978-7-100-08609-7

Ⅰ.①亲… Ⅱ.①赫… ②魏… ③胡… Ⅲ.①林肯，A.(1809～1865)—生平事迹 Ⅳ.①K837.127=41

中国版本图书馆CIP数据核字(2011)第193272号

亲历林肯
〔美〕赫恩登 魏克 著
胡雍丰 邢 尧 王晓刚 王 琛
刘荷峰 侯贝贝 陈 霞 译
胡雍丰 审校

商 务 印 书 馆 出 版
(北京王府井大街36号 邮政编码 100710)
商 务 印 书 馆 发 行
北京瑞古冠中印刷厂印刷
ISBN 978-7-100-08609-7

2012年10月第1版 开本 787×1092 1/16
2012年10月北京第1次印刷 印张 24¾
定价：49.90元

林肯罹难后成长起来的美国人

这部忠实描写林肯生涯的著作

可以帮助你们了解林肯的一生

目　录

前 言

林肯总统不幸遇刺到现在已经有近25年了，随着流言飞语渐渐淡去，人们开始重新审视他在历史长河中的地位。那些和他并肩战斗过的人纷纷离开尘世，不久以后，这世上就再也没有和他说过话、握过手的人了。林肯一生行事低调，希望这本书能帮助世人了解他的品行，也希望后世能铭记这段历史。

假如林肯先生能名垂青史，受后世万代敬仰，那么为了纪念他，也为了给后人留下真正的精神财富，我们必须客观公正地讲述他的一生。只有勇敢地说出实情，不偏不倚，不胡编乱造，不捕风捉影，才能让读者感受到一个有血有肉的人，他也有喜怒哀乐，也会患得患失。如果在叙述中故意夸大其词或有所隐瞒，读者就会受到误导，这等于是把个人思想强加于人。诚实也好，虚伪也罢，随着时间流逝，谎言最终都会消失，只有事实才能经受考验，流传千古。

几年前，我把创作计划透露给林肯的密友，他对我说:“这世上只有一部史书，那就是《圣经》。很多人说《圣经》里的人物缺点太多，与后来史书里的伟人相比，他们的形象不够高大。但我认为，《圣经》才是在讲述完整的历史，它写的才是真实的人性，它把人物的内心世界和各种阴谋诡计都如实呈献给读者。相比之下，别的史书总是对善行大吹大擂，对恶行遮遮掩掩。如果让后来的史学家写《圣经》，大卫王（King David）和乌利亚（Uriah）争夺女人的故事顶多是个插曲，他们不会把细节一五一十地写进去。其实每个人心里都有阴暗的一面，用普通道德行为标准去衡量伟人，谁也不会完美无缺。他们有些人冷酷无情，有些人风流成性，有些人虚伪狡诈，有些人残忍暴虐，还有很多人同时具备所有这些缺点。没有谁是无可挑剔的。所谓的出类拔萃，并不是说这个人摒弃了人类所有的缺点，而是说他在某方面具有过人的品行和迷人的魅力。我相信林肯也有缺陷，我也相信你在写作时能保持公正客观。放开手去调查，不用有任何顾忌。你要记住，人无完人。林肯不完美，华盛顿也一样。你要揪出林肯内心的魔鬼，告诉读者是什么造成了他的悲剧，是什么困扰了他一生。”

本书首次披露了一些关于林肯的故事，有些人也许会抗议，认为某些事情最好不说，因为全面曝光林肯会给他抹黑。如果真有人这么大惊小怪，我想请你们明白，这些事不管是好是坏，都是林肯坎坷生活的一部分，没有它们，我们就不能真正了解林肯。为了全面了解他，也为了了解他生活和战斗过的那个腥风血雨的年代，我们必须面对现实，勇敢地接受真实的林肯。

要想了解林肯有多么伟大，我们就必须深入了解他生活的时代，而且我们也不能免俗地要拿他和其他人比较。毋庸置疑，很多伟人和政治家都有白手起家，自强不息，最后出人头地的经历，但和他们相比，林肯出身更为卑微，他从一潭死水中冉冉升起，凭借自己的意志，燃烧全部力量，最终放射出耀眼的光芒。他不屈不挠的奋斗精神无法用语言描述。从这一点讲，我是一个不合格的作家，因为我用尽一切言语，也不能展现他从低谷攀上高峰所走过的人生奇迹。

本书只陈述客观事实，尽量抹去主观色彩，一切由读者明断。书中虽然引用一些个人观点和回忆，但他们都诚实可靠，不会无中生有。书里以林肯一生作为叙述主线，穿插独特的人物性格分析，尽量忠实展现林肯的品行风范。虽然中间不可避免会有交叉重复的情节，但有些故事从不同角度讲述，更能给人留下深刻印象，更能全面描绘出林肯的形象。

本书主要从个人和国家两个层面对林肯进行分析。林肯一生有很多身份，比如律师、公民、政治家等等。书中重点关注他的青少年时期和成年的早期生涯，在讲述这部分历史的时候，会客观披露事实。其他相关著作也许会循规蹈矩地删掉或回避这些事情。因此，再次特别提醒读者，本书涉及范围广，挖掘层次深，请做好准备再阅读后面的文章。本书始终把目光集中在林肯和他身边的人和事上，他所生活的那个时代，就交由其他著作来讲述。我不想给林肯树碑立传，也不想对他口诛笔伐。他是我一生的挚友，我热爱他，敬重他，只想还原真实的他。卡莱尔（Carlyle）曾经说过，就算是《福音》里的真理也不能磨灭亚伯拉罕·林肯的光辉。他的卓著功勋经得起一切考验，必定会彪炳史册。

我曾经长期陪伴在林肯先生左右，这段经历帮助我积累了不少宝贵资料。那时，他正在向人生的巅峰攀登，我们的关系异常密切。我只需仔细辨别这些资料，找出真正能够反映他本性的事例。我为他伟大的人格所折服，我坚信他会成就一代伟业，所以我一直观察他，记录下和他相关的点点滴滴。日积月累下来，我可能是人世间掌握林肯资料最多的人了，本书中的一部分故事就来自于我的收集。在此，我要感谢各位朋友，他们从肯塔基州（Kentucky）、印第安纳州（Indiana）、伊利诺伊州（Illinois）等地，慷慨地为本书提供丰富的信息，给予我莫大的帮助。他们人数众多，在此恕不一一提名道谢。在给后人讲述“最伟大的美国人”真实的生活时，他们都贡献了自己的一份力量，这一点足以令他们欣慰了。

我在二十年前就开始动笔写这本书，但耽于玩乐，写作一拖再拖。如今我重拾旧作，却发现年岁已高，已经无法独自完成。在过去三年里，我得到了杰西·W. 魏克先生的大力帮助。魏克先生来自印第安纳州格林卡斯尔市（Green castle），他勤劳踏实，始终怀有高昂的创作热忱，分担了我大量的创作负担，也赢得了林肯老朋友们和崇拜者们的肯定。魏克先生对林肯进行了深入调查，他的研究结果极大扩充了我们的创作资料库。在过去几年中，他埋头工作，刻苦钻研，不满于辗转得来的信息，亲自跑到肯塔基州寻访林肯的出生地，还到印第安纳州和伊利诺伊州瞻仰林肯早年故居。我在1865年也曾去过这些地方。可以这样说，林肯1861年离开斯普林菲尔德市就任总统前，他走过的每一片土地，我们都虔诚地拜访过。我们力所能及地收集了所有相关手稿，并一直悉心珍藏。在需要参考时，我们都尽量直接引用原始资料，避免人云亦云。

写下这篇简短前言的目的，是想告诉未来会对本书感兴趣的人，这本书包含了作者的良知、回忆和历史。

威廉·H. 赫恩登
（William H.Herndon）
伊利诺伊州斯普林菲尔德市
（Springfield，Illinois）
1888年11月1日

第一章　族谱：平凡农家

1809年2月12日，林肯先生出生于肯塔基州哈丁（Hardin）县。他的家族历史，如父母生平、移居印第安纳州前的生活等等，都鲜为人知。对于自己的出身，他无意多谈，非说不可时就三言两语一带而过。然而在1860年他被提名参加总统竞选之后，一切都改变了。社会上迫切需要介绍他的书籍，成群结队的传记作者和新闻记者跑到斯普林菲尔德市，毛遂自荐为他出书立传。有人到办公室里拜访他，有人在路上围追堵截他，有人甚至尾随他回家。画家和雕刻家们也蜂拥而至，为他画肖像或制作半身像。他的签名变得十分抢手，很多人远道而来只为和他握个手。社会地位突然提升之后，紧接着就是在公众面前的大量曝光，这令林肯先生极不适应。平日里，他平易近人，谦和有理，但有一天晚上，经过一整天疲惫的握手礼节之后，他告诉我他实在无法理解人们为何对他趋之若鹜。

在芝加哥会议后，最早来斯普林菲尔德市拜会林肯先生的记者里面，有已故的《芝加哥论坛报》（*Chicago Tribune*）记者 J. L. 斯克里普斯，他提议为林肯先生写一篇个人传记，可是林肯先生连写竞选小传都很排斥，他说："斯克里普斯，这又何必呢？任何想从我以前的生活中挖出精彩故事的举动都是愚蠢的。我的生活用一句话就可以概括，就是格雷（Gray）《挽歌》（*Elegy*）里的'穷人短暂而困苦的一生'。这就是我生活的写照，不管是你还是其他任何人，从我身上得到的只能是这句话。"

当然，林肯先生最后还是讲了一些过去的事情，斯克里普斯根据这些资料筹备传记创作。林肯先生遇害后不久，斯克里普斯给我写了一封信，在信中回忆起那次谈话以及他对创作传记的一些想法。

"林肯早年生活困顿，没有任何值得称颂的英勇高尚事迹，这似乎在他心里留下了深深的阴影，"斯克里普斯在信里写道，"他给我讲述了一些家族祖先的故事，但是不希望公之于众，所以这些年来，我也从不曾对任何人提起。"

斯克里普斯说的那些秘闻至今仍不为人知，因为他在几年前过世了，自始至终恪守诺言，没有给任何人讲过林肯先生的秘密。

关于家族的历史和血统，我只记得林肯先生谈过一次。那好像是在1850年，我们乘坐他的轻便马车去伊利诺伊州默纳德（Menard）县法院，要审讯的案件好像和家族遗传特性有关。在路上，他第一次和我谈起他的母亲[①]，她的性格如何，他从她身上继承了什么优点。他说他的母亲是私生女，外祖母叫露西·汉克斯（Lucy Hanks），外祖父可能是弗吉尼亚州（Virginia）的富农或种植园主。林肯先生认为自己的逻辑分析能力和聪明的头脑、远大的抱负都是从外祖父那里继承来的，让他和汉克斯家其他孩子截然不同。在遗传特征方面，他认为私生子更加倔强聪明。就个人而言，他觉得自己的优秀品质都来自那位从未谋面、思想开放的外祖父。这一理论又令他痛苦地想起母亲，在颠簸的马车上，他悲哀地说："愿上帝保佑我的母亲，我努力成长，想干一

① 汉克斯家的丹尼斯和约翰一直认为林肯的母亲姓斯帕罗，而不是汉克斯。为这件事，他们还给我写过信，理由是林肯先生的外祖母露西·汉克斯后来嫁给了亨利·斯帕罗。但林肯先生说他母亲姓汉克斯，本书就采用他的说法。

番事业，这一切都是为了她。”[①]接着他就陷入沉默，我们的交流戛然而止，有一段时间谁也不说话。他神色忧伤，若有所思。毫无疑问，他在回想自己刚说的话。我们中间似乎隔了一堵墙，让我不敢逾越，那席话和凄伤的语气让我至今难以忘怀。快到彼得斯堡（Petersburg）时，一位老人驾着马车和我们并肩行驶了一阵后，超过我们走了，这让林肯先生想起了在印第安纳州的往事。等我们到达默纳德县简朴的法院时，他已经从哀伤中走了出来。

林肯先生一生只有两次亲笔写下自己和家族的故事，其中一篇小传在1859年寄给了杰西·W. 费尔（Jesse W. Fell）。在这篇自传里，他说父母出生于弗吉尼亚州，“并非显赫家庭，大概算二等家庭”。关于母亲，除了说她“娘家姓汉克斯”，其他介绍一概没有。另一份记录写在他父亲的《圣经》中，上面有家族成员的婚姻、出生和死亡记录。这本《圣经》现在就在我身边，关于林肯父母结婚记录的那几页已不知散落何处。所幸肯塔基州华盛顿（Washington）县的县志和当时婚礼牧师的证明还在，根据这两份资料可以推断出托马斯·林肯（Thomas Lincoln）和南希·汉克斯（Nancy Hanks）在1806年6月12日完婚。

1807年2月10日，林肯家诞生了一个女孩，取名莎拉（Sarah）[②]。两年后的2月12日，本文主人公来到这个世界上。后来，他家还有过一个男孩，随父亲取名托马斯，但这个孩子不幸早夭，《圣经》里也没有他的记录。

林肯先生[③]声名鹊起后，和他家熟悉的人都喜欢拿他和他父亲做比较，

① 如果有人愿意不辞辛劳读一下林肯先生寄给杰西·费尔的自传，你们会惊讶地发现他对母亲的介绍有多简单。他甚至都没写出她婚前和受洗的名字，只用三行就介绍完她的家庭，而介绍林肯家族却用了将近一页纸。

② 大多数传记提到林肯的姐姐时都叫她南希，还有人说她叫尼克拉或海。这些人坚称她的家人和朋友都是这么叫她的。但这些名字都是错的，林肯总统去世后，我访问过很多汉克斯家族和林肯家族的人，他们都说林肯的姐姐叫莎拉。我想这一误解可能源自那本《圣经》，关于林肯姐姐诞生的那部分本来写的是“莎拉——托马斯·林肯和南希·林肯之女”，但“南希·林肯”前面的内容被撕掉了，很多人就错以为这个孩子叫南希。其实读到后面亚伯拉罕的出生记录时，大家就能发现，南希指的是母亲而不是女儿。

③ 关于林肯先生的亲生父母问题，当时西部传闻和新闻报道采用了很多臆测、传言和手抄本消息。迄今为止，还有一大批这样的记录保存在肯塔基州和其他一些地区。魏克先生曾仔细研究过肯塔基州波本县的一则新闻报道，说托马斯·林肯出于某种原因，替当地一个叫亚伯拉

想找出这对父子的相似之处。但老林肯为人乏善可陈，总是无精打采，得过且过，实在让人看不出他儿子的雄图大略和过人智慧是从哪里来的。因此，肯塔基州有人传言，说林肯先生的亲生父亲姓哈丁或马歇尔（Marshall），还有人说林肯先生来自于美国西部的一个声名显赫的家族。这些风言风语皆因1860年那场选战而起。肯塔基州开始投票时，社会偏见暴露无遗。在林肯先生出生的县里，只有六个人敢把票投给他。[①]我还记得，林肯先生被提名参加总统竞选后，肯塔基州很多人写信给他，询问他的家族和血统。喜欢对名人刨根问底是人类的天性，但这让林肯先生备受困扰。曾经有人想通过汉克斯家族和他攀亲，林肯先生只回复说："对于我母亲，您应该是认错人了。"至于具体错在哪里，他只字不提，对整件事也不追究。哈丁县法院的书记员塞缪尔·海克拉夫特（Samuel Haycrafe）曾邀请他回出生地参观访问，林肯先生在1860年6月4日写信回复[②]："感谢您的盛情邀请，我乐意之至，但不知此行是否安全？会不会有人想要绞死我？"林肯先生竟然因为家族问题而担心自己在家乡的人身安全，这着实令人震惊。林肯先生的祖父也叫亚伯拉罕·林肯[③]，在1780年前后从弗吉尼亚州移居到肯塔基州杰斐逊（Jefferson）县，这是个对林肯家族极为重要的地方，因为这个家族最出名的人将会诞生于此。在此前五年，还有一群弗吉尼亚人也想翻山越岭去肯塔基州，其中负责行程记录的人叫威廉·考克（William Calk），他的日记最近刚被公开，还有一个人叫亚伯拉罕·汉克斯。这是一群追求冒险刺激的年轻人，他们天性欢乐，但他们的旅途却充满灾厄。整个旅行从"普瑞吉先生开在拉皮丹（Rapidan）

罕·恩洛的磨坊主认下了南希·汉克斯腹中的孩子。两人结婚后离开波本县，在华盛顿县或哈丁县生下一个儿子，"随生父叫亚伯拉罕，随养父姓林肯"。在肯塔基州芒特斯特灵县的某个镇上，一位曾担任过法官和高级报纸编辑的知名人士，也写过一篇长篇大论，论述自己和林肯是恩洛家族的血亲，理由是他们俩不论身材、长相还是手臂长度都惊人的相似。不过这篇文章忘了一件人尽皆知的事实，那就是林肯家的第一个孩子是女儿，不是儿子，而且林肯的父母是在华盛顿县结的婚，不是在波本县。

① R. L. 温特史密斯，肯塔基州伊丽莎白镇。

② 未发表手稿。

③ 据说"林肯"只是一个普通的地方姓氏，没有特别含义，而"汉克斯"是古英语里"哈尔"或"哈里"的昵称。

的小酒馆”开始，几天后，“汉克斯养的狗把腿弄断了”。接着，汉克斯和一名同伴与大部队失散，在深山中困了两天。在渡过一条河流时，“亚伯拉罕的马鞍翻了，行李都落入水中”。最后，迷路的两个人终于找到同伴，又踏上原来的旅途。在半路上，他们遇到一些回家的拓荒者，考克在日记里写道：“（拓荒者）讲了很多印第安人耸人听闻的行径”，以至于同行的一部分人“不敢再往前走了”。第二天，根据考克的记录，有人宣称“菲利普·德雷克（Philip Drake）烤面包时没有洗手”，这在当时是一种不可饶恕的罪行。从此以后，人心开始涣散，队伍开始分裂。第二天的日记里写道：“亚伯拉罕回去了”，此后亚伯拉罕·汉克斯又有什么遭遇，我们不得而知，因为没有任何记录他后来行踪的资料。就目前我们掌握的资料来看，他应该是回到弗吉尼亚州，成为林肯总统的母系祖先。但真相到底如何，我们不得而知，连亚伯拉罕·汉克斯那位杰出的后代也无法证实这件事。他最多只能把族谱追溯到上一代，所以也就从没对别人提起过外祖父。

林肯总统的祖父老亚伯拉罕·林肯[①]是弗吉尼亚拓荒者，在肯塔基州安家两年后死于印第安人之手。“他不是死在战场上，”老林肯声名远扬的后代告诉我们，“他死于一场盗窃案，当时他正好在一片森林里垦荒。”接下来的故事大家就耳熟能详了。老林肯的幼子托马斯，这个当时只有六岁的孩子，眼睁睁地看着父亲死在自己面前。林肯总统从他父亲口中得知这场悲剧，平时常讲给我们听。老林肯膝下有三个儿子，自长至幼分别取名莫迪凯（Mordecai）、乔赛亚（Josiah）和托马斯。老林肯中枪倒地时，莫迪凯立刻叫乔赛亚去附近的住地求助，他自己则跑到一间小木屋里，架起来复枪，透过木板缝向外瞄准。这时一个印第安人跑过来想从老林肯身上偷东西，死尸旁边就坐着小托马斯，莫迪凯对着印第安人胸前的银饰开了一枪，对方应声倒地。过了一会儿，乔赛亚带人回来，大家合力驱散了印第安人，当场打死一

①他们［林肯家族］又叫林克霍恩。老拓荒者们说名字时不爱按规矩来，总是随心所欲。所以，他们把麦德卡夫叫成“麦德凯普”，把卡斯特叫成“卡斯塔德”。——信件手稿，查尔斯·弗兰德，1866年3月19日。

人，打伤一人。

父亲的惨死令莫迪凯终生对印第安人深恶痛绝，怀有强烈的复仇欲望。他后来从杰斐逊县搬到格雷森（Grayson）县，并一直居住在那里。格雷森县一位熟人[①]在1865年给我的信中提到："老莫迪凯一看见印第安人就怒气冲天。有一次，他听说有一群印第安人从县里路过，就骑马扛枪追了过去，两天后才回来。后来他跟我们讲，他打倒了一个印第安人，还把他扔在大坑里了。他说他父亲死在印第安人手里，所以有生之年，他一定要报仇雪恨。"托马斯对父亲的惨死也记忆深刻。漫漫冬夜里，他常把这件事和小时候的其他故事一起讲给孩子们听。莫迪凯和乔赛亚[②]后来一直住在肯塔基州，子孙众多。这兄弟二人都安居乐业，头脑聪明，生活富足。和他们相比，托马斯总是漂泊不定，懒懒散散，但他有个了不起的儿子，所以他才是本书要关注的对象。据说托马斯身高5英尺10英寸，体重195磅，脸庞圆润，有一对深褐色的眸子，头发又黑又粗，微微驼背。他身形短小精悍，丹尼斯·汉克斯（Dennis Hanks）曾开玩笑地说这个人矮得连肋骨都叠在一起了。大家都觉得他动作慢，脑子也慢，平时大大咧咧，不爱活动，迟钝木讷。但他身体精壮，力大无穷，虽然平时是个和事佬，发起脾气来也挺吓人。托马斯爱开玩笑，爱讲故事，这可能是唯一遗传给他好儿子的优点了。他爱打猎，对酒没什么兴趣，酒量一般。和南希·汉克斯结婚时，他大字不识一个，但南希念过书，也比他聪明，据说他跟妻子学会了写自己的名字和读书，后来甚至能慢慢看懂《圣经》了。在信仰方面，他起先参加联合自由浸礼会，移居印第安纳州后改信长老会，后来又皈依了基督教，成为基督门徒会的一员。直到逝世，这一信仰似乎再没动摇过。托马斯是个木匠，偶尔也干农活，但奇怪的是，不管是什么工作，他就没干成功过一样。他也曾有过几块土地，但总

①W. T. 克拉盖特，未发表手稿。

②"我跟林肯家的莫迪凯和乔赛亚都很熟。他们兄弟俩都很杰出，为人爽快又有教养，接人待物不偏不倚，是我认识的最受尊敬的人。他们的父亲死在印第安人手里，那时长子继承法还没废除，老大莫迪凯继承了一处很大的房产，而他的两个弟弟就过得比较寒酸了。莫迪凯最大的特点就是英勇无畏，他参加了西进运动。"——亨利·珀特尔，1865年6月17日，手稿。

是没钱把它们买下来。他去世时住的那片农场还是他儿子买下来，给他和他的续弦妻子养老用的。托马斯这辈子没踏踏实实干过活，他所有的投资——如果也能算投资的话——都可以说是倒霉到家了。1851年1月17日，他在伊利诺伊州柯尔斯（Coles）县法明顿（Farmington）村附近的一座农场逝世，他儿子因为与家里不合，没有回家探望，也没给他送终。有人写信给林肯总统，通知他父亲病危，总统回信说："我衷心希望父亲能够痊愈，但如果病情没有转机，请转告他，要相信万能仁慈的主，主会引领他度过一切灾厄。主知道飞鸟何时会掉落，主知道人长了多少头发，主也知道有一个垂死的老人把自己完全托付于他的手上。告诉我父亲，我如果现在回家，大家也不一定愉快。假如他的肉体真要离开这个世界，他也会在另一个地方和逝去的亲人团聚。愿主保佑，用不了多久，我们都会在那里和他重逢。"①

总统的母亲南希·汉克斯很小就离开她的母亲露西。露西后来再婚，嫁给亨利·斯帕罗（Henry Sparrow）。南希被送到亲戚家，由托马斯·斯帕罗和贝齐·斯帕罗（Betsy Sparrow）夫妇收养。这对夫妇还收养了孤儿丹尼斯·汉克斯②，这个孩子风趣迷人，我们在后面还会经常提到他。南希23岁时嫁给托马斯·林肯。她个头中等，体重130磅左右，身形消瘦，看起来像得了痨病。她肤色偏黑，有一头深褐色的头发，小眼睛，灰眼珠，高高的额头，脸上棱角分明。在人们的记忆中，她总是一脸忧伤。她的一生也似乎总是笼罩着一层挥之不去的阴影。她性格很温和，平易近人。1851年，林肯先生得知他父亲的死讯时曾对我说，不管人们如何评价他的父母，也不管他母亲早年生活多么艰苦，她始终聪明睿智，记忆力超群，眼光独到，性格潇洒，行事大胆。她的心智能力比周围的人高明很多。假如能多活几年，她一定会运用自己的人格魅力，帮助儿子早早攀上事业的高峰。在这一点上，她比她丈夫强得多。

汉克斯家人的生活方式只有早年在肯塔基州才能见到。这家人没文化又

---

① 致约翰·约翰斯顿信件手稿，1851年1月12日。

② 丹尼斯·汉克斯已有90岁高龄，目前住在伊利诺伊州。他的亲生母亲是总统母亲的姨妈，也叫南希·汉克斯。我有一篇丹尼斯·汉克斯写的文章，说他是趁老天爷打盹才来到这个世界上的。他从没说过他父亲是谁，可能他自己也不知道。

迷信，当年被称为“白人穷鬼”，和现在南部的游民很像。1865年8月，有人[①]栩栩如生地给我讲了这家人参加露营布道会的故事，这个人也参加了1806年肯塔基州伊丽莎白镇的那场集会。他说：“汉克斯家的姑娘们在露营会上一向很惹眼，我到现在还记得1806年那次。我给你讲一件事，以后你再看到书里提起这些事时，就知道亚伯·林肯（Abe Lincoln）骨子里那股迷信劲是打哪来的了。还说那次露营会，集体唱诗之前，一位姑娘拉我站到长椅上去，这样我们就能看得见整个祭坛了。我们右边站着一个小伙子，25岁左右，身材健美，应该是为这个场合特意打扮过。他整整齐齐地穿着衬衫长裤，身上不戴任何饰物。我们左边有一个女孩，和他穿戴差不多，衣着整齐，辫子梳得也很漂亮，就算发夹丢了，她的头发也不会散乱。这个女孩也很年轻，大概20岁上下吧。这两个人差不多同时开始向前走，优雅端庄地向祭坛中心前进。他们一边走一边唱，还时不时地和路边的同性拥抱亲吻。然后他们就越走越近，最后在祭坛上碰面，两个人抱在一起，那个男的就开始用最洪亮的声音唱起来。”

怀抱我的耶稣，像蜜一样甜，像烤肉一样香。

“他们在祭坛上高歌的时候，我身边的姑娘悄悄告诉我：‘这两个人下周就要结婚了，那女的是汉克斯家的。’当时大家都信这种宗教，说是受到圣灵的启示，没人敢说不信。汉克斯家人的歌声是当时最棒的。”

故事讲到这里就被打断了，讲故事的人几年前不幸去世，所以我至今也没弄清楚那个唱歌的女孩是不是总统的母亲。现实中，南希·汉克斯的确是在同一年结婚，这让人觉得她也许就是那个女孩。可如果说唱歌的小伙子是托马斯·林肯，就有点让人难以置信了。唱诗这种激情澎湃的表演，可不是迟钝木讷的木匠能胜任的。

---

① J.B. 海尔姆，手稿。

第二章　他没上过什么学

亚伯拉罕和姐姐莎拉在很多方面都很相似。姐姐比弟弟矮胖一些，有一头深褐色的头发和铁灰色的眼睛，脾气平和，待人接物细致周到。她生性随和，为人谦逊，品位出众。但奇怪的是，总统很少谈起他这位苦命的姐姐，以至于我们现在对莎拉所有的了解都是从汉克斯家的丹尼斯和约翰那里得到的。莎拉1826年8月和阿伦·格里格斯比（Aaron Grigsby）在印第安纳州斯潘塞（Spencer）县结婚，1828年1月20日去世。在肯塔基州，莎莉常由弟弟陪着去上学。搬到印第安纳州那年，莎拉不到九岁，亚伯拉罕只有七岁。由此可以推测，这姐弟俩当年学业应该都没什么进益。而且据可靠消息，就在那短短几年里，他们还换了两家学校，一家由扎卡里亚·赖尼（Zachariah）开办，一家由凯莱布·黑兹尔（Caleb Hazel）开办。现在，我们几近无法了解林肯如何在肯塔基州度过七年时光了。他们当时住的村子里有一家商店，林肯家经常光顾。这家商店的店员[①]在1865年回忆说，林肯小时候“是一个普

① 约翰·B. 海尔姆，1865年6月20日。

通的小孩，常跟妈妈出来买东西。他爱坐在一个装钉子的木桶上，给他一块糖，他就坐在那里吃糖，跟别的男孩没什么两样”。这位店员在回忆中感慨道：“想不到当年的这件小事，他还一直记在心里。即使后来声名远扬，他还把我当成老朋友。”林肯在黑兹尔学校里的同学①，回忆当年他们的老师：“只能勉强教些拼写、阅读和基础写作，教比例运算法则也凑合，其他方面就都不行了。除了模样块头，他怎么看也不像老师。亚伯当时已经又瘦又高，平时也调皮淘气。那时美国很多人迷信寻宝，亚伯就用榛木做的占卜棒来搞恶作剧，但是我们老师很迷这一套，所以也不管他。”

这段对林肯童年的介绍太过简单，但是也聊胜于无，因为林肯长大后不愿意讲小时候的事，在1859年寄给杰西·费尔的自传里，他只用寥寥几笔就讲完童年生活。约翰·邓肯（John Duncan）②是肯塔基州一位颇有名望的牧师，小时候曾和林肯一起把猪赶进了岩石缝隙里，俩人花了将近两个小时也没把猪拉出来。邓肯回忆：“亚伯后来跑了四分之一英里，到铁匠铺找来铁钩绑在棍子上。”靠这个简陋的工具，两个孩子终于把猪从石头缝里拉了出来。奥斯汀·高勒荷（Austin Gollaher）住在霍金斯维尔（Hodgensville），他声称小时候救过林肯一命。当时一群男孩子骑在一根圆木上横渡诺布溪，去对岸抓鸟，小林肯不慎落入水中，还好奥斯汀·高勒荷很机灵，他用一根无花果树枝把他拉上岸。奥斯汀·高勒荷目前仍然健在，讲起当时惊险的场景还是那么扣人心弦。

在这一时期，托马斯·林肯开始对生活环境日渐不满。成家后，他以短期合约的形式经营过两块农场土地，但都没有买断所有权。农场运营很吃力，而且合约期满后，土地还要归还原主。当时，肯塔基州给穷人的优惠政策很少，起码托马斯·林肯没得到什么便宜。他经营的土地都坑坑洼洼，寸草不生，也不产木材，只有夜以继日地工作才能维持生计。对托马斯这种得过且过的人来说，没完没了的工作太辛苦了，所以一听说印第安纳州有大片无主的肥沃土地时，他就决定到俄亥俄河附近找个舒适的地方安家，这要比留在肯塔基

① 萨穆埃尔·海克莱夫特，1866年12月6日。

② 信件，1867年2月21日。

州过苦日子强得多。有些林肯传记的作者坚持说，托马斯是因为看不下去残酷的奴隶制度才离开肯塔基州的，这一理论后来又被无数多愁善感的文人墨客广为传颂。但实际上，这一说法没有任何依据。哈丁县当时面积很大，但全县只有不到50个奴隶，托马斯看到的那些奴隶生活估计还不足以激发他那备受赞颂的正义感，而且托马斯本人也从没对奴隶制度表现出特别的厌恶。

痛下决心之后，托马斯在1816年秋天开始为旅行做准备。他自己造了一艘船，装上木工工具和生活用品，据说还有400加仑威士忌。这艘称作“疯子小舟”的船从盐溪支流罗林河下水，顺流而下驶往俄亥俄河。半路上，不知是行船人急于求成，还是河上风高浪急，这艘胡拼乱凑的船连同上面的货物一起沉到了河底。倒霉的托马斯一反常态地没有坐以待毙，而是耐心地把工具和大部分威士忌都捞了上来，再次扬帆启程，最后在印第安纳州佩里（Perry）县汤普森渡口登岸。在那里，他遇到了一个叫波西（Posey）的早期移民，把船上的物品都交给波西看管，自己弃船步行，去印第安纳腹地寻找安家之所。在离俄亥俄河16英里的地方，他找到了一处理想的土地，自己动手标出地界，然后去温森斯（Vincennes）市土地办公室办理购买手续。据丹尼斯·汉克斯说，当时有一项“两美元换一英亩土地”的政策。手续办好后，托马斯又原路返回，烧树开荒，再在四周插上树枝，圈出自己的领地。确保土地万无一失后，他又走陆路回到肯塔基州，接上一家老小，赶着两匹马，带着全部家当又回到汤普森渡口。波西热情接待了这一家老小，不知是给他们租还是送了一辆马车，让他们把家具、木工工具和那一大堆威士忌都拉走。托马斯不在的那段时间，这些酒都完好无损地放在波西的地窖里，一滴未动。这一家人就这样小心翼翼地穿过密林，有惊无险地到达鸽溪边的家园。

作为一家之主，托马斯这时才开始动手给家人建造一个能遮风挡雨的地方。

这是一座用小块原木搭建的房子，14英尺见方，只有三堵墙，没有地板和门窗，当时被称为“半开间营地房”。房子极其简陋，一年四季都要暴露在大自然中。就在这里，林肯一家开始了大无畏的移民生活。托马斯·斯帕罗和贝齐·斯帕罗夫妇后来带着丹尼斯·汉克斯搬过来，住进“半开间营地房”。林肯一家则搬进一座四面有墙的木屋，居住条件稍微改善了一些。那时森林还很茂密，高大的胡桃木、山毛榉、橡树、榆木、枫树随处可见，低矮的山茱萸、漆树和野葡萄藤俯拾皆是。草密林稀的地方是野猪的天然饲料场。那时野生动物也很多，熊、鹿、火鸡都很常见。打猎不光是休闲活动，还给拓荒者的餐桌上增添了很多美味佳肴。

在大家的帮助下，托马斯·林肯一度热衷于田间劳作。当时种地的工具数量少又不好用，农民干活都很慢，托马斯·林肯也是一样。丹尼斯回忆："我们当时主要种玉米，也种小麦，星期天可以做蛋糕吃。买卖野猪肉、腌鹿肉和浣熊皮都是合法的。我们也养牛羊，不过赚不到什么钱。母牛和小牛只值六到八美元，一蒲式耳玉米卖10美分，一蒲式耳小麦卖25美分。"就这样，虽然托马斯·林肯辛勤劳作，省吃俭用，一大家子人还是挣不到什么钱。据说托马斯·林肯在印第安纳州生活相当艰难，地里的收成甚至满足不了自家人生活需要。家里有人想吃肉的时候，他只能出去打猎，好在他技术不错，总能弄些野味回来点缀餐桌。他儿子亚伯拉罕①不像他这么热衷打猎，反倒是表弟丹尼斯对我们吹嘘，说自己逮野火鸡都直接抓翅膀。那时大家都爱打猎，一个亚伯拉罕小时候的玩伴②回忆："那时有很多盐碱地，鹿经常在附近出没。我和亚伯有时会过去，等到晚上猎鹿。不过亚伯跟我不一样，他不喜欢摆弄枪，也不喜欢打猎。"③

---

①"亚伯是个好孩子，很乖很听话，只是有时好奇心太强，显得不礼貌。每当有陌生人从他家围墙边走过时，他总要抢着问第一个问题。他这么做可能只是为自家土地感到骄傲，也有可能是跟他父亲开玩笑。但有时老林肯气急了就会狠狠揍他一顿，这时亚伯不会吵闹，他只是默默地哭泣，从不说出自己心里的想法。"——丹尼斯·汉克斯，手稿，1865年6月13日。

② 戴维·特恩汉姆，信件手稿，1866年6月10日。

③ 林肯先生曾经讲过一个关于浣熊的故事：他父亲养了一条小黄狗。那时男孩们常在半夜偷溜出家去猎浣熊，但只要被这条狗发现，它就会狂吠不已，不把家里大人叫醒绝不罢休。有一天晚上，亚伯和他继母的儿子约翰·约翰斯顿（John Johnston）出去猎浣熊。那个年龄的男孩都爱显摆，出去打猎一定要带着猎犬，所以他俩就把小黄狗也带了去。猎到一头浣熊后，他们突然想捉弄一下这条狗，就把浣熊皮缝在狗身上。缝的时候狗一直拼命挣扎，他们缝完刚一松手，它就不顾一切往家跑。半路上，其他大狗可能是闻到了浣熊的味道，一路尾随小黄狗回到家，把它当作浣熊活活咬死了。第二天，托马斯·林肯在院子里发现了小黄狗冷冰冰的尸体，上面还缝着浣熊皮。"父亲当时暴跳如雷，"林肯先生回忆道，"他让我和约翰早上在门廊上罚站，那时冷风直吹，我俩冻

林肯家后来住的木屋要比让给斯帕罗夫妇的半开间营地房条件好一些。它用的都是经过加工的木材，18英尺见方，还带有一间阁楼。亚伯拉罕平时睡在阁楼上，房子里没有楼梯，晚上要利用墙上的木桩爬上去。屋里的家具简陋不堪，跟周围环境倒是相得益彰。屋里没有椅子，只有三条腿的凳子。墙边上是床。一边的床腿是两根竿子，用绳子和墙板拴在一起，另一边的床腿是木棍，上面分叉，下面钉在地板上，床上铺的是各种动物皮、树 叶和破布。家里还有一张破桌子，做工和凳子差不多，再剩下就是几个白镴盘子、一个生铁锅、一个煎锅。就在这个破破烂烂的环境里，我们未来的总统将要度过他童年生活的大部分时光。不过他本人并未为此垂头丧气，老实说，他过得还挺开心的。有一天晚上，餐桌上只摆了一盘烤土豆。虔诚的老林肯依照惯例，在饭前感谢主的恩赐，可是亚伯拉罕觉得这顿饭实在不像样，就对他父亲说："爸爸，要让我说，这么寒酸的饭也只有主能置办出来了。"孩子们一起玩的时候，亚伯拉罕总是在不知不觉间就成了大家的头儿，而不夸张地讲，别的孩子也都愿意听他的话。他可能比其他小孩早熟，从他父亲后来的行为来看，家里对他也没有娇生惯养。一天，他母亲正在屋里干活，他突然跑进去，带着狡黠的笑容问："西庇太（Zebedee）的孩子的爸爸是谁？"对这样调皮的小孩，所有母亲的办法都一样。南希连理都不理他，直接把他轰到一边去了。①

那时候，亚伯拉罕每天都要跑东跑西，帮家里干活，偶尔去一次磨坊就觉得很快乐。我认识林肯先生之后，不止一次听他说，小时候最开心的事就是去磨坊跑腿了。

林肯小时候的玩伴戴维·特恩汉姆回忆说："磨坊在七英里以外，是手工的，一天只能磨15到20蒲式耳的玉米。那时候种小麦的还不多，打下小麦以后必须去这个磨坊磨成面，而且还无法过筛，因为那时美国还没有筛子。磨面的活都是我和亚伯来干，有时候要跑两趟才能磨上面。"

林肯11岁时身高开始猛长，成了鸽溪附近的名人。特恩汉姆回忆："他个

得哆哆嗦嗦。不过我们心里明白，这条狗再也不会告密了。"

① 哈莉叶特·查普曼，信件手稿。

子长起来以后，外表和行为也跟着成熟起来，虽然还像以前一样机灵，但有时候会沉浸在他自己的思绪里。这些变化都表现得相当明显，其他男孩子都注意到了。有时候，特别是有成年人在场的时候，他会变得特别羞怯敏感。虽然他还照常跟我们嬉笑打闹，但是对男孩子的游戏开始不那么热衷了。”① 其实这是每一个男孩子都会经历的成长阶段，只是在亚伯拉罕·林肯身上，这个变化来得更加突然，他似乎在一夜之间就从活泼好动的孩童变成了成熟稳重的大人。

1818年秋天，鸽溪附近人烟稀少的地区爆发了一场可怕的传染病，当地人称为“乳毒病”。在早期西部，这种病很常见。它在鸽溪地区肆虐了十几年，最终迫使林肯、汉克斯、斯帕罗三家人移居伊利诺伊州。虽然现在医学水平发达了，人们也还是弄不清楚“乳毒病”到底是什么病，也不知道是由什么引起的。一位医生曾经治过很多“乳毒症”患者，他对病症的记录是：“舌苔发白，胃部绞痛，有严重呕吐和便秘现象，手足发冷，过分焦躁不安，会出现肌肉痉挛，脉搏微弱，心跳过速。发病过程中，舌苔逐渐发黄变黑，病人情绪低落，浑身无力。急症患者一般发病后60小时内死亡，有时可以撑到14天。慢性病患者会出现初期症状，可以拖上几个月甚至几年，但只要得上这种病，就永远无法彻底康复。”

“乳毒症”席卷了鸽溪地区，人和牲畜都不能幸免。当地一名男子说他“一周内就损失了4头奶牛和11头小牛”。这些经济损失，加上他自己也有性命之虞，完全毁了他的生活，迫使他去更遥远的西部谋生。

1818年10月初，托马斯·斯帕罗和贝齐·斯帕罗也先后染上“乳毒症”，在几天内相继去世。所有丧葬事宜都由托马斯·林肯一人完成，他自己切割木材，火速打出两口棺材，然后把尸体运到密林中的一座小土丘上下葬，没有任何哀悼仪式。与此同时，亚伯拉罕的母亲南希也染上了“乳毒症”，渐渐卧床不起，不久也撒手人世。当时和林肯家住在一起的人说：“南希一直希望自己能好起来。多虔诚的一位基督徒啊，可惜还是在病倒后第七天去世了。亚伯和他姐姐莎拉一直守在南希床前，帮她跑跑腿干些零活。当时离家最近

① D. 特恩汉姆，信件手稿。

的医生也在35英里以外。南希知道自己要不行了，就把孩子叫到身边。她很虚弱，孩子们只有靠到她嘴边才能听清她的遗言。她用颤抖的手摸着亚伯的头，叮嘱他要好好跟爸爸和姐姐生活，然后教导姐弟俩‘要互相扶持’。最后南希告诉两个孩子，他们一直都听妈妈的话，热爱家人，敬奉基督，所以他们一定能健康地活下去。”就这样，在一片荒野中的小屋里，南希·汉克斯咽下了最后一口气。她出身卑微，一生饱受贫穷折磨，但她却被记入史书，因为她孕育了一位伟人，给一个种族带来了自由。在她的病床旁边，还摆着另外一位伟大母亲的雕像。1800年前，这位母亲的儿子给全人类带来了曙光。

南希去世后，亚伯和莎拉开始了更加悲惨的生活。家里没有了母亲的关怀，他们住的木屋更加破败不堪，抵御不了冰雪严寒，姐弟俩度过了有生以来最凄惨的一个冬天。几个月后，严冬即将过去之时，林肯家里来了一位传教士，名叫戴维·埃尔金（David Elkin），他以前在肯塔基州就认识南希。这时，他接受了林肯家人和朋友的邀请，在南希墓前做了一场布道。现在已经没人记得埃尔金的布道词了，大家只记得他赞美了逝者的美德和品行。在白雪皑皑的墓前，他用沉默对这个可怜女人的弱点和过失做了点评。南希完成了自己的历史使命。她既不高大也不丰满，个性消沉，总是愁眉紧锁。她一生漂泊不定，生活令人窒息。去世时，她完全想不到以后会有多么辉煌的日子在等待着床边那个衣衫褴褛的可怜男孩。

托马斯·林肯的鳏夫生涯很短。南希去世后，他没有表现出特别哀伤。一年后，他跑回肯塔基州伊丽莎白镇想再找一个妻子。在这里，他再一次对莎莉·布什（Sally Bush）展开了追求。莎莉·布什的前夫叫丹尼尔·约翰斯顿（Daniel Johnston），以前是哈丁县监狱看守，早几年死于一种叫“冷瘟”的疾病。当地现在还流传一种说法，说托马斯在和南希结婚前就追过莎莉·布什，但莎莉·布什拒绝了托马斯，嫁给了有钱的丹尼尔。不论当初如何，托马斯这一次表现得诚心诚意，迅速虏获了莎莉的芳心。1866年12月7日，塞缪尔·海克拉夫特[①]在给我的信中写道：“他追了没几天就成功了。

① 哈丁县法院书记员。

1819年12月1日，他来看她，直截了当地说二人是青梅竹马。他说：‘约翰斯顿女士，我没有妻子，你没有丈夫，我就是专程来娶你的。咱们从小就认识，现在我时间不多，如果你愿意，咱们立刻结婚。’但她说还不能马上结婚，因为她想先还清手里的债务。他说：‘把账单给我。’当天晚上，他就把钱都还了。第二天一早，我给他们发了结婚证书，他们就在离我家60码的地方结婚了。”

来迎接新婚夫妇的是托马斯的姐夫拉尔夫·克鲁姆（Ralph Krume）。他驾着宽敞的四驾马车，贴心地把新人和他们的生活用品送到印第安纳州。新任林肯夫人还带着三个孩子——约翰、莎莉和玛蒂尔达（Matilda）。谈到社会地位时，她的一个邻居说：“和布什比起来，汉克斯、林肯和恩洛（Enlow）这三家差得太远了。”

对托马斯来说，莎莉是个有钱的寡妇。她的嫁妆里有一套漂亮的家具和各种居家用品，还有一个价值50美元的核桃木五斗橱。当亚伯和姐姐在荒凉的木屋里，穿过门廊看到密林深处驶出一架装满家具、厨具和高级床上用品的马车时，这两个没妈的孩子简直惊呆了。生活用品源源不断地从没有门的门廊里运进木屋，两个孩子都觉得他们的好日子终于来了。当一个人带着慈祥的笑容走进屋里时，凄凉的木屋霎时亮了起来。如果托马斯追求莎莉时没有如实描述自己的居住环境，莎莉此刻也表现得相当克制。她用女性特有的勇气和热忱，立刻开始着手改造这个破破烂烂的家。她命令丈夫在屋里铺上地板，装好门窗，堵住墙板的缝隙，在烟囱炉和墙中间放上一个大衣柜，然后把孩子们用烂树叶在墙角堆起来的破床扔掉，换上一张有羽毛床垫的大床。她还给托马斯的两个孩子好好洗了个澡，从自己孩子的衣服里挑出合适的给他们换上。莎莉充满活力地指导着每一项改造计划，最后感染得托马斯也一改往日的懒惰，热火朝天地干起活来。可以说，莎莉·布什嫁给托马斯是林肯家的一大幸事。她勤劳能干，性格温柔，又富有爱心，她的继子女们可能是有生以来第一次感受到母爱的光辉。在两个孩子当中，她更偏爱亚伯，她后来常跟别人说，亚伯对她也很好。多年以后，她的孙女①这样描述她：

“我祖母个头很高，说话像印第安人一样直截了当，她皮肤白皙，在我印象里总是漂漂亮亮的，浑身充满活力。她很健谈，举止端庄。她在头发变白之前一直都留卷发。她心肠特别好，很乐于帮助别人，干活也很勤快。”1865年9月，我有幸拜访了这位老夫人②，和她一起度过了愉快的一天。当时，她住在她继子送给她的土地上，离伊利诺伊州查尔斯顿（Charleston）县8英里远。她在1869年4月10日去世。

莎莉的孩子和托马斯的孩子很合得来。亚伯10岁时，莎莉感到教育很重要，就想办法把他送进了学校。在莎莉眼里，亚伯很有前途，虽然他学得比别人慢，但她还是鼓励他多学知识。在肯塔基州，亚伯在赖尼和黑兹尔的学校里上过几天学，但他的阅读还是不好，写作更是一点都不会。为了让大家更了解他的进步历程，我就不再按时间一天一天赘述，直接给大家讲若干年后的事情。在林肯家，玛蒂尔达·约翰斯顿是最小的孩子，她妈妈直接叫她蒂尔达。亚伯长大成人时，蒂尔达还是十几岁的少女。有一年秋天，亚伯每天都早早离家，扛着斧子去密林里开荒。他常常带着晚饭，在森林里待一整天。有几次，年轻贪玩的蒂尔达也想跟亚伯一起去，但她妈妈都不同意，而且还严厉地告诉她，这种事以后连提都不要提。结果有一天早上，蒂尔达还是背着妈妈，偷偷跟在哥哥后面去了森林。亚伯离家越来越远，浓密的树林挡住了他的视线。他沿着小路，一边走一边哼小曲，完全不知道妹妹跟在后面。蒂尔达蹑手蹑脚地跟着他，两人只有几步远的时候，她突然跳到亚伯背上，一手搂住他一个肩膀，膝盖夹在他的腰间，一下子就把这个常年砍伐木材的强壮男人扑倒在地。这种把戏在当年的学校里很流行。亚伯吓了一跳，他转不了身，也不知道

---

① 哈莉叶特·查普曼。

② 在这次访问中，她对林肯总统的真挚关爱给我留下了深刻印象。谈到她丈夫的前妻时，她话很少，但谈到南希留下的一双儿女时，她饱含深情。林肯总统1861年2月最后一次探望她，一说到这次会面，她就忍不住抽泣。“我不愿让亚伯竞选总统，”她抹着眼泪说，“我也不想让他当选。我总觉得会发生不幸。亚伯当上总统以后来看我，我就觉得心里不踏实，冥冥中觉得那是我们最后一次见面。现在，亚伯和他父亲都在天堂安息，过不了多久，我也会去和他们团聚了。”

是谁偷袭他。摔向地面时，他身上的斧子刚好砍进蒂尔达的脚踝，血立刻喷涌而出。亚伯赶紧把自己的衬衫和蒂尔达的裙子撕成布条，给她包扎伤口。血虽然慢慢止住了，但伤口却肿得厉害。等蒂尔达的哭声慢慢小了，亚伯低头看着她，知道她是偷偷跑出来的，把妈妈的反复叮咛都当成了耳边风，于是他问："蒂尔达，你打算怎么跟妈妈解释这个伤口？"

"就说是斧子砍的，"她边哭边说，"我也没说谎，不是么？"听到这句话，亚伯很坚毅地回答：

"对，你确实没说谎，但你也没说实话。把今天所有的事都告诉你妈妈，相信她，她会做出正确判断的。"

时隔多年以后，蒂尔达给我讲了这段往事。现在她也成了母亲，悉心照料着一个虔诚欢乐的家庭。

黑兹尔·多尔西（Hazel Dorsey）是亚伯在印第安纳州的第一任老师，他的学校离林肯家1.5英里远。教室用圆木搭建，空间刚好够一个成年男人站直，地板用短木桩垫起来，烟囱是用木棍和黏土做的。窗户用的是劈开的木头，把木板钉在窗洞上，中间露出缝隙，然后糊上油纸，让光线照进屋里。在学校时，亚伯就展现出非凡的能力，很受老师器重和同学们①的爱戴。那时他似乎就展露出卓越的领导风范了。纳撒尼尔·格里格斯比（Nathaniel Grigsby）是亚伯的校友，他弟弟阿伦后来成了亚伯的姐夫。他对亚伯的能力大加赞誉。

"他总是很早就到教室，"格里格斯比写道，"然后马上开始学习。他在班里名列前茅，很快就把我们都甩在后面。他在家里也不浪费时间，只要不用干活就马上看书。他周日也学习，总是带书干活，这样就可以在休息时看两眼书。"有时候，家里经济紧张，亚伯就只能从学校回来，跟他父亲在地里干活，要不就去给邻居打工挣钱。亚伯那时经常要帮家里干活，每次都干很

① 大家玩的时候，他总是很安静，对人彬彬有礼，好像很喜欢独处。同年龄的孩子们碰到麻烦时，都爱去找他帮忙，而他每次也都能顺利解决问题。另外我还清楚地记得，他的衣服总是比别人脏得慢。他很勇敢，但不惹是生非。——E. R. 波巴，信件，1866年3月31日。

久，所以他在学校念书的时间加起来还不到一年。他去上学的时候，他姐姐莎拉就会陪着他。“莎莉是个机灵姑娘，”亚伯的一个同学说，“我觉得她比亚伯还勤劳。现在，我还能想起她爽朗的笑声。她和她弟弟一样，总是友善地跟人打招呼，让对方感到很轻松。她确实是聪明人。”[①]

亚伯爱学习，他克服各种困难，坚持多读书，但这却让他的父亲意识到，读书占用了他儿子太多精力和热情，让他无暇做农活。老林肯可不相信知识的力量[②]，他总叫儿子回家帮忙。他亲自给儿子传授独门手艺[③]——木工，但亚伯却显得意兴阑珊。过了一阵，老林肯也只好放弃把儿子培养成木匠的想法。

亚伯10岁时去多尔西的学校里念书，14岁时转到安德鲁·克劳福德（Andrew Crawford）的学校，17岁时又转到斯沃尼（Swaney）的学校。在斯沃尼的学校里，学生要参加4英里多的长途步行锻炼。由于路程太长，亚伯很少参加。在克劳福德的学校，校长还开过一门前卫的课程，教授社交场合自我介绍的礼仪。当时民风落后，我们可以想象这门课在学生中间产生怎样的爆炸效应。在课堂上，一个学生会被叫到门外，学绅士或淑女走进会客厅的样子，优雅地走进教室。然后另一个学生会到门口迎接他，带着他在教室里走一圈，礼貌地介绍他认识其他人。我们现在不知道亚伯当时表现得怎么样，但就算这个身材瘦削又拙手笨脚的孩子曾经惹出什么笑话，他的同学们也都守口如瓶，只字不提。

那时学校教材都用《韦氏拼读》（*Webster's Spelling Book*）和《美语拼写》（*American Speller*），学生们也学简单的算术，然后学派克（Pike）的《算术》（*Arithmetic*）教材。林肯总统后来跟我说，默里的《英语读者》（*English Reader*）是美国孩子最好的教科书，所以我猜他也学过这本书。在克劳福德

① 纳特·格里格斯比，1865年9月12日，手稿。

②“我说服丈夫，让亚伯能在家里和学校里多看书学习。刚开始，他不愿听我的，但后来，他慢慢开始支持亚伯读书了。在我眼里，亚伯一直都很孝顺。他看书的时候，我和我丈夫都尽量不打扰他，让他尽情学习，直到他自己学累了为止。”——托马斯·林肯夫人，1865年9月8日。

③ 印第安纳州埃文斯维尔县法院书记员J. W. 沃特曼上尉至今还保存着一个林肯父子合打的樱桃木柜，高2英尺，带两排抽屉。——J. W. W.

的学校里，亚伯常接到写作的任务，一般都是写短文，批评当时男生爱玩的野蛮运动。我在印第安纳州见过几个人，他们现在还记得林肯总统当年写的抗议虐杀动物的文章。文章言辞犀利，让人耳目一新。在那一时期，他还写过很多文章，探讨人生自律的意义和战争的残酷，在后来的漫长岁月里，他把全部精力都投入到这两项事业里。

亚伯念书的时候就有6英尺高了，但他的身高还在以惊人的速度继续增长，16岁那年他又长了2英寸，差不多和成年一样高。他有160磅重，身材瘦长，精力充沛，浑身都是劲。他手大脚大，四肢细长，身体很短，头又小，显得整个人很不协调。“他皮肤发黄，上面爬满了皱纹，”他在克劳福德学校的一个女同学[①]如是评论，“他经常光脚，偶尔穿鞋，但鞋帮很矮。他常穿野兔皮的裤子和棉麻衬衫，戴松鼠皮或浣熊皮的帽子。他裤子很肥，总吊在脚面上，把发青的踝骨露在外面，瘦骨嶙峋的。”在学校里，他有一门课学得特别好，那就是拼写。我们要感谢漂亮的凯特·罗比（Kate Roby）小姐，她15岁时发生了一件事，让我们了解到亚伯出众的拼写能力和他乐于助人的一面。有一次，克劳福德校长让大家拼写“defied”这个词。轮到罗比小姐时，她怎么也拼不对。“亚伯站在教室另外一头看着我，”罗比小姐[②]在1865年跟我说，“我开始拼 d–e–f，然后就卡住了，不知道后面是 i 还是 y。我抬头看到亚伯，他对我笑了一下，用食指指了指自己的眼睛。我明白接下来应该是 i，然后就很顺利地拼完了这个词。”当时罗比小姐和亚伯的感情很微妙，但罗比小姐诚恳地告诉我，他们绝对没有恋爱。不过谈起和亚伯共度的时光，她的幸福溢于言表。傍晚，他们会一起到河边散步，两个人坐在岸边，看着月亮慢慢从山那边升上夜空。在那个两小无猜的年纪，他们会把脚伸进河水里，仰头凝望银色的月光，就像古往今来无数情侣曾经做过的那样。有一天晚上，他们像往常一样坐在河边聊天，慢慢地开始谈起斗转星移来。“我真没想到，亚伯没出过远门，按理他不应该懂这些知识。但他很博学，他说我们看

① 凯特·金特里。

② 罗比小姐后来和艾伦·金特里结婚。

到的都是假象，月亮其实没有沉，实际上，它一直高高在上，是地球带着我们从西往东自己旋转。‘其实是我们在往下沉，’他解释说，‘相对于我们，月球是静止不动的。月亮东升西落只是一种错觉。’我当时觉得他在说傻话，后来才知道犯傻的人是我。他知道很多天文学基本原理和星体运行规则，我也不知道他从哪里学来这些知识，也不知道他为什么总能将深奥的东西深入浅出地讲出来。”

阿布萨隆·罗比（Absalom Roby）说，亚伯在很小的时候就是路易斯维尔（Louisville）本地报纸的忠实读者，金特里维尔（Gentryville）有一位热心人给他提供报纸。他也读了不少书，有《圣经》、《伊索寓言》、《鲁宾逊漂流记》、班扬写的《天路历程》、《美国历史》和威姆斯（Weems）写的《华盛顿传》。《华盛顿传》这本书最近才大量印刷出版，关于这本书还有段故事。亚伯的邻居乔赛亚·克劳福德是个吝啬鬼，他当时有这本书，亚伯就想办法借了过来。有一天晚上，亚伯把书放在墙边的架子上，不巧墙壁裂了缝，晚上风雨交加，把书淋湿了。这个克劳福德可不是前面提到的那位校长，亚伯和朋友们都叫他“蓝鼻子”。他硬要亚伯赔他75美分作为图书损失费，倒霉的亚伯只好为他拔了三天草，用每天25美分的工钱抵债。上学的时候，他可能连算术书都没有，至少他继母不记得他有，她给了我几页亚伯自己装订的书，他用大手抄下各种度量衡换算表，在每个表格后面还举例说明换算关系。我也不知道这本算术书是从哪里抄来的，其中一张纸上写着品脱和蒲式耳的换算表，在下面，这个幽默的年轻人还写了一首四行打油诗：

亚伯拉罕·林肯，
文笔一把罩。
何时成英雄，
只有神知道。

另外一张纸上也有几行他亲笔写下的文字，看不出是从哪里抄来的，所以我相信这些文字也是他的原创。虽然韵律还不太整齐，但我认为，字里行间蕴涵的情感不输给任何成年人。

时间虚无缥缈就像蒸汽一样，
日月穿梭像印第安人的弓箭，
光阴飞逝如同流星划过长空，
此时此刻转瞬即逝，
我们无法主宰时间，
它永远都在流逝。

亚伯练过书法，字写得很漂亮，招来很多男孩子的羡慕。约瑟夫·C. 理查德森（Joseph Richardson）说："亚伯·林肯的字是我们周围最漂亮的。"理查德森甚至还求亚伯写了几张字，给他作为字帖临摹。我去印第安纳州的时候见到了理查德森，他给我看了两行亚伯写的字：

凡少年爱读书者，
终成大器。

要想全面了解林肯先生，我们不能只看他的出身，还应该分析他的成长历程。他在贫寒恶劣的环境里成长为伟人，毫无疑问，不光是我，每个美国人心里都会充满赞叹。林肯先生在印第安纳州和伊利诺伊州新塞勒姆（New Salem）镇接受基础教育，并展露出与众不同的性格。他不是特立独行、孤僻古怪，但明眼人一下就能看出来，他在刻意寻求自己的风格。虽然他天生不喜欢体力劳动，但绝不是懒惰的人，从脑力方面来讲，他还相当积极活跃。他常陷入自己的思绪里，静静地沉思，看起来像是心不在焉，让身边那些整天只知道干活的同伴们产生一种错觉，觉得他是在偷奸耍滑。他的邻居约翰·罗明（John Romine）就说："他给我干活的时候老是看书，要不然就想事情。我常为这个跟他生气。我说他就是懒得不可救药，没事就到处说说笑笑，拿了工钱不爱干活。有一天，他还跟我顶嘴，说他爸爸只教他干活，没教他爱干活。”其实亚伯拉罕·林肯自始至终都是这样。

白天没事的时候，他最大的乐趣就是躺在树荫下看书，晚上，他就趴在火炉前，用木炭在一把大木铲上写写算算。铲子两面都写满了，他就用父亲的木工刀或刨子把字刮掉，第二天好再往上写字。他爱拿着粉笔在家里走来走去，在每块木板和木桩平整的一面上写字。等家里所有木头表面都写满了，他就把字刮掉重新再来。所以真相就是如此，虽然平凡的托马斯·林肯和庸俗的约翰·罗明说他懒，他却是整个金特里维尔地区最勤劳、最不知疲倦的人。他的继母跟我说，每一本书他都读得如饥似渴。一旦灵感受到激发，他就马上把它写在记事本上。那个本子就像宝库一样，他会把所有值得珍藏的东西都记在上面。他继母说：“他常没纸用，就用粉笔把想法都记在大大小小的木板上。有时他只写些符号，以便将来能回想起要写什么。等有纸了，他就把东西都写下来，然后读给我听，还让我给他提意见，并深入浅出地给我分析。”约翰·汉克斯说，亚伯14岁时就会想方设法汲取知识：“干完活回来，亚伯会去柜橱里找块玉米面包，拿本书坐下，把脚跷在桌子上念书。我们一起翻土犁地割草，整天打赤腿在田里干活。但不管在哪里，只要手头的活能让人歇口气，亚伯就一定会抓紧时间看书。”他走到哪里都带着《圣经》和《伊索寓言》，读了一遍又一遍，还是乐此不疲。这两本书里有很多名言警句和经典故事，为他日后的精彩演讲提供了素材。

就在这样一个贫寒低贱的环境中，这个男孩慢慢长大成人。他的智慧之火越燃越旺，开始散发持久夺目的光芒。他没有正式上过学，但比起任何受过良好教育的人，他都有过之而无不及。他记忆力超强，能过目不忘；他做事专注，分析问题巨细靡遗；他深思熟虑，遇到任何疑问都刨根问底。随着心智慢慢成熟，他注定要扛起重任，拯救我们的世界。他后来的丰功伟业无一不闪现出他的伟大光芒。

第三章　为姐姐打抱不平

林肯读的第一本法律书籍是《印第安纳州法令》(“Statues of Indiana”),这是他从朋友戴维·特恩汉姆那儿得到的。特恩汉姆回忆说,当时的林肯简直是如饥似渴地阅读这本书,努力吸收字里行间蕴藏的丰富知识。正如特恩汉姆所强调的那样,无疑正是这部法令促使年轻的亚伯将进入法律界作为自己日后人生的目标。他这时已经开始对演讲表现出极大的兴趣。按照通常的看法,具备演说家或辩论家的特质,正是成为律师的必要条件。他甚至在田里劳作的时候,也会按捺不住冲动,站上离自己最近的一棵树桩,对着同伴们演说起来。而只要他一开口,同伴们也会停下手里的活,聚集在他的周围。在他的演讲“处女秀”中,那些高大挺拔的树木大概算是仪态最庄重的知音听众了。此时的林肯到了可以入伍、参加摔跤比赛和赛马的年龄,他很快就受到了周围人的喜爱。他的一位邻居[①]这样回忆道:

“我记得第一次见到亚伯·林肯的时候,我还是个小孩子,和我父亲一起大概是去参加一次选举活动。我们的一个邻居詹姆斯·拉金斯(James Larkins)在那儿。他总爱吹嘘自己的东西。那次他骑了匹马,跟挤在人群中

① 约翰·W. 拉马尔,1866年6月29日来信手稿。

的亚伯打着招呼，从亚伯面前疾驰而过，神气活现地炫耀他的马。

“他冲着年轻的亚伯大喊：‘我这匹马是四里八乡最棒的。我骑它跑三英里只要九分钟，它连大气都不长喘。’

“亚伯冷淡地答道：‘但我相信它一定喘了不少次短气。’”

尽管亚伯生性平和，但他并不排斥力量型的较量，这种较量有时只是体育竞技，有时则是为了解决纠纷。关于后者，有一件事情给人留下了深刻的印象。在当时的金特里维尔经常发生斗殴。只要你将对手打败，就会获得声望和非同一般的社会地位。有一个冬天，亚伯大部分时间是和格林·B. 泰勒（Green B. Taylor）在同一个农场里工作。泰勒给我讲述了一次发生在威廉·格里格斯比和亚伯继母的儿子约翰·约翰斯顿之间的有名的决斗。在这场戏剧性的激烈“大战”中，亚伯扮演了重要的角色。泰勒的父亲是约翰斯顿的帮手，威廉·惠滕（William Whitten）则是格里格斯比一方的主持人。泰勒描述说：“这是场可怕的斗殴，很快大家就看出来林肯家的约翰斯顿不是格里格斯比的对手。他们扭打在一起很久，没人阻止，双方也都同意不中断他们。突然，亚伯冲了出来，抓住格里格斯比，把他摔出了几英尺远。他站在那儿，像撒旦一样高傲，把一瓶酒高高抡过头顶，大声宣布他是‘这块地盘的头儿’。‘要是有人不服，’他高喊道，‘那就来见个高下。’”这个挑衅引起了一场混战，结果搏斗中的伤者在胜利者的欢呼声中四散溃逃，战场很快被清理干净。

亚伯少年时期的后半段经历大部分都被湮没在了时间的长河中。幸运的是，1865年，我在印第安纳州遇到了一位有趣的老妇人，从她的回忆中得到了一些相关的信息。她是乔赛亚·克劳福德[①]的妻子，亚伯管她丈夫叫“蓝鼻

① 克劳福德夫人有一次跟我聊天时，谈起他们在学校时，经常在学期结束那天举行表演会给那些出席期末典礼的大人们看。如果赶上那天天气暖和，学生们就用干净的木板搭一个台子，上面铺上绿色的树枝。不过通常这些表演都是在教室里进行的。表演形式多种多样，就是当时一般学校里常见的那些——朗诵和讨论或者辩论。朗诵内容主要来自一本名为《肯塔基校长》的书。克劳福德夫人还送给我了一本。她说，林肯经常用到这本书。他们讨论的问题带有鲜明的时代特色。“蜜蜂和蚂蚁”好坏的比较、“风和水”力量的差异，这种题目考验的是他们对自然现象的认识；重大问题如“谁最有权抱怨，印第安人还是黑人？”则唤起他们对严峻的道德问题或国家问题的关注。林肯对所有这些严肃主题的讨论都有浓厚的兴趣。

子”。她拥有的才艺修养对于一个生活在印第安纳穷乡僻壤的女人来说尤为难得。她不仅对少年亚伯的刻苦勤奋印象深刻，而且对亚伯的姐姐莎拉也极为赞赏。她经常邀请莎莉来自己舒适的家中做客。在她的描述中，姐姐谨慎、勤俭、敏感，弟弟幽默风趣，也同样敏感。从克劳福德夫人那里，我还得到了亚伯早期的一些习作，以及本章后面内容的素材。下面要介绍的一篇习作可以让我们一窥亚伯的少年生活，不过它可能会从一定程度上折磨过于挑剔的耳朵。但我无须为此向读者道歉，因为我一开始就指出，我力图尽一切可能接近林肯。某些作家可能会略去这些过于狂放的歌唱与朗诵，这是一种狭隘的历史观。如果我们希望彻底地了解林肯，我们就必须接受一个真实的他。

1826年，林肯的姐姐莎拉与阿伦·格里格斯比结婚。在婚礼上，林肯一家合唱了由亚伯创作的纪念歌曲。这是首枯燥的打油诗，押韵蹩脚生硬。我从克劳福德夫人给我的手稿上抄录下来。这首歌的作者给它取名为《亚当与夏娃的婚礼之歌》。

亚当出世日，
居住伊甸园。
摩西有记载，
新娘即造来。

新娘出世前，
万物集于此，
来往复逡巡，
中无伴侣影。

上帝诚不愿，
亚当受孤单，
令其安入眠，

为其造伴侣。

取其一肋骨，
以肉填缺口。
此骨造好女，
赐其为伴侣。

亚当见爱妻，
心中大欢喜。
妻本他骨造，
实同他一体。

如吾等所见，
妻非取诸足，
此中有深意，
不可凌虐妻。

如吾等所知，
妻非取诸首，
妻亦须牢记，
不可将夫役。

妻出亚当肋，
亚当应护妻，
免遭危与害，
白首共扶持。

虽然在婚礼上得到这首歌的祝福，但可怜的莎莉却没能亲眼看到和分享她那高大瘦削的兄弟后来取得的荣耀。婚后只过了两年，她就死于难产。格里格斯比家的某些行为和他们对待莎莉的做法引起了亚伯极大的反感，很长一段时间里，他和格里格斯比家的关系都非常紧张。格里格斯比是金特里维尔的一个大家族，自然拥有显要的社会地位。与之相反，亚伯却没有可凭借的家庭背景或社会影响。他只有等待反击的时机。无论是他父亲还是汉克斯家族的任何人都不足以依靠，因此他第一次将手中的笔当作复仇的武器。他撰写了一系列文章，乘机讽刺那些他厌恶的人。他的文笔辛辣老练，当然不会放过格里格斯比家。他将这些文章称为“编年史”，尽管语言有些粗俗无礼，但确实达到了作者的目的，使他的敌人沦为了公众的笑柄。他刻意模仿《圣经》的风格，文章内容包罗万象，可能会有人视之为“社会戏剧”。那种粗野的文风肯定赢得了早期金特里维尔居民们的欢迎。直到今天，金特里维尔人还对这些文章被遗忘在历史的尘埃中而耿耿于怀。我把“编年史”中某一章节按照我所得到的稿件原样抄录，这部分内容对格里格斯比家大加讽刺，其他章节的风格也大致如此。①

格里格斯比家的鲁本（Reuben）和查尔斯在同一天分别娶了贝齐·雷（Betsy Ray）和玛蒂尔达·霍金斯（Matilda Hawkins）。②第二天，他们带着自己的新婚妻子回到格里格斯比宅邸，他们的父亲、家族中的长者鲁本·格里格斯比，热情地欢迎他们。家中举行了传统的婚礼仪式，有丰盛的酒席与热闹的舞会。还按照更古老的习俗，将新婚夫妇送入洞房。格里格斯比家没有邀请亚伯参加婚礼，这种轻蔑的做法使亚伯最终写出了《鲁本传》（“The

---

① 印第安纳州斯潘塞县档案，1829年4月16日。

② 这一章林肯的原始手稿在隐藏或丢失了多年之后，又奇怪地出现了。在1865年我去印第安纳前不久，金特里维尔的一个木匠给格里格斯比家的一个人重建房子，干活的时候，他的儿子跟助手爬到天花板跟屋顶的夹层里去拆梁木，在里面发现一根椽子的一端下面藏着一束积满灰尘、已经泛黄的纸卷。他儿子小心翼翼地把纸卷取出，打了开来，慢慢辨认上面的字迹。这时，木匠注意到儿子在上面没了声音，听不到干活的动静，就大声问他在干嘛。儿子答道：“我在读《圣经》里还没被人发现的部分。”他发现的正是《鲁本传》。

First Chronicles of Reuben”)，他也因此在金特里维尔赢得了一定的读者群。[①]

这篇文章记录了不为人知的故事，令人印象深刻。它的开篇这样写道："有个名叫鲁本的人，他人如其名（按：鲁本与圣经人物流便同名，流便为雅各长子，因污秽了父亲的床，与父亲的妾同寝，失去了长子名分），出身显赫，拥有大群马、牛、猪等牲畜，家族人丁兴旺。鲁本的儿子们长大成人，渴望找到心上人为妻。但是他们在本国的声名太盛，无法找到能够配得上他们门第的女子，只好到遥远的外国去寻找。在他们找到后将要动身回国之前，先派了一名信使回去给父母报信。两位老人向信使询问了儿子和儿媳抵家的时间，预备举行盛宴，遍邀亲戚邻居，为新婚夫妇接风洗尘。随着时间的临近，他们派了两名号手去迎接并陪同新郎新娘。当新人们就要到达鲁本老爹家的时候，那个信使跑到他们面前，发出了一声欢呼。接着，整个欢迎的人群也都随着欢呼与音乐声迎了出来，人们操着各式各样的乐器，有的弹竖琴，有的拉六弦琴，还有的吹喇叭。另外有人把尘土和炉灰撒向天空。所有这些人中的首脑是乔赛亚，他起劲地吹着喇叭，巨大的声响在周围的山谷中久久回荡。在欢庆声中，新郎新娘来到门口，鲁本老爹将他们迎进家去。婚宴已经备好，来宾入席，新郎新娘则被分别安排就座于长桌的两端。侍者们躬立两旁，随时为客人服务。酒足饭饱之后，人们又涌到户外，狂欢歌唱直到深夜。宴会与狂欢接近尾声，客人们陆续四散归家。楼上的新房中，仆人们正在为新郎新娘整理床铺，一家人在这个空隙时间里与侍者闲坐聊天。等到新房准备停当，由侍者将两位新娘领上楼，把一位新娘安置在楼梯右边的床上，另一位则在楼梯左边的床上。随后侍者下楼，母亲南希带他们来到新郎面前，新郎也被他们领上楼，但是床位却被安置错了。当侍者再次走下楼来的时候，担心出错的母亲仔细询问他们，意识到出了岔子，拿起蜡烛，冲上了楼。她奔到一张床前大喊道：'哦，上帝！鲁本，睡在你床上的不是你

---

① 林肯狡黠地让一个参加婚宴的人趁着宴会举行到高潮的时候，溜上楼去，把格里格斯比大妈事先小心安排好的床位对调。这下子就导致了后面阴差阳错的那幕喜剧。格里格斯比家出乖露丑，恼羞成怒，正中林肯下怀。

的妻子！’两个年轻人吓了一跳，跳下床来，混乱中狠狠地撞在了一起，都跌倒在地。楼上的嘈杂等于告诉楼下的人们，差错确实发生了。最后，他们都走下楼来，讨论了很久，试图找出问题究竟出在谁的身上，却得不出任何结论。故事就这样结束了。”①

读者当然会预测到，这篇仿效《圣经》体、揭人隐私的文章极大地触怒了金特里维尔的社会名流。只有用作者的血才能洗刷格里格斯比家族及其亲朋好友的耻辱。然而作者却借着匿名的掩护逃过了公众的关注。正当格里格斯比一伙人还在商量如何找出并教训他的时候，这个似乎无所不能的年轻讽刺作家又将矛头指向了格里格斯比家还未被他讽刺过的成员——威廉。林肯的后人们保留了这首讽刺威廉弱点的诗，克劳福德夫人后来经常听到亚伯背诵，但她出于谨慎的考虑，不愿将这首诗给我看。最后，在她儿子的帮助下，我终于打消了她的顾虑，得到了那首珍贵的诗。只需粗略地读一下，人们就会觉得，如果有人对这首诗都能无动于衷，那他对“编年史”中的任何内容也不会感到惊讶或愤怒了。

我要给你们讲个笑话，关于约珥和玛利亚，
它既不是玩笑也不是假话，我是严肃认真的。
话说鲁本和查尔斯娶了两个姑娘，
可比利却只能找个小厮，
姑娘们他怎么也追不到手，
没人把他看得上。
他白忙了一场又一场，最后只得把家还。
幸好娜蒂不嫌弃，二人终于结良缘。

---

①读者很容易就能猜到，是林肯事先仔细地吩咐了侍者，在这场粗俗喜剧的特殊环节中该怎么做。他还利用这次难得的机会把“蓝鼻子”克劳福德也讽刺了一通，因为他曾经弄坏过克劳福德的一本书，“威姆斯写的《华盛顿传》”，克劳福德为此狠狠地罚过他。“吹喇叭的乔赛亚”明显指的就是克劳福德。他即是我的访问对象伊丽莎白·克劳福德夫人的丈夫。

比利和娜蒂生活得幸福美满，
老妈妈非常满意这桩姻缘。
娜蒂下了一个蛋，却怕蛋壳太软，
要是孵化不出来，那可真是糟糕。
忽听贝齐开言道："你这个该死的秃头，
永远也别想把我追到手。
你那副丑样活像猩猩，
永远也配不上我的要求。"

这些滑稽的闹剧搞得尽人皆知，点燃了格里格斯比一家的满腔怒火，他们最后把怨气都撒在亚伯身上就一点也不奇怪了。有人推测，约翰·约翰斯顿和威廉·格里格斯比就是因此而发生打斗的，这推测也不无道理。亚伯不想和格里格斯比较量，因为他觉得自己比对方强壮，所以选了约翰斯顿代表自己参战。从这些蹩脚的诗歌和对《圣经》的拙劣模仿可以看出，林肯是个有怨必报的人，讽刺起对手来毫不留情。多年后，当林肯被迫对敌人反击的时候，他那讽刺的武器再次发挥了显著的效力。他对讽刺的力量一清二楚，在一次辩论会的抗辩中，他让对手哭着下了台。

尽管缺少音乐天赋，亚伯仍不放弃努力，他对某些诗歌尤其欣赏。多年后，他对我说，他怀疑自己是否真的懂得音乐的和谐之美。当时流行的诗歌大多是关于圣骑士团的，出自沃茨（Watts）和迪普伊（Dupuy）的赞美诗集。戴维·特恩汉姆给我列出了这些诗歌的题目，并标出了其中最流行的几首：《我是十字军战士》、《时光冗长乏味》、《血泉》以及亚伯特别喜欢的那首《主啊，你可曾流血？》特恩汉姆回忆说："亚伯经常请我给老托马斯·林肯唱这首赞美诗，老人很喜欢它，他自己也常让我唱给他听。"

我只能记起其中一句：

有一位信奉罗马教的女士，

她自幼生长于教廷。

在丹尼斯·汉克斯的记忆里，亚伯总是唱《可怜的老内德》(“Poor Old Ned”)这首歌，但从来没有唱得好听过。那时的乡下小伙子们跟今天的一样，津津有味地传唱粗俗的小调。我们没有理由不相信，也没有证据证明，亚伯没有跟出身相同的同龄人们一起偷尝过这样的禁果。在这些丹尼斯称之为《田歌》的小调中，有一首这样唱道：

那个戴头巾的土耳其人目空一切，
翘着胡子神气活现走过大街，
除了他自己，将别人全不放在眼里。

还有一首是这么唱的：

哥伦比亚万岁，这儿真是个乐园，
要是你不喝个酩酊大醉，我可不干。

我们能想象丹尼斯在村里的杂货铺痛饮之后，兴高采烈地唱着《田歌》，和亚伯一起回家去的情景。克劳福德夫人认为，亚伯爱唱的一首战斗歌曲里面的一段，正反映出了他最早的政治倾向：

让我们忘记老朋友，
心中不再怀想。
杰克逊总统会当上，
亚当斯追不上。

克劳福德夫人还凭记忆给我写出了亚伯唱的另一首哀伤的歌谣《约

翰·安德森的悲叹》(“John Anderson’s Lamentation”)，开头的几句是：

噢，罪人们，可怜的罪人们，以我为戒，
这罪行的后果就是对你们的告诫。

从中就可看出全诗的悲伤情调。

金特里维尔村的商店可算是当地知识和智慧的中心。店主是个名叫琼斯（Jones）的人，开张不久他就喜欢上了亚伯。他从路易斯维尔订阅了村里唯一的一份报纸。亚伯、丹尼斯·汉克斯、鲍德温（Baldwin）、铁匠，还有其他志趣相投的人，经常聚集在店里，谈论些只有闲汉们才感兴趣的话题。亚伯不仅用新鲜可笑的故事逗得大伙开心，他那与众不同的才能也使他结交了不少朋友。那时见过他的一个朋友这么回忆：

“林肯时常在小伙子们面前做政治演说。他总是态度冷静，语言条理清晰。他讲的笑话和故事那么奇特新鲜而又诙谐风趣，吸引了镇上所有的人，他们可以一直听到深夜。亚伯是个出色的演说者、推理家，还可以算个报童。”他旁听当地重要官员“乡村法官”的所有审判，还经常步行15英里到位于河畔的沃里克（Warrick）县府布恩维尔（Boonville）去，观看法庭审判程序。有一次，他在布恩维尔旁听一件谋杀案的审判，目不转睛地不放过法庭上的任何细节。这场审判的辩护律师叫布雷肯里奇（Breckenridge），他的辩护深深打动了听众席里年轻的亚伯。审判一结束，亚伯就忍不住走到这位口才出色的律师跟前，对他成功的辩护表示祝贺。布雷肯里奇当时是如何接受这位看上去笨手笨脚、可怜兮兮的年轻人的祝贺的，我们不得而知。据说，林肯就任总统以后，有一天在白宫接见了这位布雷肯里奇，他那时住在得克萨斯（Texas），专程来拜望总统，表达他的敬意。他们聊起早年在印第安纳的生活，总统还记得布雷肯里奇在那次谋杀案审判中的辩护。他说：“我当时心想，如果我能发表这么精彩的演说，我该多么心满意足啊。那是我长那么大听过的最好的演说。”

在亚伯那原始落后的生活里，他最乐意干的事情就是去磨坊干活了。在树林里劳作了一天，在那儿他终于可以放松一下，还可以趁这个求之不得的机会，仔细观察磨盘那原始而笨重的机械运动。很多次都是戴维·特恩汉姆陪他一起去磨坊。对自己在印第安纳磨坊干活的经历，后来林肯先生曾有过这样一段回忆：一天，他背着一袋玉米，骑上一匹灰底红斑的老母马，悠闲地往戈登（Gordon）磨坊去。因为到得有点晚，差不多到日落的时候才轮到他用磨。照磨坊的规矩，每个人都得自己推磨。于是他把马套在磨盘的推把上，马转圈的时候，带动磨盘也同步转动起来。他坐在推把上，不时地抽马一鞭子，让马快走。推把每转一圈，他就抽一下鞭子，漫不经心地喊着："快点，你这个老婊子！"终于，那匹老马忍受不了持续的鞭打，扬起没钉蹄铁的四蹄，朝着亚伯的额头撞了过来。亚伯刚发出一半呼叫"快点"，就已被撞翻在地。磨坊主戈登赶紧跑了进来，抱起这个流血不止、失去知觉的孩子，当时他以为他已经断气，马上派人去叫孩子的父亲。老托马斯·林肯吓得身子瘫软，努力拖着步子来到磨坊，将奄奄一息的孩子放在一辆四轮马车上带回家去。亚伯毫无意识地昏迷了一夜，天亮的时候，陪伴在他左右的人发现他有苏醒过来的迹象。他的血液开始正常流动，他还挣扎着想说话。在浑身痉挛了一下之后，他醒了，脱口而出的仍是那句"你这个老婊子"的喝骂，也就是被马蹄子打断的那半声呼叫。

林肯先生将此事视为自己人生中难忘的事件之一。他经常谈到这件事，我们也曾在律师事务所里多次讨论事故中他的心理状态。他认为，"快点，你这个老婊子"的后半句被他思维活动的一次暂停打断了，因此他一醒过来，就下意识地说完了这句话；或者那正反映了他演说家的本能，他解释说："在我抽打那匹老马之前，我的大脑就已经指挥舌头说那句话了。马蹄子踢到我的头，导致我没来得及说出整句话来。当我重新恢复意识的时候，下面的话就冲口而出了。"

亚伯17岁时，已经成长为一名身体强健的成熟男子。詹姆斯·泰勒雇他当帮手，打理一条在俄亥俄河上安德森港口附近跑运输的轮渡船，付给他的薪水却不到成年劳工的标准。后来他告诉我，他干的是一个小伙子所能干的最重的活，一天却只挣37美分。但是无论干什么工作，他仍然抽出时间来写作。他写了一篇有关美国政府的文章，呼吁必须维护宪法和联邦。由于他那谨慎的性格，他把文章交给了朋友和保护人威廉·伍兹（William Woods），请他仔细阅读并保管。

通过伍兹的介绍，这篇文章引起了很多人的注意，其中有位罗克波特（Rockport）的律师，叫皮彻，[①] 他几乎毫不掩饰自己的热情，赞叹说“全世界也找不出这么出色的文章”。还有一篇关于“禁酒令”的文章，也是由伍兹介绍给了当地一位有名的浸礼会牧师阿伦·法莫（Aaron Farmer），牧师又将它投给了俄亥俄的一家报馆，发表了出来。然而，最令林肯出名的却是他那惊人的体格，在别的方面他可没有这么出名。在金特里维尔，他不仅身材最高，体格也最强壮。与他的文采和口才相比，朋友们更羡慕他拥有的力量。有些关于他力大无穷的故事几乎令人难以置信。有人说他一个人可以顶三个壮劳力，曾有一次亲眼看见他扛着600磅重的麻袋。还有一次他扛了两根圆木走，那个重量三个壮劳力恐怕也扛不动。还有位证人说：“他用的锤子比别人的都重，一锤下去，斧子砍入木头比我见过的任何人砍得都深。”

林肯已经19岁，快要到了法定的成人年龄。他开始变得叛逆躁动，想冲破家庭的束缚。他得把自己的积蓄全部交给父亲，根本看不到改善自己处境的希望，因此，他试图摆脱家庭，自己去广阔的世界闯荡。他十分信赖好友伍兹的判断力和影响力，请他为自己写封推荐信给往来于俄亥俄河上的几位船长，希望能找到比农场单调艰苦的工作更适合自己的活。明智的伍兹却反对这么做，劝说这位想当船员的小伙子认识到和父亲居住是自己的道德责

① 这位先生，约翰·皮彻法官，已93岁高龄，现在仍住在印第安纳州的芒特弗农。他说，年轻的林肯经常到他的事务所去借书，空闲的时候在家阅读。有一次，林肯向皮彻表达了想学法律的愿望，但又解释说他的父母很穷，他不可能离开他们居住的农场。皮彻说：“有一天，他在我的办公室里告诉我，他把克劳福德的书——威姆斯的《华盛顿传》弄坏了，得赔给人家。”林肯当时说：“您瞧，我个子高，胳膊长，就去认认真真地干活。两天以后，地里的玉米秆上连一片叶子都找不到了。我把书弄湿了，想好好弥补过错，就把地里的玉米全收完了。”

任，只有到了法律允许的年纪，他才能卸掉这份义务。林肯带着深深的遗憾又回到了父亲那儿，郑重地决定，尽管成年前的这几个月是烦躁难熬的，但他绝不再逃避责任。就在此时，他迎来了人生中第一次见世面的机会。1828年3月，他曾经的雇主詹姆斯·金特里（James Gentry）打算运一船粮食和肉到新奥尔良去卖，他的儿子艾伦（Allen）是此次航行的船长。亚伯作为船上的“头桨手”，随同船主的少爷出航，他那沿河漂流的梦想终于实现了。他一个月的薪水是8美元，还包食宿。一路上，总有返航的船员带回获利丰厚的消息，令船主欢欣鼓舞。他们最津津乐道的一件事是在巴顿鲁治（Baton Rouge）下游几英里的杜谢恩（Duchesne）夫人庄园碰上黑人劫匪的那次遭遇。那天晚上，亚伯和艾伦把船停泊下来后，很快就在舱里睡熟了。突然，一伙黑人冲上船来，大肆抢夺。亚伯和艾伦手持棍棒，把强盗赶下船去，还把他们撵上了岸。然后匆忙返回船上，拔锚起航，连夜顺流而下。

在继续下面的内容之前，我们有必要了解一下亚伯那个时代金特里维尔的社会风气。我采访的一位当时生活在印第安纳的老妇人说：“走8英里或10英里去教堂对我们来说是很平常的事。冬天，妇女们不会因为缺少围巾、斗篷或骑装而不去教堂，她们会在自己的外衣外面套上丈夫的旧大衣，一人或两人共骑一匹牲口。她们的丈夫则步行，因此常常在教堂过一夜，第二天再回家。”

那些从农场和树林里来的老人们通常扛着猎枪去教堂。他们穿着鹿皮裤、鹿皮鞋和粗劣的猎装，腰里扎着条绳子或皮带。一到教堂，他们就互相讲述起自己那些惊险的打猎故事，跟老妇人们一起抽着烟斗。教堂里充满了热情友善的气氛。有人会给他们一瓶酒、一罐水、糖和几个杯子，还有一篮苹果或萝卜，偶尔还会有一个馅饼或几块蛋糕。牧师也同他们一起，尽情享用这些点心，然后才开始布道。这时，牧师“走上布道台，脱掉外套，解开衬衫的领口，开始宣读经文。他语调激昂，不时敲打着桌面，因为声嘶力竭，加上托蒂酒的兴奋作用，大颗的汗珠从他的脸上滴落下来。他走下台来和教众们一一握手，大家齐唱赞歌，结束了这次布道。”

尽管教堂间隔很远，可一旦有摔跤比赛和婚礼，人们还是会不计路程，赶来参加这简单而欢乐的聚会。除了寒冬时节，年轻的妇女在别的时候都会将鞋子拎在手里，只有到了庆典举行的地点，才把鞋子穿上。年纪稍大些的女士喝威士忌托蒂酒，男人们则喝纯威士忌。大家伴着嘶哑的小提琴乐声，欢快起舞，直到深夜，人群中很多人都是光着脚。我们不难想象，人们唱着丹尼斯·汉克斯所述的那首歌“哥伦比亚万岁，这儿真是个乐园，要是你不喝个酩酊大醉，我可不干”，通宵达旦狂欢的景象。

虽然这些人看上去欢快、喧闹、无忧无虑，但他们内心却十分迷信，这种习惯就像日常饮食一样伴随着他们。他们相信女巫们具有可怕的力量，牲口生病的时候，只愿意请男巫来医治。如果谁被认为受到了女巫的诅咒，解除的方法就是用一个毛线球猛砸女巫的画像。他们虔诚地信仰手持魔法棒的水精灵，还有可以通过神秘中介发出奇怪声音和信号就能奇迹般治愈疾病的“意念医生”。一只鸟飞进窗户，一匹马在孩子头上喘了口气，一条狗穿过猎人小径，这些都被视为某个人的不祥之兆。对人类生活和植物生长而言，月亮的影响力比太阳及其整个行星系的影响力都大。只有在月光下才能砍栅栏，在没有月亮的夜晚才能种土豆，在月圆之夜才能种在地面上结果的树木和植物。肥皂只能在月光下制作，而且只能由一个人向一个方向搅拌。人们对星期五这个日子怀有一种恐惧，直到今天，星期五这一天也有很多禁忌。这一天里最好什么也别干，因为万一触犯了禁忌，一连串无尽的灾祸就会接踵而来。

林肯就在这些迷信的人们中间长大成人。无论行走、聊天还是劳作，他都和他们在一起，因此他自己也沾染上了这种风气。他早年受到的浸礼会的宗教教育，使他直到去世都是一位宿命论者。在好奇的童年时代从没牙老太太们那儿听来的故事，又使他相信梦境和幻象的意义。他所处的环境造就了他的这些特点，而在大多数美国人眼里，这些特点非但不显得古怪和可笑，反而更衬托出他的威严和高贵。

1829年冬天，致命的“乳毒症”再次来袭。疾病在牛群中肆虐，每天都有人感染倒下，人们纷纷逃离印第安纳州南部。丹尼斯·汉克斯觉得前途无望，他痛惜地放弃家当，打算向西迁徙。这时，从新开发的伊利诺伊州返乡的移民们带来了振奋人心的消息，那里有广阔肥沃的冲积平原，非常易于开垦。

对于穷人来说，印第安纳已经不再有任何吸引力。丹尼斯的计划得到了林肯一家的赞同，托马斯·林肯天性喜欢迁移游荡，这个计划尤其合他的心意。他曾经因为同样美好而充满诱惑的传言，离开肯塔基来到印第安纳山区。他成家以来迁徙过四次，生活条件却没有因此而比他出生时好多少。他那块田地长年累月疏于打理，他却和他的大多数邻居一样，随时准备下一次迁徙。他把地转让给詹姆斯·金特里，把粮食和牲畜转让给年轻的戴维·特恩汉姆。然后，用两头牛拉着辆货车，车上装着家具，在1830年3月，启程前往伊利诺伊。林肯夫人的两个女儿这时已分别嫁给丹尼斯·汉克斯和利瓦伊·霍尔（Levi Hall），新成员的加入使这个家庭增加到了13口人。此时的亚伯刚满21岁。

旅途漫长而乏味。一路上到处是暴涨的溪流，道路泥泞难行。简陋笨重的牛车缓慢艰难地穿过树林，还不时陷入泥泞之中，原始的木车轮不断发出“嘎吱嘎吱”的呻吟。尽管路上多次被耽搁，这家人仍然镇定自如。面对困难，他们总是开朗乐天，充满希望，其中不乏意志坚决的人。不过，论起这些品质，他们谁都比不上那个高大笨拙的年轻人。他穿着条鹿皮裤，头戴浣熊皮帽，挥舞着棒子，赶着那两头任劳任怨的牛。当这群卑微的人终于来到他们的新家园时，镇上惊奇的人们做梦也不会想到，那个让人捉摸不透、一贫如洗、吆喝着牛的赶车人，有朝一日会成为当代最伟大国家的首脑。①

① 林肯先生曾给我描述过这次旅程。他说，当时大地仍被严冬冰霜覆盖。路面白天解冻，夜里就又结了一层冰。在这种情况下赶路，尤其是赶着牛车，一家人行进得艰难缓慢、疲惫不堪。一路上当然没有桥梁，他们经常不得不徒步涉过溪流，除非可以绕远避开。清晨的时候，溪流表面会结一层薄冰，两头牛每踏出一步，脚下就踩碎一小块薄冰。除了家当，他们还带了一条狗，这条狗就跟在牛车的后面。一天，这小家伙落后了，直到他们都过了小河，它还没追上来。他们发现不见了狗，回头看时，看到它在河对岸跳来跳去，喉咙里发出呜呜的声音，显得非常难过。河水正漫过破裂的冰缝，可怜的小家伙不敢过去。为了一条狗是不值得把牛车赶回去再过一次河的。大家急着赶路，决定不管那条狗，继续前进。“但是我不能容许遗弃哪怕是一条狗。”林肯说，“我脱下鞋袜，趟过河去，把那个全身发抖的小家伙夹在胳膊底下，安然返回。它兴奋不已，发疯似的跳着，用各种方式表达一条狗的感谢，来充分报答我付出的所有努力。”

第四章　桑加蒙河上的领航员

经过两周的艰难跋涉，这群来自印第安纳的移民在伊利诺伊州梅肯（Macon）县迪凯特（Decatur）镇西北5英里的一处地方住了下来，垦荒度日。在那儿，他们遇见了约翰·汉克斯（John Hanks）。他是伊丽莎白镇开商店的约瑟夫·汉克斯（Joseph Hanks）的儿子，托马斯·林肯正是在那家店里学会了木匠手艺。他在自家西面5英里处为林肯一家选定了一块地，在新房建好之前，他们一直住在约翰的家里。约翰比他们早来一年，他把自己以前砍伐的木头给林肯家搭屋子用。他为林肯家选的住址是在一座山崖上，俯瞰桑加蒙河（Sangamon River），这些早期的定居者们肯定总是能看到奔流的河水，周围林木茂盛。这地方美丽迷人，风景如画。所有的人都勤劳肯干，努力经营这新的家园。有人伐木，有人把木头锯成适合搭建的木材，还有人清理地上疯长的灌木丛。一家人不知疲倦地忙碌着，甚至连老托马斯·林肯也被这种分秒必争的精神所感染，表现得异乎寻常地勤快。他当时干的是什么活，我们唯一的记录者约翰·汉克斯已经记不起来了，不过这位老先生曾盖过房子，照此推测，他大概相当于现代的建筑监理吧。凭借两头牛和一架犁，约翰和亚伯开辟出15英亩的草地。汉克斯平静地叙述道："我和亚伯劈了好多根栅栏条，把那块地给围了起来。"当他们挥着斧头或者用锤子和楔子劈开栅栏条的时候，他们不会想到他们当中的一个人，会因为这些毫不出奇的栅栏条而永垂史册。即便这个幻想在谁的脑海中一闪而过，他也不会做出任何反应，只会继续他手里简单枯燥的活。

亚伯已经成年，开始摆脱父亲的束缚。他已经尽了对父亲的义务，觉得自己有能力独闯天下。当他踏入广阔而充满诱惑的外部世界时，我们可以把他看成是一个男子汉了。对他的父亲托马斯·林肯，本书将不再多花费笔墨，因为我们关心的只是儿子。林肯老先生禀性难移，他依旧爱听信那些有关邻县繁荣富足的消息。在他去世前，他又搬了三次家，不断地寻找能让他们过上好日子、远离疾疫的安居之所。1851年，他在伊利诺伊州柯尔斯县的鹅窝（Goose Nest）牧场靠40英亩地过活，而这些土地他已抵押出去，借了200美元的债，这笔钱后来还是他的儿子替他偿还的。这年1月17日，在被肾病折磨了几个星期之后，他离开了人世，据他儿子讲，享年是"73岁零11天"，算得上高龄了。

在独立进入社会后相当长的一段时间里，亚伯仍然住在父亲家。他在街坊家或者任何需要他的地方打零工。直到1831年，他的境况还没有改变。约翰·汉克斯绝对可以证明这一点，他说亚伯每天要走3英里，去"给沃尼克（Warnick）少校家劈3,000根栅栏条"。一有空闲，他就阅读借来的几本书，并且继续练习即兴演说，而听众通常是木然的树桩和沉默的树林。约翰·汉克斯给我讲了林肯在伊利诺伊定居下来后的第一次公开演说，我把它复述下来："亚伯到了迪凯特，或者不如说是梅肯县之后，附近来了个叫波西的人，做了一次演说。他讲得非常糟，我觉得亚伯肯定能胜过他。于是我搬来一个箱子，亚伯就站在上面开始了他的演说。那个人是候选人，亚伯可不是。围绕那人演说的主题'桑加蒙河上的航运'，亚伯把他批驳得无法招架。亚伯的演说一结束，他就把亚伯叫到一边，问他是从哪儿学到的这么多知识，怎么能表现得这么出色。亚伯说了自己读书的习惯，读了哪些书，怎么读的等等。那人鼓励他坚持下去。”

接下来，我们将第一次介绍一位重要人物，一位注定对林肯命运产生巨大影响的人物——登顿·奥法特（Denton Offut）。他是位精明能干、喜欢冒险的商人，桑加蒙河两岸好几英里的地方都有他的生意。他听说了约翰·汉克斯在肯塔基时驾船航行的成功经历，于是来请约翰运一船粮食及其他货物到新奥尔良去。“他恳切地请求我，”汉克斯回忆说，“但我考虑了一段时间才答应他。我去找亚伯，把他和他的异母兄弟约翰·约翰斯顿介绍给奥法特。经过磋商，我们最终和奥法特达成协议，他支付给我们每人每天50美分，到新奥尔良总共是每人60美元。1831年3月，我和亚伯驾一条独木舟沿桑加蒙河而下，在现在被称为詹姆斯敦（Jamestown）的地方登岸，往西5英里就是当时斯普林菲尔德的‘朱蒂渡口’。”在那儿，他们和约翰斯顿会合，把独木舟交给一个叫尤赖亚·曼（Uriah Mann）的人看管，启程前往斯普林菲尔德。几经打听，他们终于在鹿角客栈找到了正在喝酒的奥法特。这家由安德鲁·埃利奥特（Andrew Elliot）开的客栈，在斯普林菲尔德这个籍籍无名的村庄里可是第一流的。店前摇摆的招牌上画着一只雄鹿的头，正是店名的贴切写照。奥法特答应汉克斯，为他和他的两位同伴准备一条船，在斯普林河口等着他们。但是这几个新来的小伙子每天都去鹿角客栈凑热闹，整天醉醺醺的，结果打乱了计划，那条船也毫无踪影。当这三位船员到达指定地点以后，奥法特会见了他们，抱歉地表示他无法提供船只。三个人只好自己动手造船。他们从“国会土地”那儿找来了大量木头，借助柯克帕特里克（Kirkpatrick）磨坊里的机械，很快就得到了造船所需的材料。这期间，他们住在简单搭起来的棚子里，林肯被派了做饭的差事，这可是他从来没想到的。四周内，船造好，可以下水了。奥法特亲自来看试航。几个人谈起政治，奇怪的是，最后倾向共和党和倾向杰克逊的两派竟然大声吵嚷起来。他们的观点针锋相对，要不是奥法特念及他们在鹿角客栈里的交情，两派几乎不可能握手言和。我们了解到，林肯参与了很多话题的争论，趁机好好施展了一下他的辩才。

在林肯他们的船试航的桑加蒙镇，来了个走江湖变戏法的。他在镇上待了很长一段时间，雅各布·卡曼（Jacob Carman）家的顶楼成了他卖艺的地方。有一次，他竟然用林肯那顶宽沿矮帽煮熟了鸡蛋。林肯本来迟迟不愿把帽子交给魔术师，他对此开玩笑地解释说："我那是出于对鸡蛋的尊重，可不是在乎我的帽子。"

这几个强壮的船员把成桶的猪肉、玉米和生猪装上船之后，开始了航行。4月19日，他们到达新塞勒姆镇，这个地方对林肯的人生有着非同寻常的意义。在那儿，他们遇到了航行中第一次严重的延误。船在拉特利奇（Rutledge）磨坊水坝搁浅，困在那里达一天一夜之久。他们后来是如何摆脱困境的呢？当时的一位船员叙述道："我们把船上的东西卸下来，就是从我们的船上搬到另一艘借来的船上。然后我们把木桶滚到船头，林肯在船头处钻了个孔，渗进船里的水顺着孔流出去，船浮了起来，通过了水坝。"林肯表现出的机智令奥法特大为叹服。他兴奋地向站在岸边高坡上看热闹的人群宣布，他要造一艘蒸汽船在桑加蒙河上航行，林肯将是这艘船的船长。船上会装备用以渡过浅滩和水坝的滚筒和破冰刀，加上林肯的驾驭，"哪怕电闪雷鸣，她也能一往无前！"

这次遭遇虽然谈不上危险，但也给他们制造了点麻烦。摆脱了搁浅的困境后，他们离开新塞勒姆，经过一个叫"蓝色河畔"的地方。此次航行的亲历者说："我们必须得把从戈德比（Godbey）先生那儿买来的猪赶到船上去，可是忙活了半天也拿这些猪没办法。我们还没把它们赶上船，它们就跑了回去。林肯想了个主意，把猪的眼睛缝上。大家都觉得可以试试，于是开始抓猪。亚伯抓头，我抓尾巴，奥法特来缝眼睛。开始它们乱跑一气，还是赶不上船，后来就跑累了，听凭我们运上了船。我和约翰斯顿挨个把它们递给亚伯，亚伯接过去，再拆开它们眼上的线。"解决了猪的问题之后，他们又轻松上路，顺流而下，从桑加蒙河驶入伊利诺伊河。在比尔兹敦（Beardstown），他们那艘"用木板破布做帆"、古里古怪的船，引来了岸上围观者的嘲笑。在宽广的密西西比河上，他们迅速地经过奥尔顿（Alton）、圣路易斯（St.

Louis）和开罗（Cairo），只在孟菲斯（Memphis）停留了一天，在维克斯堡（Vicksburg）和纳奇兹（Natchez）停留的时间则更短。5月初，他们终于抵达新奥尔良，在那儿逗留了一个月，卖货之余，饱览这座“新月城”的风景。

在新奥尔良，林肯第一次目睹了奴隶制的残酷。他看到“带着镣铐的黑人遭受鞭打”。这惨无人道的情景激起了他的是非心和正义感，曾经听说和读到过的事情活生生地出现在眼前，召唤着他的心灵和良知。正如他的一位同伴所说：“从那时起，奴隶制就在他的生命里打下了深深的烙印。”一天早上，他们在城里闲逛时，碰到了一桩奴隶拍卖。被拍卖的是一个健康漂亮的混血姑娘。来挑选的人在她身上捏来捏去，掐她，让她像匹马一样在房间里来回跑，而这一切，据拍卖者说，不管出价多少，只是为了“让顾客们满意”。这丑陋的一幕令林肯感到“怒不可遏”，他赶紧拉着同伴离开了拍卖场，边走边说：“向上帝发誓，伙计们，咱们得快点离开这儿。要是我将来有机会打击这种行为（指奴隶制），我一定不会手软。”这件事是1865年约翰·汉克斯告诉我的。我也听林肯先生亲口讲过。

6月，包括奥法特在内的这几个人乘一艘蒸汽船溯流而上。他们在圣路易斯上岸，奥法特留在那里，林肯、汉克斯和约翰斯顿则从那儿步行穿越伊利诺伊。到了爱德华兹维尔（Edwardsville），这三人也分手了，汉克斯前往斯普林菲尔德，林肯和他继母的儿子沿着去柯尔斯县的大道，回老托马斯·林肯在他们出航期间又搬的新家。林肯在新家待的时间并不长，大概不超过一个月，但是就在这段时间里，他干净利落地制服了一个叫丹尼尔·尼达姆（Daniel Needham）的人。这人是个有名的摔跤手，一心想和远航归来的林肯一较高低。比赛在一个名为“沃巴什汇合点”的地方举行。亚伯轻而易举地把对手撂倒了两次，他的力量和敏捷令他此后大受周围男孩们的推崇。

8月，林肯又一次沿桑加蒙河来到新塞勒姆。这个曾经繁荣兴旺的村子现在已不复存在，在它的原址甚至连一间房屋、一块砖瓦都没有留下。现在的旅游者必须爬上一座比周围村子高出100英尺的断崖，才能找到这个地方。崖顶有250英尺宽，俯瞰桑加蒙河。丘陵向西穿过森林，地势也随之扩展开来，最后和广阔的草原连成一片。桑加蒙河从东南方流经悬崖脚下，拍打着岸边的岩石，猛然转了个弯，向北流去。这里有一座旧磨坊，一道水坝拦河而建，利用河水为磨坊提供动力。1831年4月，奥法特的船正是在此处搁浅的。浑浊的河水流过水坝，裹挟着暗流和漩涡，水声就像远处传来的低沉连续的雷声，日夜回荡在村庄的上空。

村子的四周，丘陵和平原交错分布，几条溪流穿越其间，汇入桑加蒙河。小山上遍布橡树、山核桃树、胡桃树、白蜡树和榆树。山下是肥沃的冲积平原，宽广的森林随着地势高低起伏，一眼望不到边。在群山夹峙中，桑加蒙河沿着它那由石灰岩、沙子和黏土构成的河床，贴着一座又一座断崖奔流而去。曾经坐落在断崖上的新塞勒姆村建于1828年，很快就成为周边贸易的中心。1836年，这里有20户人家，100位居民。在地政事务局和公共马车的时代，新塞勒姆村生气勃勃，集市上总是一派繁忙的景象。居民们勤劳上进，每家店铺都生意兴隆，商业发展得一帆风顺，村子因此而颇有名气。然而令人难以理解的是，就在林肯离开这里的同时，这个村子的辉煌时代忽然结束，代之而来的是急剧的衰落。如今，只有随处可见的碎石块述说着它的存在。一位作家这样写道："它是如何像晨雾一样消失的？它的居民散向何处？他们留下的房屋又怎么样了？这些都是有待地方史学家们解答的问题。"

1831年8月，林肯在返回新塞勒姆的几天里又遇到了奥法特。他兴高采烈地告诉林肯：他进了一批货，随后就从比尔兹敦发来，货物一到，他会再次雇林肯当帮手。这个新来的高个子小伙——对于新塞勒姆来说，他今后将不再是个新来者——在等待雇主货物到达的一段时间里，整日无所事事地在村子里闲逛。他并不觉得这样有什么不对。对他来说，闲着有好多有意思的事情可干。那段时间，他是个名副其实的"无业游民"。认识他的人都觉得他像一根漂在水上的浮木。风雪交加的严冬一过，他就趁着暴涨的河水顺流而下，漫无目的地漂荡，偶尔回新塞勒姆住几天。回首林肯的这段经历，我们不得不说，上帝或者机遇，或者任何决定命运的力量，并没有给予林肯特别的庇护。

新塞勒姆的教师门特·格雷厄姆（Mentor Graham）[①]告诉我们，林肯真正被村民们所认识是源于一次选举，当时他是选举委员会的一员。这位新成员思维敏捷，办事公平，待人诚恳，在委员会中显得与众不同。格雷厄姆和他很快就成了亲密的朋友。白天，投票工作不紧不慢地进行，林肯给那些聚集在投票点的人们讲故事，逗他们开心。我的表兄弟J.R.赫恩登也在人群当中，津津有味地听着这个选举特别节目。他对林肯讲的几个故事一直念念不忘，在以后的几年里总爱给别人复述。[②]凭着几个故事，林肯毫不费力地就在新塞勒姆大受欢迎。可能当时他并没有意识到这一点，但他已经利用自己最顺手的武器获得了胜利。

选举后不久，林肯在纳尔逊（Nelson）医生那儿得到了份差事。这位医生后来依靠其家庭背景和一艘常跑得克萨斯的“私人”平底船，成了社会要人。他雇林肯驾驶这艘船进入伊利诺伊河。抵达比尔兹敦以后，林肯被解雇，他步行穿过沙地和丘陵，回到了新塞勒姆。就在此时，奥法特盼望已久的那批货物终于到了，林肯开始承担起打理生意的职责。奥法特非常信赖这位伙计的才干，对他极尽溢美之词，简直有点失去了理性。他夸耀林肯有商业头脑，机智过人。而论起林肯的强壮有力和不畏艰险，他相信在新塞勒姆，甚至整个世界，都罕有其匹。奥法特在事业上的雄心壮志是广为人

---

① 尼古拉和海在《世纪》杂志上把这个人的名字错拼成了“门顿”·格雷厄姆。而他所有来信和文章上的署名都是“门特”。——J. W. W.

② 到了下午，一切仍然单调乏味地继续进行着。那个新来的林肯此时开始讲起印第安纳的故事来，一个接着一个。其中有一个他称之为“蜥蜴的故事”的，我觉得最好笑。他讲道：“那间集会大厅是在树林里，离其他房子都很远，一个月只用一次。牧师是个老派的浸礼会教士，穿着粗麻衬衫和粗麻裤子。那裤子式样过时，裤腿肥大下垂，前面还有片布，没有吊带，就那么系在腰上。衬衫上只有衣领处有一个扣子，才使衬衫不致滑落。他站在布道台上，高声诵读经文：‘今日我化身基督。’就在这时，一条蓝色的小蜥蜴钻进了他那宽大的裤管。老牧师不想中断布道，双手在腿上拍来拍去，想抓住那个入侵者。但是一点用都没有，那个小家伙越爬越高。牧师一边继续布道，一边偷偷地解开裤腰带中间的扣子，猛踢了一下，他身上那件易穿的袍子就滑落了下来。但蜥蜴先生恰在此时爬过了腰带，若无其事地钻到了衬衫下面，在牧师背上继续它的探险。场面越来越滑稽，而牧师还在慢悠悠地布道。接着，他又解开了领子上的扣子，一只胳膊使劲一甩，那件粗麻衬衫也脱下来了。教众们呆坐在下面，有一会儿似乎都看傻了。最后，坐在大厅后面的一位老年妇女站了起来，看着布道台上手忙脚乱的牧师，提高了嗓门喊道：‘要是你能代表基督，那我以后就再也不碰《圣经》了。’”——J.R.赫恩登，1865年7月2日来信手稿。

知的，他租下了位于山脚下的拉特利奇和卡梅伦（Cameron）磨坊，因而又添了一项生意。林肯也负责经营磨坊，这对他的商业才能来说是个更大的考验。奥法特雇了威廉·G. 格林（William G.Greene）来做林肯的帮手，后来这两人结下了长达一生的友谊。他们晚上都睡在店里，关系亲昵到甚至“一个人翻身，另一个人也会照做”。奥法特是所有这些生意的老板，他无疑是村里最有进取心的人。而在他同时代人看来，他无疑也是个怪人。有的人说，他头脑清楚，开朗活跃，能成大事。另一些人则说他“粗野、聒噪、做事不计后果”，或者“爱吹牛、满脑子胡思乱想、不安于现状、轻率任性”。但不论他身上有多少缺点，他都是个善良的人，是林肯慷慨的朋友。他肯定林肯会击败桑加蒙县的任何人，把他们远远地抛在后面，这预言很快就得到了验证。按照有人的如实回忆：“亚伯没有辜负奥法特的期望，还没在新塞勒姆扎下脚来就赢得了威望。”在村子附近，大概往西南几英里的地方，有一片小树林，被称为克莱里小树林。住在那儿的一帮男孩子是当地一霸。这种现象似乎是边界文化的必然产物。他们友好和睦，天性善良；他们挖池塘、开沼泽、建房屋；他们祈祷的同时努力奋斗，建起了一个村庄，或者说创造了一个王国。他们为了好玩、爱好或者需要，几乎可以做任何事情。尽管行为粗野，过着饥一顿饱一顿的生活，有时单纯为寻求刺激而搞点恶作剧，但是如果一个需要帮助的穷人，一个瘸子或者病人，一个弱女子，一个寡妇或者一个孤儿，出现在他们面前，立刻就会引起他们的同情和怜悯。他们会拿出他们所有的东西，自己则心甘情愿再去干活或者去牌桌上挣回来。天底下可能再也找不到比这群吵吵闹闹的小伙子们更慷慨大方的人了。不过，他们却讨厌和陌生人结交。一个叫杰克·阿姆斯特朗（Jack Armstrong）的人是他们之中公认的头儿，他拥有成年男子的好体格，结实强壮，吃苦耐劳。无论他何时下令“清扫”新塞勒姆，男孩们都会照做。一天，奥法特在店里为了新伙计林肯跟克莱里树林帮谁厉害的问题，和克莱里的男孩争论了起来，对方不相信林肯力大无比，身手灵活，出10美元打赌说杰克·阿姆斯特朗，用当时的话讲，“比林肯更棒”。林肯强烈反对以这种方式自我宣扬，可架不住奥法特的再三恳求，最终还是同意通过这条非常途径成为镇上的社会名人。他现在身高6英尺4英寸，根据他的密友威廉·格林给我们的精确数字，体重有“214磅”。比赛是一场公平的友谊赛。新塞勒姆的所有人都赶来观战。钱、威士忌、小刀，所有这些个人物品都用来做了赌注。我们不必探究这场较量的细节。每个人都知道它是如何结束的：那帮坏小子们的轻蔑和质疑激怒了劈栅栏的瘦高个，他身高臂长，占了优势，最后掐住那个大块头的脖子，几乎把他提了起来，像扔抹布一样把他扔了出去；林肯凭借此举一下子在新塞勒姆建立起了牢固的威望，也赢得了他手下败将的尊敬和友谊。① 从那时起，杰克·阿姆斯特朗和他的妻子汉娜（Hannah），以及其他所有阿姆斯特朗家族的人，都成了林肯值得信赖的亲密的朋友。没有人能像他们那样，随时准备支持林肯，乐于伸出援手。林肯对他们的友谊和帮助心存感念，多年后，他免除了阿姆斯特朗家一个人的绞刑以为报答。

在奥法特店里工作让林肯有了更多的闲暇，他可以安排充裕的时间学习。很早以前他就已经意识到自己在教育程度上的欠缺，现在条件允许了，他决心通过学习来弥补以前的遗憾。对他来说，最迫切的莫过于增强语言能力，准确地表达出自己的意思。而且，他还认识到自己不擅长修辞，因此决心要克服一切困难去掌握这门复杂难懂的语法学问。他听从了门特·格雷厄姆的建议，去找一个叫凡纳的人，那人有一本《柯卡姆语法》（*Kirkham's Grammar*）。他步行往返了好几英里，胳膊下夹着那本梦寐以求的书回到了店里。他带着一股坚持不懈的热情，立刻专心致志地学习起来。有时，他四仰八叉地躺在柜台上看书，脑袋下面垫着一堆印花布；或者偷偷溜出店去，跑到宜人的树荫下，一待就是几个钟头，努力把“副词修饰动词、形容词和其他副词”之类的强制规则记到脑子里。不时从乏味的语法跳到更有意思的数学，

① 林肯先生之所以力大无比，更多地是因为他的肌肉强健，而不仅仅是因为肌肉有力量。他不仅能从地上搬起极为沉重的东西，还能将加农炮弹或者大锤头掷得比新塞勒姆任何人掷得都远。我曾经听他解释过自己比别人力气大的原因。他没有将之归因于体力强于别人，而是认为由于自己胳膊的长度超乎寻常，对炮弹或者其他投掷物甩动的距离也更长，因而与一般人相比，他投掷出去的东西就获得了更大的力和冲量。

对他来说就是最好的放松方式。人们经常看到他脸朝下趴在草地上，舒展开6英尺多长的身子，在纸片上演算着数学题，这些题通常都是来店里的一个古里古怪的闲汉想出来的，诸如设法证明“一个数乘以一个分数的分母再除以这个分母，等于这个数除以这个分母再乘以它”这一类。在旁人看来，这个年轻人几乎不可能成为一名成功的商人。

行文至此，我们将告别我们热情又充满活力的朋友奥法特，对此我深感遗憾。奥法特的投资没能取得他预期的回报，此时他的许多债务又已经到期，因为不能如期还款，他不得不缴纳罚金，从此一蹶不振。不久，他从村子里消失了，村里没人知道他去了哪儿。林肯意味深长地说，他“失踪了”。一直到1873年，我接到一封詹姆斯·霍尔（James Hall）医生寄来的信，他住在圣丹尼斯（St. Dennis），离马里兰州的巴尔的摩很近。信中他提到了奥法特的失踪，他是这么回忆的:“我不知道认识或者了解奥法特会带来什么后果，但我可以肯定的是他在离开新塞勒姆后又出现过。我刚听到他名字的时候觉得很熟悉，但一下子想不起来这个人。后来我记起大约25年前，巴尔的摩曾经有个叫‘登顿·奥法特’的人，他从肯塔基来，在巴尔的摩市的报纸上给自己登广告，说他是个兽医和驯马师，声称有门秘诀，可以对着马耳朵密语，或者听懂马说的话。他通过这种方法跟马交流，最难驯服的烈马都会平静下来，听他的指挥。想学这秘诀的，他只收5美元，但要求买家发誓绝不泄露秘密。我知道好几个很棒的年轻骑手都出钱学了他那套鬼把戏。奥法特不仅在报纸上宣传自己，还凭借他那身古怪的行头引人注意。他有时骑马，有时步行，在大街上晃荡，穿着普通人的黑上衣，右肩上斜挂着条用各色丝带做成的宽肩带，在左屁股上打了个大大的玫瑰形的花结，更显得滑稽可笑，引人注目。我因为买马，在好几个马厩里都碰到过他，很想见识一下他那个秘诀。关于奥法特，我知道的就是这么多。但是既然他1861年时还活着，我想林肯先生可能听到过他的消息。”

1832年初春，斯普林菲尔德和新塞勒姆迎来了一个激动人心的消息：一艘蒸汽船将沿着桑加蒙河到达这里。这毫无疑问地证明，这里可以通航蒸汽船。这次航行由文森特·博格（Vincent Bogue）船长组织发起，他是斯普林菲尔德人，在辛辛那提买下了这艘船。关于桑加蒙河到底能否通航的问题已经争论了无数遍，现在博格用实际行动给出了答案。当他通知家乡父老蒸汽船“护身符”号将从辛辛那提出发前往斯普林菲尔德时，我们能够想象这一消息引起了人们多么大的兴奋和热情。桑加蒙河[①]现在成了关注焦点，斯普林菲尔德、新塞勒姆以及所有沿河的其他村镇，将通过这条河与外部世界连接起来。住在各地的报纸订户们可以举行大会，斯普林菲尔德的商人可以宣传自己的商品是“蒸汽船‘护身符’号从东部运来的”，从东部寄来的邮件可以保证每周投递一次，沿河这些生机勃勃的村庄连带其周围地区，成了各城镇的中心——事实上，整个地区都开始感受到这种刺激效应，这段时期后来被称为“大繁荣”。我之所以清楚地记得这件事，是由于两个原因。这是我第一次看到蒸汽船，也是我第一次见到林肯先生——虽然直到1834年他第二次参加州议会竞选时，我才与他相识。遵从博格船长从辛辛那提发来的建议，一群居民，其中包括林肯，沿河而下，去比尔兹敦迎接那艘从伊利诺伊来的船。他们带着长柄斧头，按照博格的吩咐，砍去“从岸上伸展到河面上的树枝”。我和别的骑马的男孩刚刚经过新塞勒姆，就赶上了那艘船，我们沿着河岸一直追到博格的磨坊，船在那儿停了下来。我们登上船，带着孩子的好奇心，尽情欣赏舱内豪华的装饰。当时的《桑加蒙日报》刊登了大量庆祝“护身符”号抵达的诗歌。发表于1832年4月5日的一首诗被谱上了《克拉·德·基钦》的调子，这首诗没有署名，但据推测是当地一位诗人奥利芬特[②]的作品。我忍不住摘抄了这首颂歌里的一两段，以飨读者：

噢，博格船长将重担挑在肩上，

博格船长指明了前进的方向。

① 那时这个名字的最后一个音节发音同“raw”押韵，后来末尾加上了字母“n”——可能是为了更好听。

② E. P. 奥利芬特，是位律师。

我们一心一意追随着他，
将我们的船停靠在他的磨坊。

现在我们到了桑加莫，
这儿的人们热情好客。
葡萄酒和杜松子酒，还有威士忌和白兰地，
令你的杯中总是琼浆四溢。

全伊利诺伊的婴孩、儿童和少年，
都被吸引到了桑加莫河边。
他们看到那条蒸汽驱动的船，
坚信它如梦境般奇幻。

在这艘船到达斯普林菲尔德，或离斯普林菲尔德不远的时候，人们在法院大厅里举行招待会和舞会欢迎船员们。镇上的社会名流都来向新来的客人表示敬意。指挥这艘船的船长——不是博格船长，而是个从东部来的衣着光鲜的家伙——带着一个女人，打扮得比他还要俗艳，他介绍说是他的妻子。他们当然受到了最殷勤的接待，这位风流船长跟他漂亮的女伴狂欢畅饮直到入夜——那几天我们敞开供应美酒佳肴——渐渐忘形起来，毫不避忌地做出亲密举动，令人不快。这种失礼行为简直是对斯普林菲尔德品行高尚的淑女们的公然冒犯。但最令人不齿的事情还在后面，第二天，居民们得知船长的女伴根本不是他的妻子，而是个声名可疑的女人，他从东部某个偏远的地区把她带了来。不过，让我们还是回到"护身符"号上来。这艘备受关注的船在博格磨坊停泊了一个多星期，日益减缓的水流似乎在提醒船员们，除非他们打算今年留在这儿，否则的话必须继续把船驶往下游。在这个关键时刻，我堂兄罗恩·赫恩登（Rowan Herndon）出了个主意。他是个经验丰富的水手，他推荐说林肯驾船技术熟练，应该雇他来做帮手。于是这两个生长于内地的水手签下了当领航员的合同，负责带船通过从桑加蒙河到伊利诺伊河的那段复杂的航道。这艘船现在看来像个笨拙的庞然大物，一天平均只能走4英里。它肯定没办法通过新塞勒姆磨坊水坝那段水流平稳的河道，除非把水坝降低或者拆除一部分。① 磨坊主人卡梅伦和拉特利奇强烈反对这么做。船员们则说，根据联邦宪法和法律，任何人无权擅自筑坝或以任何形式阻碍航道。他们说既然他们已经证明桑加蒙河是可以通航的，那他们就会排除所有障碍，让船通行。罗恩·赫恩登1865年告诉我这件事的时候说："我们驾船朝水坝撞去，船卡在了那里。我们退后一点，下了锚，然后把水坝砸了个口子，船向上浮了起来，一下子就通过了水坝。"整个过程就在磨坊主的咒骂声、船员们的欢呼声和过路人的惊叹声中结束了。"护身符"号的返航令那些坚信桑加蒙河能够顺利通航的人们激动不已，那位领航员有点得意地这么总结此次航行的影响："只要这艘船一完，租船的公司也就完了。"负责领航的林肯和赫恩登驾驶这艘船抵达比尔兹敦，依照合同，在那儿他们每人领到了40美元，辞别了"护身符"号的船长和船员，起程步行回新塞勒姆。几个月后，"护身符"号在圣路易斯的码头上着火，毁于一旦。对于博格船长来说，开辟一条到斯普林菲尔德的蒸汽船航线是一次不幸的冒险尝试。由于无力偿还即将到期的债务，他不得不用公司做抵押。当时的报上登满了那些虎视眈眈的债主们发出的财产扣押诉讼公告，他们已经扣押了他的商品，据说他因此而出了国。

① 奥利芬特曾在事前在诗中这么描述这件发生在新塞勒姆的大事：
"当我们到达塞勒姆水闸，
迎头碰上了那道堤坝；
我们全力想要通过，
却不得不整晚在此耽搁。"

第五章
军人—店员—测量员—邮递员—州议员

“护身符”号毁于大火，登顿·奥法特生意失败，在新塞勒姆失踪，这一系列变故在短时间内接连发生。到了1832年春夏之交的时候，林肯又成了一根“水上的浮木”。有关林肯居住的地方没有受到黑鹰（Black Hawk）战争影响的说法只是一种猜测。回顾一下他人生中那段不寻常的经历并不违背本书的初衷。1831年6月30日，印第安人的伟大首领黑鹰与雷诺兹（Reynolds）州长和盖恩斯（Gaines）将军达成了一项非常正式的协议，协议规定，“没有美国总统或伊利诺伊州州长的允许，他部落的任何人不得渡过密西西比河，进入河东岸他们原来的居住地或狩猎区。”1832年4月6日，黑鹰公然破坏协议，率领部众渡过密西西比河，向罗克河（Rock River）河谷进发，随行的大概有500名骑兵，他的妻子和孩子则乘独木舟溯流而上。这位伟大的首领当时已经67岁，他自认为他的计划万无一失，他的盟友行动迅速，忠诚可靠。

负责抵御印第安人的是福特·阿姆斯特朗（Fort Armstrong），尽管他的上司阿特金森（Atkinson）将军曾经警告过他，并命令他撤退，但他高傲地拒绝了，他宣称要“打过河去种玉米”。雷诺兹州长得知黑鹰的行动后，马上召集了1，000名志愿骑兵，与阿特金森将军下属的各州联军协同作战，把狡猾的印第安人赶回了密西西比河对岸。雷诺兹州长的号召得到了迅速积极的响应。林肯应征参加桑加蒙县的队伍，第一次过上了变化无常、惊险刺激的士兵生活。事实上，他觉得这场对付印第安人的战争就像假期里玩的游戏，跟冒险去偷鸡似的，后来他在一次抨击盖恩斯将军军事冒进的议会演讲中，清楚地表达了他那时的想法。不过，作为军人，必须严格执行命令，他还是跟随桑加蒙县的小分队一起开往斯凯勒（Schuyler）县的拉什维尔（Rushville）。① 在那儿，他，而不是威廉·柯克帕特里克，被选为队长，这大大出乎他的意料。伊利诺伊及研究黑鹰战争的历史学家们绝不会忘记复述后来将危险狡诈的印第安人赶走的策略，或者双方发生的几次交战，虽然没有一次可以算得上真正的战斗。这些与林肯有关的事情已经研究得非常详尽确实，我想我也无需再补充什么了。

当选队长后，林肯做了简短而谦逊的答谢辞。这是他第一次被委以官职，他非常珍视这份信任，由此给他带来的荣誉感甚至高过此后他获得的任何荣誉。他的队伍带有深刻的克莱里树林帮的烙印，他们临危不惧，却很难适应军队严格的纪律。每个人都能很好地照顾自己，也乐意这么做。大家毕恭毕敬地服从队长的权威，正如有的人所说，他们仍旧是一群“慷慨的流氓”。我曾经听林肯先生讲过他当队长和训练士兵的那段经历。当他向一个士兵发第一道口令时，得到的是这样的回答：“见鬼去吧，长官！”尽管发生在军官和士兵之间的这种行为严重违反军纪，但牢固的感情纽带把他们紧紧

① 在拉什维尔的集合点及开赴前线的途中，林肯自然对手下的士兵们进行了训练，把自己所知的十分有限的军事知识教给他们。他曾经回忆起那些发生在训练时的可笑事情。一天早晨，他带领连队行军。队伍是20人一排。途中必须要通过一个大门，可队列比那门要宽多了。队长忘了让队伍变成纵队该喊什么口令，一筹莫展之际忽然冒出个主意救了急。他对着队伍喊道：“立定！全体解散两分钟，到门那边重新集合。”这一招果然奏效了。

地联系在一起。如果各州联军军官与林肯队长或其他伊利诺伊军官下达的命令互相冲突——有一次这种情况差点发生——那么不用说我们也能猜到，桑加蒙县连队的所有成员会执行谁的命令。当时有一条纪律，士兵在军营50码内必须带枪。林肯队长却违反了这条纪律，因此被逮捕，他的佩剑也被没收了一天。但是这次还有其他几次的惩罚丝毫无损林肯在连队中的威望。如果说有什么变化的话，那就是他们的关系更紧密了。来自克莱里小树林的这个团体因为成员间的友谊而显得与众不同。这种牢固和睦的关系似乎只能在垦荒者中找到，它比血缘关系更亲密，在生死关头会变得更坚不可摧。

一天夜里，桑加蒙连队的一个士兵闯入军官们的营地，用一把战斧和四个水桶偷来了许多酒。他大方地把酒分给同伴们。第二天黎明，军队开拔，桑加蒙连队的队长惊奇地发现，他的士兵根本没法出发。他们夜里折腾了一宿，一个个都睡倒在路边，只有几个人能跟上他们勇敢的队长，他此时还处在震惊之中。落在后面的人逐渐醒过酒来，可走路还是不利落，当最后一个人拖着双腿走到营地的时候已经是深夜了。接下来对此事的调查结果是，由队长一人替其他违纪的人受罚。他因此又被逮捕，两天内只能佩带一把木剑。后来林肯连队的一个士兵告诉我："虽然在这件事里他完全是无辜的，但他仍然心甘情愿地受了罚。"

在这场载入史册的黑鹰战争中，林肯还有一件值得记住的事迹。他力排众议，保护了一个掉队的印第安老人。这个老人当时饥饿无助，士兵们都认为他是个奸细，商量着要把他干掉。老印第安人吓得浑身发抖，从他那叠着的毯子里找出了一封盖恩斯将军写的信，信中说他曾经为白人提供过热情真诚的服务，然而这封信仍无法平息士兵们的怒火，他们一步步逼近他。他们离开家乡就是为了和狡诈的印第安人作战，现在这儿有个敌人竟敢潜入他们的营地。"我们要杀一儆百，"他们喊道，"这封信是伪造的，他是个奸细。"眼看他们的恐吓就要变成现实，那位高大的队长脸色阴沉，却并没有出言劝阻他们不去伤害那个毫无反抗能力的俘虏。他那副坚定愤怒的神态等于命令"谁也不准动手"。士兵们满心不情愿地让开了条道，印第安人终于摆脱麻烦，继续上路了。

林肯还跟尤宁（Union）县的士兵汤普森（Thompson）进行过一场著名的摔跤比赛。几乎没人是汤普森的对手，他一连把林肯撂倒了两次。桑加蒙士兵非常钦佩他们队长的力量和英勇，常常引以为傲。这次比赛的结果对他们并没有任何影响。他们说汤普森用了不正当的手段，所以胜得并不公平，按照体育竞技的说法，双方是“打了个平手”。在人们众口一词指责汤普森时，林肯却宽容地表示，他和对手的比赛是公平的。这一行为再次提升了他在众人心目中的威望。[①]

士兵们时常会面临断炊的威胁，作为一名志愿兵，只有靠智慧和劳动，才能挨过长时间难以忍受的饥饿。桑加蒙连队的一个老兵回忆说：“我们到了一个温纳贝戈（Winnebago）印第安部落的老镇上，那儿叫‘海龟村’。我们将近四天的口粮已经吃完，这时候，林肯的好朋友G.B.范彻（Fanchier）打了一只鸽子，我们还剩下一吉耳面粉，大家把鸽子和面粉放到一只印第安人丢下的旧白铁桶里，做出了一加仑半可口的汤。我们把汤分给比我们更饿的连队和我们自己的人，给每个人的杯子里都盛了一点。还有一次，在伊利诺伊州的最北边，我们有两天没有吃东西，忽然在草原的尽头出现了一座崭新的木屋。曾经在这里生活的拓荒者一家因为惧怕遭到剥头皮的厄运，不得不遗弃家园，仓皇逃走。屋子周围有许多鸡，看起来比我们还饿。此时填饱肚子已经成了头等大事，小伙子们似乎听到一个声音在说：‘宰掉它们，大吃一顿。’于是他们立刻开始赶鸡，只要看见鸡就拿棍子打，用枪射。就在大伙忙着杀鸡的时候，我爬上了烟房的横梁，在那儿我清楚地看到了在下面看不见的东西——我见过的最棒的一块猪下巴肉，它一半藏在木板和横梁间，露出头来，无疑主人本来是打算留着它以后吃的。下面的伙计们已经开始在火上烤鸡了，想用烤出来的油脂和肉汁来煎鸡肉。有几个经验丰富的家伙建议

① 这场战争的一名幸存者威廉·L.威尔逊在1882年2月3日的一封信中，在详细回忆了斯蒂尔曼战败的情况之后，他说：“那时我和后来的美国总统亚伯拉罕·林肯相处得很愉快。我记得有一次跟他摔跤，交手三局我赢了两局，把他摔倒在地。他不服，于是我们又赛跑，赢家的奖品是一张5美元钞票。最后我赢得了那张钞票。这事已经过去很久了。其实我还记得很多往事，但是作为一个贵格会教徒，我不能将它们付诸文字。”

把鸡做成咸肉，所以改烤为煎。建议被大家采纳，鸡肉很快就煎好了。我们开始吃又硬又干的鸡肉，不时咬一口猪下巴。这时林肯走了过来，问道：‘小伙子们，在吃鸡？’‘味道不怎么样，长官。’我回答，因为我们主要吃的是那块猪下巴肉，它比鸡肉可香甜可口多了。‘真像在啃马鞍袋，’他说，‘不过，我想今儿大家的肚子能填饱了。乔治，你给这帮瘦鬼们找到了什么吃的？’‘我们找到了一块肥美的猪下巴肉，长官。不过你来得太晚，没你的份儿了。’我边回答他，边给他让地儿，好让他够到那个放肉的榆树皮容器。他吃了几口咸肉，然后就开始把肉分给其他连队的士兵。那些士兵跑来‘看亚伯在干嘛’，还讲了许多古怪可笑的故事来助兴。”由此可见，林肯队长凭着他那平易近人、不卑不亢的态度，很快赢得了那些性情粗鲁却爱憎分明的士兵们的尊敬。毫无疑问，他这么做是非常有远见的，士兵们的友谊和尊敬后来对他大有益处。就像前文曾提到的那位编年史作者后面所写的：“他认识每一个人，他告诉我，他决定参加下次州议会的竞选。他领导的连队成员们毫不犹豫地选定他当我们的领袖，他也接受了。”

志愿兵们的服役期满了，军营生活的新奇感已经消失，大多数人开始感到厌倦，渴望回家享受安逸舒适和美味佳肴，因此他们不愿超期服役或继续承担别的服务。他们对军人荣誉的追求已经实现，现在心满意足地起程回家。但是战争尚未结束，势力强大的黑鹰依然在密西西比河东岸。少数人留了下来，继续服役。林肯就是其中的一个。这次为了避免当选队长，也为了不再遭遇带着把木剑走在军营里的尴尬，自尊心强的林肯以个人身份加入了伊莱贾·艾尔斯（Elijah Iles）的连队。有些林肯传记的作者一相情愿地将他继续服役的原因归于单纯的爱国热情和报效国家的渴望。从感情立场来讲，这听起来更冠冕堂皇。但是我有充分的理由相信，林肯先生从未对这场战争抱有多么一本正经的想法。事实上，我的信息来源是最权威的，因为出自当事者本人之口。林肯先生当时还没成家，与父母及汉克斯一家、约翰斯顿一家的关系已经非常疏远，没有妻子和孩子在家为他担心，在温暖的炉火边也没有他的座位。“我没有工作，”有一次他对我说，“再去打仗没什么危险，对我来说，没有比继续服役更好的活儿了。”

这是他最后一次服役，时间很短。期满后他和桑加蒙县其他留下的士兵们一道告别了战场，又回到新塞勒姆。他的士兵生涯至此结束，迎接他的是全新的生活。不论后来他如何装作毫不在乎黑鹰战争中的那段艰苦日子和他自己的表现，我还是相信他其实对此深感自豪。19世纪50年代，国会曾授予他一块土地，他高兴极了，将土地选在了衣阿华（Iowa）州。一天他对我说，他将带着那块地进坟墓。尽管那块地从没给他带来什么收益，但据我所知，他一直也舍不得放弃它。①

黑鹰战争的勇士们是在8月回到新塞勒姆的，不久大选就开始了。这次将选出新一届州议会。林肯曾告诉战友们他要参选，3月的时候他还署名发表过热情洋溢的施政意见。在奔赴战场之前，他作为州议会候选人之一，在他的新家乡积极参加各种公共活动。我们无需再叙述当时伊利诺伊州的政治形势，或者掌权者对当地的影响，我们感兴趣的只是林肯的参选经过。虽然他没有明确宣称自己是辉格党，但是就像他的一个朋友说的：“他公开支持辉格党的主张。”他支持开办国家银行，建立允许国内改革的自由体制，实行高额保护性关税。他的竞选传单简直就是文学作品，不过考虑到它的长度，我想这里还是不必整篇引用了。我听说这篇文章由林肯亲笔撰写，文中明显的

① “为了表彰亚伯拉罕·林肯在黑鹰战争期间服役，担任伊利诺伊州志愿兵第四连连长，政府颁发给他两份土地奖励授权令。第一份授权令编号为52076，于1852年4月16日颁发，授予亚伯拉罕·林肯连长40英亩土地（根据1850年法令）。1854年7月21日，林肯指定的代理人约翰·P.戴维斯将衣阿华州迪比克的一处土地划归他的名下。这块地位于衣阿华州西部第39排市镇群（按：美国公地测量中相距6英里两子午线之间的市镇为一排）以北，84号镇区（按：美国土地测量中6英里见方的地区）20号地段西南四分之一区内西北角的四分之一。土地转让证书于1855年6月1日颁发给亚伯拉罕·林肯，1855年10月26日转至土地流转登记处备案，载于登记册第280卷第21页。

“根据1855年法令，另一份编号为68465的土地授权令于1856年4月22日颁发，授予黑鹰战争中的伊利诺伊州民兵连长亚伯拉罕·林肯120英亩土地。他本人于1859年12月27日将伊利诺伊州斯普林菲尔德的一处土地划归名下。这块地位于伊利诺伊州西部第39排市镇群以北，84号镇区18号地段东北四分之一区内西北角的四分之一和东半边。土地转让证书于1860年9月10日颁发，1860年10月30日转至土地流转登记处备案，载于登记册第468卷第53页。”——乔斯·S.威尔逊，地政事务所代理专员，1865年6月27日。

语法错误是詹姆斯·麦克纳马（James McNamar）修改的。麦克纳马后来成了林肯的情敌。[①]

这张传单的落款日期是1832年3月9日，写给“桑加蒙县的人民”。文中涉及了当时所有的重要问题：铁路交通、内河航运、国内改革和高利贷。林肯特别关注公共教育，认为它是人民面临的最重要的问题。因为他自身对缺乏学校教育的害处深有体会，所以他极力主张所有成年男子及其子女，不论家境多么贫困，都有权利获得至少是适度的教育，以使他们能够“独立阅读《圣经》及其他道德和宗教作品。”文章结尾一段尽显克莱里树林帮的那种侠义之风。“我出生和成长在社会的最底层，”他写道，“没有有钱有名的亲戚朋友做靠山。我的情况只有咱们县的这些独立投票人们最清楚。如果我当选，我将会不懈努力，回报你们的支持。但是如果，”他平静地总结，“你们经过理智的判断，认为我还是安分守己更合适，我也不会感到特别失望，因为我已经习惯失望了。”

选举在即，只剩下几天的拉票时间。当时和林肯在一起的一个人[②]这么描述他的打扮：“他穿着一件不伦不类的工装上衣，像锤工穿的那种，但没有袖子和短后襟——实际上那衣服的后襟太短了，都盖不住屁股。下身是条亚麻布裤子，戴着顶草帽。我记得他穿了件背心，但记不清背心什么样子了。他脚上穿了双铁靴子。”他的第一次演说是在帕普斯维尔的一次集市上进行的。帕普斯维尔是斯普林菲尔德西边11英里的一个村子。买卖结束，演说开始，但随之就被一场斗殴打断。一个旁观者回忆说那只是场“普通的打架”。当时林肯站在树桩上正要开始演讲，忽然注意到一个怒气冲冲的无赖在猛攻他的一个朋友，他朋友快招架不住了。他很快就制伏了那个无赖。只见他急忙跳下简陋的演讲台，从拥挤的人群中挤开一条道，凭着力大臂长，一把抓住那个欺负人的家伙的衣领和裤裆，把他摔了出去，据一个目击者肯定地

① 麦克纳马在1866年5月5日的信中说：“我应他的要求，修改了他给桑加蒙县选民第一篇致词中的几处语法错误。他的主要关注点是桑加蒙河的航运。”

② A.Y.埃利斯，1866年6月5日来信手稿。

说，“摔出了有12英尺远”。然后他回到讲台上，把帽子扔在一边，用下面的一段简短而生动的开场白正式开始了他的竞选演说：

市民朋友们，我想你们都知道我是谁。我是卑贱的亚伯拉罕·林肯。许多朋友都建议我来参加州议会竞选。我的政治主张很简洁，对你们来说又很亲切，就像老女人跳的舞一样。我支持创办国家银行，建立国内改革体制，实行高额保护性关税。这就是我的观点和政见。如果我当选，我会心存感激；如果我没有当选，我依然会心存感激。

这段演讲词是我从A.Y.埃利斯（Ellis）那儿得到的，他在1865年把它誊写了出来。埃利斯是林肯的朋友和支持者，非常关注他的拉票情况。他回忆说：“有一次，我跟他一起去丛林岛拉票，他做了一次演讲，令他那些同党派的朋友大为赞赏，一些支持杰克逊的人则对此肆意嘲讽。演讲中他讲了几桩奇闻轶事，而且我认为运用得非常得当。他还给小伙子们讲了几个故事，大受他们的欢迎。我还能记得他们，但出于谨慎和我对林肯的尊敬，我不会说出他们的名字。”林肯在演讲中喜欢讲故事，他的许多故事都是那种酒馆风格的，他能恰当地用这些故事来论述公共话题，就像在这些章节里我们还会看到的那样，这正是他受欢迎的秘诀和优势之一。不出他的预料，他最终竞选失败——他后来说，这是他在人民决定的选举中遭受的唯一一次失败。但是结果还不算太糟。在8个落选的候选人中，他的票数排在第三位，有657票。下面的5个人票数更少。最令他欣慰的是，他得到了新塞勒姆同乡们的衷心支持，这个选区的总共208张选票中，有205票投给了他。

我们有必要了解一下林肯得到新塞勒姆选民们大力支持的原因。这主要是因为他主张对桑加蒙河进行治理。他提议在桑加蒙河汇入伊利诺伊河入口处以东几英里的地方开凿一条运河，这样桑加蒙河就有了两个河口。他向农民们解释说，这样可以防止河水倒灌，春天他们肥沃的冲积平原不会再经常遭受水灾，也不会再有每年洪水退后在低洼地方形成的浑浊的坑塘，引起疫病滋生及其他不良后果。他的方案——这是今天的叫法——受到了他那些街坊的欢迎，从他获得的票数可以看出，他们有多么认可他的提议。

这次竞选失利并没有使他放弃理想和希望。在竞选中，他结识了大批朋友，锻炼了演讲能力，得到了人民的信赖，所有这些都丰富了他的阅历，成为他今后可以利用的资本。选举结束了，他虽然增长了经验，却发现自己身无分文，只好再次东游西荡。有了这次从政经历之后，他再也不愿意从事那些乏味的普通工作。那些工作让他没有时间学习，也不会对他产生什么有益的影响。他想干点轻松的工作，比如在杂货店里或者酒馆里干活，在那儿他可以碰到村里的名人，跟陌生人交谈，谈论政治、赛马和斗鸡，给闲汉们讲他那些引人入胜、意味深长的故事。在林肯的生活环境里，村里的杂货店主拥有不可动摇的地位。只有他家订报纸，有藏书，财产抵得上全村人财产的一半，他通常还是当地的社会和政治领袖。杂货店能给它的主人带来显要的地位，自然对林肯产生了强烈的吸引力。但是，他似乎没有什么好机会进店里工作——新塞勒姆当时并不需要店员。

我的堂兄，罗恩·赫恩登和詹姆斯·赫恩登，那时正开着一家杂货店。他们对这项投资已经感到厌倦，觉得开店限制住了手脚。因此詹姆斯把他的股份卖给了一个叫威廉·贝里（William Berry）的懒惰无能的家伙，没过多久，罗恩也把他的股份转让给了林肯。林肯当时正生计无着，四处寻找工作。他大概是先在店里起劲儿地干了几天活，用来抵换他的股份，然后就拥有了这家店一半的所有权。对于今天普通的年轻商人来说，这肯定是奇闻怪事。我曾经问过罗恩·赫恩登，他认识林肯才没几天，为什么给他开出那么慷慨大方的条件。

“我相信他绝对诚实。”罗恩答道，“他给我的这个印象非常强烈，所以我接受了他付款的欠条。他没有钱，但我愿意借给他钱，甚至比他要求的更多。”

就在林肯和贝里开始经营店铺没多久，新塞勒姆另一家杂货店的店主鲁本·雷德福（Reuben Radford），因为偶然触怒了克莱里树林的男孩们，一天早上忽然决定，用后来的商业语言来说，“退出商界”。克莱里树林帮的深夜造访通常会造成这样的后果。他们砸烂窗户闯进店里，毫不客气地拿走所有的东西，一件不留。要是天亮的时候，那个倒霉的店主发现有件东西还在昨晚他放的地方，那他算是太走运了。雷德福害怕“他的骨头也会遭到跟窗户一样的命运”，只好以400美元的价格把股份和经营权卖给威廉·格林。格林雇了林肯来清点商品，列完清单后，这个新入行的商人认为可以做笔投机买卖，于是预付了格林250美元，作为他的投资。买卖成交了，股份和不动产现在由林肯和贝里共同拥有和经营。后来他们又买下了拉特利奇名下一家店的其余股份，这最后一次交易使他们在商业领域已经没有竞争对手，成为新塞勒姆最大的商业业主。

这些交易居然没花一分钱——买家给卖家开张欠条，而卖家在下次交易中再把这张欠条转给别人。贝里给詹姆斯·赫恩登打了张欠条，林肯也给罗恩·赫恩登打了张欠条，林肯和贝里合伙的公司又相继欠付格林、雷德福和拉特利奇的债务。在华尔街的历史上，绝对没有出现过在这么短的时间内用这么少的钱收购这么多家企业的大投机商。还没过几个星期，林肯就明显表现出他并不适合当个成功的商人。他在柜台后面一坐，就完全沉浸在阅读和学习中，把店里的事情都丢给他的搭档。再也找不到比贝里更糟糕的搭档了。当林肯坐在店这头考虑政治问题的时候，他却在那头狂喝店里的酒，成了这种商品最忠实的顾客。老实说，林肯对莎士比亚和伯恩斯的热情正像贝里对酒瓶塞和酒桶的热情一样。最后，贝里挥霍掉了他们共有资产的一大部分，而且把自己的健康也搭了进去，这样的结果不足为怪。到了1833年的春天，他们跟他们的前任一样，也准备退出这行了。他们以优厚的条件把名下的店铺卖给了特伦特（Trent）兄弟，但是在他们的欠条到期之前，特伦特兄弟也因经营不善，离开了这里。紧接着，贝里去世了，他倒是因此得以解脱，将这次倒霉的合伙投资所欠下的不体面的债务全丢给了林肯一个人。林肯现在有两种选择，要么承担全部债务，要么推卸责任，给生意失败找点借口，不偿还借款。他那强烈的荣誉感和公正心使他选择了前者，他开始踏实工作，努力还债。还清欠款花了他很长时间，直到1848年，当时已经是国会议员的他还从华盛顿给我寄来他的一部分薪水，偿还贝里和林肯公司剩下的债务。最后他终于还清了所有债务，一分也不少。

林肯认识到自己并不适合当商人，勇敢地承担起他本来可以逃避掉的倒霉债务，不管情况多么艰难，他也一直没有放弃读书。他第一次住进了客店，成了房客，罗恩·赫恩登这时也搬回了家乡，和林肯同住。这家客店已经相继换了拉特利奇、昂斯代特（Onstatt）和阿利（Alley）几个店主。“那就是一间小木屋，”林肯后来跟我说，“用木板隔出了四个房间。”在村里，这家店的重要性仅次于杂货店，林肯在这儿有机会接触到各种过路旅客——从县城来的律师和其他职业的人。他的学识和智慧经常给这些人留下深刻印象。毫无疑问，他很早以前就下决心投身法律界，事实上，他在开店的时候已经开始阅读布莱克斯通（Blackstone）的著作，现在又带着全新的热情继续研读起来。他向在黑鹰战争中结识的战友约翰·T. 斯图尔特（John T.Stuart）借阅法律书籍，斯图尔特是斯普林菲尔德的开业律师，他经常步行去那儿还书借书。一旦他决定要学会什么，他就会义无反顾，全身心投入进去。在去斯普林菲尔德和返回的路上，他手里翻着书，边读边背。从斯图尔特事务所借来书的第一天，他就宣称他已经记住了布莱克斯通那本书的头四十页。在新塞勒姆，他经常光着脚坐在杂货店附近的一棵树下，聚精会神地读一本奇蒂（Chitty）或者布莱克斯通的著作，有时躺倒在地，把脚搭在树干上。一个林肯传记的作者说，他这后一种姿势，“要是换了一个手脚稍微短点的人，可真不利于用脑子。”

就是在这种前途渺茫的不利情况下，林肯从未放弃当律师的努力。这自然引起了旁人的议论。现在仍在世的拉塞尔·戈德比（Russell Godby）老人曾在1865年告诉我，他当时经常雇林肯给他干点农活，有一天，他惊奇地发现林肯光着脚坐在柴堆顶上，全神贯注地读着一本书。“那会儿一个农民读书可是桩稀罕事。”戈德比说，“我就问他在读什么，‘我不是读书，’他回答，‘我在研究。’‘研究什么？’我问。‘法律，先生。’他加重语气答道。这可令我太吃惊了，我看他坐在那儿，像西塞罗（Cicero）那样骄傲。我感叹了一声

‘万能的上帝啊’，就走了。”

林肯坚持不懈地钻研。无论身处何地，只要有时间，他就读书。他在树林里、在河边散步，都带着书。到了晚上，他利用一切能利用的光线阅读。他经常去制桶匠的店里，用四散的废木料生起一堆火，借着火光一直读书到深夜。

那时跟他在一起的一个伙伴回忆道：“无论是当店员还是当邮政所所长，他都抓紧一切时间进行学习。即使只有五分钟，他也会打开随时都在手边的书，边看边背。如果有客人光顾，他马上会和颜悦色地为他们服务，不会因为学习被打断而面带不悦。我经常看见他在大街上边走边看书。有时他完全被书里的内容所吸引，会停下脚步站一会儿，然后继续走，或者机械地经过一座又一座房子，穿过一群又一群的人。他显然沉浸其中，自得其乐，他那若有所思的表情和不合身的穿着，会被人当成是一个学生。要是他身边的人对他毫不在意，他们的谈话又令人生厌，他就会打开书本，和‘书’这位朋友谈会儿心，直到心情重新好起来，他才把书夹在胳膊底下，放回常放的地方。在学法律之前，他从来都不是个刻苦的学生，在学习上似乎没怎么用功。而在学习法律方面，他则全心投入，生平头一次有意避开人群，只为了能有更多的时间来学习。尽管他评判一件事情并不困难，但他不属于我们常说的那种思维敏捷的人。他似乎总是要经过深思熟虑，在任何时候都从来不会仅凭冲动做出错误的决断。”①

不久以后，他就能够给街坊邻居们拟契约、合同、抵押书以及其他法律文件了。在地方治安法官那儿，他成了个有名的讼棍。他把这段经历当作进入法律界的前期实践，总是免费为街坊们服务。与此同时，他不再只读法律书籍，也开始阅读自然哲学及其他科学的书籍。他还认真细致地阅读《桑加蒙日报》（*Sangamon Journal*）（在斯普林菲尔德出版）、《路易斯维尔日报》（*Louisville Journal*）、《圣路易斯共和报》（*St.Louis Republican*）、《辛辛那提公

① R.B. 拉特利奇，1866年11月30日信件手稿。

报》（*Cincinnati Gazette*）等这些他能得到的报纸。对历史书籍，他关注得比较少，只在跟贝里一起开店的时候读过罗林（Rollin）和吉本（Gibbon）的著作。他对小说有着浓厚的兴趣，尤其喜欢读李・亨茨（Lee Hentz）夫人的小说。当时这些小说非常流行，他是从他的朋友 A.Y. 埃利斯那儿借来的。埃利斯来自斯普林菲尔德，是位事业有成、精明能干的年轻商人。他非常喜欢林肯。两人住在一起，林肯经常去他的店里帮他。他说林肯很喜欢短小辛辣的讽刺故事，这些故事的篇幅通常有一两栏，还有文章里引用的具体事例，像《莎莉・迪拉德堂姐》（"Cousin Sally Dillard"）、《贝姬・威廉的求婚》（"Becky Williams Courtship"）、《新英格兰人与公牛》（"The Down-Easter and the Bull"）等等，光听题目就能猜出这些故事的风格。他对读过的一切都能过目不忘，然后毫不费力地复述出来。事实上，林肯先生正因为故事讲得好而远近闻名。人们引用他的话，把他讲的笑话再讲给别人听，在那些偏僻的地区，大家起初只知道他是个讲故事的能手，后来才听说他是律师或者政治家。

传记作者们总是否认林肯讲过粗俗的故事。但事实是，如果一个故事能讲到点子上，那么不管它有多夸张或者粗俗，他都乐意讲。而如果一个故事只有粗俗，直到结尾还没点到要害，就是说，没有揭露任何问题或者没有任何寓意，那么他在谈话和演讲中都不会提它。没有人能像林肯那样，把具有讽刺和启示含义的故事讲得那么动听，产生有效的影响。他有着非凡的模仿能力，手势姿态也与众不同，凭借讲故事的本事，他出了名——虽然他借用从别人那里得来的故事跟他自己原创的故事一样多——这个名声伴随了他一辈子。以前曾在新塞勒姆听过他讲故事的一个人说："他的笑声特别响亮。那种笨拙的姿势除了他谁也做不出来。上至老人下至上学的孩子，所有人的注意力都被他吸引了过去。没一会儿工夫，他在台上又像法官一样冷静，显得若有所思，似乎要对最重要的事务发表看法。滑稽和庄严在他身上兼而有之。"

因为林肯缺乏音乐天赋，所以我们没有什么机会听他唱歌。不过他有时会很喜欢某一首民谣或者打油诗。别人是唱出来，而他却总是把它背熟或者朗诵出来。他曾背过《圣帕特里克（按：爱尔兰守护神）是怎样在3月17日诞生的》（“How St. Patrick Came to be Born on the 17th of March”）这首歌。这首歌的作者是谁，林肯从哪儿听来的，我一无所知。埃利斯说，冬天的晚上，他经常听聚集在他店里的人们唱这首歌。它这样唱道：

据说古爱尔兰发生的第一场教派战争，
全是因为圣帕特里克的诞生，
毫无疑问，他生于午夜时分，
这一定引起了巨大的骚动。

圣帕特里克，根据某些人所讲，
于3月8日午夜降临世上，
而另一些人则宣称他其实生于9日——
这完全是个误会——午夜已过又未到早上。

有人埋怨婴儿，有人埋怨时钟；
有人埋怨医生，有人埋怨公鸡乱打鸣。
所有这些问题没人能搞得懂，
是该怪孩子来得太快，还是该怪那慢吞吞的笨钟。

一方坚称是8日，另一方则要捍卫9日至死。
不表明立场者就会变得鼻青眼紫。
直到最后双方还是争执不下，
于是帕特有了两个生日。

马尔卡希神甫指出双方都有过失，
除非是孪生儿，否则没人有两个生日，

"孩子们，不要再为了8日还是9日争执，
不要总是吵架，为什么不和解令矛盾消失。"

因为这番话，8与9两数相加，
牧师说道"阿门！"就将17日作为他的生日吧。
于是所有人欣喜若狂，开怀痛饮，
他们将这庆典从那时一直保持到如今。①

林肯一点也不适合做买卖。他总是带头发起政治或道德问题的讨论，把正在谈的生意丢给别人。他的一个雇员说："他说他不喜欢为女士们服务，更喜欢跟男人和男孩们打交道。我还记得有时客店里房客太多，他就睡在店里的柜台上。他穿条亚麻布的裤子——我想大概比他的腿要短5英寸——裤子上总是只有一条背带，不穿背心，也没有外套。穿件印花布衬衫，就像他在黑鹰战争服役时穿的那件一样，脚上是棕褐色的劣质短靴，蓝线袜，戴顶老式的没有帽带的草帽。"林肯在女士们面前非常腼腆，他的朋友埃利斯把原因归结为他对自己丑陋相貌和寒酸衣着的敏感，而不仅仅是出于单纯的害羞。"有一次，"埃利斯说，"我们住在客店的时候，来了一家人，是一个老妇人带着她的儿子和三个打扮时髦的女儿。他们从弗吉尼亚州来，在我们这儿停留两三个星期。在他们入住期间，我记得林肯先生从来没有跟他们同桌吃过饭。"

在新塞勒姆的社交活动里，林肯显得有点格格不入，甚至在以后的生活中他也是如此。他从不对女士们评头论足，也不乱讲村里的丑闻艳事。对妇女他保持着高度尊重，我可以证明，在我和他相识的这么长时间里，他从不对女人的私事发表负面评论，尤其避免在谈话中出现令人不快的暗示，这一点大多数男人都做不到。有一次，希尔（Hill）市长指责林肯在谈话中诽谤他的妻子。希尔用难听的话辱骂林肯，林肯却一直没有发火。等他终于有机会

① 摘自埃利斯1866年8月手稿。

插话的时候，他断然否认了那些强加给他的罪名。他坚持说，他对希尔夫人始终怀着尊敬之心，他所知道的唯一一件有损这位女士名声的事情就是，她是希尔先生的妻子。

新塞勒姆历史短暂，和大城市相比，可以称得上是个昙花一现的地方。对于一个道德品质并非高于常人的年轻人来说，要抵御住身边无处不在的诱惑是很困难的。林肯能够在同龄人里一直受到欢迎，却从来没有参加过他们的斗酒狂饮，这的确是件奇事。“我敢肯定，”林肯的一个伙伴说，“他从不喝任何可以醉人的酒——那会儿他甚至不抽烟，不嚼烟叶。”而对需要力量和技巧的体育运动，林肯则很感兴趣。他沉迷于当时所有的游戏，甚至是赛马和斗鸡。在一次盛大的斗鸡比赛上，鸡的主人必须缴纳25美分费用才能让自己的鸡参加比赛。一个叫巴普·麦克纳布（Bap McNabb）的人抱来了一只红色的小公鸡，好几天以前他就到处宣扬他这只鸡实力不凡，自然引起了赛场上众人的注意。这种比赛最后的结果通常都是双方反目，互相指责对方做了手脚，拉拉扯扯地去找林肯评理。他们之所以选林肯做裁判，不仅是因为他公正无私，而且他还有执行决定的能力。当时在场的一个人①在1865年2月曾向我描述过这件事，我现在原样复述如下：

“他们围成一个圈子，比赛马上就要开始，林肯双手叉腰，蹲在地上，喊道：‘预备！’两人把鸡扔进圈子，巴普的红公鸡跟另一只鸡同时落地。但是这个漂亮的小家伙还没意识到怎么回事，就夹着尾巴落荒而逃。人们哄然大笑，巴普垂头丧气地抱起它来，离开赛场。他白扔了25美分，结果却只能跟他那只丢人的鸡打道回府。一到了没人的地方，他气呼呼地把他的小宠物往地下一扔，小家伙此时没有了对手，跳上柴堆顶，骄傲地炫耀起羽毛来，还使劲地打鸣。巴普满脸厌恶地看着它。‘你这个该死的小家伙，’他肆无忌惮地骂起来，‘要是参加阅兵你就神气活现，可到了战场上，你连个屁都不是。’”据说——我不知道这消息有多可靠——在后来的战争中，林肯先生在

① A. Y. 埃利斯，手稿。

跟一位朋友的谈话中，曾把麦克莱伦（McClellan）比作巴普·麦克纳布的公鸡。关于新塞勒姆的比赛，我们就讲到这儿吧。

林肯狂热地追求着“法律”这位爱妒忌的小姐，却挣不到什么钱。就像另一个人说的，“他欠的账越来越多，却没有钱还。”他到处打零工，今天在埃利斯的店里帮忙，明天去给詹姆斯·肖特（James Short）家劈栅栏。在生活的波涛里，他极力挣扎求存。他的朋友们一如既往地支持他——可以说没有比他们更真诚可靠的了——但是他那自强独立的性格，使他从不去麻烦朋友，或者抱怨自己的处境。他从来没有放弃过成为律师的理想。这是在他最困难的时候支撑他的精神支柱。去年秋天在选举中给他投过票的一个人，可能是个民主党人，把他推荐给县里的土地测量员约翰·卡尔霍恩（John Calhoun）当助手。按照那时农村和城镇居民的普遍观点，土地测量所是县里最重要，可能也是最赚钱的地方。现任测量员卡尔霍恩是北方人，典型的绅士，勇敢，冷静，有学识，有教养。他受过法律的专业教育，来伊利诺伊以后却没什么实践机会，他更喜欢在学校教书。那会儿他在同龄教师里是很受学生欢迎的一个。我小时候就在斯普林菲尔德他任教的那所学校上学，后来我又成了他任市长时的政府职员。我知道林肯很尊敬崇拜他。林肯搬到斯普林菲尔德以后，他们经常在一起讨论政治问题。我记得有一次，他们在法院里谈起关税，直讨论了两个晚上。在辩论中，卡尔霍恩总是彬彬有礼、友善可亲、真诚坦率，从不回避任何问题，这些品质使他成为一个可怕的辩论对手。我曾听林肯说，卡尔霍恩比道格拉斯（Douglas）更让他头疼，因为他的风度和学识都比道格拉斯更胜一筹。

让我们把话题拉回来。卡尔霍恩听从了林肯那个朋友的举荐，任命他做副手。林肯知道这个消息的时候正在新塞勒姆附近的树林里劈栅栏。现在还在世的林肯的朋友波拉德·西蒙斯（Pollard Simmons）对我回忆说，他跑去找干活的林肯打听那个激动人心的消息。林肯是个辉格派，他知道卡尔霍恩明显倾向于民主党，他关心的只是他是否要为这个职位放弃自己的政治立场。“如果我的政治行为完全不受干涉，那我就去上班。”他说，“但是如果有人用任何手段不许我表达我的政治观点，那我不会去任何一家事务所工作。”一个身无分文的年轻人却敢于这样跟公务部门打交道，真是铁骨铮铮。难怪多年后他被道格拉斯打败时，鼓励他的朋友们不要“放弃，哪怕经历了一次或是一百次失败”。

进了卡尔霍恩的事务所以后，林肯才发现自己对测量知识一窍不通，需要从头学起。卡尔霍恩借给他相关书籍，指导他学习，直到认为他能够胜任工作为止。他还向门特·格雷厄姆校长求教，格雷厄姆教他计算测量结果。林肯并不是个天生的数学家，所以对他来说，学数学就得下苦功。格雷厄姆的女儿可以作证，她的父亲和林肯经常全神贯注地进行演算，一坐就是大半夜，直到她母亲去给火炉添柴，才把他们赶去休息。与此同时，林肯也没有放弃法律学习。“他学着简明扼要地抓住主题，”格雷厄姆说，“准确有力地把它表达出来。我记得他曾经为了要将一个意思表达得最清楚，先后试了三种说法，花了好几个小时。”他一度太专注于学习，以致他的朋友们，据他们中的一位[①]说，“注意到他是那么消瘦憔悴，大家都害怕他学习学得疯了”。不过，没过多久，他就掌握了土地测量这门学问，被上司卡尔霍恩派出去工作了。不可否认，他的测量精确、公正，他也因此经常被选中去解决涉及边角土地和测量尺寸的争议。值得注意的是，尽管他对土地的好坏和价值非常了解，面前有大把低风险高回报的投资机会，但他却从没利用过从官方渠道得来的消息，也从没为自己做过任何投机生意。在他当了总统以后，一次一个士绅代表团来拜访他，为他的几个好朋友请求重要部门的职务，他拒绝了，理由是“他不能让民众以为，原本属于人民的公务职位是他还私人朋友人情债的礼物”。这个回答充分显示出他对公务部门的高度重视。

有一次他作为卡尔霍恩下属的测量员，被派往县的北边，解决几个人之间的边角地争端。这块土地涉及的利害关系人里面有他的朋友，也是他的崇拜者，亨利·麦克亨利（Henry McHenry）。“我们争论了很久，最后一致

---

① 亨利·麦克亨利，1865年10月5日手稿。

同意，”麦克亨利说，“叫林肯来，照他的判决办理。他带着罗盘、标旗和丈量用的绳子来了。他跟我在一起待了三四天，测量了整块土地。在实际测量过的那块有争议的边角地的旁边，他叫人拿来标旗，把它在地上一个地方一插，说：‘先生们，这儿就是边界。’我们从他标出的那个地方挖下去，看啊，我们找到了一段下端削尖的大约6到8英寸长的原木桩，木桩下面还有一块普通的木炭，那是测量员雷克托（Rector）很多年前为政府测量这块地的时候留下的。”年轻的测量员公正圆满地完成了任务，各方当事人都满意地各自散去。直到1865年，这块边角地还被标示出来，受到保护，向人们显示着那位年轻的测量员出色的测量技术。本章前面提到过的拉塞尔·戈德比让我看了一张林肯开给他的测量证明。这张证明写于1834年1月14日，署名是“J.卡尔霍恩，S.S.C.，亚伯拉罕·林肯”。“是林肯做的这次测量，”戈德比说，“我给了他两张鹿皮作为报酬。汉娜·阿姆斯特朗把鹿皮缝在他的裤子上，这样裤子就不会被荆棘划破了。”

现在，一项又一项荣誉不断降临到林肯头上。1833年5月7日，他被任命为新塞勒姆的邮递员，这是他担任的第一个联邦政府的职务。薪水跟他做店员时候差不多。这个职务是林肯自己争取的，还是他并没有请求，只是由上级授予的，我不得而知。但是可以肯定的是，他的管理几乎令所有的居民满意。邮件每星期到达一次，人们都说“林肯把工作放到帽子里，走到哪儿办到哪儿”，由此我们可以想象，分发邮件花费了他多少时间和劳动。林肯先生曾经告诉我，当他接到一个去乡下测量土地的要求后，就把附近地区的信件用帽子装着，沿路分发。他总在塞缪尔·希尔（Samuel Hill）的店里办事，希尔本人也曾在林肯之前担任过邮递员，所以可以说那儿就是邮政所的办公室。有了邮政所和土地测量所的两份薪水，用那会儿的话说，林肯“过得相当不错”。然而，这种一帆风顺的日子忽然中止，他所有对未来美好生活的憧憬再次成了泡影。一个叫范伯根（Van Bergen）的人起诉了他，祸根就是他和贝里那次倒霉的合作留下的支付盘店费用的一张欠条，法院对他进行了判决。他的个人财产被没收出售，包括他的马和测量用具。这次又是一个朋友，詹姆斯·肖特，帮了他的忙，买下他的物品，归还给了正处于绝望中的年轻测量员。现在我们可以看出来林肯交的朋友如何了，他们的友谊注定能经受住最严峻的考验。这次他算是走到了绝境，可是黑暗中出现的这个朋友把他救了出来。

青年林肯的一些品质总是能打动他的朋友们。他不仅对别人的帮助心存感激，还总是渴望能帮助别人。他乐于救助弱者和不幸的人，总是和他们站在同一条战线上。有一次，他骑马走到离斯普林菲尔德大约14英里的地方时，被一个叫钱德勒（Chandler）的人超过。他跟这个人只有一面之交，这人已经骑了20英里路，急着赶在从另一条路走的一个人前面到达土地测量所。他向林肯解释说，他是个穷人，想把毗邻自己土地的一小块地登记到自己名下，而一个富人也想占有那块地，那富人已经骑马奔斯普林菲尔德来了。“这时候，我的邻居们，”钱德勒继续说，“东拼西凑借了我100块钱，要是我能先赶到土地测量所，我就能保住那块地了。”林肯注意到钱德勒的马已经疲惫不堪，没法再飞奔14英里，于是他跳下自己的马，把它牵给钱德勒，说道：“这是我的马——它年轻力壮，体力充沛。没时间了，快骑上它赶路吧。到了斯普林菲尔德以后把它牵到赫恩登的客店里去，我会去那儿找它。”钱德勒在林肯的鼓励下继续上路了，剩下林肯骑着那匹疲倦的老马落在后面。钱德勒比他的竞争者早一个多小时到了斯普林菲尔德，得到了他梦寐以求的那块地。夜幕降临时，林肯才悠闲地骑着马进了镇子，正好碰上满面喜色的钱德勒，林肯祝贺他如愿以偿。从此两人建立起深厚的友谊，此后的25年里，虽然他们的政治观点不同，但这丝毫不会破坏这份友谊。

大约在这个时候，林肯开始扩展自己的阅读体系——如果说他真有什么体系的话——他现在开始读潘恩（Paine）、佛尔尼（Volney）和伏尔泰（Volfaire）的作品。当时的新塞勒姆居民中普遍存在着一种宗教怀疑倾向。在杂货店和客店里经常能听到相关的讨论，林肯也参与其中。关于他的宗教观点，我们将在别的地方再详细讲述。

林肯之所以在新塞勒姆的男人们中间有那么大的影响力，很大程度上要归功于他那惊人的力量。一天，在磨坊里，他腰上缠着一堆绳子和皮带，背起了将近1,000磅重的一箱石头，把村里的一群名流们惊得目瞪口呆。某些林肯传记中所写的他从地上举起一桶威士忌，嘴对着桶塞喝酒的故事，也并非编造。不过，在完成这一不可思议的举动的时候，他没法站直举起酒桶，而是先蹲下，把桶放到膝盖上，再把它滚动着举到嘴边。他有着惊人的力量，彬彬有礼的举止，强烈的公正心和正义感，新奇而与众不同的谈吐，出色的模仿能力，坚持不懈的意志——在新开辟的偏远地区，几乎找不到具备所有这些品质的人。他的身上闪耀着人性的圣洁光辉，体现出人性的伟大。

1834年夏天，林肯决定再次竞选州议员。这一次，他是以辉格派的身份公开参选。就像新闻报道永远不能做到最完美地报道真实一样，我们只能推测出他做的演讲次数并不比别人多，至于那些站在树桩上进行的演讲的效果如何，我们就不得而知了。林肯曾跟我说过，竞选的策略其实更多的是在于怎样和人打好交道。罗恩·赫恩登回忆说，收获时节林肯在回住处的路上，遇到很多在地里干活的人。他向他们进行自我介绍，他们则毫不迟疑地告诉他，他们对一个劳动者是多么看重，他们对一个候选人的评判标准就在于他能干多少活。了解了这些情况，林肯已经掌握了制胜的关键，迅速而又自如地在竞选中运用起来，很快就和跟在他后面的对手拉开了距离。人们对他非常满意，据推测，所有的选票都投给了他。那时见过林肯的巴雷特（Barrett）医生曾问林肯的朋友："辉格党难道就找不到比这家伙更好的材料了吗？"但是听了林肯的演讲以后，医生完全改变了看法，他宣称林肯使他大为惊讶，"其他所有候选人加在一起，懂得也没有他多"。选举于8月举行。林肯的朋友，约翰·T.斯图尔特，也是候选人之一。他用各种方式支持林肯的主张，甚至不惜丢掉自己的得票机会。最后，两个人都当选了。四个胜出的候选人是道森（Dawson），1,390票[①]；林肯，1,376票；卡朋特（Carpenter），1,170票；斯图尔特，1,164票。

① 在以前所有的林肯传记中，包括登载于《世纪》杂志上的尼古拉和海写的传记，道森的得票都是1,370票，所以林肯的票数最多；但是在选举后出版的第二期《桑加蒙报》上——1834年8月16日出版——登出的数据有所修正，道森的票数增加到了1,390。斯普林菲尔德的A.W.弗伦奇医生是负责回收新塞勒姆选区选票的官员，他根据林肯亲笔所写的证据，也认为道森的得票是1,390票。

林肯最终高票当选州议员。正如他自己所说，为了“衣着得体地去州议会”，他不得不借钱买套维持尊严的合身衣服。他的一个朋友科尔曼·斯穆特（Coleman Smovt）借给了他“两百块钱”，据慷慨的斯穆特回忆，“他后来履行了还钱的承诺”。下面，让我们暂时撇开这位冉冉升起的政治新星的政治生涯，先来看看他人生中另一段特别而有趣的时光。

第六章

拉特利奇小姐：林肯天人永隔的初恋

在印第安纳的时候，林肯常常和小凯特·罗比一起坐在河边，在河水里晃荡着光脚。这种和异性伙伴的温馨关系是纯真无邪的。随着时间的推移，现在我们该讲讲林肯一生中的"感情大事"了——这是一段非常真实的浪漫爱情，一段令林肯后来的生活蒙上忧郁阴影的回忆。我们的英雄平生头一次陷入了爱河。在林肯先生的人生中，与安妮·拉特利奇（Anne Rutledge）在一起的日子和安妮过早的离世是他最悲伤的回忆。关于林肯先生的这段经历，我觉得大多数传记作者都跟我意见相左。阿诺德(Arnold)说："这幅画（对林肯爱情的描述）有点太浓墨重彩，过分夸大了故事的悲剧程度。"霍兰（Holland）博士和其他人则完全略去了这个故事，而最近出版的一本传记——由我的朋友尼古拉（Nicholay）和海（Hay）撰写的一本不错的史书——对此事只写了五行。我本人认识拉特利奇小姐和她的父亲，以及她家其他的家庭成员。我还同此事涉及的所有人，甚至更多的我就此走访过的当事证人，有着私人交情。根据我自己的认识和我得到的信息，我可以再次肯定，有关安妮·拉特利奇的回忆是林肯先生人生中最悲伤的回忆。①

那个有趣的女孩的父亲詹姆斯·拉特利奇（James Rutledge）是新塞勒姆的创建者之一。1829年，他从肯塔基来到这儿。他出生在南卡罗来纳，他所属的拉特利奇家族在那儿声名显赫。我早在1833年就认识了他，经常受到他一家的热情招待。我的父亲是早期的股票交易员，也从事政治活动。他和拉特利奇先生是非常好的朋友。拉特利奇先生很有人格魅力，你对他了解得越多，就会越被他吸引。和其他南方人一样，他对人热情——几乎到了冲动的程度——喜欢交际，慷慨大方。他那热情好客的性格似乎是一种与生俱来的遗传，在他和勇敢开朗的伊利诺伊人打交道的过程中，这种性格得到了更充分的发展。他在新塞勒姆经营杂货铺和磨坊，另外还开了家客店，就是林肯1833年寄宿的那家。他家里除了他和他妻子，还有九个孩子，三个出生在肯塔基，其余六个都出生在伊利诺伊。本章的主角安妮排行第三。她是个漂亮的姑娘，她的美貌深深地吸引了许多小伙子，她也因此成了村里最受欢迎的女孩。她头脑敏捷，勤劳能干，是个出色的家庭主妇。她受过适当的教育，程度并不高，不过和周围其他女孩子比起来，已经算是不错了。女工是她最擅长的劳动之一。她做起针黹来非常灵巧——在那个时代，这是门了不起的手艺，比今天学会画中国画和锻造黄铜还要受人看重——她的针线活是那个时代的珍品。每次“缝被子”（按：妇女们聚在一起缝制拼布，最后拼成整个被面，是美国妇女的一种传统联谊活动），安妮都是必不可少的帮手。她那灵巧的手指拿起针来，动作比任何人都敏捷。在干活的日子里，林肯经常接送她，有一次他甚至进了缝被子的房间——那儿通常是不允许男人进去的——坐在安妮的旁边，看着她干活。

他在安妮的耳边轻声讲着古老的故事，安妮的心跳得厉害，似乎有一种

① 拉特利奇小姐的一位兄弟在1866年12月4日的信中写道：“从初到新塞勒姆到安妮去世的这段时间里，林肯先生总是生气勃勃，充满活力。对他来说，所有的一切似乎都是美好的。”

和整个世界一样久远的愉悦，令她的灵魂微微发颤。她的手指忽然不听使唤了。意乱情迷中，她缝出的针脚也变得歪歪斜斜，不再平整均匀，引起了那些上了年纪的稳重的老妇人们的注意。那条被子的主人直到几年以前还保留着这个珍贵的纪念品，只要有人来看她，她就指给人家看那些值得纪念的针脚。

L. M. 格林还能清楚地记得安妮，他说："她亲切可爱，是个精致的美人。她头脑灵活，思想深刻，有着哲学气质，才情过人。她有一颗天使般温柔善良的心灵，满怀爱心和同情对待一切。任何一个见过她的人都会被这种天使般的甜美天性深深打动。她是个值得林肯去爱的女人。"这段对美人的描述可能有少许夸张——格林所用的笔调似乎自己也爱上了她——但是接近真实。

"拉特利奇小姐，"一位认识她的女士说，[①]"一头褐色的头发，蓝眼睛，皮肤白皙。她很漂亮，身材苗条，具备一个善良姑娘的所有品质。她大概5英尺2英寸高，体重有120磅左右。所有认识她的人都喜欢她。她的去世让大家非常伤心。有一次，林肯谈到她的去世和她的坟墓，对我说：'我的心也埋在那儿了。'"

在讲述林肯和拉特利奇小姐的爱情以前，我们有必要简单提一下发生在他们相识以前的几件事。

大约在林肯来到新塞勒姆的同时，一个名叫约翰·麦克尼尔（John McNeil）的年轻人也从东部来到了这里。他跃跃欲试，想在西部开创一番事业，发家致富。他立刻就投入了工作，短时间内就通过令人钦佩的努力积累了一笔财产。三年后，他拥有了一家农场，还跟塞缪尔·希尔合伙开了家最大的杂货店，他有一半的股份。他善于经营，对于当时已经开始自命不凡的新塞勒姆村来说，他是个非常有价值的外来移民。这个勇敢又勤劳的年轻商人住在詹姆斯·卡梅伦家时，第一次见到了安妮·拉特利奇。那会儿她正在门特·格雷厄姆的学校里上学。格雷厄姆是当地的一个名师，从1829年到1860年，他活跃于新塞勒姆及其周边地区，在这几章的内容中我们会经常碰

① 哈丁·贝尔夫人。

到他的名字。麦克尼尔深深地爱上了这个女学生——她那时只有17岁——像在他之前那些爱上安妮的同龄小伙子们一样，他不懈地追求她，直到今天仍对她不能忘情。他的合伙人塞缪尔·希尔是个同样有魅力的小伙子，他后来也拥有了一笔可观的财富，成为当地政界颇有影响力的人物。他也力图征服那位迷人姑娘的芳心，安妮拒绝了他，所以在那场爱情角逐中，他被排除在外，一早就退出了比赛。从此麦克尼尔的生活可以说是一帆风顺。他的财富一天天地增多，就像一个早期拓荒者说的，“那时候人们很诚实，一年至少会偿还一次债务。对于一个在富裕农村地区开店的商人来说，几乎不存在竞争。货架上的商品他只需在成本价的基础上再加70—150美分的利润，就能保证生意兴隆。”这样“兴隆”了几年以后，麦克尼尔把他在杂货店的股份转让给了希尔，决定回他的家乡纽约看看。据我们了解到的情况，他这时已经挣了大概10,000或者12, 000美元。在离开之前，他告诉了安妮一个秘密。他说“麦克尼尔”这个名字是个化名，他的真名叫麦克纳马。

“我把父母和兄弟姐妹留在纽约，”他说，“他们很穷，1829年我离开他们的时候，他们的生活有点困难。我发誓要来西部，挣了钱以后回去帮助他们。现在我要走了，如果可能的话，我打算带他们来伊利诺伊，把他们安置在我的农场里。”这些疑问可能早就已经在安妮的头脑里盘旋，现在能对这个托付了自己满腔爱意的女孩坦白一切，麦克纳马觉得如释重负，心满意足。他说他不会再对她隐瞒什么。他们就要订婚，她应该知道这一切。他之所以改名字，是因为害怕在纽约的家人一旦得知他在哪里，就会来投奔他，那样他还没来得及挣到钱，就永远也摆脱不了贫困了。而现在，他有条件帮助他们了，一想到这一点，他就欣喜若狂。一到纽约打点好一切，他就会往回赶。回到新塞勒姆以后，他将和他的美人一起，举行隆重的婚礼。他们抑制不住喜悦之情，满怀憧憬地期待着这一天的到来。他如此这般向安妮解释他此行的原因——这个故事颇有些动人之处，安妮对他所说的一切深信不疑。

“即使这个故事比麦克纳马说的还要离谱十倍，她一样会相信。一个理智的人对此会嗤之以鼻，但是女孩子们更相信自己的直觉。麦克纳马向她证明他就是他自己所说的那种人，尽管安妮从来没从别人那里得到什么相关的证据，但她相信麦克纳马。”[①]

最后，麦克纳马骑着一匹曾经参加过黑鹰战争的老马启程了。经过俄亥俄的时候，他发烧了，几乎一个月都待在房间里，也不知道过了多久。因为耽搁了行程，病好以后他十分着急。他没有告诉一个人他的真实名字，要去哪儿或者去干什么。他想好了该如何解释他没能往新塞勒姆寄信的原因，这次生病给他的刺激使他产生了一种绝望感。他直截了当地在信中说“他现在完蛋了”。而就在此时，拉特利奇小姐也开始重新审视他们之间的关系。她的朋友们总是向她提到残酷的分手话题。麦克尼尔变成了麦克纳马，这个变化也改变了她们对他的看法。有几个人认为，毫无疑问，他以前犯了罪，几年来用假名掩护来逃避追捕。另外几个则同样不停地在不幸的安妮耳边嘀咕，唠叨她曾经的某个追求者那些陈年旧事。我们现在回想起来很奇怪，跟其他人相比，安妮的这些闺中朋友们更令她感到矛盾纠结。女人真是奇怪的动物。她们喜欢互相刺激、互相羞辱，要是有个同性摔倒了，她们似乎根本不会同情！然而，即使面对这些闲言碎语、刻薄中伤，安妮仍然保持着坚定的信念。她相信自己的爱人，耐心等待着他的归来。

在历经了多次麻烦的耽搁之后，麦克纳马终于到达了纽约他出生的地方，他的父亲已经到了风烛残年，身体还算健康。麦克纳马先解决了父亲眼下最紧迫的需求，然后开始勤勉周到地照顾家里，来弥补自己这些年来对家庭的忽视。但是，他的努力白费了。老先生的身体越来越不济，一个冬天的清晨，他告别了人世。剩下麦克纳马要偿还他留下的几笔未了结的债务，还要解决全家人的日常用度。他有必要给安妮写封信，解释他在纽约耽搁的经过和原因。他接连写了几封信，但是语气却一封比一封冷淡，措辞也越来越正式。安妮开始失去信心。她常常问自己：他的爱是否如晨风一般，已经逐渐消失？以前她面对流言可以不为所动，而现在，随着希望的渺茫，她的心

① 拉蒙，161页。

也变得痛苦不安。最后，她再也得不到麦克纳马的任何回音了。

这时候，笨拙的林肯作为拉特利奇小姐的追求者，该登场了。林肯对麦克纳马的奇怪行为有所耳闻，他推测麦克纳马和安妮之间的柔情蜜意已经消耗殆尽，于是冒昧地介入其中。在安妮还在门特·格雷厄姆的学校里读书的时候，林肯就已经见过她。毫无疑问，从那时起，安妮所具备的品质就深深吸引了他。但是就像他的朋友埃利斯所说，他太害羞了，不敢向安妮表白。安妮无疑是他长那么大遇到过的最迷人的女孩。她不仅谦和端庄，有一种独特的迷人之处，具备女性的所有美德，而且举止优雅，教养有素，与她及林肯周围的那些缺乏教养的人们形成了鲜明的对比。“她心里的痛苦难以言说——麦克纳马迟迟不归，又不解释，这伤透了她的心——这种痛苦无疑使她对林肯更加关注起来，因为林肯经常看起来比她还忧郁。”

多年以后，麦克纳马本人向我这样描述安妮：“拉特利奇小姐是位温柔可亲的姑娘，不像你们城市里的漂亮姑娘那样高高在上。她清丽可人，皮肤白皙，有着金色的头发、樱桃色的嘴唇和一双漂亮的蓝眼睛。在文学素养方面，她无疑跟林肯先生一样，是位优秀的学者。我相信，她遇见林肯的时候，正同她的兄弟一起就读于杰克逊维尔（Jacksonville）的一所文法学校。”

麦克纳马似乎觉得林肯的腼腆使他注意不到拉特利奇小姐或其他任何人的迷人魅力。他说：“据我了解，直到我离开新塞勒姆回家的时候，林肯先生还没有特别关注过我认识的任何一位年轻女士。在这件事情上我俩不存在竞争。我有充分理由相信，他是个热情的朋友。但是渐渐地，我在这场竞争中落得越来越远，我觉得我已经没有机会再得到安妮的芳心。从这时起，林肯加紧了步伐，努力去追求那似乎能取代世上一切的不朽爱情。”

林肯开始狂热地追求拉特利奇小姐。他像大卫·科波菲尔一样，很快就意识到自己深陷爱河，无法自拔。他站在爱情的悬崖边上，浑身发抖，唯恐自己跌落下去。就在他极力寻找借口，想把感情压制下去的时候，拉特利奇一家以及新塞勒姆的所有人都鼓励他不要放弃。麦克纳马毫无理由拖延归期，显然是把安妮抛在了脑后，这给了局外人充足的理由去鼓励林肯和说服安妮。尽管两人开始发展关系，在日复一日的交往中，两情相悦，愈见亲密，然而年轻的姑娘却依然近乎固执地坚信麦克纳马会回来。她在心里斗争挣扎了很久，终于鼓起勇气，请求林肯让她给麦克纳马写封信，得到他解除婚约的允许。缓慢的邮车带着她这封充满柔情的信开往纽约。一天又一天，一周又一周，对于焦急的林肯来说，这段时间一定漫长难熬，回信始终没来。安妮虽说有些不甘心，但还是转向了林肯的怀抱，她的神情已经告诉林肯，他赢了。安妮接受了他的求婚。订婚后，他告诉安妮，他一贫如洗，这是她早已知道的，她要给他时间来完成法律学习，为他们将来的生活攒够钱。度过这段短暂的时期之后，"以上帝的名义发誓，"这位情人语气坚定地说，没有什么能把他们分开。善解人意的安妮答应了。她对她的一个兄弟说："他一完成学业，我们就结婚。"然而，噩运却不请自来，长期郁结于心的苦闷终于毁掉了她的健康。这年夏末，她病倒了，高烧不退。她一天天地憔悴下去，已经没有好转的希望。在她弥留之际，医生严禁任何人进入房间探望，规定要保持绝对安静。但是她的兄弟回忆说，她不断地要求见林肯，最后家人把林肯叫来。林肯来到她的床前，关上房门，单独和她在一起。在这次令人悲痛的会面中，他们说了什么，有什么誓言密约，只有林肯和那即将告别人世的姑娘知道。几天后，安妮不省人事，1835年8月25日，她离开了人世。她被安葬在今天的协和墓园，位于彼得斯堡西北大约7英里。[①]

拉特利奇小姐的去世给林肯先生的心灵带来了灾难性的打击，这是这段恋情造成的最令人意外和痛心的后果。它居然影响了林肯冷静坚忍的性格。在结束探望，离开拉特利奇小姐的床边以后，他来到了一个朋友家，那个朋友回忆说，他当时脸色难看，似乎饱受精神折磨。"他痛苦极了，"他朋友说，"后来我听到有传言说他几乎丧失了理智，我一点也不感到奇怪。"拉特利奇

---

① "我听我母亲说，安妮经常给林肯唱歌。她的嗓音清亮悦耳，像银铃一样。她刚刚得病的时候，林肯去探望她，她给他唱了一首他非常喜欢的赞美诗。开头是这样的：

'虚浮的人啊，克制你那无穷的欲望。'

您会在某本标准的赞美诗集中找到这首诗。这大概是她唱的最后一首歌了。"——约翰·M.拉特利奇，1866年11月25日来信手稿。

小姐的一个兄弟[1]说："林肯先生受到的打击是可怕的。他陷入了绝望的深渊。他的许多朋友都害怕他失去理智。他对他和逝者之间那段最甜蜜的时光充满了强烈的眷恋。"事实上，这段恋情的悲剧结局极大地刺激了林肯先生，这听起来有点不可思议。他时时遭受着巨大的精神折磨，在最痛苦的时候茫然又悲伤地在河边和树林里徘徊。根据那时认识他的很多可靠证人的话，我们即使不能断定他的精神已经错乱，起码也必须得承认，他已经到了疯狂的边缘。他曾经向一个朋友倾诉说，"一想到安妮的坟墓要经受雨雪侵袭，他就感到说不出的难受"。[2]在风雨交加的阴晦日子里，朋友们得对他特别留心，因为他们相信坏天气会令他感到加倍痛苦，引起他自杀的念头。他的情况越来越让人担忧，朋友们商量以后，决定把他送到他的一个善良的朋友鲍林·格林（Bowlin Greene）家里去，格林的家僻处深山，在镇子南面一英里的地方。林肯在这位好心朋友的悉心照顾和看护下住了几个星期，逐渐恢复了理智，或者说至少意识到了自己的真实情况。在后来的岁月里，林肯始终没有忘记格林在他痛苦不堪、几近崩溃的几个星期里给予他的照料。1842年，鲍林·格林去世，共济会请林肯出席葬礼并致辞，他在致辞过程中几乎哽咽难言。"因为极度悲痛，他哽咽得说不出话来。他站了一会儿，嘴唇颤抖着，努力说出他要表达的最热烈的赞美字眼，眼泪顺着他那满是皱纹的黄色脸颊滚落下来。此情此景，令在场的人陷入了肃穆沉默之中。他好几次都努力控制自己，但是最后发现自己根本没法继续说下去。他悲痛地啜泣着，大步离开墓地，奔向遗孀的马车，驶离了现场。"

不久以后，贾森·邓肯（Jason Duncan）博士交给林肯一首题为《永生》的诗，诗的开头这样写道："啊！为何人类的灵魂应该感到骄傲？"林肯对这首诗的喜爱当然令它名垂史册。他把它背诵下来，任何有关拉特利奇小姐的事，都会令他想起这首诗，就像是对那时刻压在他心头的忧伤的纪念。从那时开始，林肯先生身上那种忧郁的魅力变得更强烈了。事实上，一直到他去

---

① R.B. 拉特利奇，1866年10月21日来信手稿。

② 威廉·格林，1865年5月29日来信手稿。

了斯普林菲尔德，这种因忧伤而来的淡淡的悲观气质依然伴随着他。他本人对于这一点也有点迷信。1840—1841年间，他给辛辛那提的一位名医德雷克（Drake）写了封长信，信中描述了他的精神状况。德雷克医生在回信中坦率地说："不亲自见到您本人，我无法诊断。"林肯曾把他写给德雷克医生的信读给乔舒亚·F. 斯皮德（Joshua Speed）听，在斯皮德1866年11月30日从路易斯维尔给我寄来的信中，这样写道："我想他（林肯）一定告诉了德雷克医生他对拉特利奇小姐的初恋，因为他在给我读那封信的时候略去了一段。"在安妮·拉特利奇去世两年后，林肯先生本人曾向议会的一位同事[①]承认，"虽然在别人看来他似乎过得很快乐，但当他一个人独处的时候，他几乎要被精神上的痛苦压垮，以至于连把小折刀都不敢带在身上。"

在下面的章节中我们将不再谈到麦克纳马，有必要在此对他后来的事情做个说明。他最终实践了诺言，在1835年秋天带着母亲和兄弟姐妹来到了新塞勒姆。他们收拾了简单的行李，乘一辆四轮马车从纽约出发，平安抵达目的地。就在此时，安妮·拉特利奇告别了人世，曾经的美好憧憬已经破灭，麦克纳马只能默默回想，暗自怅惘。回到新塞勒姆后，他遇见了林肯。他深深思念着他们两人共同的朋友，在麦克纳马面前总是一副毫无生气的模样，"显得孤独凄苦"。协和墓园的那块小小的墓地残忍地夺去了他的初恋，呈现在他面前的这个世界虽然依旧鲜活，却已变得冷酷无情。

① 罗伯特·L. 威尔逊，1866年2月10日来信手稿。

第七章　又一次情事无果

到现在为止，我们一直都严格遵循着时间顺序来讲述林肯的故事。但是在讲到林肯进入州议会之前，我要请求读者们允许我插叙一段我搜集到的有关林肯另一段恋情的故事——与安妮·拉特利奇那个悲伤的故事不同，这个爱情故事以喜剧结尾。我费了很大力气，终于找到了当事的那位女士本人，并且和她通了信，了解到这个故事的详情。她在1866年曾给了我一些林肯的信件，还向我讲述了她自己记得的事情，不过她要求隐藏她的名字和住址。但是从那以后没过多久她就去世了，她的孩子们不仅同意公开这段历史，而且最近又为我提供了更多的事实，还有一幅他们母亲的画像，这幅画像是她拒绝了林肯追求后不久画的。

玛丽·S.欧文斯是肯塔基格林县人，生于1808年9月29日。她与林肯的初次见面是在她的一个姐姐的家中，她姐姐的丈夫班内特·埃布尔（Bennet Able）是新塞勒姆附近某个村子的早期定居者之一。林肯是埃布尔家的常客，与这家人关系密切。1833年，欧文斯小姐来看她的姐姐。尽管她在那里只住了一个月，但是已经给林肯留下了深刻的印象。后来她回了肯塔基，直到1836年才又来到新塞勒姆。在这期间，安妮·拉特利奇去世，林肯的目光开始投向这位来自肯塔基的黑头发的姑娘。欧文斯小姐所受教育和家境都与拉特利奇小姐非常不同。她受过良好的教育，父亲是那个时代当地最富有、最有影响力的人物之一。虽然是个浸信会教徒，但她也曾在一所天主教女修道院里学习过一段时间。她本人向我描述自己“有着白皙的皮肤，深蓝色的眼睛，黑色卷发；身高5英尺5英寸；体重大约150磅”。在她还是个少女的时候，她非常漂亮，是公认的美女，不过随着年龄的增长，开始变得有点胖。她第二次来到新塞勒姆的那天，正赶上总统选举的日子。在去她姐姐家的路上，经过人群聚集的投票点。人群中一个看到她的人被她的美貌深深打动。多年以后，回忆起这件往事，[①]他在给我的信中写道：

“她身材高大丰满，有一双大大的蓝眼睛，身上戴着我见过的最精美的饰物。她天性活泼开朗，睿智幽默，受过良好的英语通才教育，家境富裕。在任何诗歌或是浪漫小说里，都找不到像1836年的欧文斯小姐那么漂亮的女主角。”

一位女性朋友[②]说，她“健美而端庄，看上去颇有威严，身高和体重都要超过一般的女孩子”。

曾经见过她的一位先生[③]在她去世前的几年曾描述她“是个严肃、健壮的女人，前额宽阔饱满，聪明，正直，杰出，心胸开阔”。

在新塞勒姆的社交圈子里，她举止优雅，言谈可喜，在许多方面都有迷人之处。在同她那个阶层的自命不凡的青年男子们打交道时，她稍稍有点撒娇调皮。不过要是她一开始就没打算接受某位诚实的追求者情真意切的求婚，那她并不会做出什么暗示鼓励的行为。她爽朗健谈，阅读广泛，在这方面几乎没人能比得上她。她无忧无虑、充满快乐地生活着，善良体贴地对待

① L.M. 格林。
② 哈丁·贝尔夫人。
③ 约翰逊·G. 格林。

身边的每一个人。

根据欧文斯小姐的一位后人的回忆，林肯曾经夸口说“如果玛丽·欧文斯下次再来伊利诺伊，他会娶她”。这话传到了玛丽的耳朵里，于是她离开肯塔基的家，心里想着，要是她碰见了林肯，会让他看看，仅凭恳求是征服不了她的。在她第二次来到新塞勒姆的时候，林肯比以前更注意她了，对她日益倾心。在他们相识的最初那段日子里，玛丽出于自己活泼的天性，总是能令他十分愉快。渐渐地，林肯发现自己喜欢上了这位蓝眼睛的肯塔基姑娘，他以前真的小瞧了她。与此同时，玛丽也从这个一心关注自己的小伙子身上发现了不少正直品质，开始对他特别留意。不过尽管她欣赏林肯的为人，却并不爱他。他的外表丑陋瘦削，对她来说，似乎并不是她心目中所描绘的英俊潇洒的理想丈夫。从林肯的表现中，她明白自己已经深深地吸引了他，而林肯却不能肯定自己是否可以成为能带给她最大快乐的丈夫。后来，林肯终于向她表白了。他的真诚打动了玛丽。他告诉玛丽他一贫如洗，对于在舒适富有的环境中长大的玛丽来说，和他一起生活就意味着巨大的放弃和牺牲，但他还是希望玛丽能成为他的妻子，他会保护她一生一世。玛丽觉得在接受求婚时她本该抱有跟林肯同样强烈的感情，然而她却没有，因此她拒绝了林肯。单从林肯的信里判断，有些人认为，玛丽是因为还记得林肯决心娶她的传言，不能完全肯定他的真诚，出于犹疑才会故意让这段恋情过早结束。但是林肯后来的表现，以及他再三向玛丽表示他整个人都完全听从她的支配，这些举动已经充分表明了他的真诚，玛丽委婉地拒绝了他并不是出于什么疑心。

1866年5月1日，温亚德（Vineyard）夫人在密苏里州的韦斯顿（Weston）给我写了第一封信。温亚德夫人是在1841年3月27日同杰西·温亚德（Jesse Vineyard）结婚的。信中除了别的事情，她还写道：“经过了一番激烈的思想斗争之后，我最终决定把我珍藏的林肯先生所写的信件发给您，相信您是位重视名誉的先生，会忠实地履行您的诺言。我同您那位可怜的朋友是在默纳德县认识的，那时我去探望住在彼得斯堡附近的一位姐姐。我听说您已经知道我的闺名，那么在此之前，您一定也知道我是个地道的肯塔基人。”

林肯写的那些信里有关这段恋情的细节并不多。为了能更清楚地了解这件事的整个过程，我准备了一系列问题向这位女士询问。可能我对这桩微妙情事的提问过于咄咄逼人，几天后她回了这样一封信：

致 W.H. 赫恩登先生

亲爱的先生：您这种完全是律师的质询方式真把我问住了，不过我想，如果我拒绝详细回答您的所有问题，您也会宽容地原谅我的，因为我相信，任何女人处在类似情况下，都不会像我这样公开这么多私人事情。

您说您已经听说了我们分手的真正原因。我也听说了同样的传言。但是我对林肯先生的所作所为根本不像谣言中说的那样。记得有一次我跟我姐姐说，她对我们的婚事非常关心，我觉得林肯先生在一些关乎女人幸福的细节上关心不够——至少对我如此。我相信这并非由于他缺乏善意，而是因为他所受的教育跟我截然不同，如果不是这方面的原因，我们本应趣味相投。

从他那方面的表现来看，您可以察觉得到，他对我言听计从，而我对这桩婚事却并不热心。大概在1838年年初，我离开了伊利诺伊，我们的交往和通信也在那时停止了，此后再也没有恢复联络。

我的父亲是肯塔基州格林县的一位绅士，拥有一笔相当可观的财产。我坚信几乎没人具备比他更高的学识。

您的恭敬的玛丽·S. 温亚德
1866年5月22日，于密苏里州韦斯顿

信里提到的林肯对“那些关乎女人幸福的细节”关注不够，这一点非常重要。它说明林肯所受的教育的确同玛丽截然不同。我很快又写信给温亚德夫人，询问一件发生在新塞勒姆的事情的真实情况。一天，她和鲍林·格林的太太一起，要翻过一座山去埃布尔家，林肯也同她们一道。格林太太必

须得背着她的孩子往上爬，那孩子是个大胖小子，把格林太太压得直不起腰来。林肯却自顾自地悠闲走着，没有过去帮那位女士一把。欧文斯小姐于是责怪他不该这么漠然，从这件事上，她推断他不会是个好丈夫。温亚德太太及时地给我回了信：

致 W.H. 赫恩登先生

亲爱的先生：我愿意解答您的疑问，我想这样您就不会再对这件有关鲍林·格林老夫人的事情有所困惑了。您的消息无疑来自于我的表兄盖恩斯·格林（Gaines Greene）。他去年冬天来看望我们的时候，还因为林肯先生的事情笑话过我，其中就谈到了关于格林太太和她孩子的那件事。我记得那会儿我正有一堆麻烦事儿，没心思同他辩驳，于是干脆默认了，实际上我几乎都没怎么把那件事放在心上。据我所知，我们从来没有对对方有过什么抱怨。我从来没有对林肯先生说过，因为他没有帮格林太太抱孩子，我就确信他不会成为一个好丈夫这样的话。就像我在前一封信里告诉您的，我认为他只是在小事上不够细心。刚才我又想起了一件事。有一天我们一群人去比利·格林（Billy Greene）舅舅家。我和林肯先生骑马并行，期间我们经过一条非常糟糕的小路。别的先生们都十分殷勤地照看自己的女伴安全通过，我俩落在后面，他骑着马先过去了，根本没有回头看看我能不能过去。等我骑过去赶上他时，我说："你可真是个好人！我想你根本不在乎我的脖子摔断没有。"他大笑着回答（我想他是抱着一种赞赏的态度），他知道我非常聪明，能够照顾我自己。

在许多事情上，他都很敏感，即使是细小的错误都能够察觉到。他曾经给我讲过一件事：一天他经过一个牧场，看见他前面，用他自己的话来说，"有只猪陷进了泥潭里"。他停住迟疑了一下，决定不看那只猪走过去。他说走过去以后，一种不可抗拒的感觉指使着他不得不回头看，那个可怜的家伙似乎在伤心地说："瞧，我最后的希望也没有了。"于是他又特意折了回来，把那只猪救出泥潭。

我们在很多事情上都意趣相投。我们的政治观点完全一致，不过从那时以后我们就分道扬镳了，就像南方和北方那样。我想您应该明白，“我可不当女政治家！”这就是我的想法。

我接到他的最后一条口信大概是在我们在伊利诺伊分手后一年的时候。埃布尔太太来肯塔基之前，他在斯普林菲尔德对她说：“告诉你妹妹我认为她是个大傻瓜，因为她没有留在这儿嫁给我。”这就是这个男人的个性！

您的恭敬的玛丽·S. 温亚德

1866年7月22日，于密苏里州韦斯顿

我们已经听了女方当事人的说法，为了公平起见，也应该听听她那位真诚而笨拙的追求者怎么说。我们从那位女士的家人小心保管的一些信件中找到了林肯对此事的看法，[①] 这对我们和历史研究来说真是一件幸事。第一封信写于1836年12月13日，是从万达利亚（Vandalia）寄来的，当时林肯所在的州议会正在那里开会。他在信中谈到立法的进展，以及对未来的美好展望，因为县政府所在地就要搬到斯普林菲尔德。然后他把话题转到了私人事情上，告诉玛丽他生病已有好几天了，还宣称他不顾别人笑话，每天都要往邮局跑，看她来信没有，而信似乎永远也到不了。“您看，”他抱怨道，“我对以前那封信几乎到了迷恋的程度。我不想再次打扰您。但不管怎样，我还是再次尝试给您写信。”信里接着写道：“您应该记得我在信的开头就曾提到我感到不舒服。那是事实，尽管现在我觉得好点了；疾病和其他我也说不清的原因一起，令我的情绪非常低落，我想离开这儿，到世界上任何别的地方去都行。一想到还要在这儿待10个星期，我真的受不了了。请您一接到这封信就给我回信，如果可能的话，写点能令我高兴的事情。说真的，从我离开您的那一刻起，我就没有开心过。这封信真是又枯燥又愚蠢，”最后，他悲伤地写道，“我都羞于把它寄出去，但是以我目前的感受，我没法写得更好。”

① 这些信已经被魏克先生认真抄写了下来，现由居住在密苏里州圣约瑟夫的B.R.温亚德所有。

州议会休会期间，他回到了斯普林菲尔德，从那儿到新塞勒姆很方便。他热恋着的那位女士当时就住在新塞勒姆，他可以亲口向她表白。他忍受分离之苦，从新塞勒姆不得不再次返回县府斯普林菲尔德参加法令制定工作。在他的心目中，玛丽是占第一位的。物质上一贫如洗，事业上又前途黯淡，这些使得他一有空就向这位朋友倾诉。下面就是这样一封信：

我的朋友玛丽：

这封信我写过两次开头，都是在写到一半的时候就觉得它们很糟糕，所以我把它们都撕了。第一次开头我觉得不够严肃，第二次则过于严肃。但无论如何，这次我会把它写完寄给您的。

生活在斯普林菲尔德真是乏味透了——至少对我来说如此。我在这儿跟在我这辈子所到过的其他任何地方一样感到孤独。从我来到这儿起，只有一个女人跟我说过话，要是当时她可以不跟我说话，她肯定不会那样做。我还从没去过教堂，而且近期也不会去。我总是避开那个地方，因为我根本不知道在那儿该干什么。我经常想到我们谈到过的您要来斯普林菲尔德住的事情。恐怕您不会满意这儿的生活的。到处都是坐着马车兜风的人，看着他们在面前驰过，而自己却享受不到这种乐趣，这会使您感到不快。在这儿您只能当个穷人，那种困窘您甚至无法去掩盖。您确信您能忍耐吗？要是有位女士愿意与我共度此生，我将竭尽全力使她生活得幸福惬意。如果我做不到，我肯定会难过到极点。和您在一起，只要您高兴，我就比过去独自一人时幸福百倍了。

您曾经对我说过的话也许是开玩笑，或者可能是我误解了您的意思。如果真是这样，那就让我们忘了这一切吧。如果不是，我恳切地希望您在做决定之前慎重考虑。从我这方面来说，我已经做出了决定。只要您愿意，我会坚决兑现我的诺言。但是我想，您最好还是三思而行。您并不习惯贫穷的生活，那比您想象中的要艰苦得多。我清楚对任何事情您都能理智地思考，如果您经过深思熟虑做出了决定，我将心甘情愿服从您的决定。

请您接到这封信后一定给我回一封长信。除此之外您无需再做别的。回信对您来说可能没有什么意义，却能给我忙碌杂乱的生活带来无穷乐趣。请转告您姐姐，我可不愿听到任何她变卖田产或者将要搬家的消息，只要想想那种事情，都会深深刺痛我的心。

您的林肯

1837年5月7日，于斯普林菲尔德

几乎没有男人会站在这样一种对自己不利的角度，主动向心爱之人坦白自己的困境。而另一方面，那位女士的形象总是浮现在他的脑海里，他向她表白爱意，紧接着却列出种种理由来说服她不应该嫁给他！在那个炎热干燥的夏天，他依然追求着玛丽，热情并没有丝毫减弱，还像以前一样殷勤。到了8月，他变得急躁起来，迫切希望事情有个决断。16日，他跟玛丽见了一次面，他们之间就像一场势均力敌的战斗那样，结束了关系——至少对他来说，这个结局似乎令他无法高兴起来，因为他一回到斯普林菲尔德，马上就写了一封信来发泄他的愁绪，这是以前从来没有过的事情。

我的朋友玛丽：

在我们分手这天就给您写信，您一定会感到很奇怪。我这么做唯一的理由是，不久前与您的见面使我比往常更思念您，而我们在最近的会面中却几乎没有表达出彼此真正的想法。有一点您必须清楚，我看到或想到您时不可能完全无动于衷。您可能误会了我对您的真正感觉。我认为您理解错了，否则我不会写这封信来打扰您。换了别人，可能无需您再多说什么心里就已经明白了。但是我认为，我有特殊的权利，可以用我的愚蠢做借口，再次向您说明我的想法，而您也一定会容忍我这个借口的。

我希望在任何情况下都能处理好每件事，尤其是当事情涉及到女士，确切地说，是涉及到您时。如果独自生活对您更好，就像我所推测的那样，那么我不会给您束缚。坦白地说，您可以结束我们的关系，把我永远忘掉（如果您曾经惦念过我的话），不用回复这封信，而我不会因此有半句怨言。不仅如此，要是这么做能令您得到安慰或者平静的话，我甚至真诚地希望您这么做。但是，您千万不要以为我是想把我们的关系一笔勾销，我从来没有这么想过。我只是觉得，我们之间的关系能否更进一步全在于您的决定。如果更亲密的关系并不能使您感到幸福，那么我相信它也不会使我感到幸福。只要您愿意，我乐意放开对您的束缚。与之相反，如果我能确定我们的结合会令您幸福，那我情愿甚至会迫切地将您抓得更紧。的确，所有这些就是困扰我的问题。我会因您的痛苦而痛苦，因您的幸福而幸福。

我想，我现在所说的这番话已经清楚地表达了我的意思，您不会再有所误解了。而这正是我写这封信的唯一目的。

要是您觉得最好不回信，那么再见了，祝您一生永远幸福快乐。但是如果您最后还是决定回信，那请您跟我一样开诚布公。您是怎么想的就怎么对我说，那对我不会有任何伤害。

问候令姐。

您的朋友林肯

为了说明这件“风流韵事”的最终结果如何，我们下面将给读者们看一封林肯写过的最滑稽可笑的信。这封信是写给他在州议会时的一位同事的妻子，O.H. 布朗宁（Browning）太太的。据说，在他当总统期间，这位太太在把这封信的抄件给一位传记作家之前，曾写信询问过他能否公开，他回信反对这么做，原因是这封信写得无所顾忌，完全暴露了他的真实想法。这事是否属实，我也并不清楚。在所有的林肯传记中，只有那位作家的书里引用了这封信，作家在为此表示道歉的同时，也表达了自己对该段素材取舍不定的矛盾心理。“如果我谨慎地遵守一个传记作家[①]所谓‘诚实坦白’的职业操守，有所保留的话，那么这封信根本不该在这本书中出现。林肯用他那独特的幽默语调，肆无忌惮的夸张语言，来描述自己的准未婚妻。他挑剔说那位女士牙都快掉光了，一副饱经风霜、上了年纪的样子，而实际上，对方是个年轻健美的姑娘。人们认为一位绅士在谈论自己情人的优点时所应该具有的柔情蜜意，在林肯这封信里完全看不到。所有这些，以及那些错误频出的拼写，都表明这封信更应该被封存而不是公之于世。但是，如果我们将这段记录了林肯人生某一阶段和性格某一方面的重要文件全部略去或者只摘录片言只语的话，那么对于其他材料，我们为什么不这么做？公开与不公开的‘度’该怎么把握？”

我不愿把这封信或者它发表这件事看得那么严重。我认为，林肯先生只是一时兴之所至，情不自禁地以幽默风趣的笔调写下了这封信——这是他经常用来排遣自己与生俱来的忧郁情绪的一种方法。许多人都将这封信看作是林肯的一个污点。但有一点他们必须清楚，写这封信时，林肯先生还是个冲动的年轻人，刚刚走出人生的最低谷，他写信给一位朋友倾诉，本以为这位朋友会将信妥善保存，不会公之于众。事实上，林肯先生并不是对所有事情都能应对自如。他不具备这方面的天赋。他总是要经过深思熟虑才能做出准确客观的判断。如果变故接二连三地出现，他的判断力就会失灵。了解了这一点，我们就会明白为什么林肯先生会写这封信，他因此而受到的抨击大概也会减轻一些。

在欧文斯小姐最终离开伊利诺伊的当月，林肯写下了这封信。

致 O.H. 布朗宁夫人

亲爱的夫人：

这封信里写的是我见到您之后发生在我身上的所有事情的。这可能有点以自我为中心，不过我可不会为此而向您道歉。顺便说一句，我现在才发

① 拉蒙，181 页。

现，为了能把我见到您之后我的所作所为及遭遇描述得详细明了，我不得不对以前发生过的一些事情进行回忆。

1836年秋天，我认识的一位夫人，同时她也是我的好友，打算去肯塔基看望她的父亲和别的亲戚。她跟我建议说，如果我愿意做她妹夫的话，她会把一个妹妹带回来。我当然接受了这个建议，你知道，即使我真的不乐意，我也别无选择。不过在私底下，你我之间，我承认我对这桩婚事感到满意极了。我曾在大约三年前见过这位夫人所说的那位妹妹，我觉得她聪明可爱，没有理由拒绝和这样一位女士携手共度此生。时光一晃而过，到了这位夫人返程的时候，她回到了斯普林菲尔德，随她回来的当然还有她的妹妹。她这么轻易地就随姐姐来到这儿，显得太不矜持，这倒使我有点吃惊。我再三考虑，以为她姐姐并没有向她提有关我的事情，而是用别的理由说服她来的。于是我心想，要是她别的方面都没什么缺点，我又何必对这一点斤斤计较呢？这是我在听说她快要到达斯普林菲尔德时候的想法。我记得除了前面提到过的大约三年前的那次见面之外，我还没有再见过她。几天后，我们见面了。尽管我以前曾见过她，但她跟我想象中的形象太不一样了。我知道她挺壮的，但是她现在的样子活像莎士比亚笔下的福斯塔夫（按：莎士比亚笔下最出名的喜剧人物之一。体态臃肿肥胖。）。我也听说人们都叫她“老处女”，我真的觉得这个称呼至少说对了一半。我看着她，不由得想起了我的母亲。这倒不是因为她脸上有多少皱纹，实际上她那么丰满，几乎不可能因皮肤干瘪而生出皱纹，而是因为她那牙齿稀疏、饱经风霜的样子。我脑海里忽然冒出来这么一种想法：她大概都没有经过少女时代，在不到35或40年时间里，直接就变成了现在这副体格样貌。总而言之，我一点都不喜欢她。但是我又能怎么办呢？我已经答应她姐姐，无论如何我都会娶她。出于诚信和道德，我应该履行诺言，尤其是当别人受到了我的诺言的影响时，我想他们无疑已经受到影响了。我确信除我之外，世界上不会有第二个人愿意娶她。因此，他们不断提醒我兑现承诺。“好吧，”我想，“我既然答应了，就得承担后果。我不喜欢她，那不是我的错。”于是，我马上决定把她当作我的妻子来对待，竭尽全力去发现她的优点，来抵消她的缺点。我努力把她想得美丽端庄，但遗憾的是，她真的太胖了。除此之外，我也没见过比她那张脸更“漂亮”的女人。我试图说服自己，心灵比外貌更重要。而在这方面，我发现她并不输于我认识的任何一个人。

没过多久，我去了万达利亚，您就是在那儿第一次见到我的。当时我对她仍然没有好感。在万达利亚，我收到了几封她寄来的信，这些信并没有改变我对她的才智或意图的看法，恰恰相反，倒使我原来的看法更坚定了。

那个时候，虽然我要娶她的决心依然没有动摇，“坚定得如同风吹浪打中的岩石一般”，但是我发现自己却总是在懊悔当初轻率的承诺。我这一生还从未被什么束缚过，我希望永远不受物质或精神的奴役。回到新塞勒姆后，我对她的看法没有任何改变。我俩都还是老样子。我已经想到了我今后的生活中将会发生什么变化，并且开始考虑自己该如何应付这些变化，又该如何尽量延迟那个可怕的日子的到来。对于将来，我真的感到恐惧，和一个要受绞刑的爱尔兰人比起来可能有过之而无不及。

就在我为这桩婚姻大事忐忑不安的时候，出乎我的意料，我忽然竟完全摆脱了尴尬的处境。您能猜到我是怎么解脱的吗？——无论从何种意义上来说，都是彻底的解脱：没有违背诺言、诚信或者道德。我相信您猜不出来，还是让我即刻揭晓吧。套用句律师的职业语言，事情发生经过如下，即：当事情拖延到我认为面子上已经过不去的时候（直到去年秋天我才终于下定决心），我决定当机立断，做个了结。我鼓起勇气，直接向她求婚。令我吃惊的是，她拒绝了。起初我以为她是出于矜持，我觉得在当时那种特殊情况下她大可不必这样扭捏作态。于是我再次提出求婚，她却更加坚定地拒绝了。后来我又试了好几次，但都得到了同样的结果，或者不如说一无所获。

最后，我不得不放弃。这一切完全出乎我的意料，我觉得似乎受尽了各种羞辱，简直忍无可忍。我的虚荣心受到了极大的伤害，我太傻了，我自信对她非常了解，实际上却根本没看出她的真正用心。不会有人像我这样信任她，而她却拒绝了我，打破了我所有的幻想。回想往事，我第一次开始怀疑，我真的有点爱上她了。不过，就让这些全都过去吧。我不会放在心上的。别人可以说是被女孩愚弄了，我可根本算不上。我得强调一下，在这件事上，我只是被自己愚弄了。现在我决定再也不去想结婚的事，再也不会对任何一个愚蠢到想要嫁给我的女人动心。

请您接到这封信后，给我回一封长信，讲点好笑的事情吧。向布朗宁先生致敬。

您的真诚的朋友 A. 林肯

1838年4月1日，于斯普林菲尔德

前文已经提到过，欧文斯小姐后来结了婚，育有5位子女。其中两个儿子在联邦军队里服役。她死于1877年7月4日。在她去世前不久，她谈起林肯先生，说他是“一位心地善良、学识渊博的人”。

第八章

“九个大个子”之一的州议员林肯

高票当选州议员后，林肯于1834年12月参加了州议会会议。在朋友斯穆特的慷慨资助下，他买了套新衣服，从新塞勒姆起程，骑马来到了县府所在地万达利亚。新身份为他带来的尊严令他欣喜不已，骑马成了他旅行的主要方式，而并非像某些传记作家写的那样，步行去万达利亚。他在本届州议会里一点也不显眼。事实上，他非常谨慎，但又不失时机地结交一些日后可能会对自己有帮助的人，他的个性给那些人留下了深刻的印象。如果当时的记载可信的话，我们会发现他在第一次参加州议会期间几乎默默无闻。作为公共账目收支委员会的成员，他的名字却很少出现在会议记录中，我们相信他那时一定专心倾听着别人激烈的辩论，学习着议会法的相关内容，已经感到心满意足了。他沉默寡言，却留心观察；说话虽少，学到的东西却多；不但结识了所有议员，还跟很多议会以外的有影响力的人物建立了联系。当时，议会走廊里经常聚集着一些声名显赫、受人尊敬的政治家，其中不少是出色的律师，他们聚在一起支持倡导某些法令。在各种州内改革提案的表决中，总有那么一群议员互投赞成票，这类人后来似乎成了复杂的立法机构中不可缺少的组成部分。州议会走廊里，到处都是家财雄厚、头脑聪明的人，林肯一开始就意识到与他们结识将对自己的前途非常重要，深信以自己的组织才能或雄辩口才，一定能打动他们。在这些非议员中，或者说是“第三派”中，林肯第一次遇到了斯蒂芬·A. 道格拉斯（Stephen Douglas）。道格拉斯前一年才从佛蒙特（Vermont）来到这儿，就大有取代约翰·J. 哈丁，成为本地区联邦检察官的势头。他给林肯留下了什么印象，两人互相对对方有何看法，或者那时两人的交情到了哪种程度，这些我们都不清楚。据说后来林肯在谈到第一次见到这个新来的佛蒙特人时说，他是“他见过的最矮小的男人”。那时的州议会，充满了拓荒者们的青春、热血与激情。在这些参加早期议会辩论的人中，有的将成为主要政治党派的骨干，有的将在战场上独当一面，有的将进入国家最高决策层，有的将担任地方要员，还有的将披上法官的长袍。而他们中的一个，将成为美国的最高行政首脑，最终为了人类的自由而牺牲生命。

在万达利亚，整个社会及人民都关注着州议会，州议会因而也显出勃勃生机。跟林肯以前的生活环境相比，这里的一切都显得精致优雅。在跟身边的先生女士们打交道的过程中，林肯毫无疑问会受到他们的感染。从当时的立法中，就可以明显看到这种“对情操和文明的追求”，诸如修建收费公路、桥梁、城镇、铁路，建立股份银行、保险公司、女子学校等议案。新英格兰的活力和开拓精神，与肯塔基和弗吉尼亚的理想主义融合在一起，很快就形成了一种覆盖整个北美大草原的新文明。尽管林肯在幕后保持沉默，但他心里已经决定支持州政府在公共土地出售中获得适当的利益。这次简短而谨慎的议会之旅结束后，他回到了新塞勒姆他的选民们中间。带着那股坚持不懈的热情，他又继续研读法律，学习测量，他认为只有当自己真正成为这两个行业的行家里手时，学习才算告一段落。这时候，县土地测量所里发生了变化，托马斯·M. 尼尔（Thomas Neale）接替了约翰·卡尔霍恩，林肯成为他的副手。这位新上司热衷于土地投机，甚至将自己的前任卡尔霍恩也列入了副手名单。现在，林肯在选民中已颇有人气。他不再羞涩胆怯，开始变得自信，并因自己才能出众而沾沾自喜。初入政界他就尝到了甜头，公职身份给他带来的荣誉刺激着他的欲望，他渴望获得更大的荣耀。于是，1836年，他再次参加了州议会竞选。我清楚地记得这次竞选，因为我的父亲，阿彻·G. 赫恩登（Archer Herndon），也是竞选州参议员的候选人之一。在上一届的州议会中，分配给桑加蒙县的席位已经有所增加，包括七位众议员和两位参议员。那时候还没有政党代表大会，所以也无需经过代表提名程序，什么人都可以参选。林肯再次用散发政治传单的方法来争取选票。尽管这种方法在他第一次竞选中并没有获得最佳效果，但他还是决定再冒险试试。跟现在的政客们相比，那时的候选人们宣传自己的主张更多的是出于自愿。他们无需借助于党派代表大会作为宣传平台，也无需某些伟大的政治领袖来为竞选策略定下基调，而是直接走上前台，自己为自己呐喊助威。林肯那种大胆坦率的文风和明确坚定的语气正是这种风气的反映。下面就是一篇表明他个人政治主张的文章——更像是一篇政治檄文：

致编辑：

我看到贵报在上周六刊登了一篇文章，署名是“很多选民”，文中号召候选人们“亮出观点”。我很赞成。下面就是我的观点：

我主张，所有为国家做出贡献的公民都应享受政府的保护。从这点出发，我认为，所有纳税或服兵役的白人都应有投票的权利（妇女当然也不例外）。

如果我当选，那么我的权力是桑加蒙县的所有人民赋予的，不论是投我反对票的人还是赞成票的人。

作为他们的代表，我将遵从他们的意愿，以他们的利益为出发点。不论我是否当选，我都认为出售公共土地所得的利益应该分给各州，这样我们州就可以跟别的州一样，不用靠贷款付息就能开凿运河、修建铁路了。

如果11月的第一个星期一我还健在的话，我会选休·L.怀特（Hugh White）做总统。

恭敬的A.林肯

1836年6月13日，于新塞勒姆

林肯大胆而坚定地表达出自己的立场，对于后来的政治家来说，这样做可能过于冒失和固执，但当时的风气就是如此。他毫不掩饰对田纳西州的怀特的支持，当时几乎所有反对杰克逊的力量全都反对怀特，不过这只是个人的小问题。除此之外，文中的第二段非常耐人寻味。林肯主张普选，这当然引起了女士们的好感，我们无需更多的证明就可以推断出他在“女权”方面的立场。事实上，写到这里，我不禁想起了他后来对于道德改革和社会改革所持的观点，他认为，普选、禁酒和废除奴隶制都包含在这些改革之中。有一天，当我们在办公室里讨论禁酒问题时，他说：“所有这些，从一开始就一定会得到有识之士的赞同，一旦时机成熟，它们将被写入法令，成为我们制度的构成部分。”

在公开表明政治主张之后，林肯开始积极奔走拉票。这次竞选比以往任何一次都更加激烈。各种观点层出不穷，引发了广泛热烈的讨论。候选人们发动自己的朋友宣传他们的政治主张，有时这种宣讲会被别人愤怒地打断，候选人之间含沙射影的互相驳难也令各自的朋友针锋相对。在论战中，辩论者常常一时冲动，不管不顾起来。后来成为林肯内兄的尼尼安·W.爱德华兹，就曾在一次辩论中用枪指着对手、著名的民主党人阿基利斯·莫里斯（Achilles Morris）。有关这次竞选的资料最近才被公开，那是林肯先生致当地著名民主党人罗伯特·艾伦（Robert Allen）上校的一封信，写于他宣布参选的一周后。艾伦上校散布了一些对林肯不利的言论，意图阻止他当选。从这封信里可以看出林肯那种讽刺的天赋，他旁敲侧击，将艾伦批驳得体无完肤，那种滋味儿，勇敢的上校肯定不想再尝一次。最奇怪的是，这封信最近才被发现，而将它公之于众的人正是艾伦的儿子。[①] 信的内容如下：

致罗伯特·艾伦上校

亲爱的上校：

我听说上星期我不在的时候您曾来过此地，公开宣称知道我的一些秘密，如果您将这些秘密公之于众，那在即将到来的选举中，N. W. 爱德华兹和我本人将完全失去成功的希望。出于对我们的爱护，您可能会保守秘密。没有人比我更需要您的爱护了，面对您的好意，相信不会有人拒绝，但是在目前这种情况下，您对我的爱护就是对公众的不公平，因此，我不得不拒绝您的好意，希望您能够原谅。我曾经拥有桑加蒙县人民的信任，这一点有目共睹。如果我有意或无意干的某些事一旦被揭露出来，会令我丧失人民信任的话，那么那个知情不举的人就是国家利益的叛徒。

对于您所说的秘密，不论它们是确有其事还是出于您的猜测，我都一无所知。但是我坚信您的诚实，我丝毫不怀疑，至少您自己对自己说的话是完全相信的。您对我个人的关爱，我真是受宠若惊。不过我还是希望，您经过深思熟虑之后，能以公众利益为重，把那些秘密公布出来。

我向您保证，即使您秉持公正揭露出的秘密毁了我的前程，那也绝不会影响我们之间的友谊。

我期待着您的回信，如果您愿意，您有权将此信及您的回信一同发表。

您的恭敬的朋友 A. 林肯

1836年6月21日，于新塞勒姆

林肯确信这封信不会被公开，也不会得到回复，因为艾伦手里并没有什么对他不利的证据。他还知道艾伦是个古板保守的民主党人，在桑加蒙县，他的政治立场最不可靠。通读全信，讽刺的口吻贯穿始终，尤为绝妙的

① 这份手稿现保存于斯普林菲尔德的林肯纪念协会。

是，林肯还用微妙的言辞对艾伦的诚实恭维了一番。虽然从一般意义上来说，艾伦算是个大度之人，可他并不诚实，喜欢夸夸其谈。林肯这封信似乎并没有惹恼他，但足以显示出，他此时已经完全做好准备，为竞选辩论跃跃欲试了。

在竞选前的那个周六，举行了一场由所有候选人参加的联合辩论会。当时的一个参加者回忆说："辩论从上午开始，候选人轮流上去演讲，直到所有人轮过一遍，时间持续了一个下午。"一位民主党候选人厄尔利（Early）医生在演讲中同尼尼安·W. 爱德华兹争论了起来，他指责爱德华兹的发言中有失实之处。爱德华兹马上予以相同的回击。他跳上一张桌子，向挑战者挥舞着拳头，那怒不可遏的语调和野蛮恐吓的举止，令会场骚乱了起来。"情形越来越紧张，"另一位候选人[①]说，"以致后来对阵双方认为只有用决斗来解决。在这件事情上，林肯先生支持厄尔利。他公正而巧妙地处理了这场纠纷，令所有的人满意之余，又惊叹于他的能力。"林肯平息了骚乱，轻而易举地解决了难题。

林肯的朋友乔舒亚·F. 斯皮德回忆，在选举前的几天，他在斯普林菲尔德做了一次演讲。"听众非常多，"斯皮德说，"他的许多支持者和仰慕者都从四邻八乡赶来。我记得那是一场精彩的演讲，论证有力，观点新颖，成功地宣传了辉格党的政治主张，沉重打击了他的主要对手民主党。演讲给听众们留下了深刻印象——他们都站在了林肯一边。在场的人中有位叫乔治·福克尔（George Forquer）的老人，他是一名优秀的律师，颇有声望。他曾经是辉格党中的佼佼者，但那时新加入了民主党，又被任命为土地事务所的登记员，已经开始履行职责。他家那幢漂亮的木屋刚刚竣工，可算是当时斯普林菲尔德最好的建筑了。木屋上面安了一根避雷针，这在当地可是独一无二的，林肯先生也是生平第一次知道了什么是避雷针。他后来告诉我，正是福克尔家的避雷针促使他学习了有关电的知识，了解到那根金属棒可以用作导

① R. L. 威尔逊，1866年2月10日信件手稿。

体。在林肯的演讲将要结束，人群打算散去的时候，福克尔先生站了起来，请求大家听他说几句。他一开始就宣称，有必要灭灭这位年轻人的气焰，对此他责无旁贷，也深感抱歉。接着他针对林肯的演讲进行了回击，尽管他的言辞巧妙又不失公正，但处处都透露出一股优越感。”林肯双臂抱在胸前，站在几步开外的地方，认真地注视着这位发言者，倾听他说的每句话。他努力克制自己激动的情绪。福克尔的挑衅激起了他胸中的怒火。当福克尔的发言结束时，他一下子跳上讲台开始反击。

斯皮德继续讲道：“我经常听他在法院大厅和公众面前演讲，但那次演讲是我见过的他表现得最出色的一次。他对福克尔的反驳义正词严。我永远也忘不了演讲结尾的那段话：‘福克尔先生一开始说，他一定要灭灭我这个年轻人的气焰。但是决定我前途命运的不是我自己，而是你们，我的同胞们。这位先生的话语中暗暗讽刺我年纪太轻，不过他忘了，我的实际年龄已不算小，我只是经历的政治骗局和内幕交易太少而已。我渴望活下去，渴望地位和荣誉。但要是让我跟这位先生一样，为了年薪3,000美元的职位而改变政治原则，然后在自家屋顶上安上一根避雷针，来保护他那有罪的灵魂免遭天谴，我宁可现在就死。’”这真是漂亮的反击，福克尔连同他家的避雷针从此声名狼藉，再也没人羡慕了。

在接下来的选举中，桑加蒙县的政治立场完全改变了。在此之前，本来是民主党掌控着局势，现在辉格党反倒获得了400张选票，得到了大多数选民的支持。这次林肯的票数超过了其他人。九个当选人分别是亚伯拉罕·林肯、尼尼安·W.爱德华兹、约翰·道森、安德鲁·麦考密克（Andrew McCormick）、丹·斯通、威廉·F.埃尔金、罗伯特·L.威尔逊、乔布·弗莱彻（Job Fletcher）和阿彻·G.赫恩登。后两位是参议员。当他们齐集于万达利亚时，因为身材同样魁梧，立刻就得到了“九个高个子”的绰号。他们的平均身高都在6英尺以上，人均体重超过200磅。他们中的一个[①]说：“我们

①R.L.威尔逊手稿。

之所以引人注目，不仅是因为人数和身高，还因为我们联合起来发挥的影响力。多年以后，人们还会把那届议会通过的所有不好的或者不得民心的法令都归罪于‘九个高个子’。”我并不打算详细描述当时的议会及其所处的政治背景，不过这其中充满了才智和策略，我们必须得为此花上一定的篇幅。值得一提的是，被称为“北方佬的发明”的代表大会制度便是在这时开始实行的。唯杰克逊马首是瞻的民主党人首先召开了代表大会，由这项制度产生的第一个竞选人竟然是来自摩根（Morgan）县的斯蒂芬·A.道格拉斯，他后来也当选为州议员。代表大会制度被引入美国，得归功于芝加哥民主党人埃比尼泽·佩克（Ebenezer Peck），据说此人曾在加拿大议会里任过职。当时的美国人都认为加拿大议会与君主专制沆瀣一气，这就足以使所有辉格党人对代表大会制度也一致持仇视态度，林肯也不例外。但经过一段时间后，看到民主党因实行该制度而党纪严明，辉格党人便改变了最初的态度，也开始实行起了这一先进制度。

林肯先生当选的这届议会将永载伊利诺伊州的史册。该届议会支持所谓的国内改革，行事急躁又轻率。它那庞大的施政计划几乎迷惑了当时所有的人。在表面政绩的掩盖下，债务危机却日益沉重，由于巨额债务的拖累，伊利诺伊州最终没能取得更大的惊人发展。难怪多年后，人们偶尔提起此事，还对这届议会颇有微词。据说“小巨人”（按：道格拉斯的绰号）在他的一次竞选巡回演说中，曾经就债务问题建议说：“要是伊利诺伊根本就没有还过一分钱，那议会应该说实话。”林肯不仅是这届好大喜功的议会中的一员，而且还支持过那些冒进的提案，对此我们深表遗憾，不过我们不要忘了，是他所在的政党和支持他的所有选民共同赋予了他这种权力。他们接连两次选举他为议员，就证明他们认可他的做法。林肯赞成那些“伟大的改革”，这种做法至少对我来说，没什么可奇怪的。他脑子里根本就没有有些人所谓的“金钱观念”。由于他那独特的个性和成长经历，他压根就不会具备一个政治经济学家所应有的任何素质。从某种意义上来说，他充满热情，长于理论。对于道德问题，能够深入思考，抓住关键。而一旦涉及到一个团体或政府的财政和商业利益，他就会变得跟处理自己个人的经济问题时一样笨拙无能。仅就这方面而言，我觉得林肯先生是个弱者。

一位传记作者在叙述林肯的这段议会生涯时说：“他此时前途无量，真正的政治生涯即将开始。在上届议会中，他沉默寡言，用心观察，认真学习。他已经牢牢地抓住了机会。在新议会的所有议员中，他是同龄人中最聪明的议员和最机灵的‘滚圆木者’（按：‘滚圆木’指在议会中同某些议员互投赞成票）。议会里可以畅所欲言，正是他理想的用武之地。他下定决心要在其中出人头地。实际上，他当时已经是众所周知的反对奴隶制的领导人物，而他却梦想获得一种与此完全不同的声名。大概就是在这个时候，他告诉他的朋友斯皮德说，他打算成为‘伊利诺伊的德威特·克林顿’（按：德威特·克林顿，纽约州第六任州长，任职期间开凿了伊利运河）。”

桑加蒙县的选民们举行了一次集会，要求他们的议员投票支持“国内改革计划”。接着，来自全州所有县的代表齐集万达利亚，向州议会提出了类似的要求，而且强调这是“符合人民意愿”的。于是，州议会开始筹划修筑铁路网络。总长达1,300英里的铁路将贯穿伊利诺伊的东西和南北。政府将拓宽加深境内每条河流，包括那些不起眼的小河，使它们可以通航。还将挖掘一条连接伊利诺伊河与密歇根湖的运河。而为了实现这些“符合人民意愿”的伟大计划，这届议会借贷的款额高达1,200万美元。规模庞大的冒险项目刻不容缓地开工了，新兴城镇到处涌现，外国资本源源不断地涌来。有关伊利诺伊惊人发展和巨大财富的生动报道，吸引了来自各州的大批移民。伊利诺伊的发展超过了其他所有州，成为联邦的“帝国州”。

林肯此时任职于财政委员会，他热情地为发展大计奔忙着，坚信这些政策最终将使伊利诺伊富裕起来，而所有曾经支持政策通过的议员们也将因此名垂史册。除了林肯，斯蒂芬·A. 道格拉斯、约翰·A. 麦克勒纳德（John McClernand）、詹姆斯·希尔兹（James Shields）以及其他一些后来在伊利诺伊历史上赫赫有名的人物，都是这次涉及广泛、影响深远的改革运动的倡导者。他们同林肯一样，由衷地拥护改革，为自己能参与其中而倍感荣耀。接下来仅次于改革的另一件大事就是州首府的迁移。斯普林菲尔德当然想取代万达利亚的地位。奥尔顿、迪凯特、皮奥里亚（Peoria）、杰克逊维尔、伊利奥波利斯（Illiopolis）等城镇也都跃跃欲试。最终，“九个高个子”凭借他们的机智和影响力击败了对手。他们为了斯普林菲尔德的利益勇往直前，将起草首府迁移议案的任务交给了林肯。其他县市的议员强烈反对首府迁往斯普林菲尔德，但“九个高个子”在林肯的领导下毫不让步。这场激烈的斗争旷日持久。林肯的一位同事[①]回忆道：“这项议案两次被我们的对手搁置。在最艰难的时候，似乎所有迹象都表明，议案不会再被重新讨论，我们的对手为击败我们而欢呼庆祝，我们的盟友则看不到任何取胜的希望。但林肯先生从来没有失去信心。他把同事们召集到自己房间里商量对策。他的实干才能和对人性的透彻理解都远远超过他的伙伴们，也超过我认识的任何一个人。”提出议案的九个朋友最终克服了种种困难，在这届议会结束前的一两天，两院联合投票，通过了这项议案。

与此同时，伟大的废奴运动就像新英格兰山间旺盛繁茂的奇花异草，在各地蓬勃发展起来，影响开始波及西部。到处都有为人类自由事业奔走活动的团体。嘲讽、讥笑、谩骂、迫害，甚至暗杀，都无法镇压和消灭这些废奴运动的先驱者。他们受尽奚落，却勇敢无畏，四处播撒下革命的种子。就像有人评论的那样，也许他们超前于他们所处的时代，也许他们播下的一些种子遇到的是贫瘠的土地，无法成活，但是他们坚信，总有一些种子会生根发芽，美丽的自由之花终将开满大地。

对从新英格兰蔓延来的这一运动，林肯应该是持怀疑又警觉的态度的，我觉得他的这种心态不足为奇。他对奴隶制的厌恶只是一种出于良知的抽象的感情。他出生在肯塔基，生活在蓄奴的风气之中，潜移默化中已经接受了世俗的偏见和思维方式。因此，对北方废奴主义者的义愤和热情，他并没有正确的认识，我再强调一次，这并不奇怪。在这届议会会议的最后一天，他

---

① R.L. 威尔逊手稿。

发动他的同伴联名签署了一份语气温和、措辞谨慎的抗议书，以抵制议会两院已经通过的几个关于国内奴隶问题的决议。但是除了丹·斯通[①]之外，其余人的努力都失败了。在“九个高个子”中的其他人退出历史舞台之后，斯通及其同伴还活跃了很长一段时间。抗议书的措辞语气是很明显的林肯风格。20多年后，这篇抗议书常常被拿来作为林肯废奴主张的证据。但是如果仔细地读一下这篇文章，就会发现事实完全不是人们想象的那样。从1837年3月3日的议会会议记录中可以找到相关记载：

《关于国内奴隶制问题的议案》已经本届州议会参众两院通过。下列签名者对该议案的通过特此提出抗议。

他们确信，奴隶制是建立在侵犯他人权利和错误政策之上的，但废奴主义的传播更有可能助长而非消灭奴隶制的罪恶。

他们确信，依照宪法，合众国国会无权干涉各州的奴隶制度。

他们确信，依照宪法，合众国国会有权在哥伦比亚特区废除奴隶制，但前提是，必须取得该州人民的赞成。

上述观点与通过议案中的观点之间的分歧，就是他们提出抗议的原因。

丹·斯通、A. 林肯，及桑加蒙县全体议员

这份抗议书文笔老练，措辞得当，没有任何挑衅性的暗示，通篇用语十分正式，结构也经过精心安排，很符合当时政治文章的特征。文中郑重坦率地说出了一个严峻的事实，“奴隶制是建立在侵犯他人权利和错误政策之上的”。25年后，当初联名抗议者中的一位担负起了维护人权与纠正错误的重任，在他的努力下，残忍野蛮的奴隶制最终得以废除。

“九个高个子”回到斯普林菲尔德，受到了群众的热烈欢迎。除了1831

① 下面的议案与林肯和斯通的抗议书针锋相对：
伊利诺伊州议会决定：我们严禁出现废奴团体及其散布的废奴主义学说。
奴隶所有权是联邦宪法授予蓄奴州的神圣权利，没有蓄奴州的许可，这种权利不能被剥夺。
未经哥伦比亚特区人民同意，中央政府不得废除该特区内的奴隶制，否则即为明显违背承诺。
州长应将此前的相关记录与议案的抄件分送弗吉尼亚、阿拉巴马、密西西比、纽约及康涅狄格各州。

年蒸汽船“护身符”号那次著名的航行经过桑加蒙县之外，还没有什么事情能令居民们如此兴高采烈。大家举行盛大的宴会迎接归来的议员，当地的演说家们对他们极尽吹捧。其中最受朋友和选民们推崇称道的就是林肯了。在一片颂扬声中，九位议员互道离别，各自回到了自己的家乡。

从州议会返回后，林肯决定搬到县府斯普林菲尔德住，并开始正式进入法律界。在州首府从万达利亚迁到斯普林菲尔德这件事上，他曾经发挥了关键作用，市长约翰·T. 斯图尔特及当地其他社会名流都十分欢迎他能搬来。他坚信在这里自己的生活会有一个好的开始。[①] 他几乎没有什么积蓄，但是希望在斯普林菲尔德能和在新塞勒姆一样，交到有影响力的好朋友，同自己一样具备真诚高尚的品质，在自己有困难需要帮助的时候，他们会伸出援助之手。他的希望没有落空。从他后来的经历来看，在他的周围的确紧密地团结起了一批朋友。在此之前，我去新塞勒姆探望我的堂兄弟詹姆斯·赫恩登和罗恩·赫恩登时，经常在他们家中遇见林肯先生。而我跟他真正有密切接触则是在他搬到斯普林菲尔德之后。他那高大瘦削的身材，不合身的衣着，诚恳的面容，幽默的谈吐，都显得那么与众不同，引起了我的关注与好感。至于他对我的印象如何，多年以后我才知道。他当了我九年的上司，在任何事情上，我都自然而然地将他视为可仰赖的领导，直到他生命结束。

斯普林菲尔德即将成为新的首府，为了显示自己的优越地位，这个城镇开始装腔作势起来。奢靡浮华之风盛行，曾经的人文气息与优雅品位破坏殆尽。一些古老而高贵的家族也来到此地定居。他们大部分来自肯塔基，属于拥有奴隶的贵族阶层，过着精致讲究的生活，总是一副趾高气扬的样子。“瞧瞧托德家、斯图尔特家和爱德华兹家的那些人，带着他们的神甫、狗和仆人。”除了歌谣中所唱的，当时居住在斯普林菲尔德的还有马瑟（Mather）、兰姆（Lamb）、奥普代克（Opdyke）、福克尔和福特家族。林肯就生活在这些

① “林肯过去经常从新塞勒姆来斯普林菲尔德我们的——斯图尔特和我——事务所里借法律书籍。他有时步行，但通常都是骑马。他是我见过的长得最丑的小伙子。他沉默寡言，似乎很腼腆，神情中总带着一丝淡淡的忧伤。但是他一讲起话来，所有这些都一扫而空，显示出他那强烈的个性与敏锐的洞察力。他每次来都能带给我们新的惊奇。”——亨利·E. 达默，1865年9月16日的陈述。

自命不凡、“乘着马车到处兜风”的富人中间。而他出身的家族无疑并不为人所知，他是个“穷人，他甚至都无法掩盖自己的困窘”。可以说，他是从肯塔基来的另一类移民的典型代表，这类移民用一个词来定义，就是“贫穷的白人”。虽然斯普林菲尔德已经靠近伊利诺伊州拓居地的北端，居民只有一两千人，但它仍然是周围地区财富和文化的中心。它的居民充满了积极进取的精神。对于林肯来说，再也没有比这儿更好或者更能让他施展才能的地方了。

1837年3月，他拿到了律师执照。他的名字第一次作为原告代理律师，出现在一桩诉讼的案卷里，当事双方分别是霍桑（Hawthorne）和伍里奇（Woolridge）。他在黑鹰战争中的战友约翰·T.斯图尔特开了家律师事务所，请他来做合伙人。几年前，斯图尔特曾借给过林肯各种书籍，还鼓励林肯坚持法律学习，此时他已经是个经验丰富的律师了。1828年，他从肯塔基来到斯普林菲尔德，单凭他出生于肯塔基这一点，就令他在斯普林菲尔德的上流人士中拥有不可忽视的影响力。他曾经回忆起自己来到斯普林菲尔德之后第二天早上的情景。当时他站在村子里的杂货店门前，背靠便道旁的一根柱子，正琢磨着怎么进入当地社交界。一位衣着考究的老绅士向他走来，似乎对这个新来者的前途很关心，询问起他过去的经历和职业。“先生，我从肯塔基来，”斯图尔特回答，“是个律师。您看我在这儿前景会怎样？”老绅士思索了片刻，把头往后一扬，闭起左眼，答道:“年轻人，机会渺茫。”

林肯来到律师事务所的时候，斯图尔特刚刚在一场议会选举中失利，正在重整旗鼓。他全心投入到政治当中，为下次竞选积极准备，后来他果然取得了成功——击败了老谋深算、野心勃勃的斯蒂芬·A.道格拉斯。政治地位的诱惑使斯图尔特无暇分心处理法律事务，他的精力和才智并没有完全投入到事务所的工作中去。不久以后，事务所日常事务和案件的处理就或多或少地落在了林肯的肩上。事务所账簿上的记录全部出于林肯之手。大部分诉状和辩词也是由他撰写的。他一点都不喜欢这种工作。除了曾在洛根（Logan）法官手下任职的那段短暂时期以外，这是他唯一一次作为初级合伙人，给别人打下手。此时他还没有学会爱上工作。这家事务所位于一幢楼房的顶层，正对着现在法院广场的西北角。它的下面就是县法庭。办公室里的摆设像一般的律师事务所一样，显得矫揉造作——一张小躺椅或是床，一把水牛皮椅子，那位初级职员常常坐在那里学习，一条硬木长凳，一只书箱微微露出一角，还有一张充当问询台的桌子。林肯的朋友乔舒亚·F.斯皮德绘声绘色地向我描述了林肯初到斯普林菲尔德时的情景。斯皮德是一位成功的年轻商人，在林肯还没有成为斯图尔特的合伙人之前，他慷慨地让这位抱负远大的年轻律师搬到了自己的住所。他回忆说，当时林肯的行李只有搭在马背上的两个挂包，里面装着两三本法律书和几件衣服。“他骑着一匹借来的马来到镇上，”斯皮德说，“在镇上唯一的一个木匠那儿定做了一张单人床。然后他来到我的店里，把挂包放在柜台上，问我一个单人床位要多少钱。我拿来石板和铅笔算了起来，总共是17美元。他说：‘这个价钱挺便宜的，不过我得说，就算这么便宜，我也付不起。但要是直到圣诞节前您都肯让我赊账，而我在这儿当律师干得又不错的话，到时我会全数付给您的。’他的语调听起来是那么忧郁，引起了我的同情。我抬头看了看他，这辈子我还从没见过像他那样忧郁的面容，直到现在我也这么觉得。我对他说：‘这点小账看来把您难住了。我倒有个建议，您可以不用欠账就能解决难题。我的房间很宽敞，里面有张很大的双人床。要是您愿意的话，我非常欢迎您来和我一起住。’‘您的房间在哪儿？’他问道。‘楼上。’我说，指了指店里通向我房间的楼梯。他没再说什么，拎起挂包上了楼，把包往地上一搁，又走下楼来，笑逐颜开地大声嚷道：‘好了，斯皮德，我搬来啦。’”

在首府由万达利亚迁到斯普林菲尔德这件事上，威廉·巴特勒（William Butler）也发挥了重要的作用。他对议员林肯很有好感。林肯搬到斯普林菲尔德后，有好几年都在他家搭伙吃饭。他与这家人来往密切，巴特勒很可能从来没有想过要他付钱。不单在这件事上，在其他很多方面，他都尽心尽力地照顾这位年轻的律师。

当时伊利诺伊州巡回法庭的法官是斯蒂芬·T.洛根（Stephen Logan），

检察官是斯蒂芬·A. 道格拉斯。许多前途无量的律师也开始崭露头角，包括爱德华·D. 贝克（Edward Baker）、约翰·T. 斯图尔特、赛勒斯·沃克（Cyrus Walker）、塞缪尔·H. 特里特（Samuel Treat）、杰西·B. 托马斯（Jesse Thomas）、乔治·福克尔、丹·斯通、尼尼安·W. 爱德华兹、约翰·J. 哈丁、斯凯勒·斯特朗（Schuyler Strong）、A.T. 布莱索（Bledsoe）、乔赛亚·兰伯恩（Josiah Lamborn）等人，他们的名字如同繁星，永远闪耀在伊利诺伊州的历史苍穹中。我认为，到了斯图尔特的事务所以后，林肯对于法律的研习并不像人们通常认为的那样深入和刻苦。但是我敢肯定，在跟法院和州议会里那些大人物打交道的过程中，他一定受益匪浅。从斯图尔特和林肯律师事务所1837年的账簿记录可以看出来，他们接手的官司五花八门，可是并不赚钱，因为只有两三桩案子的律师费能达到50美元，还有一笔账目写着：“给斯图尔特的一件上衣，15美元。”他们有时不得不“当掉”这种实物收入，来换取现金。这些官司既不复杂，更谈不上重要。那个时代跟现在这个日新月异的时代不同，无论哪个县府所在的城镇，都没有一个能集合精英律师的大事务所，所有事务所，无论大小，都得通过竞争来占有一席之地。法庭审理一桩斗殴或非法侵入邻人土地的案件所花的时间，跟花在有关合同文书或类似复杂案件上的时间差不多。律师要想打赢官司，靠的不是他们的法律知识或对法律条文的熟悉程度，而是看他们的口才和个人魅力能否打动陪审团。

林肯的到来使斯皮德的客店变成了公众舆论的中心。人们在那儿讨论政治、宗教及其他各个方面的话题，自由地表达看法。

在店铺的尽里面，有一个很大的壁炉。每天晚上，镇上的精英们聚集在壁炉旁。他们之间碰撞出的思想火花比炉中噼啪燃烧的木柴爆发出的火花更为明亮。在这群人中经常可以看到林肯、道格拉斯、贝克、卡尔霍恩、布朗宁、兰伯恩、杰西·B. 托马斯等人的身影。这些未来的政治家和演说家们闪光的思想和青春的热情，使在场的听众们深深折服，永远也无法忘记。1837年秋冬之际，伊莱贾·P. 洛夫乔伊（Elijah Lovtjoy）在奥尔顿被判处死刑，当时我正在杰克逊维尔上大学。这个残酷而不公正的判决激起了各地对奴隶制的反抗情绪。我所在的学校也受到了影响，师生们公开强烈谴责这种迫害行径。我父亲完全赞成奴隶制。他认为学校里充满了废奴主义的“毒素”，所以强令我退学回家。不过他的命令太迟了。被他视为洪水猛兽的平等观念已经深入我心。当我听到洛夫乔伊被处决的消息时，我的心情比林肯在新奥尔良看到奴隶拍卖时的心情还要悲痛。在林肯看来，只要宪法允许和认可奴隶制的存在，那么该制度就不应受到任何干涉。而我则是单纯地为了废奴主义的信念而反对奴隶制，虽然直到1853年我仍是名义上的辉格党支持者。

从学校回到斯普林菲尔德后，我在乔舒亚·F.斯皮德的店里当了一名伙计，薪水是每年700美元，这在那时算是很不错的收入了。我和斯皮德、林肯、查尔斯·R.赫斯特（Charles Hurst）一起住在店铺楼上的房间里。我去上大学之前就曾给斯皮德打过工，这次我在他店里又干了几年。在由这些经常聚集在店里的年轻人形成的小圈子里，充满了浓厚的探讨和学习的风气。我们偶尔会在某位律师的事务所里聚会，但多数时候还是在斯皮德的店里。除了一起探讨问题，我们还阅读诗歌及其他文学作品。遗憾的是，这个圈子并不接纳女士。要是在今天这个时代，我可不提倡这么做。但在那时，即便是年轻的男士，也不是人人都能有机会读书看报的。我们应该是得到了特殊的许可才获得那些书报的。我已经忘了这个小团体叫什么名字——如果它有名字的话——只记得主要成员有林肯、詹姆斯·马西尼（James Matheney）、诺厄·里卡德（Noah Rickard）、埃文·巴特勒（Evan Butler）、米尔顿·海（Milton Hay）和牛顿·弗朗西斯（Newton Francis）。我也是成员之一。马西尼充当秘书的角色。我们有幸可以读到各种文学作品。林肯自己还写过一首以女性的软弱为主题的诗，读给我们听。直到几年前马西尼还能背诵出其中的一节，他能记起来的也只有这么多了，可能也是他记得最清楚的一节：

每个妒火中烧的妻子，
都会口不择言，歇斯底里。

如果没有男人的帮助，

不会有女人误入歧途。①

除了这个小团体外，我们在斯普林菲尔德还有另一个团体，包括了当地所有的文化界及知识界精英，颇具影响力。我们给它起名为“青年学会”。与客栈小团体不同的是，“青年学会”的聚会通常是公开的，学会正是因此而声名鹊起。在1837年年末的一次聚会上，林肯发表了题为“我们的自由体制永垂不朽”②的演讲，这次发言经过他的精心准备，通篇围绕法律和秩序的主题展开。演讲全文被广泛刊发，在林肯演讲文集中经常可以找到，我想我也没有必要在此引录了。演讲稿正如林肯本人的气质一样，字里行间透出一种自负与高傲。但是从文辞的角度来看，它要好于林肯之后写过的任何一篇文章。这可能也正符合人们对时年28岁的林肯的想象吧。文章在《桑加蒙日报》上刊登之后，年轻的演说家很快就声名远扬。为了能使读者领略到这次精彩的演讲，请允许我引用一下演讲的最后一段。林肯将独立战争的幸存老兵称作“活的历史”，慷慨激昂地说道：“但是这段历史已经消失，再也不会被人们提起。它曾经是一座坚固的堡垒，没有被外来侵略者击垮，却禁不起岁月无声的侵蚀。它消失了，化为一片古老的橡树林。无坚不摧的飓风席卷而过，葱茏的枝叶眨眼间遍地零落，只剩下光秃秃的树干孤零零矗立在空旷的原野中。微风轻抚下，它们发出阵阵低吟；狂风暴雨中，它们残败的身

① 在霍夫曼街附近，也就是1839年至1840年法院所在的那条街，住着一个鞋匠，经常喝醉了用鞭子打他的妻子。林肯听说了以后，警告鞋匠说，如果他要是再那么做，就会狠狠地揍他一顿。他又把这事告诉了埃文·巴特勒、诺厄·里卡德和我，我们决定，如果鞋匠再打他妻子的话，我们就跟林肯一起教训教训他。后来有一次，我们听说鞋匠又在打他妻子，于是就将这个恶徒拖到法院大厅，剥下他的衬衫，把他绑在大厅后院水井上的大概是一根柱子或者压水器上。然后我们派人把他妻子叫来，给她一根很棒的树枝，让她“痛快地出口恶气”。我们蹲下来观看这一幕。鞋匠的妻子把他暴打了一通。我们觉得这个恶徒受的惩罚已经足够，于是林肯给他松了绑。我们帮他穿上衬衫，他垂头丧气地溜回了家。他当然威胁说要报复，但是我们再也没有听到过他打妻子的消息了。——詹姆斯·H. 马西尼。

② 林肯先生做这次演讲的起因是几周前在圣路易斯因为一个黑奴爆发的一场骚乱。林肯将这一事件作为演讲的一个主题。学会委派詹姆斯·马西尼向林肯要来演讲稿的复件，并将其发表。

躯顽强屹立。然而，它们仍逃不脱岁月的摧残，最终还是永远地倒下了。它们是自由神殿的支柱，神殿因它们的倒下而必将坍塌，除非我们，它们的后人，用坚定冷静的理智作为新的支柱，取代它们的位置。激情曾经帮助过我们，但它的作用到此为止。在我们今后的道路上，它甚至会成为我们的敌人。我们必须要用理智——沉着冷静、深谋远虑的理智——来把握未来，保护自己。让我们把理智变为智慧、道德，特别是对宪法与法律的尊重。以此为基石，建立起我们引以为荣的自由殿堂，就像伟大的《圣经》中所写：'地狱之门将永远关闭。'"

林肯适时地开始转变自己的演讲风格：他的演讲不再追求华丽的辞藻，而是更加生动流畅。他摒弃了那些青年人爱用的押头韵和暗喻的语言技巧，令演讲更能为人理解，从而更有说服力。他这种新风格日臻成熟，后来最终产生了他一生中最伟大的演讲——"葛底斯堡（Gettysburg）演讲"。

傍晚时分，经常聚集于斯皮德客栈里的年轻人又开始围在舒适的壁炉边，议论起政治话题。随着话题的深入，气氛很快就变得剑拔弩张起来。我常常在此时结束了一天的工作，悠闲地回到店里，坐在一个小木桶上，兴趣盎然地聆听这些未来政治家们的辩论。我记得道格拉斯是民主党一方的骨干。他已经学会了在辩论中回避问题的那套技巧，尽管如此，他依然是个令人难以捉摸、充满激情，有时暴躁易怒的对手。他将能想到的所有政治错误和罪行都强加到辉格党头上。辉格党的任何弱点似乎都逃不过他的眼睛。讲到最后，他忽然激动地站了起来，向对手发出了挑战，他说"客栈不是谈论政治的地方"，要就争论的话题进行一次公开辩论。这个挑战得到了回应，双方在长老会教堂展开了一场公开辩论。民主党一方的代表是道格拉斯、卡尔霍恩、兰伯恩和托马斯，辉格党一方的代表，按排名顺序，分别是洛根、贝克、布朗宁和林肯。每人演讲一晚，整个辩论持续了一个多星期。林肯被安排到了最后一晚。此时听众们已经对这些千篇一律的陈词滥调有点厌烦了，而林肯演讲中那新颖的观点、对民主党对手的有力回击又重新激起了听众的兴趣。他的演讲给听众们留下了深刻的印象，《桑加蒙日报》趁热打铁，从他那里取得演讲全文刊登了出来，后来又作为专栏文章连载。

1837年7月，林肯先生参加了一次州议会特别会议。这次会议的目的是为了解决伊利诺伊州的一些财政问题。此时合众国银行及纽约银行和费城银行都已暂停硬币支付。这一举措给商人们造成了极大的损失，也损害到整个国家的利益。州议会召集特别会议就是为了使伊利诺伊州银行避免迫在眉睫的倒闭危机。林肯仍在财政委员会任职，对州内改革的光明前景依然充满信心。州议会非但没有对庞大的改革投入进行裁减，反而进一步增加了资金。在这件事情上，议员们根本无需征求当政者的意见，因为当政者已经完全被这劳民伤财的愚蠢计划迷惑住了。

1838年，林肯先生再次当选州议员。在这届议会里，他作为辉格党的候选人，参加了众议院议长的竞选，最终得到38票。民主党候选人威廉·L. D. 尤因（William Ewing）击败了他，以43票当选。除了继续在财政委员会任职外，林肯还兼了县委员会的职务。以前为了实施州内改革而发行的债券，现在就要到期，这个事实浇灭了改革支持者们的热情。虽然林肯和几个志同道合的议员极力挽救“改革计划”，但摆在他们眼前的残酷现实是，他们无法再得到贷款。州议会开始将这笔债务划分为合法与不合法两部分，看样子是打算拒付部分欠款。林肯先生想要成为“伊利诺伊的德威特·克林顿（Dewitt Clinton）”的理想破灭了。他承认“在当前这场危机中负有责任”，说自己毕竟“不是个金融家”。这届州议会一休会，他马上就决定——之前他还没有下定决心——参加下届竞选。他可能是想以此来证明自己。他遭遇到了前所未有的挑战，比起在新塞勒姆初次向选民们进行自我介绍的那个时候，现在的他即使面对政敌的诽谤中伤，也能处变不惊、泰然若素了。

在这次竞选中，有一位名叫泰勒（Taylor）的民主党候选人也在县城进行巡回演讲。大家通常都叫他“迪克·泰勒（Dick Taylor）上校”。他是个爱出风头、夸夸其谈的家伙，总是衣饰考究。他经常跟林肯作对，摆出一副贵族居高临下的派头，肆无忌惮地攻击辉格党的政见。在演讲方面他很有一套，能够鼓动起那些“双手长满了老茧的邻居们”。一天，他正在用他那惯常的方式演讲，林肯出于恶作剧的心理，像他后来说的，“想灭灭他那嚣张气焰”，一下子冲到他的身边，猛地往下扯他的背心。背心立刻裂开了道口子，只见衬衫的打褶前襟上，挂着闪闪发亮的怀表链、徽章，还有其他金饰。听众们大吃一惊，接着哄堂大笑起来。泰勒呆立在当地，被这突如其来的变化弄得目瞪口呆，手足无措。轮到林肯发言了，他是这么回击那位衣着光鲜的上校的：“泰勒上校指责全国各地的辉格党员坐着漂亮的马车，穿着带褶边的衬衫，戴着小羊皮手套，挂着粗重的金表链和大大的金徽章，挥舞着沉重的金头手杖。而我却是个穷小子，曾经在一条平底船上干活，每个月只赚8美元，只有一条裤子，还是鹿皮的。知道这种鹿皮裤的人一定清楚，它湿了以后再被太阳晒干就会收缩。我的裤子就这么一次次不断收缩，结果裤脚离袜口足有好几英寸，两腿只好露在外面。我的个子越来越高，裤子也变得越来越短，越来越紧，把我的腿都箍出了一道蓝印儿，那印儿现在还能看出来。如果您把这些也叫作贵族做派的话，那我愿意接受您的指责。”①

在这次竞选中，林肯还勇敢地保护了他的朋友 E.D. 贝克免遭一群愤怒群众的围攻。贝克是个出色的演讲者，演讲起来无所畏惧，抨击对手毫不留情。当时他正在法院大厅里对着一群人演讲，法院大厅就在斯图尔特和林肯事务所的楼下，林肯办公室的地板上有一扇活板门，正位于讲台上方。林肯常常躺在地板上，打开那扇门，观看下面的演讲。我那天也在听众中间。贝克的情绪非常激昂，像一头雄狮那样勇猛。他对民主党频频发起责难，越说越激动，甚至口不择言，冒失地说道：“只要是有土地事务所的地方，就会有一份民主党的报纸来掩盖他们腐败的罪行。”恰好本镇报纸编辑的兄弟也在场，这句话激怒了他，他一边喊着“把这家伙赶下去”，一边从人群中冲了出来，似乎打算自己去拉贝克下台。贝克做出反抗的架势，脸色因为激动而变得苍白。一时间台下的人群不由自主往前涌去，脚步杂沓，混乱不堪。

就在这时，只见天窗里伸出了两条长腿荡来荡去，紧接着，林肯跳到了

① 尼尼安 · W. 爱德华兹手稿。

讲台上。他举手示意大家安静，但人群喧闹依旧。于是他抓起手边的一个粗陶水罐，威胁说谁要是第一个敢碰贝克，他就用这个让谁的脑袋开花。“先生们，请安静。”他喊道，“这里言论自由。贝克先生有权发言，应该听他把话说完。我会在这儿保护他，只要我能做到，我就绝不会让任何人把他从这个台子上拉下去。”他的干预起到了他想要的效果。人群很快恢复了平静，勇敢的贝克得以继续演讲。那天晚上我站在人群的后面，我是贝克的热情支持者。我知道他很勇敢，即使林肯没有挺身而出，我相信他也不会不激烈反抗，就轻易地被赶下讲台。

1840年的这次竞选是林肯先生最后一次竞选州议员。他觉得自己在这里已经获得了足够的荣誉，渴望能够更进一步。在这次竞选中，长老会教堂大辩论中民主党的代表之一杰西·B. 托马斯在法院大厅里进行了一次演讲，对“九个高个子”极尽嘲讽之能事，而且主要针对林肯。林肯当时没有在场，同被托马斯讽刺的其他人告诉了他这个消息。他立刻赶到现场，托马斯的演讲一结束，他就登上讲台，开始回击。这次他发言的内容远没有发言方式那样令人难忘。托马斯的冷嘲热讽深深刺痛了他，他第一次在台上模仿对手，来赢得听众支持。在这方面，像下文就要讲到的那样，没有人能比得上他。他模仿托马斯的手势和声音，还不时夸张地学着他走路的样子和体态。每个人的表情和手势都会有自己的特别之处，托马斯也不例外。林肯将这些特点加以渲染夸大，收效极佳。听众们又是大笑又是喝彩。林肯大受鼓舞，模仿得越发起劲，本已夸张的表演更加滑稽可笑了。托马斯只能无奈地坐在旁边，忍受着他从未遭受过的折磨，羞愤难当，却又不知所措。他极力控制着自己的情绪，几乎要忍不住掉下泪来。我并没有亲眼目睹这一场景，但第二天，这件事就成了全镇居民的谈资，多年以后，人们称这件事为托马斯“被剥了一层皮”。当时在场的人中有斯皮德、A.Y. 埃利斯、尼尼安·W. 爱德华兹及戴维·戴维斯（David Davis），他们后来都成了大名鼎鼎的人物。林肯这次的表现一反常态，给他的朋友和敌人都留下了深刻的印象。后来我听他说，他只要一回忆起那天晚上的举动，心里就充满了懊悔。他觉得自己太过分了，失去了应有的善意，事后他找到托马斯，真诚地向他道歉。这件事及其结果说明，林肯不仅恩怨分明，而且勇于认错，是个真正的男子汉。

1840年，林肯取代哈里森（Harrison）成为总统候选人，走遍了伊利诺伊州的大部分地区，进行巡回演讲。在竞选辩论中，他经常碰到道格拉斯。此时的道格拉斯已经成了民主党的旗手，到处宣扬民主党的政治主张。这些辩论会有时候会非常精彩，林肯发现，“小巨人”对这种辩论很热衷。“林肯对自认为没能达到朋友期望的地方非常敏感，”和他一起参加巡回演讲的一位同事回忆说，“我记得有一次，那是1840年，他作为辉格党员，同民主党骨干道格拉斯先生进行一场辩论。结果他的演讲没有达到预期的效果。他对这次失败耿耿于怀，我从没见过有人像他那样痛苦。他向党内的领导请求再试一次，勉强得到了同意；第二次辩论中，他的发挥大大超出了我们的最高期望。[①]他将辉格党的举措和政策阐述得淋漓尽致，我从没听过，也根本没想到会听到这么一次漂亮的反击。据我所知，他此后的演讲再也没有发挥失常过。”

他不再参加州议员的竞选，而再度成为辉格党提名的众议院议长核心候选人，这次他获得了36票；他上次的对手威廉·L.D.尤因比他多了10票，以多数票当选。这届议会的种种记录及颁布的各项法令，已经成为众所周知的一段历史，我想也没有必要在此详细讲述了。不过，值得注意的是，在这届议会期间，林肯先生有时会缺席会议，表现也不活跃。爱情又一次降临到他的头上，搅得他有点“心烦意乱”。至于这次恋爱的具体细节，我们将留待下一章讲述。

① 约瑟夫·吉莱斯皮，1866年6月5日来信手稿。

第九章　为责任所迫的婚约及政坛沉浮

1840年，林肯先生已经32岁，依旧单身。两年前，他在一封措辞幽默的信中写道：“我已经决定再也不考虑结婚了。”在这段时期，他的眼界大为开阔。州首府搬到斯普林菲尔德后，他很快就见识到显赫的家世和社会背景能给一个人带来多大的权势和影响力。他有着非同常人的远大抱负，这是不争的事实。在政界，他已经取得了有目共睹的成就，在那些家境富裕、声名显赫的辉格党党员中也占得了一席之地。但他还是个穷人，他的身上缺乏那种能融入上流社会的优雅而从容的风度——事实上，借用玛丽·欧文斯说过的那句意味深长的话来说，就是他“在一些关乎女人幸福的细节上关心不够”。既然他已经意识到自己卑微的社会地位，那么他就自然而然地会想到同一个有势力的家族联姻，以此和上层人物建立起密切联系，增加自己的政治资本。这个推测似乎有点大胆，但除此之外，我们没有别的理由来解释他这次奇特的恋爱经历以及他婚后争吵不休的生活。这段历史真的令人匪夷所思。那些被长期隐瞒的真相现在逐渐浮出水面。等到所有真相都公之于世的那天，我相信林肯和他的妻子都有责任。

后来成为林肯先生妻子的玛丽·托德（Mary Todd），1818年12月13日出生于肯塔基的列克星敦（Lexington）。1865年，林肯夫人对我回忆道："我还很小的时候母亲就去世了。曼塔丽（Mantelli）夫人教养我长大。她是一位很有才华的法国学者，就住在克莱（Clay）先生家对面。在学校里，我们完全用法语对话——事实上，学校里只允许用法语。我在沃德（Ward）夫人开办的学院里完成了学业。许多北方人都把自己的女儿送到那里去读书。1837年，我来到伊利诺伊州的斯普林菲尔德，在那儿待了三个月。后来我回到肯塔基，直到1839年，我再次来到伊利诺伊，最终在这儿成了家。"

玛丽·托德的祖父利瓦伊·托德（Levi Todd）将军，生于1756年，在弗吉尼亚接受教育，在刘易斯（Lewis）将军的事务所学习法律。在乔治·罗杰斯·克拉克（George Rogers Clark）将军领导的对印第安人的战争中，他作为一名中尉，移居到了肯塔基。1782年8月，他率领一个营参加了布鲁里克斯（Blue Licks）战役，在这次战役中，他的兄弟约翰·托德（John Todd）阵亡。他接替丹尼尔·布恩（Daniel Boone）指挥国民军，升任为少将，是列克星敦最早的定居者之一。1779年2月25日，他与简·布里格斯小姐结婚。1791年2月25日，他们的第七个孩子罗伯特·S.托德（Robert Todd）降生，就是林肯夫人的父亲。林肯夫人的母系也是名门望族。她的外曾祖父安德鲁·波特（Andrew Porter）将军参加过独立战争，继彼得·米伦伯格（Peter Muhlenberg）之后担任宾夕法尼亚州国民军少将。几位外叔祖中，乔治·B.波特（George Porter）是密歇根州州长，詹姆斯·麦迪逊·波特（James Madison Porter）在泰勒总统（President Tyler）手下当过海军部长，戴维·R.波特（David Porter）是宾夕法尼亚州州长，都是才干出众、赫赫有名的人物。她的母亲安妮·伊丽莎·帕克（Anne Elisa Parker），与她的父亲罗伯特·S.托德是表兄妹。托德先生在肯塔基州议会两院里都任过职，还在列克星敦的肯塔基银行担任行长超过20年之久。他于1849年7月16日去世。

托德小姐的家谱可以一直追溯到6世纪。这位继承了家族古老而高贵血统的小姐，最终却嫁给了南希·汉克斯的儿子，出身卑微的林肯。

1839年玛丽·托德来到斯普林菲尔德她姐姐家的时候才21岁。她是个个性强烈的姑娘，热情冲动，脾气急躁。因为“不愿跟继母一起生活，就离开了肯塔基的家”，[1] 来投奔大姐伊丽莎白（Elizabeth），伊丽莎白是林肯在州议会的同事尼尼安·W.爱德华兹的妻子。玛丽还有两个姐姐，弗朗西丝（Frances）嫁给了华莱士（Wallace）医生，安妮嫁给了一个有名的富商C·M.史密斯。他们都住在斯普林菲尔德。玛丽中等身材，我第一次见到她的时候，她的体重大概有130磅。她体格结实，圆圆的脸庞，一头浓密的深褐色头发，眼睛是蓝灰色的。她漂亮活泼，但神情举止间透着傲慢。她所受到的绝对是一流的教育。她非常健谈，法语说得和英语一样流利，而且文笔犀利，文章充满了智慧和才华。她不仅才思敏捷，还对男人有敏锐的判断力。通常情况下，她都表现得温柔可亲，甚至十分迷人。而一旦有人冒犯了她或者引起了她的反感，她那讨人喜欢的风度立刻就会消失，变得尖酸刻薄，令人难堪，完全掩盖了善良的天性。从面貌身材、教育背景、举止风度、脾气秉性、个人经历——各方面来看，她与林肯都完全相反。

1839年，她再次来到斯普林菲尔德之后，立刻开始进入当地社交界，很快就成了舞会上最受欢迎的美人之一，给全镇的年轻男士们带来了不小的麻烦。她仔细地观察着这些男士，谨慎小心、不动声色地将自己的缺点都掩藏起来。她的机智、可爱、坦率令年轻男子们倾倒，学识修养与多才多艺又大受年长者们的赞赏。我第一次见到她是在罗伯特·艾伦上校家里举行的一次舞会上，我在前文中提到过这位先生。我邀请她跳一支华尔兹。当我们翩翩起舞时，我觉得自己以前还从未跟一位舞步如此优雅从容的小姐跳过舞。不一会儿，我们舞到了大厅中央，我想对她曼妙的舞姿赞美几句，于是就说，我知道自己的舞步有多么糟糕，而她跳起华尔兹来则像蛇一般轻灵。话音刚落，我立刻就发现，这个奇怪的比喻一点都不成功，反而引起了她的厌恶，但是我已经来不及收回了。她停下脚步，跟我拉开一段距离，眼中闪烁出愤

① 爱德华兹夫人1887年8月3日陈述。

怒的目光，反唇相讥道："赫恩登先生，蛇这个比喻真是尖刻的嘲讽，尤其是对一个新来者。"

乔舒亚·F.斯皮德是爱德华兹一家的好朋友，在他的引荐下，林肯得以拜访托德小姐。她那灵活的社交手腕和对人性敏锐的洞察力，同她的智慧和美丽一样，深深吸引了林肯。他一次又一次登门拜访。这是个老套的爱情故事。林肯又一次陷入了爱河。"我经常碰巧遇到他们坐在房里交谈。"爱德华兹夫人回忆起这段恋情时说道，"玛丽总是主导着谈话。林肯先生坐在她的身旁聆听，很少开口。他凝视着她，仿佛被一股看不见的强大力量驱使，无法将目光移向别处。不过，跟玛丽这么一位受过高等教育的女士长时间聊天，林肯就感到有点力不从心了。他没有受过正规教育，在思想学识方面，对女性并没有什么吸引力。他是个善良、正直、真诚的年轻人，我很欣赏他身上那种粗犷的阳刚之气。但我觉得，他的性格和教育背景都不足以打动我妹妹的芳心。玛丽是个急性子，活泼好动，在社交圈里应付自如。她喜欢出风头，热衷权势，是我认识的最有野心的女子。在她还小的时候，就曾对她那些在肯塔基的朋友们说过，她将来一定会嫁给总统。我也亲耳听她这么说过。进入斯普林菲尔德的社交界之后，她还常常提起这个听上去似乎荒唐可笑的梦想。尽管林肯先生似乎已经爱上了玛丽，被她的智慧与见识深深吸引，但我很快就开始怀疑，他们的关系能维持多久。我立刻把我的想法告诉了玛丽，他们并不合适，或者就像那些相信缘分天注定的人所说的那样，他们不是对方命中注定的另一半。"

但是爱德华兹夫人的忠告就像撒在石头上的种子，没有得到任何回应。两人的恋情发展顺利，到了谈婚论嫁的阶段。而恰在此时，在他们通往婚姻的道路上，出现了一个新的障碍，就是英俊潇洒的斯蒂芬·A.道格拉斯，这次他成了林肯的情敌。他在社交界十分活跃，远比林肯更有教养、魅力和影响力。在傲慢高贵的托德小姐心目中，他逐渐替代了林肯的位置，这一点也不奇怪。他一直对玛丽殷勤有加，常挽着她在大街上散步——甚至就和林肯擦肩而过——处处都要跟林肯作对。有些人认为玛丽·托德对年轻的道格拉斯如此热情，只不过是逢场作戏罢了，目的是为了刺激林肯，促使他大胆表白，更积极更热烈地追求自己。林肯夫妇婚后两年一直跟一位太太住在一起，据这位女士说，林肯夫人曾亲口告诉她“她爱道格拉斯，要不是她答应过嫁给林肯，她一定会接受他的”。她夹在两个年轻人中间，左右为难，终于病倒了。她的姐夫华莱士医生来为她看病，她向他吐露了自己的真实病因。此时道格拉斯依然满怀希望，热情不减，华莱士却劝他别再追求玛丽，[①]虽然极不情愿，但他还是照做了。

如果托德小姐故意同道格拉斯亲近是为了考验林肯的话，那她就大错特错了。林肯在表达感情方面总是含蓄内敛，但玛丽如果据此就认为他缺乏意志力，不会被激怒，那她对这个男人肯定一点都不了解。她的行为深深刺痛了林肯，自然也起到了作用，令林肯开始反省这段感情。一天晚上，他走进客栈，把好朋友斯皮德叫过去。他们一同走到壁炉旁。林肯从兜里掏出一封信让斯皮德看。斯皮德回忆说：“那封信是写给玛丽·托德的。他在信里明确表达了他的感受，告诉玛丽，经过深思熟虑，他觉得自己并不太爱她，还没有到非要她嫁给自己不可的地步。他想让我把信转交给玛丽。我拒绝了，他就说要托别人转交。我提醒他，只要他把信交到托德小姐手上，托德小姐就会占据上风。我对他说：‘私底下聊天的话会被遗忘、误解、一带而过，可一旦成了白纸黑字，就是活生生的、无法抹去的对你不利的证据。’说着，我就把那封倒霉的信扔进了壁炉。‘现在’，我接着说道，‘要是你还有男人的勇气，就亲自去见玛丽；如果你不爱她，就告诉她实情，说你不会娶她。小心，别说得太多，一有机会就尽快离开。’他听了我的劝告，系上上衣的纽扣，一脸坚定的表情，照我说的去完成那项艰巨的任务了。”

那天夜里，斯皮德没有同我们一道上楼睡觉，而是借口想看会儿书，一直留在楼下店里。他在等林肯回来。10点过了，林肯跟托德小姐的见面还没有结束。11点多一点，他终于悄悄地回来了。从这次见面时间的长短判断，

① 哈丽雅特·查普曼夫人1887年11月8日陈述。

斯皮德确信林肯一定照他说的话做了。

斯皮德的第一句话是："我说，老兄，你是不是照我告诉你的和你自己答应我的那样做了呢？"

"是的，我就是那么做的。"林肯若有所思地回答，"我告诉玛丽我不爱她，她立刻大哭起来，几乎从椅子上跳了起来，痛苦地绞着双手，说什么想骗人的人最终却被人欺骗了。"说到这儿，他停了下来。

"你还说什么了？"斯皮德问，想从他嘴里听到更多实情。

"跟你说实话，斯皮德，她这副样子我可受不了。我发觉自己脸上也满是眼泪，我把她抱在怀里，吻了她。"

"这就是你怎么解除婚约的。"斯皮德讥笑道，"你这么做不仅愚蠢，而且等于让你们的婚约更牢固了。现在你可再也不能反悔了。"

"好吧，"林肯慢吞吞地说，"要是再给我一次机会，我还会这么做的。既然干了，我就会承当。"①

现在，林肯已经确信托德小姐同意这桩婚事——而不是像这个求婚的大个子起初预料的那样，想解除婚约。于是他又开始继续登门拜访。事情像以前一样顺利发展。道格拉斯已经退出了竞争，从各方面来看，他们都该早日完婚。然而，大概就在这个时候，爱德华兹夫妇开始怀疑这桩婚事是否理智，不时在玛丽面前流露出这种担心；不过，他们并没有坚持反对，也没有阻碍两人的交往。

婚礼定在了1841年1月1日。爱德华兹家为这桩喜事进行了精心的准备。家里按照习俗布置一新。家具摆放在合适的位置，房间装饰得整洁雅致，喜宴也已准备停当。客人们聚集在一起，七嘴八舌地谈论着，兴奋地期待着有趣的婚礼仪式快点开始。新娘蒙着面纱，穿着丝质长袍，坐在与大厅相邻的房间里，紧张地摆弄着头上的花饰。一切准备均已就绪，只有新郎似乎因为某些特殊的原因迟迟还未出现。一个小时过去了，新娘和客人们都开始焦躁不安起来。他们注定要失望了。又一个小时过去了。派出去打听的人找遍了

① 乔舒亚·F. 斯皮德1866年9月17日陈述记录。

整个镇子，带回来的都是同样的消息，这场小闹剧的主角林肯，显然是故意失踪了！新娘伤心地跑进了自己的房间。喜宴原封未动。客人们惊讶不已，安静地告别散去。原本灯火通明的爱德华兹家变得漆黑一片，整个夜晚，这所宅子都笼罩在黑暗之中。像托德小姐这样一位敏感、多情又高傲的女士当时的感受如何，我们只能凭想象来猜测——没人能够描述得出。黎明时分，朋友们经过不懈寻找，终于找到了林肯。他看上去焦虑、沮丧、痛苦、绝望，令人不禁心生同情。斯皮德害怕会有什么不堪设想的悲剧发生，因此夜以继日地在房间里看着他。“小刀、剃刀，所有能自残的东西，都不能让他找到。”[①] 爱德华兹夫人毫不犹豫地认定林肯疯了，她的妹妹玛丽当然也这么认为。不过事情并没有那么糟。几个星期后，林肯的情况开始有所好转。1841年1月23日，也就是爱德华兹家那一幕发生后的三个星期后，他写了封信给他的合伙人斯图尔特，清楚地表述了他的感受。他写道：“现在我是这世上最不幸的人。如果我能将自己的感受平均分给整个人类家庭中的每个成员的话，那地球上就再也看不见一张笑脸了。我不知道自己是否会好起来，可我有种可怕的预感，我完了。我不可能这样下去，我只有两个选择：要么死，要么好起来……恐怕我不能在您那儿再工作了，换个环境或许会有助于我恢复。要是我还是过去的那个我，我当然愿意跟洛根法官留在这儿。我没法再写下去了。”

这段时间，林肯所在的州议会正在召开特别会议，林肯一度没法出席。[②] 直到会议快要结束时，他才重返议会。但是他在这次会议上并没有什么举动，没有发言，只是去应付例行点名，参加了几项主要施政措施的投票。州议会休会后，他的好朋友斯皮德卖掉了在斯普林菲尔德的店，邀请他同去肯塔基。斯皮德的父母住在离路易斯维尔几英里的一所豪宅里。他们有片肥沃的农场，当时过着“富足的生活”。在那里，置身于宁静祥和的环境中，林

① J.F. 斯皮德，1866年1月6日来信手稿。

② 他的病情持续了将近三个星期，使他在这三个星期内无法履行在州议会的职责。1841年1月19日，约翰·J. 哈丁在议会宣布了他的病况。四天后，他给斯图尔特写了封信，我已经在上文中引用了几句这封信里的话。

肯发现这正是他跟斯图尔特说的有助于他恢复的“环境的改变”。但他依然生活在忧郁症的阴影下。他给《桑加蒙日报》寄去了一首题为《自杀》的语调悲伤的诗。这首诗被刊登了出来。几年后，我找遍资料，偶然发现了那期报纸，却惊讶地发现那首诗已经被人剪去，我总觉得这事是林肯干的，或者是他授意别人干的。

斯皮德的母亲很同情儿子带回的这个高大黝黑的陌生人。她是位虔诚信奉上帝的母亲，为了鼓励林肯振作精神，给了他一本《圣经》，建议他仔细阅读，按照里面的箴言去做，就会从烦恼中解脱出来。这位夫人认为，除此之外，别无他法可以帮他。“他意志消沉，起初几乎想要自杀。在他情绪最低落的时候，有一天，他说他没有做过一件能令世人记起他的事情，而他活着就是为了让自己的名字出现在这个时代发生的重大事件中，因为造福同胞而被牢牢铭记。”[①]在斯皮德家的农场，[②]林肯与这家人相处融洽，暂时放下了痛苦的回忆，身边有忠诚朋友的陪伴，再加上斯皮德夫人母亲般的照顾和无微不至的关怀，这些都对他的恢复起到了显著的作用。他一天天地好了起来，逐渐恢复了力量和自信，终于走出了忧郁的阴影。秋天的时候，他和斯皮德回到斯普林菲尔德。下面我们有必要摘选几封林肯先生给斯皮德先生的信，这是说明他当时情况和想法的最可靠的证据。斯皮德先生一度不愿将这些信公布于世。但是在我的坚持和劝说下，他至少认同了我的一个观点：这些信本来就是历史。于是他把信交给了我，同时还给我写了一封信，他在信中说道：

我把林肯先生写给我的所有信件，无论是否重要，都交给您。为了使您能正确地了解它们的重要性，我有必要做一些说明。从1840年冬到1841年，他一直因为与他妻子的婚约而闷闷不乐——他埋怨自己的心灵反而被行为所

① J.F. 斯皮德1866年2月9日来信手稿。

② 在林肯在斯皮德家做客期间，乔舒亚的哥哥，后来成为林肯政府司法部长的詹姆斯·斯皮德，正在路易斯维尔开业当律师。林肯每天都去他的事务所。多年后，斯皮德先生回忆说：“他借我的书读，跟我聊他的生活，他读什么书，他的学习，他的抱负。”斯皮德先生不认为林肯当时不正常，他认为林肯只是因为一场不幸的恋爱而变得伤心忧郁。

束缚。没有人能像我一样了解他当时的痛苦。在我面前，他完全敞露心扉。①

1841年夏天，我同我的妻子订婚了。我追求她的时候，林肯正好在我家做客。说来奇怪，他那些曾被我认为是愚蠢的想法，现在居然占据了我的内心，令我从订婚直到结婚那段时间里郁郁寡欢。这就是他为什么在信中对我的情况极为关心的原因。

有一点很明显：如果我没有结婚，过得却很快乐——比我预想的快乐得多的话，那他是不会结婚的。

林肯在写这些信中的第一封的时候，斯皮德就要起程，从伊利诺伊到肯塔基去。这封信没有署日期，斯皮德收到它的时候是1842年1月1日，他在给我的另一封信里说，那天正是他离开斯普林菲尔德的日子。林肯在信里不断安慰他的朋友，他相信接下来的日子里斯皮德将会变得抑郁忧伤，建议他该如何排遣烦恼。"我知道，"他写道，"当你不开心的时候，是什么令你感到痛苦。那是因为你害怕自己并不爱她。这是你的胡思乱想！想想你是怎么追求她的……你是贪图她的钱才追求她的吗？不，你说过她什么都没有，而你也说过自己能够接受她的贫穷。你说这话是什么意思？不是意味着你没有理由不去接受这一点吗？从你第一次见到她，或者听说她的时候，你不就想，而且是出于刻意的，去追求她了吗？是什么理由使你一开始就这么做了？根本没有理由。她是否品行端正，温柔可爱，通情达理，或者具备其他优点，你那时根本不知道，除非从她的人际交往上还有可能推测一二……老实说，你之所以选择她不就是因为她那双迷人的黑眼睛吗？我们住在你家的时候，你不是特地带我去列克星敦，就为了在当天晚上我们乘邮车回斯普林菲尔德之前赶去再见她一次吗？"

在接下来的一段中，作者本人表达了对托德小姐与道格拉斯之间暧昧关

① 林肯曾给辛辛那提的德雷克医生写过一封信，——他给我念过，是封长信——描述他的情况。这封信写于1840年12月，或是1841年1月初。我想他一定跟德雷克医生说了他与拉特利奇小姐的初恋，因为信中有一部分内容他没有念……我记得德雷克医生回复说，他没有当面询问病人，所以没法做出诊断。——乔舒亚·F. 斯皮德，1866年11月30日信件手稿。

系的看法，对我们来说，这段话的意义尤其重大。他问道："要是你发现她监视你，嘲笑你，转而投向另一个人的怀抱，你究竟会怎么想？但你并没有那种烦恼，所以你也体会不到那种心情。"

2月3日，他又写了一封信，说他已经收到了1月25日的来信。斯皮德的爱人病了，这更加深了斯皮德的沮丧情绪。林肯十分同情他。信中写道："我希望，也相信，那些令你有时疑心自己对她真实感情的烦恼，定会因你最近对她健康和生命的担忧而永远消失。而一旦这些烦恼永远消失（我几乎预感到上帝显然就是因为这个原因，才令你遭受现在的折磨），就再也不会有什么能令你无比痛苦了……

这件事确凿无疑地证明了你对她难以磨灭的爱，我觉得你真应该为此高兴，而不是难过。我说斯皮德，要是你不爱她，就算你不希望她死，你也一定是抱着听天由命的态度。可能这对你已经不是什么问题了，我这么喋喋不休，倒显得粗鲁唐突，破坏了你的心情。要真是这样的话，你可得原谅我。你知道，在这方面我曾经历过极大的痛苦，也曾经那么软弱无助。你知道，我没有恶意。自从你走了以后，我已经摆脱了忧郁症，现在甚至比我在秋天时感觉还要好。"

下一封信写于2月13日，也就是斯皮德的新婚前夜。在信中，林肯多次强调自己愿意帮斯皮德做任何事，他还写道："但是从此以后，你所要过的生活将是我从未经历过的。所以，如果你需要什么建议的话，我给你的建议可能是错误的。然而，我衷心地希望，你再也不需要外人的安慰……我想你偶尔也会有点神经过敏，但是只要你坚定地克服不安的情绪，烦恼就会永远消失。如果你能平静地度过婚礼仪式，或者甚至无论何时都能泰然自若，不会惊慌失措的话，那你就没有任何问题，完全可以放心了。我最想说的是，两三个月后，你就会成为最幸福的男人。"

在及时得知斯皮德的婚礼情况之后，林肯立刻于25日写了回信：

今天早上我接到了你16日的来信，信里宣布你和范妮（Fanny）小姐"不再是一对，而是一体”。我真不知该如何向你们两人祝福，相信你们也能想象得出我的兴奋。现在我都有点嫉妒你们了。你们以后只会关心对方，而把我完全忘到脑后……没有你的陪伴，我会非常孤独。世事的安排多么可悲啊！如果我们没有朋友，我们就没有快乐，而如果我们拥有朋友，我们又肯定会失去他们，并因此而感到加倍痛苦。

同一天，他又写了一封信，信中说：“我和你都梦想着一个天堂，那里有着超乎这个世上任何东西的一切。我肯定，正是这个梦想造成了你我与众不同的不幸。虽然你的梦想遥不可及，但没有一个女子能像黑眼睛的范妮那样，最接近你的梦想。而你要是了解我想象中的她的话，你会觉得居然有人认为跟她在一起不快乐，真是荒唐透顶。我的老父亲曾说过一句话：‘如果你出过高的价钱买了一样东西，那就把它牢牢抱在怀里。’我想，如果我可以认为你在刚刚结束的交易中出了过高的价钱的话，那么这笔交易是我能想象得到的对这句话的最好证明。”

斯皮德已经顺利完婚，林肯开始考虑身边的事了。他与玛丽·托德的关系依然紧张，不过，当他回忆起前一年的那段忧郁的日子时，玛丽已经逐渐淡出了他的脑海。在3月27日给斯皮德的一封信中，他说：

听到你说你“比期望的幸福得多”，我真是不知道该怎样表达我的激动与快乐。我知道那已经足够了。我太了解你了，你至少有时不会抱过高的期望。如果实际情况超出了期望，我会说：“这就够了，亲爱的上帝。”说实话，我从那个致命的“1841年1月1日”以来所经历的所有高兴事加在一起，也没有你最近这封短短的来信带给我的欢乐多。但是有个念头总是在我心里挥之不去：有一个人因为我的缘故而失去了幸福。这个念头使我无法完全高兴起来。它扼杀了我的灵魂。我本来是希望给她幸福的，结果却相反，除了自责，我也不知道该怎么办。上周一，她跟一大帮人乘火车去了杰克逊维尔。我听说她回来后说这次旅行高兴极了。谢谢上帝！

在这封信的最后一段，林肯还表达了收到紫罗兰的感受。斯皮德在写给我的那封信的空白处，用铅笔注了这么几句话："那朵紫罗兰是我妻子寄去的，在我封信的时候，她把花夹进了信里。多美的信啊！"林肯在最后一段写道："你随信寄来的那朵芬芳的紫罗兰安全地到了我的手里，但是它已经枯萎，而且被压得扁平。我刚想拿起它，它就碎成了花末。压出来的汁液在信纸上留下了一片斑痕。为了采下这朵紫罗兰寄给我的那位夫人，我会好好珍藏这封信。再次向她问好。"

就在此时，林肯和他的"玛丽"之间的冷淡关系逐渐有所改善，但林肯还是下不了决心重提婚约。在7月4日的一封信里，他说："我必须相信自己有能力做出决定，并把它们付诸实施。这种能力曾经是我引以为傲的唯一的性格闪光点。但我却失去了它，在哪儿以及怎么失去的，你再清楚不过了。我还没有找回它，所以在任何重要的事情上，我都无法相信自己。如果那时你理解我就像我后来理解你那样，给我帮助，我相信我本可以顺利地通过婚礼那道难关。可是现在，我却没有足够的信心去重新开始……我很迷信。我相信是上帝使我成为促成你和范妮结合的因素之一，毫无疑问，你们的结合是他的安排。而无论他如何安排我的命运，他都会拯救我的。现在我要做的就是'站在那儿，看主的拯救'。如果像你说的，你已经把我的事都告诉了范妮，那么要不是这封信里涉及到我们在这儿的朋友，我本来应该同意你把信给她看。能不能给她看这封信取决于她是否知道我的事情。如果她不知道，那就不要给她看。我想，今年夏天我不能去肯塔基了。我穷困潦倒，在这个世上前途渺茫，在这无所事事的一个月中已经消耗掉了整整一年的辛劳所得。"

这接连一系列信件中的最后一封写于1842年10月5日。信中他只是说他跟希尔兹进行了一场决斗，接着开始"讲述决斗的细节，至今城里还在对此热议不休"。事情起因于好勇斗狠的希尔兹向威廉·巴勒特提出挑战，怀特塞德（Whiteside）将军也对梅里曼（Merryman）医生出言不逊。林肯作为"梅里曼的朋友"，当然不能坐视不理。不过这两件事最终并没有酿成决斗，矛盾烟消云散了。这封信的最后一段在所有这些信件里可以算是最有价值的资料了。我把它全文抄录在此，请读者自作评论吧：

但是我写这封信并不是为了要说我前面写的那些事，而是你知道的那件令我焦虑不安的事情。你从没试图向我隐瞒你从去年9月初到今年2月中旬以来感到的巨大痛苦，我非常理解你的心情。你娶了一位可爱的女士已经将近8个月。我很清楚，现在你比婚礼那天更加幸福，否则的话，你可能无法生活下去。你在信里承认了这一点，还说你正在恢复往日的活力。但是我问你一个私密的问题："无论从感情上还是从理智上，你真的因为结婚而快乐吗？"要是除了我之外的任何一个人问你这个问题，你一定会觉得他粗鲁无礼，无法忍受，但是我知道你会原谅我。请尽快给我答复，我急不可耐地想知道答案。

林肯又开始研习起法律来。在长时间的中断后，他怀着重新燃起的激情，投入到工作当中。与玛丽·托德的婚约不再困扰他。他们已经分道扬镳，分手的痛苦结束了，那些都已过去。如果不是一位精明睿智的女士来干预的话，事情本该如此收场。这位女士就是《桑加蒙日报》编辑西米恩·弗朗西斯（Simeon Francis）的妻子，一位在哪里的社交界都能如鱼得水的女士。她是玛丽·托德的好友，也是当地社交界的领袖人物。她的丈夫与林肯过从甚密。弗朗西斯掌握着辉格党的喉舌，他对林肯的智慧和高尚品行十分仰慕。他们互相尊敬。一点也不夸张地说，有好几年，林肯一个人无可争议地垄断了《桑加蒙日报》的专栏。无论他写什么，甚至是以前写的稿子，毫无疑问，都能登上社论版。弗朗西斯夫人同她的丈夫一样，认为林肯前途无量，所以想为玛丽·托德做件好事，打算重新撮合两人。她了解到托德小姐在林肯说的"那个致命的1841年1月1日"之后几天，曾写了一封信解除婚约。从那以后，他们的关系即使没有完全决裂，也已经十分紧张。在弗朗西斯夫人看来，林肯在政界前途无量，玛丽·托德多才多艺，在社交界光彩夺目，这么一对如果联姻，那一定会使斯普林菲尔德增色不少，而促成这桩婚事的人也将因此倍感光彩。这位老于世故的夫人在家中安排了一次聚会，明显是为两人见面创造机会。两人都应邀前来，却都没有想到对方也会在场。在这样巧妙而周到的安排下，女主人不费什么力气就把他们热情地招呼到了一处，从旁怂恿他们“言归于好”。林肯和玛丽惊讶地发现，他们似乎掉进了一个精心编织的网里，各人心里也开始动了重修旧好的念头。弗朗西斯夫人这里对他们而言，的确是个适合今后见面的地方。他们将过去的事情抛诸脑后，重新开始，再次订立婚约看来是顺理成章的了。很久以来爱情本身都没有达到或者说都不可能达到的结果，现在却通过一位夫人的交际手腕和社交界的人际关系促成了。

他们在弗朗西斯夫人家客厅里的见面非常秘密。起初甚至连爱德华兹夫人都不知道。但是不久她就听说了此事。她回忆说：“我问玛丽，为什么她要保密。她借口说，发生了那么多事以后，最好还是让他们的关系避开所有人的耳目。无论男女，甚至整个世界，都是不确定、不可靠的。万一这桩婚事再次发生不幸，那关于它的一切都可以不为人知。”①

我们没必要再在这场一波三折的奇怪恋爱上多费笔墨了。在这期间，还发生了一个与希尔兹有关的插曲，我们将留待下一章详述。这个插曲非但没有阻碍林肯与玛丽关系的发展，反倒促成了他们的结合。11月的一个早上，林肯急急忙忙地来到朋友詹姆斯·H.马西尼家，马西尼还没起床，林肯告诉他，自己在当天晚上就要结婚，请他来当伴郎。②与此同时，托德小姐也找

① 1866年1月10日陈述记录。

② “在那时的斯普林菲尔德，结婚是件很平常的事。林肯的婚礼是第一个按照圣公会的仪式举行的婚礼。来了许多朋友。就在大家都在观礼的时候，发生了一件我们能想象得到的最可笑的事情。任何文字都无法描述。当时托马斯·C.布朗在场，他是最高法院的法官之一，是位不折不扣的‘老前辈’，有资格不顾及地点和场合，想到什么就说什么。他当法官已经多年，可还是爱大惊小怪，粗鲁莽撞。婚礼进行期间，房间里当然是安静肃穆。布朗就站在林肯的身后。身穿长袍的德雷瑟老牧师按照圣公会的规矩，庄严郑重地主持婚礼。他把戒指交给林肯，林肯再把戒指戴在新娘的手指上，然后重复教会的惯用誓词：‘我将我所有的财物、土地与房屋连同这枚戒指一起交给你。’布朗从来没有见过这种程序，觉得这真是荒谬透顶。‘万能的上帝啊！林肯，’他突然喊道，声音大得所有人都听见了，‘这规矩可把后路全都堵死了！’这出乎预料的干扰几乎令老牧师不知所措。他对这种荒唐的举动感到强烈的愤怒，有一阵似乎都要抑制不住怒火了。不过他很快恢复了刚才的庄重神态，匆忙宣布他们结为夫妇。”——詹姆斯·H.马西尼1888年8月21日信件手稿。

到她的朋友朱利亚·M.杰恩（Julia Jayne），请她来当自己的伴娘。杰恩后来嫁给了莱曼·特朗布尔（Lyman Trumbull）。直到这时，他们才通知爱德华兹一家，仓促之间爱德华兹家只能草草准备。白天他们去领了结婚证书，并请来了查尔斯·N.德雷瑟（Charles Dresser）牧师。[①]1842年11月4日晚上，亚伯拉罕·林肯“面色苍白，浑身发抖，似乎是被押上刑场一般”，终于与玛丽·托德完婚了。[②]

现在，林肯人生中的一大考验已经结束，另一项更大的考验尚未来临。我认为，林肯先生显然是为了挽救名誉才娶玛丽·托德的，他的家庭生活注定不会和睦。他曾经反反复复地扪心自问，他知道自己并不爱玛丽，但是他却答应过要娶她！这个可怕的想法如同噩梦一般，在他心中挥之不去。随着“1841年致命的1月1日”临近，他的生活似乎已经暗无天日，这场即将到来的暴风雨几乎要将他的生命夺去。但是忽然间云开雾散，朋友们纷纷向他伸出援手，帮助他度过这场灾难，最终，他不得不在自身名誉与美满家庭间做出抉择。他最终选择了前者，随之而来的就是年复一年的自我折磨与精神痛苦，他此生再也不可能拥有一个美满的家庭了。

虽然托德小姐对于这桩婚事所抱的动机与林肯不同，但她同样也是不幸的。林肯并不是个有钱人，嫁给他就意味着要放弃奢侈悠闲的生活。但他有社会地位、名望、身份，这一切都将帮助托德小姐实现自己的理想。直到1841年那个致命的元旦之前，她都爱着林肯，但林肯在婚礼时的行为击碎了她的爱情之梦，也击碎了她那颗高傲的少女之心。她觉得自己成了世人的笑柄。报复的欲望取代了爱情。有位作者——我相信是朱尼厄斯（Junius）——曾经说过：“肉体上的伤害可以被原谅或遗忘，精神上的侮辱却无法弥补，因为它伤害的是人的自尊，只有通过报复才能得到平复。”无论林肯夫人是否真的有这种报复心理，她的所作所为都是人之常情。她疯狂地折磨她的丈夫，

①“我的父亲查尔斯·德雷瑟牧师是罗德岛州普罗维登斯布朗大学1822届毕业生。”——托马斯·W.德雷瑟，1888年9月17日信件，手稿。

②当林肯在巴特勒家他的房间里穿结婚礼服的时候，巴特勒的小儿子斯皮德看他打扮得那么漂亮，于是带着孩子气的天真问他要去哪儿，“我想是去地狱。”林肯答道。

乐在其中。如果说她是某段时期抱着厌世的情绪，那她这么做的确含有挑衅的意味。但即便后来从失望愤恨中解脱出来，她也仍无法摆脱以前的影响，这么做也合乎逻辑。

我只是根据我所知道的和了解到的来讲这个伤感的故事。在详细描述这件充满戏剧性的故事时，[1] 一些似乎半掩半现的历史事实浮出了水面，它们注定不会被历史的尘埃所永远掩埋。只要林肯的名字还被人类铭记，真相总有公之于众的一天。

有两件事似乎是林肯先生不愿记起的。一件是在1839年州议会开会时，他与约瑟夫·吉莱斯皮（Joseph Gillespie）一起从教堂窗户翻出来逃避开会的事情，这是违反议会法的。另一件就是他和詹姆斯·希尔兹之间的争端，或者，按照他在给斯皮德信中写的，“和希尔兹的决斗”。在和朋友们聊天的时候，他常常聊起自己人生中的其他事，唯有和希尔兹的这件事，他后来极少提起。伊利诺伊州的人对此事的确也逐渐淡忘，或者至少是不再提起。但在那些更为偏僻的地方，林肯先生的大名并不广为人知，这件事情反倒一直传扬，这可能要令林肯先生大为遗憾了。1858年我去东部各州访问的时候，经常有人要我讲讲那次所谓的“决斗”。提出这种要求的人太多了，所以我一回去就告诉了林肯先生。他懊悔地说：“如果我做过的所有好事也能像我同希尔兹这次小摩擦一样，被人们长久清晰地记住，那我肯定就不会很快被他们遗忘了。”

詹姆斯·希尔兹，“来自爱尔兰蒂龙郡（Tyrone County），是个勇敢鲁莽的单身汉”，非常自负，是伊利诺伊州的审计员。正是因为有了政府授予的这个职务，他立刻在斯普林菲尔德社交界引起了人们的关注。他是个极端敏

① 我有理由相信，威廉·巴特勒夫人的妹妹莎莉·里卡德一直吸引着林肯先生的关注。我有这个想法已经好多年了。那位女士早已成家，现居住在西部某个州。最近我向她询问相关情况，经过几次恳求后，我终于收到了她的亲笔答复：“作为老朋友，我会回答您向我提出的问题，尽管我并不了解我的回答对历史研究会有什么好处。林肯先生的确曾在1840年夏或者可能是比那稍晚的时候向我求过婚。他用《圣经》里创始人物亚伯拉罕与莎莉的婚姻来说服我，将历史上的结合作为支持他自己的证据。我拒绝了他的求婚，因为我们年龄差距太大。我那时只有16岁，几乎没有考虑过结婚的事。我对林肯先生非常尊重。他就跟我姐姐的家人一样，几乎就像我的一个大哥哥。”

感的人。在女士们中间，他努力表现得像一个风流倜傥的公子哥，却招来了无情的嘲笑。他对自己的缺点视而不见，狂热地支持民主党的每项措施，结果使自己成了当时所有怨恨和嘲笑言论的活靶子。那时恰逢州内改革计划失败，州财政极度紧张，民众在沉重的税务负担下怨声载道。州政府官员全都是民主党人，他们在夏天发布了一道命令，禁止用州银行发行的票据或纸币缴税。这大大加重了纳税人的负担，因为民众手里的这些票据大部分没有兑现。社会各界一片反对之声——辉格党当然不会放过这个攻击对手的好机会。像林肯这样坚定的辉格党员当然也加入到了这场公众大批判中。人们嘲笑挖苦最多的就是那位引人注目的州审计员了。那段时间，林肯常常在弗朗西斯夫人舒适的家中，与玛丽·托德及其朋友朱利亚·M.杰恩偷偷会面。当时，他的文章可以毫无争议地登上《斯普林菲尔德日报》(按：应为《桑加蒙日报》)的专栏，他打算以此为阵地，用手中的笔作武器，投入反对民主党的战斗。他把这个想法告诉了两位年轻的女士，她们不仅鼓励他这么做，而且还愿意助他一臂之力。他马上就想到了一个点子来讽刺希尔兹。在《桑加蒙日报》上，刊登了一封据称是一位穷寡妇来的信。她的积蓄都是州银行的票据，现在既不能用来缴税，也无法兑现。这封信出于林肯之手，全文如下：

一封来自迷失镇的信

亲爱的编辑先生：

我看到我前段时间寄给您的那封长信已经登出来了。我因此大受鼓舞，不由自主地再次提笔。我觉得无论从哪方面来说，我的信刊登出来都是一件好事——我能因此被世人所知，世人可以了解迷失镇上发生的事情，您的报纸也会声誉日隆。所以就有了这第二封信。昨天下午，我急急忙忙刷完盘子，就去了邻居S先生家……去看看他妻子佩姬（Peggy）是否恢复得像我期望的那样好了，打听下他们给刚出世的孩子取了个什么名字。我刚转过他家木屋的拐角，就看到他正坐在门前的台阶上读着一张报纸。“你好啊，杰夫（Jeff）！”我说。听到我打招呼他才站起身来，因为他之前没有看到我。“嘿！”他说，“我都快疯掉了，丽贝卡大婶！”“怎么啦？”我问道，“孩子头发的颜色不对吗？别胡说八道了，杰夫。这迷失镇上要说最忠实的妻子就是”——“就是谁？”他打断我说，“你开什么玩笑？”我这才意识到我想歪了，马上改口道：“噢，没什么，我想我有点误会了，就是这样。但是你究竟为什么要疯掉了？”

“唉，”他说，“从收割的时候开始我就没闲着过，收完麦子，然后运到码头，去换州银行的票子来缴我今年的税，还得还一小笔欠学校的债。现在我手里有票子了。我打开这张该死的‘号外’报纸，本以为上面充满了‘民主党光荣的胜利’、‘像昂首挺胸的公鸡’这种鼓吹的话，可是你瞧！我却发现一群自称是州政府官员的家伙要完全禁止税务员和校长收州银行的票子。我手里的票子就这么成了废纸，根本没法兑换成现金来缴税和偿还欠学校的钱。”

这消息对我来说也无异是晴天霹雳。我还是头次听说这个公告，我的老父亲跟杰夫的情况几乎一样。我俩面面相觑地呆站着，不知道该说什么好。最后我说：“S先生，给我看看那张报纸。”他把报纸递给我，我把那条公告读了一遍。

“瞧，”他说，“你见过这么厚颜无耻、强加于人的命令吗？”看到他还在力图保持平静的语调来谈这件令人不快的事，我觉得自己该从反面为这政策辩解几句，好让他大骂出来。于是我做出一副一本正经、若有所思的样子，说道：“嗯，在一个没有银矿的地方只接受银币来支付，这肯定很困难。但你看这儿写着，如果不这么做，‘会有财政损失的危险’。”

“损失！见鬼去吧！”他喊道，“我讨厌丹尼尔·韦伯斯特（Daniel Webster），我讨厌所罗门王，我讨厌这个世界——我讨厌——我讨厌——是的，我甚至讨厌你，丽贝卡大婶，你倒是说说，老百姓用州银行的票子缴税会有什么损失。”

“好了，”我说，“你看看州里的官员们对这事是怎么说的。他们这帮人可鬼着呢。”

“不过，”我又说，“我想你误解了这条公告的意思。它并不是说老百姓用纸币缴税会有什么损失，它只是说‘会有损失的危险’。尽管老百姓应该用比银币更容易得到的东西，而不是必须用银币来缴税；尽管无论州银行的纸币贬值到什么程度，州政府都不会因为用纸币来收税而有所损失，政府欠银行的钱要超过它的所有收入，它可以用纸币来偿还，美元对美元——但是对于‘政府官员’来说，损失的危险仍然存在。你知道，杰夫，我们可不能没有政府官员。”

“该死的政府官员！”他骂道，“这就是辉格党总是为之摇旗呐喊的货色！”

“别这么说，杰夫。”我说，“你知道我也参加他们的集会，这么骂真让我难受。”

“对不起，丽贝卡大婶。”他说，“但是我得说这事肯定会让戈达德（Goddard）医生破口大骂的，用银币来缴税，就是为了让福特一年有2,000块的收入，希尔兹有2,400块，卡朋特有1,600块，还有所有那些用州银行的纸币而不存在什么‘损失的危险’的人的利益。是的，是的，现在那些官员们说的‘损失的危险’意思是什么，已经再明白不过了。我猜有两个‘州里的官员’让沃什（Wash）从国库里偷了3,000块钱，可是因为他到手的全是州银行的纸币，结果他平白损失了1,500块。于是很快就出台了这么道命令，要求我们用银币来弥补沃什的损失。”

他就这么滔滔不绝地讲着，直到不得不停下来喘口气。我这时根本想不起来该说什么，只好又看起报来。“哎！这儿还有一个公告，要不就是一篇跟公告类似的文章。”

“还有一个？”杰夫问道，“请问，那又是谁下的蛋？”

我看了眼文章的最后一行，大声地读了出来：“您顺从的仆人，审计员詹姆斯·希尔兹。”

“啊哈！”杰夫喊道，“又是那三个家伙中的一个。好吧，念念这篇文章，让我们听听它怎么说。”

我念了起来，念到下面这句话："这项措施的目的，是为了延缓本年度税款之征收。"

"别念了，别念了！"他喊道，"骗人的，我不想听了。"

"噢！也许不是谎话。"我说。

"我说这——是——骗——人——的。延缓征税，说得跟真的一样！那些宣誓要按时收税的税务员们敢延缓吗？哪条法律允许他们因为詹姆斯·希尔兹的命令就可以破坏誓言了？"

"如果他们冒险服从希尔兹，监狱那贪婪的大口会只吞下希尔兹，而放过他们吗？到了他们被捕的时候，他就不会装作没有发现'损失的危险'，溜之大吉吗？"

"想象一下，老百姓拒绝缴税，税收因而延迟。那么接下来呢？税务员们会强行拉走他们的牛马等等财产去拍卖，既不估价，也不能赎回，来换取银币。哼，希尔兹自己都不相信自己的鬼话，他根本就没打算讲实话。为什么卡林（Carlin）和卡朋特没像希尔兹那样在公告上签字？回答我，丽贝卡大婶。我说这是谎言，而且编造得并不高明。它像一枚铜币那么刺眼。希尔兹不仅是个骗子，还是个傻瓜。他嘴里根本就不可能有实话。不过要想从他那儿听到编造得高明、能瞒得过人的谎话，那倒比用一块牛油打火还难。我肯定，这全是该死的辉格党在骗人！"

"辉格党骗人！胡说！"

"是的，就是辉格党在骗人，跟可恶的英国辉格党的所作所为一样。他们干了坏事，然后用谎言来掩饰。他们并不在乎这谎言有多么明显。他们认为可以向那些无知的'罗克福克党人'（按：民主党激进派）反复灌输任何谎言，他们就是这么称呼民主党人的。"

"嘿，杰夫，你疯了！你不会说希尔兹是辉格党吧！"

"是的，我就是这个意思。"

"噢，看看！这份公告可是登在你说的你们民主党的报纸上的。"

"我知道。那又怎么样？他们把它登出来就是为了让我们民主党人看清辉格党的罪行。”

“好吧，可是希尔兹是罗克——我的意思是民主党执政的州政府的审计员呀。”

“不错，他是泰勒任命的。”

“是泰勒任命的？”

“是的（要是你仔细想想），是泰勒任命他的。或者，如果没有任命他，就会任命哈里森爷爷，谁都一样。我告诉你，丽贝卡大婶，他肯定是个辉格党没错。瞧他那副样子就知道了。他所有的一切都能表现出来。就算我又聋又瞎，我光靠闻味儿也能知道。去年冬天我住在斯普林菲尔德的时候见过他。一天晚上，他们跟当地要人们聚在一起，办了一个展览会。镇上所有的姑娘和所有漂亮寡妇、已婚妇女们都来了。太太们也极力把自己往姑娘上打扮，腰束得紧紧的，上身和下身鼓了出来，就像想扎却扎不住的秸秆束一样。屋子里到处都是堆满了帽子、针垫以及上万件小玩意儿的桌子，他们向弯腰拨弄这些东西的家伙们极力兜售着。非民主党党员是不能进去的，因为他们怕会引起太太们的厌恶，或者吓到小姑娘们，又或者弄脏了地板。我透过窗户往里看了一眼，那个叫希尔兹的家伙正在里面来回闲荡，就像两只猫打架时掉下的一团猫毛一样轻浮。

“他买了这个人的东西，又买那个人的，再去买另一个人的，他可是用州银行的纸币而不是银币来付钱的，那损失可大了去了。他似乎沉浸在一种甜蜜的痛苦里——那副样子显得既无奈又乐在其中。他故意提高了声音，好让所有人都能听到：‘亲爱的姑娘们，我没法把你们全娶回家去，这可太令我痛心了。我非常清楚你们有多难过。但是一定要记住，这可不是我的错，谁叫我这么英俊潇洒、富有魅力呢。’”

“说最后一句话的时候他脸上堆出一副矫揉造作的表情，他抓住其中一个姑娘的手，紧紧握了几乎一刻钟才松开。‘噢，老兄！’我对自己说，‘那个姑娘要是我们迷失镇民主党的人，你这么铜螺钉似的咬紧不放，可真是自寻死路。’他是民主党！扯淡！我告诉你，丽贝卡大婶，他是辉格党，绝对没错。只有辉格党那些家伙才会像狂妄自大的白痴一样。”

“唉，”我说，“也许他是吧。可要是他是辉格党的话，那我错得也太离谱了。也许是吧，也许是吧。要是我真的错了，我可就太难过了。如果希尔兹是辉格党，那我要算民主党了，就跟他是民主党你就是辉格党一样。”

“天哪，咱们达成一致啦！”他说，“但是咱们怎么揭露真相呢？”

“嘿，”我说，“我们可以写信给报纸编辑。”

“咱们又想到一块儿去了！”他说，“千真万确！要是希尔兹真的是个民主党，那我压根就不是……”

“杰斐逊（Jefferson）！杰斐逊！”

“你要干嘛，佩姬？”

“别在那儿吵吵个没完了，给我舀一瓢水来。孩子渴了，哭了足有一个小时了。”

“让他去死吧！反正不是渴死，就是被压榨死，去养肥那些当官的。”

杰夫还是跑去取水了，就像他根本没说过刚才那些恶毒话一样。只要你了解他，就会知道他毕竟是个真正好心肠的人。

我走进屋里，招呼道：“嗨，佩姬。我们刚才几乎把你给忘了。”

“哦，没错。”她答道，“要是一个人连自己都照顾不了，他很快就会被所有人忘掉的。但是，感谢上帝！到后天我就能完全恢复，又能挤牛奶，把小牛赶进牛栏里，有不听话的就拽住尾巴拖进去，不用求任何人帮忙。”

“晚安，佩姬。”我说完就溜了出去，杰夫跟我说了那么长时间的话，把她完全抛在脑后，看样子她都快疯了。

现在，编辑先生，您能告诉我们下期报纸上会澄清那个希尔兹到底是辉格党还是民主党的问题吗？我自己并不关心这个问题，因为我已经清楚是怎么回事了。但是我想让杰夫知道。让他以及跟他类似的人知道州政府的官员都是些什么人，这是好事儿。这会把现在这帮伪善的家伙赶到他们本该待的地方，他们不配当官，应该把位子让给那些薪水要求低，工作却干得好，又不装腔作势的人。指望那些令我们陷入困境的人改变他们的做法，未免太不明智了。很明显，要是再不采取措施令情况有所好转的话，用不了多久，无论是佩姬、我，还是我们中的任何一个人，连头能挤奶的奶牛，或者能拉着尾巴拖到圈里的小牛都剩不下了。

您真诚的丽贝卡

1842年8月27日，于迷失镇

不到一个星期，报上又登出了一封丽贝卡大婶的信，她在信中除了讲别的事情之外，居然还向那位惯于对女子献殷勤的希尔兹大胆示爱。这封信实际上是托德小姐和杰恩小姐一起写的。我把它抄录下来，不做任何评价：

亲爱的编辑先生：

昨天我正在泉水边洗黄油，只见吉姆·斯努克斯（Jim Snooks）骑着马，拼命地往我家跑。就在我纳闷究竟发生了什么事的时候，他忽然停下马来，说："丽贝卡大婶，有您的邮件。"说着，他拿出了您的回信。呀，您瞧，我就这么两手沾满黄油，赶紧迎了上去。可是您知道，我没法接过信来，怕把它弄得油乎乎的。于是我说："吉姆，麻烦你拆开信，给我念念吧。"吉姆照做了。您相信吗，编辑先生，我当时完全说不出话来了，跟石像似的站在太阳底下，听他念那封信，正在洗的黄油滚落到了地下，直到外面那层油皮都化掉了，我才回过神来。现在，先生，那块黄油，或是它的价钱，都不重要了，上帝保佑我们，我才不会为了一弗仑的黄油再去费那个事。我知道杰夫在展销会上看见的那个人到处打听我那些信的作者是谁，威胁说要给作者点厉害尝尝。这话令我受到了伤害，我觉得有必要回击。

您说那个猫毛的比喻惹恼了希尔兹先生，而且我还说他压榨人民，他气疯了，跟三月发情的兔子（可不是兔毛）一样。现在我想请您转告希尔兹先生——我愿意为此而道歉，我可不想跟他决斗。要是他想出气，就让他来这儿找我，他可以使劲捏我的手，就跟我使劲挤黄油一样。如果这样还不够，我只能说他真是个色鬼，捏我的手都不能令他满足。如果他对此不做回应，为了不挨揍，我还可以为他做件事。一直以来我都以为自己就这么孤独终老了，直到希尔兹先生的出现——他仪表出众，我必须得说，即使不是为了这件事情——真的，编辑先生，我真难为情——可我——我必须得说出来——我——一个寡妇应该言行谨慎——可是，如果我必须，我必须——如果我愿意成为——成为他的——他的妻子，他是否就可以把旧账一笔勾销了？我知道他是个勇敢的战士，决斗对他来说比吃饭还重要。但是，结婚不比决斗好吗？虽然有时候两者是一回事。总之我认为，我并不是配不上他。我还不到60岁，光着脚有4英尺3英寸高，跟腰围差不多。论肤色，迷失镇的任何一个姑娘都比不上我。不过也许我高兴得太早，跟这唯一合适的对象的天赐良缘，最终可能竹篮打水一场空。杰夫给我讲过决斗的规矩，比如双方可以选择武器等等。如果真要决斗的话，我肯定地告诉您，我只会选择扫把、开水、一铲煤或者诸如此类的东西。扫把有点像橡木棍，大概他不会反对我选它。我也要让他做一个选择，那就是，我们决斗的时候，要么我穿裤子，要么他穿裙子，因为我相信这样我们才平等。

您的，丽贝卡
1842年9月8日，于迷失镇

又及——请告诉您的朋友，如果他最终决定跟我结婚而不是决斗，我只有一个条件：要是哪天晚上他护送某位姑娘回家，不许他碰人家的手。

两位女士觉得光写信还不够，她们又想到了个主意。她们让“丽贝卡”摇身一变，成了一个叫“凯瑟琳（Cathleen）”的女人，写了一首朗朗上口、轻松诙谐的诗，对希尔兹大唱赞歌，祝他跟那位寡妇早结佳偶。全诗是这样的：

嘿，为了审计员的胜利，口琴响起来！

寡妇丽贝卡得到了爱尔兰之子的垂爱；
这位绿宝石岛北方的骄傲，
抵御不了一个女子的微笑。
他向她乖乖投降，遗忘自己所有的旧情；
他将自己交给她，噢，他的前途一片光明！
虽说征服的胜利来得稍迟，新娘依然笑得开心，
她终于可以不必顾忌“寡妇的小心谨慎”。
时光的脚步轻盈地踏着花瓣，
尘世纷扰永不会令岁月黯淡！
但是人生的欢愉转瞬即过，
少女欢颜终将受时光雕刻。
幸福的新郎啊！远离你们陷入忧伤，
漂亮姑娘们只想着过去的快乐时光。
喜欢看着你，听你温柔的甜言蜜语，
深情地回忆起昔日的点点滴滴。
那双纤手过去经常被你握住，
现在十指紧扣衷心为你祝福。

——凯瑟琳

《桑加蒙日报》上登的这些花样百出的讽刺文章大大激怒了那位脾气暴躁又爱面子的州审计员。挖苦嘲笑从四面八方朝他涌来，他再也忍受不了了。一个头脑冷静的人面对这种情况时可能都会手足无措，何况像希尔兹这样性情高傲的人。他觉得自己的名誉受到了极大的伤害，只有用“决斗”才能还自己以清白。他通过约翰·D.怀特塞德将军，向编辑弗朗西斯打听作者的名字。林肯叮嘱弗朗西斯不要说出那两位女士，而是报出了他的名字。这桩奇事是如何往下发展的，当事双方的朋友们在当时《桑加蒙日报》的专栏

文章里有详细生动的描述。他们的信件比其他任何资料更可靠，因此我把它们抄录了下来。怀特塞德将军是希尔兹的决斗助手，报上登的第一封信就是他的，所以这里我们也先把它抄录如下：

致《桑加蒙日报》编辑：

先生们，最近希尔兹和林肯两位先生之间发生了点不愉快，为了避免大家对这件事的误解，我想我应该就我所知道的，简要说明一下真实情况。我本人对我所讲的内容的真实性负责，也请您如实刊登。9月2日的《桑加蒙日报》上刊登了一篇攻击希尔兹先生的文章。希尔兹先生要求知道作者是谁，编辑说出了林肯先生的名字。在希尔兹先生打听谁是作者之前，他因为公事去了昆西（Quincy），而没等他回来，林肯先生，我们都知道，也因为要一连几周随巡回法庭办案，去了特里蒙特（Tremont）出庭辩护。希尔兹先生一回来，就要我陪他一起去特里蒙特。到了那儿以后，我们发现梅里曼医生和巴特勒先生连夜赶路，已经赶在我们前面抵达。我们17号到达特里蒙特后，希尔兹先生立刻给林肯先生写了一张便条，告诉他编辑已经证明在《桑加蒙日报》上刊登的几篇文章的作者就是他（有两个署名），要求他收回文章中那些损害他人格的挑衅与影射。希尔兹先生让我把便条交给林肯先生，同时还叮嘱我别说话，也别转达口头的解释，因为那样容易造成误解。于是我就把这张便条交给了林肯先生，请他方便的时候给我回信。当天晚上，林肯先生就交给我一封写给希尔兹先生的信。信里他没有做任何解释，而是说希尔兹先生的便条里所说的不过是臆测罢了，他在威胁他，他不会做什么回应。希尔兹先生收到信后又写了张便条，说自己根本没有威胁的意思，只是想知道他（林肯先生）是否写过《桑加蒙日报》上登的署名为“迷失镇的丽贝卡”的文章。如果是他写的，他再次要求他收回那些损害他人格的攻击性语句；如果不是他写的，他只需要否定就行了。这张便条原封未动地退给了希尔兹先生，林肯先生只让我带了句口信，说除非希尔兹先生收回第一张便条里的话，否则他们之间没什么好谈的。于是希尔兹先生又写了张便条，指定我做他的决斗助手，林肯先生接到便条后，指定了梅里曼医生做助手。他们之间往复的这最后三张便条都是写于19号周一上午。当梅里曼医生把林肯先生的最后一张便条交给我的时候，我跟医生说我们得阻止这事，我建议我和他互相保证努力说服决斗双方达成和解。他欣然同意。我俩为彼此达成一致而紧紧握手。我们还决定尽快回斯普林菲尔德，拖延决斗的时间，以便实施我们之间的秘密计划。所有这些我都瞒着希尔兹先生。我们的马在来特里蒙特的时候瘸了腿，梅里曼医生请我坐他的马车。我毫不犹豫地答应了，因为我想这样一来，希尔兹先生就只有等他的马好了才能离开特里蒙特，正好有利于实施我和梅里曼医生的计划。在去斯普林菲尔德的路上，我跟梅里曼医生同行了一段之后，又跟林肯先生同行。但是一路上我们并没有提及近在眼前的那件事。周一晚上，我们到了斯普林菲尔德。令我大吃一惊的是，大概在周二中午，我听说两位先生在接下来的周四就要在离奥尔顿不到3英里的密苏里州某地决斗了！武器是最大号的马刀，在一个规定的场地里，中间划一条界线，双方分别站在界线的两边。这些事根本没人问过我的意见。我和梅里曼医生已经有约在先，希尔兹先生还逗留在特里蒙特，这种情况下忽然就要决斗，这实在出乎我的意料。为了不违反州法令，我要求双方有关人员在密苏里碰面商讨，否则我不同意决斗条件。接着，我马上去找梅里曼医生，取消了我们之间的秘密约定。又动身去找希尔兹先生，在离斯普林菲尔德大概20英里的地方碰见了他。周二深夜，我们一起回到了斯普林菲尔德，得知梅里曼医生去了密苏里，他曾经告诉我，林肯先生在决斗的安排做出之前就已经出发了。时间紧迫，不容我们耽搁片刻。周二夜里11点，我们离开斯普林菲尔德，连夜赶路，在周三早上到了希尔斯伯勒（Hillsborough），在那儿我们叫上了尤因将军。周四，我们到达奥尔顿。因为决斗双方各需三名助手，我就和尤因将军、霍普（Hope）医生成了希尔兹先生的助手。我们赶到密苏里，我记得哈丁将军和英格利希（English）医生（他们作为对方的助手，跟我们同时到达了那里）提议，由四位助手共同商量出一个决定来。我相信希尔兹先生一定会拒绝这个提议，因此就没有去见他。霍普医生却去征询了他的意见，回来说如果他指定代表他的助手不在决定者之列，那他就拒绝决斗。双方助手最后一致同意收回之前来往的信件（暂时的），给林肯先生的助手们一个解释的机会。于是，林肯先生的助手，即梅里曼、布莱索和巴特勒三位先生，对《桑加蒙日报》2号刊登的那篇文章，也就是唯一一篇出自林肯先生之手的文章，做了详细而令人信服的解释。这些事希尔兹先生毫不知情，或者说事先并没有征得他的同意。我和霍普医生、尤因将军后来向他道歉，并且也不支持他继续深究此事，他才接受了林肯先生助手们的解释。我想还有一点需要说明，决斗之前，林肯先生方面没有向希尔兹先生做出任何解释或道歉，也没有人通过我跟他沟通过，除了梅里曼医生周二转告我决斗武器是马刀的时候，曾经给我念了一张书面决定外，根本没人向我解释过整件事。那张书面决定，我以后几乎从未再听人读过。我完全不知道那个决定究竟想达到什么目的，我也不想打听，因为那时林肯先生已经去往密苏里，而希尔兹先生还没从特里蒙特回来。事实上，我本不该披露这些事情，因为那并不是我的责任，我也不想再重提旧事。

我做这些说明，只是因为我要离开一段时间，我想应该在离开之前，让所有关心此事的人能了解到真实的情况。

您的恭顺的仆人，约翰·D. 怀特塞德

1842年10月3日，于斯普林菲尔德

致日报编辑：

先生们：我看到贵报周五刊登的怀特塞德将军对最近发生在希尔兹与林肯两位先生之间的事件的说明。现在我想讲讲我所听说的事情经过，我保证所讲事实的真实性与完整性。

周五晚上，也就是9月16日，我听说希尔兹先生同怀特塞德将军动身去找林肯先生，林肯先生当时在特里蒙特出庭。我知道林肯先生在处理类似事件方面完全没有经验，无论是交涉谈判还是选择武器，他都一窍不通。作为助手，我觉得自己有责任陪伴在他身边，尽我所能避免别人趁机危害他的名誉或者生命安全。因此，我和巴特勒先生也立即出发，连夜超过了希尔兹和怀特塞德，赶在他们前面在周六早上到了特里蒙特。我把这场酝酿中的阴谋告诉了林肯先生，问他打算怎么办。他说他坚决反对决斗，他会尽可能避免决斗，这并不会有损他和他的助手们的声望。但是，如果他只能在名誉受损和决斗二者之间选择的话，他宁愿选择后者。

——恭顺的，E.H. 梅里曼，1842年10月8日于特里蒙特

周六下午，希尔兹和怀特塞德到了。希尔兹马上就让怀特塞德给林肯先生送来了一封信或者说是便条，全文如下：

A. 林肯阁下：很抱歉我因为出外公干，不得不推迟处理私人事务，推迟的时间比我预想的要长了些。我必须得向您说明，因为公事刻不容缓，我不得不前往昆西。现在，我将简要解释一下我打扰您的原因，因此给您带来的不快，我深表遗憾。如果没有必要，我本来不愿打扰居住在斯普林菲尔德的任何人，无论他是我的盟友还是政敌。但就是因为怕惹麻烦，我反倒成了造谣中伤、侮辱谩骂和人身攻击的靶子，要是这些我都能忍受的话，我就等于默认了所有的诽谤。

上几期《桑加蒙日报》上，刊登了两三篇涉及我个人人格，意图侮辱贬低我的文章。我通过我的朋友怀特塞德将军向报纸编辑询问，得知您就是这些文章的作者。这个消息令我意识到，自己的某些言行已经招致了暗藏的敌意。我不会去费力打听您这么做的原因，但我还是不揣冒昧地要求您，主动彻底地收回文章中那些攻击影射我本人人格的话，并像个男人那样，为文章中对我的侮辱道歉。

这样就可以避免某些后果，而一旦这些后果发生，我会比任何人都感到遗憾。

您的恭顺的仆人，詹姆斯·希尔兹

1842年9月17日，于特里蒙特

大概在日落时分，怀特塞德将军又来了，取走了下面这封林肯先生给希尔兹先生的回信：

詹姆斯·希尔兹阁下：怀特塞德将军已将您今天写的便条交给了我。您在便条里说，您从《桑加蒙日报》的编辑那儿得知，那些您认为是对您进行人身攻击的文章出自我的手笔。而且您既不问我是否真的是作者，也不指出文章里哪些内容冒犯了您，就提出要我收回所有攻击言辞这样的无理要求，还进一步用后果来暗示威胁我。

先生，您的便条里充满了无端臆测和威胁恐吓，写完现在这封回信后，我不会再对此做任何回复。另外，我还要再说一句，我想您所暗示的所谓后果一旦发生，我会同您一样深感遗憾。

A. 林肯敬上

1842年9月17日于特里蒙特

不到一个小时，怀特塞德将军带来了希尔兹先生的第二张便条。我同巴特勒先生商量了很久，大概有两三个钟头，最后没有给林肯先生看这张便条。这是因为巴特勒先生肯定林肯先生不会再接受希尔兹先生的任何来信，除非那信是收回他头一封信的，或者是封战书。巴特勒先生还对怀特塞德将军说，只要希尔兹先生收回第一封信里的话，诚恳礼貌地要求解释，他相信任何人都不会拒绝的。怀特塞德将军也认为希尔兹先生本应那么做，但很遗憾，他那暴躁倔强的脾气使他根本听不进怀特塞德将军的劝告。将军说他会尽力劝说希尔兹先生冷静下来，请我们等到周一早上。

周一早上，他再次登门，把巴特勒先生上周六晚上让他带回的那封信又交给了林肯先生。信的全文如下：

A. 林肯阁下：在给我的回信中，您说那些事实都是我的臆测，我还用后果来威胁您，因此您不会再做进一步的回应。现在，先生，正如您所预料的那样，我是个有点特别的人。《桑加蒙日报》的编辑告诉我，您就是我所说的刊登在9月2号那期报上，题名为“一封来自迷失镇的信”，署名为丽贝卡的那篇文章的作者，因此我冒昧地请问您，那篇文章，或者最近几期报纸上刊登的署名一样的某篇文章，是否出自您的手笔。如果是的话，我再次重申，我要求您完全收回文章中对我人格与名誉的攻击。

如果您并非作者，您只需否定就可以了。另外我还要说，我并不想威胁您，而是要为自己讨回公道。

您的恭顺的仆人，詹姆斯·希尔兹

1842年9月17日，于特里蒙特

林肯先生认真地读了这封信，口头回复怀特塞德将军说，因为名誉所系，他不会同希尔兹先生谈判和解，除非希尔兹先生收回他之前的那封挑衅性的信。

很快，怀特塞德将军又带来了希尔兹先生的信，信中指定怀特塞德将军作为他的助手，林肯先生立刻回复说让我做他的助手。当我跟怀特塞德将军碰面的时候，他提议说我们应该以各自的名誉发誓，竭尽全力调解此事。我同意了。我跟他说，解决方法只有一个，那就是收回希尔兹先生的第一封信。他似乎也认为我说的有道理，但他却无可奈何，因为不管怎么说，那封信已经写了，他曾经极力劝说希尔兹先生措辞温和一些，但根本没用。他还要我答应他，绝不泄露我们之间的协议。因为他不敢让希尔兹先生知道他正在力求和解，他说：“那他下个决斗对象就轮到我了，他会割断我的脖子的。”虽然我并不觉得他的建议比我的风险更大，但我还是答应他，绝不向林肯先生或其他任何人透露我们的和解计划。我们立刻向斯普林菲尔德出发了。

周一深夜，除了希尔兹先生，我们其余的人都回到了斯普林菲尔德。我们发现这件事情在镇上已经尽人皆知，决斗双方很可能因此而被捕。为了不被抓起来，我跟林肯先生商量后，一致认为他应该周二一早就离开。巴特勒先生提醒他说，对方会设法调解此事。于是，他对我做出了以下指示：

如果怀特塞德不再犹豫，表示出调解的愿望，那么就告诉他，只要希尔兹先生收回前几封信，再写一封信郑重询问他提出抗议的那些文章是否出自我手，就算我真是文章的作者，也不能威胁或命令我道歉，这样我才会如他所愿，彬彬有礼地致歉，我保证会这么回答他：

“本月2号刊登在《桑加蒙日报》上的来自‘迷失镇’的信的确是我写的。但其他攻击您的文章跟我没有任何关系。我写那篇文章完全是出于政治目的。我并不是故意要伤害您的人格，或者您作为一个男人或一个绅士的面子。我直到现在也没有想到，那篇文章会伤害到，或者已经伤害到了您。要是我事先知道是这样的结果，我一定会克制自己，不去写那篇文章。还得说一句，据我所知，您对我一直都是彬彬有礼，我跟您并没有私人恩怨，我也没有任何理由怨恨您。”

如果他照我的要求做了，那么我的这番回答是否可以公布由您做主。

如果他没有这么做，那下面就是我们的决斗条件：

1. 武器：最大号的马刀，跟杰克逊维尔驻扎的骑兵团现在配备的一样。

2. 站位：在地上竖着放置一条10英尺长、9—12英寸宽的木板，作为两人之间的界限，任何一方都不得跨过此界，否则即视为被对方刺中。在木板两边，距木板3英尺再加一把马刀长度的地方，各划一条与木板平行的直线。决斗中，如果某一方跨出了己方的这条线，即视为认输。

3. 时间：如果您不反对的话，时间定在周四傍晚5点。至迟不能超过周五傍晚5点。

4. 地点：在奥尔顿附近3英里内的河对岸。具体地点由您决定。

如果还有什么准备细节需要补充的话，您可以随意添加。但是您必须遵守上述条件，不得更改。

上午，我跟怀特塞德将军见了一次面，他再次表示出和解的愿望。我将林肯先生的和解要求和决斗条件念给他听，二者只能选一。

他回答说，要是只有收回希尔兹先生的那封信才能和解的话，那根本别指望了，因为希尔兹先生是绝对不会收回那封信的，“让他那样做就跟让他拿脑袋去撞墙一样”，不可能实现。他接着说道：“我只能想到一个办法——一个没办法的办法：‘对他们说，要是他们不和解，那就先跟我们决斗。’”我回答他说，他可以用决斗来逼希尔兹先生和解，但是林肯先生是被挑衅的一方，我认为我不应该逼他和解。既然林肯先生提出的收回前一封信的要求不可能得到满足，那我只好放弃调解的努力，劝怀特塞德将军接受决斗的条件。他说在希尔兹先生回来之前，他不能擅自决定，但他口头同意双方使用的马刀全都由林肯先生的助手去找。当天下午，他找到我说，有人已经向当局报告了决斗的事，我们可能会被逮捕。他打算立刻去见希尔兹先生，然后赶往指定的决斗地点。他抱怨我不肯将决斗时间延后，不然的话他本可以请福特州长和尤因将军劝阻希尔兹先生的。我告诉他，除非满足我提出的那些要求，否则任何调解都是白费力气。拖延决斗时间只会增加我们被捕的风险。我才不想坐牢呢，15分钟内我就会离开这儿。在我的敦促下，他终于接受了决斗条件，当时他声称这并不违背自己就任资金委员会委员时的誓言。然后，我同另外两位助手去往杰克逊维尔，周二夜里11点左右，我们在那儿跟林肯先生会合了。周三早上，我们找来了马刀，向奥尔顿出发。大约在周四上午11点到达了奥尔顿。对方已经提前到那里了。我们先过河去，他们随后赶到。很快，哈丁将军和英格利希医生给我和怀特塞德将军带来了下面这封信：

怀特塞德和梅里曼两位先生：作为希尔兹先生和林肯先生双方的朋友，虽然我们不能代表他们，但是我们真诚地希望两人之间的误会能够消除。为了双方的名誉，应该和平友好地解决争端。

我们相信事情可以得到和平解决。我们恭敬而真诚地提出如下建议供你们参考：

由我们选出四位或超过四位与此事有关的先生，征得你们的同意后，再由这几位先生来商量如何处理这场决斗。

约翰·J. 哈丁、R.W. 英格利希

1842年9月22日，于奥尔顿

怀特塞德将军赞成这个建议，我在还未征求林肯先生的意见之前，没有表示同意。林肯先生说，既然他们接受了这个建议，那么他也接受，还叮嘱说，除了之前提出的那些条件外，我们不再提出别的条件。那么在这些条件的基础上，最终是否达成了和解呢？下面的材料就是证明：

先生们：

有关希尔兹先生与林肯先生之间争端的所有信件，已由双方助手宣布收回。希尔兹先生的助手要求林肯先生的助手对刊登在9月2日、9日及16日《桑加蒙日报》上，署名“丽贝卡”，来自“迷失镇”的几篇攻击性文章做出解释。

此协议达成实有赖于哈丁将军与英格利希先生真诚殷勤、极具绅士风范的斡旋。

约翰·D. 怀特塞德、WM. 李·D. 尤因、T.M. 霍普

1842年9月22日，于密苏里

先生们：

有关希尔兹先生与林肯先生之间争端的所有信件，已由双方助手宣布收回。我们，作为林肯先生的助手，也是此声明的签署人，根据你方要求，将对刊登在9月2日、9日及16日《桑加蒙日报》上的涉及希尔兹先生的文章做出解释。我们荣幸地告知你方，林肯先生只写过《桑加蒙日报》2日刊登的那篇文章，仅此一篇。他并不是故意要伤害希尔兹先生的人格，或者是他作为一个男人或一个绅士的面子。他直到现在也没有想到，那篇文章会产生这样的后果。如果他预料到这种结果，他一定会克制自己，不去写那篇文章。

我们还要说明的一点是，林肯先生写那篇文章纯粹是出于政治考虑，并非同希尔兹先生有什么私人恩怨，据他所知，他们之间根本没有理由结怨。

此协议达成实有赖于哈丁将军与英格利希先生真诚殷勤、极具绅士风范的斡旋。

E.H. 梅里曼、A.T. 布莱索、WM. 巴特勒

1842年9月22日，于密苏里

事实是，希尔兹先生的助手们在同意了那四位中立的先生给出的仲裁方法之后，又拒绝接受这个协议，声称希尔兹先生希望他的助手全权代表他本人。他们还提出，双方无须收回任何信件，我们仍应做出解释。这个要求立刻遭到了我们的断然拒绝。只有怀特塞德将军一个人宣布收回信件。接着，他们又写了一封信，提出要我们“否认”报上刊登的所有攻击性言论等等要求。我们拒绝对此信做出回应，只针对他们之前的要求做了解释。

这些就是有关此事的实际情况。我把它原原本本地讲述出来，而不是像怀特塞德将军那样歪曲篡改、断章取义。除了要损害林肯先生的名誉，我想不起来他还会有什么别的目的要那样做。他的做法只能说明他心胸狭隘，尤其是他当时要求我们不能在解释说明中引用“丽贝卡来信”中的任何言辞，不能公开和解条件，还得跟他们共同保证体面地达成和解。

怀特塞德将军在他那封公开信中说:“双方助手最后一致同意收回之前来往的信件（暂时的），给林肯先生的助手们一个解释的机会。”我否认这一点，我认为只有收回信件，希尔兹先生的助手们才能够向我们提出解释的要求。我有充分的证据可以证明这一点。

从这些证据来看，希尔兹先生之前从未要求林肯先生做出解释，而总是用命令的语气坚持要林肯先生收回文章中对他的攻击。

怀特塞德将军的信似乎让大家看到了希尔兹先生在幕后的勇敢表现。我可不会为了林肯先生而这么干。我在特里蒙特第一次见到林肯先生的时候，他就已经表明了自己的立场，无论是他本人还是他的助手们，都冷静而毫不动摇地坚持立场，直到最后。

话已至此，我不得不对尤因将军和霍普医生高尚而有绅士风度的行为也做一下说明。事实上，如果不是怀特塞德将军的那封信，我对他的所作所为并没有什么不满。他在信里推诿责任，歪曲事实，我实在难以将他同我原本想象的那个坦诚的怀特塞德将军联系在一起。他埋怨我坚持决斗条件，不肯把时间延后。但是他忘了，正是他自己劝我答应他，不把我们的秘密协定透露给林肯先生，这无异于不给我拖延时间的机会。而且，我觉得他们当时并不是真的想将时间延后，因为他们从一开始就急于决斗，不会等到三天以后林肯先生从特里蒙特回来，而一定要赶快在那儿进行，很明显是想迅速了结此事。他还埋怨说，我请他坐上我的马车后，一路上都没有跟他提决斗的事。作为决斗中被挑战的一方，难道我要向他大献殷勤，祈求和解吗？

真是荒谬！不仅如此，这位勇敢的将军还忘了，他一路上都在给我描述他在多场惨烈战斗中的种种功勋，以此来打发枯燥的旅途时光。那些惊险故事，我怀疑他是否真的经历过，不过有一点可以肯定，那些故事对我而言的确提神醒脑，他那暴躁易怒的脾气令我印象深刻。

我还要针对他的另一个说法做出回应。将军似乎为了图省事，对某些事略过不提。除了我给他念的那张纸上“用马刀作为武器”的提议，我们在任何时候做出的任何解释，他都不记得了。大概当时他是被马刀的撞击声搞糊涂了，也可能是别的原因，总之他“完全不知道那个决定究竟想达到什么目的”。而事实是，由于他的愚蠢行为，在他的委托人面前只字未提我们的决斗条件，结果作茧自缚，现在不得不百般狡赖，试图逃避责任。他不只是无能，对地方长官处理此类事件的规矩也一窍不通。我相信他的委托人随时都准备像个男子汉那样维护自己的荣誉，结果却因不幸选错了助手，而被他陷于了极为不利的境地。现在他又想中伤林肯先生，来掩盖他犯下的过错。

E.H. 梅里曼

1842年10月8日，于斯普林菲尔德①

---

① 从下面这封林肯给朋友斯皮德的信里，我们可以看到这次“决斗”的最终结果。

亲爱的斯皮德：

梅里曼医生详尽生动地讲述了从决斗之前到决斗时双方交涉的种种情况，任何一个历史学家对这么一桩带点闹剧性质的事件的描述也不过如此。本章一开始曾经提过，林肯先生无论是在律师事务所，还是在别的场合，都避免谈及这件事，这是他的一条原则。我记得只有一次听他谈到这次决斗，他说："我并不想伤害希尔兹先生，我那么做明显只是为了自卫。要是我真想伤害他的话，他的脑袋早就搬家了。"想想梅里曼医生提出的决斗武器和站位要求都是出自他的授意，他说这话似乎并不是在吹牛。

成家以后，林肯对政治的热情非但一点没有减弱，事实上，就像我们后面将看到的那样，反倒因婚姻的刺激而愈加高涨。他不放过在公众面前演讲的一切机会。1842年年初，他参加了华盛顿的禁酒运动。在民众的要求下，他在华盛顿诞辰日那天，在长老会教堂做了一次精彩的演讲。这次演讲同他之前的许多演讲一样，经常被刊登出来，我也就无须再全文引用了。那时，我本人也是个热心的禁酒改革者，我清楚地记得林肯的演讲中有一段话有力地抨击了在场的长老会成员。他谈到某些基督教徒反对把酗酒者集合起来，即使那么做可以有机会改造他们，他说："如果他们（基督徒们）相信他们自

您已经听说了我和希尔兹决斗的事情，现在我得告诉您，决斗这件事依然闹得满城风雨。前天，希尔兹向巴特勒提出挑战，巴特勒接受了，建议第二天早晨日出时在鲍勃·艾伦家的草地上，双方距离100码，用来复枪决斗。对此，希尔兹的助手怀特塞德表示反对，因为法律不允许。于是第2号决斗告吹。昨天，怀特塞德自认为受到梅里曼医生的侮辱，因此给他发了个类似挑战的字条，约他下周五在圣路易斯的农场主大楼见面，以解决他们之间的纠纷。梅里曼要我做他的助手，给怀特塞德写了张字条，问他是否把前一张字条作为决斗挑战，如果是的话，他将依照法律规定决斗的条件。怀特塞德回复说，如果梅里曼同意他的要求，在农场主大楼和他会面，他将向他提出挑战。梅里曼回复字条说，他不承认怀特塞德有权规定时间和地点，但是他（梅里曼）将不计较时间问题，他要把会面地点改在密苏里州的路易斯安那。我把这张字条交给怀特塞德，并口述了里面的内容，他拒绝接受字条，说他在圣路易斯有事，而圣路易斯距此地就跟路易斯安那一样近。接着，梅里曼叫我通知怀特塞德，说他将把他们之间的信件公开发表，并且加上他认为合适的按语。我照办了。到昨晚就寝时，情况便是如此。今天早晨，怀特塞德通过他的助手希尔兹要求重新谈判，理由是他把梅里曼说的密苏里州的路易斯安那错当成了路易斯安那州。梅里曼对此嗤之以鼻，正准备将信件发表，而此时全城则一片沸腾，一场巷战大有一触即发之势。

您永远的，林肯

1842年10月5日，于斯普林菲尔德

己所声称的，上帝会化身为一个罪人，然后可耻地死去，那他们肯定也不会否认，上帝为了让他们许许多多不幸误入歧途的同类得到现世的，也可能是永恒的拯救，会以更卑贱的身份降临人间。上帝下凡并没有什么了不起。依我看，我们这些从不酗酒的人比起那些酗酒者来，并没有在精神上或道德上高尚多少，只不过是我们不喜欢喝酒罢了。事实上，我相信，如果我们把酗酒者看成是一个阶层的话，那么无论是他们的智慧还是心灵，跟其他阶层相比，都毫不逊色。"他的这些观点给自己招来了麻烦。那些基督教徒认为第一句话是在怀疑他们信仰的虔诚程度，最后一句话则是将演讲者的观点强加于他们头上。当听众们散去的时候，我就站在教堂门口，听见他们在议论这次演讲。许多人大声表达着自己的不满。"真丢人，"我听到一个男人说，"居然容许他在上帝的地方这么侮辱我们。"但实际上，在这个要求禁酒改革的教徒团体里，大部分人都是无赖和酒鬼。他们刚刚告别贫民窟，还无法立刻就得到别人的尊敬。即使是在今天，也没有一种拯救堕落者的方法可以令教会和世俗社会都满意。我再次强调，这件事情对林肯产生了不利的影响，以至于几年后，他与大名鼎鼎的彼得·卡特赖特（Peter Cartwright）竞争国会议员席位，遭到了教会的极力反对。教会指责他对宗教信仰持怀疑态度，这项指责不乏支持者，何况他的对手本身就是个牧师。但是林肯并没有被吓倒，他继续为禁酒运动热心奔走。他经常在斯普林菲尔德及周边乡村演讲，总是勇敢无畏，立场坚定。

在四处演讲的同时，他仍然关注着政局。他已经能独立处理日常的法律事务，无论碰到什么案子，他都能应付自如。他总是能用贴切的故事打动陪审团。许多案件，从法理上看，本来似乎是对对方有利，而他凭借着自己讲故事的特长，最终赢得了官司。1842年，刚刚从总统位上卸任的马丁·范布伦（Martin Van Buren）到西部旅行。陪同他的是前海军部长波尔丁（Paulding）先生。6月，他们到达了离斯普林菲尔德6英里的罗切斯特村。他们到那儿的时候已经是傍晚了，因为道路泥泞，他们决定就在那儿过夜。这个消息传到了斯普林菲尔德，镇上民主党的主要成员当然赶了过去，拜见这位贵客。得知罗切斯特村没有为前总统先生提前安排食宿，当地的条件又实在不适合接待贵客，于是他们为贵客们带去了各式精致的茶点，来弥补当地物质条件的匮乏。此外，尽管他们都知道林肯是个坚定的辉格党，但还是劝服了他来陪同两位贵客。他们向那位金德胡克（Kinderhook）的政治家介绍说，林肯是斯普林菲尔德的律师代表，不仅聪明机智，而且总是有讲不完的奇闻轶事。至于他是怎样成功地赢得了客人及陪伴的东道主们的欢心，经历过此事的人都曾经描述过。范布伦回忆起汉密尔顿和伯尔时代纽约政界的往事，大家听得十分开心，东道主们也绘声绘色地描述了西部拓荒地的早期生活，客人们听得兴味盎然。不过他们最后全都被林肯讲的那些尖酸俏皮、极富感染力的奇闻轶事给吸引住了。当时陪伴客人的一个人[①]回忆说："那些故事源源不断，一个完了，马上又接着下一个，而且一个比一个精彩，令人忍不住想听下去。大家被故事逗得开怀大乐，直到后半夜那位贵客嚷着自己的肚子都笑疼了，狂欢才终于结束。"范布伦向大家保证说，他永远都不会忘记林肯一脸严肃地讲的那些故事。

1841年4月14日，由于斯图尔特已赴国会任职，他与林肯的合伙关系也随之解除。林肯成了斯蒂芬·T. 洛根的合伙人。洛根是众所周知的伊利诺伊州巡回法庭最好的律师，他也的确当得起这份荣誉。洛根法官是个非常循规蹈矩的人，不过有时显得有点刻板。他对政治也很有兴趣，参加了国会议员竞选，但是他缺乏一个成功的政治家所必备的素质，所以他落选了，又干起了律师的老本行。他刻苦钻研，查找起法律条文来不知疲倦。不仅如此，他还十分勤劳节俭，热衷于挣钱和攒钱，所以去世的时候家财万贯。洛根的这些品格，林肯一样也没有。他一点也不勤奋，也没有理财观念。他比洛根小5岁，他的智慧和性格给洛根留下了深刻的印象，于是洛根邀请他来做自己的合伙人。洛根给林肯做出了很好的表率，在他的影响下，林肯一反常态，开始发奋用功。他第一次认识到秩序和条理对工作的重要作用，不过他最终

① 约瑟夫·吉莱斯皮，1866年9月6日信件手稿。

也没能改掉自己的习惯。案件前期准备过程中的所有调研工作，他都让他的搭档来做，他自己则凭着对法律条文的大致了解和由案件背景得到的灵感，来说服法官或陪审团。洛根在准备辩词时严谨认真，小心翼翼，力求严密。辩词都是经过字斟句酌，文风庄重正式。这种文风也带到了他的书信中。林肯就完全不是这样。我手上有一封信，是林肯写给路易斯维尔一家批发商店店主的。他们帮店主打了一场官司，他在信中告诉对方，可以用部分房产来支付代理费。他接着写道："不过我们无法处理房产事务，因为我们是律师，不是房产经纪人。我们向您推荐艾萨克·S. 布里顿（Isaac Britton）先生，他是位值得信赖的经纪人，天生就是干这行的人才。"这封信一点都不像出自律师之手，他竟然还在后面郑重其事地署上了"洛根与林肯事务所"的名字，把它寄了出去。洛根永远不会写出这样的信来。他总是一丝不苟，对自己要求十分严格，无论是给客户还是别人写信，他都不会允许文中出现这种不严谨的语句。

1843年的国会竞选吸引了洛根和林肯两人的关注。洛根的竞选优势在于他的年龄以及他对辉格党做出的贡献。满怀抱负的林肯则极力强调自己在州议会时的成就。由于在候选人提名大会上，他的排名落在了哈丁和贝克的后面，所以他必须全力争取候选人的名额。两位雄心勃勃的政治家都渴望取得同样的荣誉，因而最终无法在一起和睦共事，也就不奇怪了。事实上，我们有理由认为，他们彼此将对方视为对手，少不了互相嘲讽挖苦。一天早上，林肯先生冲到我的床铺跟前，有点激动地告诉我，他已经决定不再跟洛根合伙了。这是我意料之中的事，而出乎我意料的是，他请我做他的新合伙人。我入行尚浅，知道自己既没有能力，又缺乏经验。但他坦率真诚地对我说："比利，如果你信任我的话，我也信任你。"这话打消了我的顾虑，我接受了他慷慨的邀请。我们一直保持着合作关系，直到暗杀者布思（Booth）射出那枚子弹为止。在此期间，我们从未吵过架，或者有什么矛盾分歧。这是我引以为荣的。我从未妨碍他去追求政治地位，我相信我们彼此非常了解。几年后，他的声望日隆，我们的业务也随之有了相当发展，一些野心勃勃的律师就想取代我的位置，成为他的合伙人。其中有一个被野心冲昏了头脑，指责我削弱了事务所的影响力。林肯则反驳他说："我想，我自己的生意我最清楚。我比任何人都了解比利·赫恩登。就算你对他的指责是事实，我仍然支持他。"我听了这话，心里真是美滋滋的。

1843年，林肯对国会议员候选人提名的极力争取，引起了几件奇怪又有趣的事情。他和爱德华·D.贝克同为桑加蒙县的候补提名者。但是贝克在当地居住的时间更长，交游广阔，颇有人缘，这些优势都是林肯无法与之相比的。因此，林肯尽管极不情愿，还是在最后时刻退出了竞争。在1843年3月24日他写给朋友斯皮德的信中，他这么描述当时的形势："上周一，县里的所有辉格党员开了一个会，要选出代表去参加本地区的大会。贝克击败了我，代表团成员都支持他。尽管我一再拒绝，还是被大会指定为代表，反倒要提名贝克当候选人。我觉得我就像个伴郎，而那个新郎霸占了本应属于我的位置，抢去了我心爱的姑娘。"在此之前的几天，他还给与国会议员竞选有关的一位朋友写过一封信："如果您听到有人说林肯不想去国会，我希望您以我的朋友的身份告诉他，您有理由相信他搞错了。事实是，虽然照目前的形势来看，我很难成为候选人，但是我非常想进国会。如果国会里有我的朋友的话，我希望他们在这个时候不要抛弃我。"[①]桑加蒙县辉格党员会议结束几天后，他向邻县默纳德县的一个朋友讲述了贝克是如何击败他的。

值得注意的是，在这封信里完全看不到任何怨恨，或是政客们称为"报复"的言辞。他写道："就在桑加蒙的那些人抛弃我的时候，我在默纳德的那位和我认识最久、最了解我的老友却坚定地支持我。这太令我高兴了。我（一个外来的小子，无依无靠，没受过教育，身无分文，在一条平底船上干活，一个月才挣10美元），在这儿居然高攀上了高傲、富有的名门世家。实际情况大概就是这样。对此，桑加蒙的老居民们即使不觉得可笑，也会感到吃惊。更奇怪的是，教会竟然联合起来反对我。贝克是基督门徒会的，我想

① 1843年2月14日，林肯给弗吉尼亚的R·S.托马斯的信。

那他肯定也是教会的人。我妻子的亲戚里有几个在长老会，还有几个在圣公会。无论从哪方面来讲，我都应该被视为其中的某一个教派，可事实上，无论哪里的教徒都不支持我，因为我不属于教会，有自然神论者的嫌疑，还曾经谈论过决斗。这些当然跟贝克无关。我也不会怪他们。他所属的教派支持他，我觉得这再正常不过了。至于我说的那些反对我的教徒，尽管他们反对的力量很强大，但要是指责他们是联合起来，或者有联合起来的意图，共同反对我，那就完全不符合实际情况，对他们也不公平。我只是觉得他们的反对给我造成了相当大的影响，而且反对理由都是宗教方面的。”他的朋友提出可以令默纳德县代表团支持他，对此他回答说：“您说您可以使您的代表团支持我，除非我拒绝您这个建议。我当然不会拒绝。我简直受宠若惊，有点飘飘然了。要是真有什么事能令贝克出局（不过这好像不可能），提名我当候选人，我一定会欣然接受的。但是我发觉自己并不想用任何方法阻碍贝克去获得提名。如果我真的那么做的话，我会看不起我自己的。”

贝克的支持者们还拿林肯那值得骄傲的贵族家庭背景作为反对他的理由之一，毫无疑问，他们指的是林肯那些出身显赫的姻亲。这话传到了林肯的耳朵里。一天，他在斯普林菲尔德的一家店铺里谈到这件事，开怀大笑了起来，说道：

“他们这么说，我真感到奇怪，因为除了一个亲戚以外，我不记得还有哪个亲戚来看过我，而那个来看我的亲戚还因为在镇上偷了一把口琴被人起诉了。”① 在不久之后在贝京镇举行的大会上，贝克和林肯都没能获得他们梦寐以求的候选人提名，获得提名的居然是摩根县的约翰·J. 哈丁。紧跟着，8月，他又高票当选国会议员。他在后来的墨西哥战争中成为伊利诺伊团团长，死在了战场上。林肯勇敢地接受了失败。他当然非常失望，但绝没有心怀怨恨。他有个奇怪的想法，认为对他所谓的“贵族家庭背景”大肆宣扬，会令他失去同底层选民——他那些树林帮的朋友们——的友谊。一天，他把

① A. Y. 埃利斯，1866年7月16日信件手稿。

他的朋友詹姆斯·马西尼拉到树林里，跟他解释竞选斗争的残酷，极力否认自己跟高傲的贵族有任何关系。“听着，吉姆，”他说，“无论现在还是将来，我都是你第一次见到时的那个亚伯·林肯。”

在1844年的竞选中，林肯得到了总统选举人的荣誉。他到美国各地巡回演讲，广交朋友。他所支持的辉格党总统候选人，仪表堂堂、富有魅力的克莱，却在这一年的竞选中落败。在竞选的最后阶段，林肯去往印第安纳州发表了几次演讲。在罗克波特和金特里维尔做演讲期间，他会见了格里格斯比兄弟、金特里兄弟以及少年时的其他朋友。选举结果令林肯先生和其他所有辉格党人大为失望。克莱被波尔克（Polk）击败。自从合众国政府成立以来，还从未有哪一次大选的结果像这次大选这样，引起了广泛的不满。在此之前，人们从未这样支持过任何一个候选人。这位伟大的辉格党领袖落选后，他的追随者们用种种极端的方式来发泄他们心中的不满。有的人质疑民主政府的选举结果，有的人面对失败却依然充满信心，他们发誓说，他们今后将不刮脸、不理发，直到亨利·克莱当选总统的那天为止。直到1880年，我还看到过一个人仍然坚持这种非正常的生活方式。一些人成立了一个支持克莱竞选的政治团体，这个团体给这位落选的候选人写了一封信。信中说，竞选战场的硝烟散尽后，他“虽败犹荣，将永远被人们牢记，这种荣耀是胜利无法带来的”。对于大选结果，林肯并没有比其他辉格党人感到更加失望。在许多人的印象里，林肯先生曾去列克星敦克莱的家中拜访，表达了他个人对选举结果的失望。但事实并非如此。他并不比党内其他人更沮丧。他本人也曾作为骨干人物参加过多次竞选，对落选这种严重打击早已习以为常。失败可能会迫使他后退，但很快他就又义无反顾地投入到了政治风暴中去。

1844年8月，贝克当选为国会议员，与此同时，林肯也开始着手争取1846年国会议员候选人的党内提名。按照规定，哈丁和贝克每人都只能当选一任。于是辉格党内候补人选只剩下洛根和林肯，两人的竞争不可避免。① 林肯似乎更受党内同志的拥护，明显更得人心。洛根很快就意识到自己实力不够，主动放弃了竞争，向他的老搭档认输了。1846年5月1日在彼得斯堡召开的大会上，林肯获得了党内提名。哈丁违反先例，也参加了这次提名之争，后来又谦让地退出了。洛根为了保证自己能获得下一次的提名，故意表现得慷慨大度，向大会推荐了林肯。在没有别的候选人的情况下，与会者一致同意提名林肯为辉格党的国会议员候选人。至于林肯的民主党对手，读者想必都知道，就是彼得·卡特赖特，著名的卫理公会巡回牧师。接下来的三个月里，林肯精神百倍地投入到了拉票活动中，充分发挥了自己的优势。他积极活跃，应变迅速，他到各地去发表演讲，完全放弃了在律师事务所的股份。卡特赖特是个可怕的对手。凭着在教会任职的影响力，他拥有大批追随者。不仅如此，他还是杰克逊的坚定拥护者，这使他争取到了更多人的支持。他随肯塔基和田纳西的早期移民来到伊利诺伊，在从斯普林菲尔德到开罗的几乎每一个卫理公会教堂里，都曾有过他传教的身影。他的家族在这一地区可谓根深叶茂。他比林肯年长将近25岁。无论从哪方面来看，都是一个危险的敌人。卡特赖特的盟友们写了一篇有关林肯宗教信仰的传单，到处散发，令林肯陷入了不利的境地。传单里说林肯不信奉基督教，这是个严重的罪行，还指责他发表的那些关于《圣经》的观点只不过是为了竞选的矫饰之词，流毒无穷。人们不会忘记，四年前的2月2日，他在长老会教堂对华盛顿禁酒协会发表演讲时，曾轻蔑地讥刺基督教徒的伪善。这也成了他的把柄。但是所有这些对他不利的因素都没能起到什么作用。卡特赖特个人的确非常受人欢迎，但显而易见，斯普林菲尔德选区的民众并不打算找个牧师去国会代表他们。他们认为教会跟政府应该截然分开。所以，在他

① 在斯普林菲尔德地区，辉格党的国会议员候选人是按照如下次序“轮流替换”的：1844年，贝克接替哈丁当选；1846年，林肯当选；1848年，洛根获得提名，但最后落选。林肯1844年公开宣布退出与贝克的提名之争，哈丁在1846年也同样退出了与林肯的竞争——尽管两人都似乎并不情愿这么做。1848年，林肯又拒绝与洛根竞争。许多人都坚持认为，在这四位备受关注的辉格党领导人之间，确实存在着一个协议，就是每人只能当一任国会议员。尽管他们之间似乎有着某种心照不宣的默契——可能要把其他人及不易控制的候选人排除在外，但是并没有确凿证据证明有任何协议存在。

们看来，像卡特赖特这样的人一旦当选，就会不利于教权与政权的分离。我本人是林肯的热心积极的支持者。一想到我的合伙人将要成为国会议员，我觉得自己似乎也变得重要了起来。其他身处斯普林菲尔德及在附近的朋友们也同样预感到了胜利，换句话说，“虽然竞争还远未结束，但我们已经嗅到了即将到来的胜利气息”。我们的努力换来了应有的回报。林肯在本选区以1,511的高票当选，这个票数大大超过了克莱在两年前取得的914票。在桑加蒙县，他得到了690票。这是1834年斯图尔特首次代表辉格党参加国会大选以来，辉格党人在桑加蒙县获得的最高票数，这一纪录一直保持到1852年耶茨（Yates）参选的时候。

在林肯动身前往华盛顿就任国会议员之前，墨西哥战争爆发了。志愿兵们从四面八方赶来，伊利诺伊州各团在斯普林菲尔德最英勇的男子汉和最优秀的法律才俊的率领下开赴战场。哈丁、贝克、比斯尔（Bissell），甚至那场决斗闹剧的主角之一希尔兹，都应征入伍。人人都在谈论着这场战争。林肯作为一名准国会议员，人们自然期望着他发表观点，并及时在国会中确立自己的位置。尽管林肯跟辉格党的立场保持了一致，反对宣战，但既然战争已经开始，他还是主张采取强硬措施。他激励我们大家说，绝不能允许我们的政府遭受耻辱，我们应该团结在合众国的旗帜下，直到光荣地迎来和平。这是他在1847年5月29日在斯普林菲尔德的一次公众集会上发表演讲时表达的观点。12月，他正式在国会就任。他是来自伊利诺伊州的唯一一位辉格党人。与他同在伊利诺伊代表团的还有约翰·A. 麦克勒纳德、O.B. 菲克林（Ficklin）、威廉·A. 理查森、托马斯·J. 特纳（Thomas Turner）、罗伯特·史密斯（Robert Smith）和约翰·温特沃思（John Wentworth）。道格拉斯也第一次出现在了参议院。这个小巨人跟林肯真是冤家路窄！马萨诸塞州的罗伯特·C. 温思罗普（Robert Winthrop）被选为众议院院长。在这届众议院里，约翰·昆西·亚当斯（John Quincy Adams）、霍勒斯·曼、凯莱布·史密斯（Caleb Smith）、亚历山大·H. 斯蒂芬斯（Alexander Stephens）、罗伯特·图姆斯（Robert Toombs）、豪厄尔·科布（Howell Cobb）和安德鲁·约翰逊（Andrew Johnson）是举足轻重的人物。来自伊利诺伊的新议员必然要同他们中的许多人保持非同一般的关系。

12月5日，也就是议会召集的前一天，林肯因为一桩案子的诉讼费给我写了一封信，还把前一天晚上召开的辉格党核心会议的讨论结果告诉了我。13日，他又来了一封信："亲爱的威廉：我刚刚收到您通知我已收到那单银行案子诉讼费的信。这是我离开斯普林菲尔德之后听到的最好的消息了。"他让我拿出诉讼费的一部分来还银行欠款，剩下的则用来支付购买各种衣物及食品杂货的账单。令我印象最深刻的是信的最后一段，他用一种谦恭的语气写道："您急切地盼望着我能大显身手，我可以向您保证，这一天已经不远了。"1月8日，他在信里写道："说到演讲，为了摸清国会内部的情况，我在两三天前做了一次关于邮政所问题的演讲，这个问题并没多少人感兴趣。我发现在这儿演讲跟在别的地方差不多。我跟在法庭上辩护一样紧张，并不比那更糟。我期待着一两个星期内再做一次演讲，希望我能发挥出色，不辜负您亲临现场观看。"在此之前，我曾向他转达朋友们对他参加下次改选的愿望，朋友们都相信，凭他的实力，一定能连任议员。对此，他答道："很高兴从您那儿得知有些朋友希望我连任。衷心地感谢他们对我的厚爱。正如克莱先生谈到合并得克萨斯时说的那样，对于连任，我'个人并不拒绝'，尽管我当时就想，并且现在仍然这么想，这个任期一结束，我还是回去继续干我的律师比较合适。我曾经宣布不会再当候选人。我希望别人也能得到公平的竞选机会，希望保持我们支持者内部的和睦，希望防止整个选区转而投向敌人的阵营，所有这些都比我个人的发展重要。如果万一没有人愿意参加竞选，人民再次选择了我的话，我不会拒绝。但要我做别人的对手，或者有人在别人的授意下，煽动我参选的话，我的诺言和我的荣誉都不允许我这么做。"

他说如果人民要求他连任，他愿意接受，这话完全是多余的，因为在他写完这封信的几天后，他对墨西哥战争所持的观点就遭到了他的选民们的严重反对。三个星期之前，他向国会提交了几份议案，表明自己在墨西哥事件中的立场。这些议案被称为"污点议案"。1月12日，林肯又做了一次演讲，宣扬议案中的观点。这次演讲和相关议案不仅对林肯的国会生涯产生了深远影响，而且我认为，还使他在1848年失去了本地区辉格党人的支持，导致洛根法官最终获得了候选人提名。

尽管在墨西哥战争正义性，甚至是合理性的问题上，林肯与总统的意见相左，但是他仍同辉格党内大多数人一样，对提供战争必需给养的议案投了赞成票。他极不情愿这么做，始终抗议说“总统发动这场战争完全没有必要，而且是违反宪法的”。他1月12日发表的演讲就是以所谓的“污点议案”为主题，引起了选民们的反感，这种情况是很少有的。议案正文前面，还有一篇序言，里面大量引用了总统公告中的原话。议案要求总统向国会说明：“第一，他在公告里所宣称的我国公民的鲜血洒落的地方，至少在从1819年条约到墨西哥革命这段时期内，是否是西班牙的领土。第二，这个地方是否包括在墨西哥革命政府从西班牙手中夺得的领土之内。第三，这个地方是否是一块拓居地，得克萨斯独立之前就已存在很久，直到合众国的军队到达之前，居民才逃离该地。”类似这样的质问一共有八个，列出三个来就足以说明林肯想要表达的观点了。正如前文所说，1月12日，他在精心准备、逻辑严密的演讲中抛出了这些问题，他严厉地责问波尔克总统，还说自己几天前向总统提出的问题都是合理而有针对性的。这篇演讲稿太长了，不便在此抄录。全文贯穿着一种法律论证式的风格。林肯以总统发表的多篇公告为证据，这样“揭批”总统宣战的真实动机：“请总统对我前面提出的那些质询，或其他类似的质询做出回答。请他彻底、公正、坦率地作答。请他用事实，而不是仅仅用几个论点来作答。请他记住，他坐在华盛顿曾经坐过的位子上；所以，请他像华盛顿那样作答。他不应该回避全体国民，也不可能回避上帝，所以，请他不要试图回避，也不要闪烁其词。如果他回答说，他能证明这场战争的第一滴血是洒在我们国土上的，并不是洒在一个有人居住的国家里，或者证明如果是洒在有人居住的国家，那个国家的居民承认受得克萨斯或合众国的统治，布朗要塞的情况同样如此，那么我会赞成他的宣战理由……但是如果他不能或者不愿证明——如果，他不论有无借口都拒绝回答，或者避而不答——那么我会更加坚定自己之前对他的怀疑——那就是，他完全知道宣战是个错误。他觉得这场战争的血就像亚伯的血一样，正向上帝控诉他的罪行。他故意命令泰勒将军进入墨西哥人平静的定居点，发动了战争。从一开始，他就怀着强烈的动机，——现在我对此已经不再怀疑了——挑起了两国之间的战争。他企图将民众的视线转移到辉煌的战绩上，那些战绩犹如腥风血雨中诱人的彩虹，充满蛊惑力、驱使人们大开杀戒的毒蛇之眼，他以为以此就可以逃避制裁。他一手发动了战争，而且在这条路上越走越远。他原本估计墨西哥会轻易就范，结果却令他大失所望。现在他自己也不知该走向何方。他惶惶然不知所措。上帝保佑，他还能显示出，他的良心正同他困惑的精神状态一样，遭受着痛苦的折磨。”虽然这篇演讲论证清晰，论据充分，措辞热烈诚恳，又委婉克制，但并没有达到“揭批”总统的效果。总统的地位使他仍能安稳地高高在上，不受抨击的影响，并且拒绝做出回应。事实上，林肯无疑也没有期望得到什么回应，只是用这种方式来表明自己的立场罢了。

同月19日，他在给我的信中提到我们的一个叫路易斯·坎德勒（Louis Candler）的客户给他写了张便条，让他感到“厌烦”，他抱怨说：“最烦的是他那笔该死的烂字，根本没法辨认。”信的最后，他又用明显的谦虚语气写了一行：“我做了一次演讲，演讲的抄件我会通过邮件给您寄去。”毫无疑问，他觉得自己的观点有点激进，可能会引起非议。事实的确如此。很快，辉格党上下就充斥着对他不满的流言飞语。有些林肯传记的作者为了让读者信服，引用这些不满言论，我不会那样做。相反，作为这位国会议员的合伙人和忠实仰慕者，我尽力避免自己做出背叛朋友的事。不过，当我听到各地的朋友对这次演讲的评论时，我还是觉得林肯犯了一个错误。于是我写信将情况告诉他，同时向他提出了我的看法。我的看法与辉格党选民的完全一致，基本上可以这么概括：合众国总统是陆军和海军的最高统帅，作为最高统帅，当国家面临入侵危险，墨西哥集结军队准备开战的时候，如有必要，他有权不经国会，下令开进墨西哥腹地，阻止侵略发生。我还认为，如果让国家遭受了哪怕是最小限度的侵略，那也是执政者的罪责。总统采取的行动是必要的。多年后，出于类似的必要，林肯先生本人也做出了解放奴隶的决定，尽管根据宪法，他并没有特殊权力可以这样做。后来，他在给霍奇斯（Hodges）的信中提到解放奴隶问题时，说了这样的话：

我认为，在必要情况下必须采取违背宪法的行动时，这一行动会变成合法行动。

总而言之，上述就是我的观点。我是基于国际法和战争法做出判断的。如果事实跟我所想的一致，而我的立论前提又是正确的话，那么我认为，总统采取的行动是必需的，因而也就是合法的。

2月1日，林肯给我回信说："亲爱的威廉：您怕您跟我对于这场战争的看法不一致。对此我感到遗憾。我并不是怕您读了这封信后仍然同我有分歧，而是怕您对我都有所误解，那别的好朋友大概也会如此。"

谈到他给马萨诸塞州议员乔治·阿什姆（George Ashmun）提出的军队给养法修订案投了赞成票，他写道：

这次投票证明总统发动这场战争是不必要的和违反宪法的。我用性命打赌，如果您处在我的地位，您也会像我一样投赞成票的。如果您认为，也明知那是一个谎言，您会投票赞成吗？我知道您不会。您会离开国会，——逃避投票吗？我希望您不会。一旦您逃避了一次，您就不得不逃避更多次，直到本届国会结束。我在对给养问题采取任何行动或投票之前，提交了理查森的议案，议案直接对战争的正义性提出疑问。没有人能够对此保持沉默。您必须说出您的观点。而您唯一能做出的选择就是说真话还是说假话。我毫不怀疑您将会怎么做……这封信我并不是写给公众的，是写给您的。在您接到信之前，您可能已经看到并读过我的演讲小册子了，可能又被它吓了一跳。请您惊魂甫定之后再读一遍，逐句阅读，然后坦率地告诉我您觉得怎么样。因为害怕被一个小时的时间限制所打断，我已经尽我所能压缩长度了。我把它从头至尾讲了一遍，只花了45分钟。

您永远的，A. 林肯

按照时间顺序，我在这儿要脱离墨西哥战争的主题，插叙一封林肯写给我的特别的信。这封信中涉及的一个人后来在这一国家重大事件中发挥了独一无二的作用。信的全文如下：

致威廉·H. 赫恩登阁下

亲爱的威廉：

我提笔写信是要告诉您，佐治亚州的斯蒂芬斯先生，就是那个又瘦又小、脸色苍白的肺结核患者，声音像洛根的，刚刚发表了一次长达一小时的精彩演讲，这是我听过的最棒的演讲。我这双干枯的老眼现在还充满了泪水。如果他把演讲内容写出来，我们的人民定会目睹文章被到处传抄的盛况。

您真诚的，A. 林肯

1848年2月2日，于华盛顿

2月15日，他再次写信给我，抨击总统对外国领土的侵略。他仍然认为执政者的行为已经超出了权限。他坚持说："宪法中之所以规定只有国会才有开战的权力，按照我的理解，是出于以下原因：君主总是借口为了人民的利益，将人民拖入战争，弄得民不聊生。这是君主专制下所有暴政中最残酷的暴政。我们的制宪会议正是意识到了这一点，为了解决这个问题，才在宪法中规定，任何个人都无权将这种暴政强加于我们头上。然而您的观点又将我们的总统置于君主的位置，我们为防止专制而付出的努力也白费了。"

6月，辉格党在费城召开全国代表大会，提名党内的总统候选人。林肯作为代表参加了大会。他力挺泰勒，因为他相信泰勒能够当选总统。相应地，他反对提名克莱，理由是克莱在1844年大选中已经惨败过一次了。大会结束几天后，他在华盛顿给我写了封信，预测“大老粗”泰勒会当选。他写道：“我认为，我们将迎来一次前所未有的辉煌胜利。明确无误的迹象表明，所有的力量都站在我们这边，包括烧仓派、印第安土著、泰勒人、官场失意的罗克福克党，上帝才知道还有多少诸如此类的支持者……提名泰勒竞选总统正抓住了那些疯子们的弱点，战争的霹雳之火反而烧向了他们自身。现在，这场战争对于他们来说就像哈曼的绞刑架，这本是他们为我们而竖立起来的，最终却注定要吊死他们自己。”

尽管对胜利充满信心，但林肯似乎对自己选区的前景忧心忡忡，认为准备工作严重不足。我忍不住将党内对他的种种非议以及他的言论给自己造成的损害告诉了他。我写信给他的目的并不是吓唬他。林肯可不是一个能被吓倒的人。要说服他必须得用另一种方式。我警告他说，民众对他的言论感到很失望，我认为他这种行为无异于政治自杀，我恳切地希望他不要再做傻事了。6月22日，他就我15日给他写的信进行了答复。当时辉格党针对即将到来的总统大选召开了一次核心会议，他刚刚参加完会议回来。“整个国家都参与进来了，人人热情高涨，信心百倍。”他兴奋地写道，“伊利诺伊的境况有望在此次大选中得到改善。在这种情况下，我走进房间，发现了您15号的那封令人泄气的信，您可以想得到我读完后有多么难过。”但是他并没有灰心丧气。他接着说：“现在我们来谈谈年轻人的问题。你们不能等着老党员们提拔。比方说，如果我等着老党员们来发现提拔我，您觉得我能像现在这样受人关注吗？你们年轻人应该组织起来，成立一个结构简单但能发挥作用的社团，定期举行聚会和演讲。发动你们能发动的所有人来参加……把镇上所有那些机灵的野小子们，不管是成年还是快要成年的，都吸纳进你们的团体中来。让每个人都能最大限度地发挥特长——有人说，有人唱，所有的人都尽情高呼。你们的聚会可以用晚会的形式。老人和妇女们会来听你们演讲。这样不仅有利于‘大老粗’当选，对于所有参与者来说，也是一种有趣的消遣和提高自己的方式。”他显然是想通过我来尽可能地鼓动起斯普林菲尔德青年们的热情。但我对形势却持消极看法，所以并没有一下子被他鼓动起来。我当时已经有点预感到了辉格党的垂死挣扎。我没有隐瞒自己的怀疑。斯普林菲尔德的一家报纸在它的专栏文章中引用了我的观点。我对前途感到悲观绝望，把那些报纸上的相关内容剪了下来，寄给林肯。跟剪报一同寄去的还有我写给他的一封信，信中同样充满了消沉沮丧的情绪，我还针对党内那些又倔又糊涂的老顽固们大发牢骚，怀疑他们总是压制年轻人。1848年7月10日，他给我回了一封信。这封信带有鲜明的林肯风格，充满了平实质朴的道理，我把它全文抄录了下来。最奇怪的是，他在信中把自己当作老人，尽管他才刚过39岁。

亲爱的威廉：

昨晚我收到了您那封附有剪报的信。这封信的内容真令我难过极了。我不得不认为您一定是对老党员们做事的动机有所误解。我想我现在也是那些老人们中的一员了。为了您好，我跟您说实话，您和家乡的其他年轻朋友积极投身于这场选战，得到人民的爱戴，你们羡慕我取得的成就，现在你们的成就远远超过了我，再也没有什么比得知这些情况更令我欣慰的了。我想，别人的想法一定也同我一样。当然，我没法证明我说的话。但我也年轻过，我保证从未有人心胸狭隘地排挤打压过我。我真不知该说什么。年轻人上进的方法就是尽一切可能提升自己，不要总是疑心有人想阻碍自己。请您相信我，无论在什么情况下，怀疑和嫉妒都永远不会对任何人有所帮助。可能偶尔会有人心胸狭隘，试图压制某个年轻人。如果这个年轻人不去思考自己真正的发展道路，反而对自己遭受的伤害念念不忘，那么别人压制他的目的就达到了。留意一下所有您认识的人，看看这种情绪是否还未传播开来。

我上面讲的所有的话，相信您一定不会怀疑是出自我们真诚的友谊。我要防止您犯下致命的错误。您是个勤奋刻苦的年轻人。在几乎所有方面您都比我懂的多得多。除非您误入歧途，否则您能够取得令人赞美的任何成就。我仅仅是因为年长而比您多一些处世经验。也正是基于这一点，令我给您提出了上面那些忠告。

您永远的朋友，A. 林肯

1848年7月10日，于华盛顿

在这次国会会议结束之前，林肯又发表了两次演讲。其中一次是关于国内改革的老话题的，他将这篇演讲稿订成小册子，第一时间寄回家乡。他觉得“没人会读”，这篇演讲稿被人提起的时候也总是一带而过。另一篇发表于7月27日的演讲稿从某种程度上看则是一篇杰作。毫不夸张地说，虽然这只是一篇竞选文章，还达不到经典演讲的高度，但它可能是此次会议上最出色的演讲之一。如果在这里全文抄录，占用的篇幅过大。但只要是读过这篇演讲稿的人都会坚信，林肯在四分之一世纪的时间里，能从伊利诺伊州的政治人物中脱颖而出，绝非偶然。读者也一定不会感到奇怪，为什么辩才出色的道格拉斯总是尽可能避免同林肯交锋，道格拉斯的幽默风趣和夸张讽刺固然有效，林肯那平实质朴、条分缕析的说理方式也并不逊色。这篇演讲稿基本上是对民主党总统候选人凯斯（Cass）将军的责问。凯斯将军参加过1812年战争，因而在政坛颇负盛名，当时已领先于他的辉格党对手泰勒将军。而泰勒将军对政治似乎没有对军事那么精通，无论对内政还是战事，他都谨慎地保持沉默。林肯用他那独特又生动的方式，夸张地讽刺了那位民主党候选人的军事野心。迄今为止，大多数为林肯先生立传的人都略去了这篇演讲稿的后面部分，因为他们觉得那部分文字出现在一篇国会文件中，显得是那么格格不入。我一直不明白，从那个时候起，别人也在国会大厅发表过许多次演讲，同那些演讲相比，这篇演讲究竟哪里有损林肯先生的声誉？现在，我就把它抄录如下：

但是佐治亚（Georgia）州的先生们（比如艾弗森先生）又说，我们放弃了我们所有的原则，到泰勒将军的军服下摆下面去获得荫庇。他似乎认为这是奇耻大辱。好吧，既然他相信是这样，那就算是这样好了。但是他是否记得，某党在将近四分之一世纪的时间里，也是沾了别人衣服下摆的光？他对杰克逊将军宽大的军服下摆难道不熟悉吗？他难道不知道，他所在的党正是托了这件军服下摆的福，才赢得了过去五届总统大选的胜利，现在还想在这件军服下摆的荫庇下，赢得第六届大选？是的，先生，这件军服下摆不仅杰克逊将军本人用过，而且从那时开始，就被每个民主党候选人死死抓住不放。你们从来不敢，现在也不敢冒险从它下面钻出来。你们的竞选报纸始终是“老山核桃的”（按：杰克逊的绰号是“老山核桃”），上面登着那位老将军的画工拙劣的画像。你们没完没了的象征物就是山核桃木手杖和扫帚。波尔克先生自己则是“年轻的山核桃”、“小山核桃”或者诸如此类的东西。甚至现在，你们在这里的竞选报纸还颂扬凯斯和巴特勒属于“山核桃类”。好啦，先生，你们是不敢放弃它的。你们就像一群饥饿的虱子，紧紧叮住埃尔米塔什狮子的尾巴直到它死，在它死后你们还是叮住它不放，从它身上吮取令人恶心的养料。有个家伙曾经夸口说自己有一个发明，能够从一个旧人身上变出一个新人来，还有足够的余料可以做出一只小黄狗。杰克逊将军的声望对你们来说正是这样一种发明。你们不但两次利用他的声望使他当上总统，而且还有足够的余料使后来几个相当渺小的人物成为了总统。现在这发明又成了你们扶持下个总统的主要王牌。

议长先生，老马和军服下摆，或者任何种类的尾巴这类比喻，并非我第一个在辩论中使用的。但是既然佐治亚州的那位先生认为使用它们是合适的，那就欢迎他和你们把你们能使出来的花样全使出来吧。如果你们还有什么老马，不妨把它们牵出来遛遛；如果还有什么尾巴，就把它们翘起来，向我们甩过来吧。我再说一遍，我本来是不愿意在这里采取这种辩论方式的，不过我希望对方的先生们明白，使用下流的比喻是一场赌博，他们在这场赌博中未必能把所有赢得的钱都拿去。[一个声音喊道：“我们不来这一套。”]噢，你们不来这一套，你们说得对，不过理由跟你们要我们理解的完全不同。一切比喻的关键——也就是杀伤力——就在于它们的真实性。懂得这一点，你们还是不来这一套的好。这些武器打中的是你们，偏偏对我们毫发无损。

不过我在匆忙中没有把军服下摆问题讲彻底，还差一点就能把它结束了。有件事我还没有谈。我是指你们民主党人现在正忙着把一件军服的下摆装到那位伟大的密歇根人身上去。是的，先生，所有为他立传的作者（他们多得不可胜计）都捉着他不放，把一件军服下摆系在他身上，就像许多顽皮的孩子把一袋豆子系在狗身上。真的，他们手里的材料太有限了，只能竭尽全力这么做。他侵入加拿大时没有遇到抵抗，撤出加拿大时没有遭到追击。无论入侵还是撤退，他都是奉命而为，所以我想对他而言既谈不上功，也谈不上过，但这两个举动却构成了军服下摆的大部分。赫尔（Hull）投降时他并不在场，不过就在附近。泰晤士战役当天，他自愿去支援哈里森将军，不过正如你们在1840年所说，战斗进行的时候，哈里森正在两英里外的地方采浆果，所以我想合理的结论应该是，当时凯斯是在支援哈里森采浆果。这就是全部情况，除了那个悬而未决的断剑问题。有些作者说他把剑折断了，有些作者说他把剑扔掉了，而那些应该知道真相的作者却什么也不说。公正又符合史实的折中说法恐怕是，就算他没有把剑折断，他也没有用这把剑做过任何其他事。

顺便问一声，议长先生，您知道我是个军事英雄吗？是的，先生，在黑鹰战争的那些日子里，我打过仗，流过血，最后安然生还。谈到凯斯将军的经历，使我想到了我自己。斯蒂尔曼（Stillman）战败时我并不在场，不过就在附近，就像赫尔投降时凯斯离他那样近，跟凯斯一样，我后来很快就看到了那个地方。我肯定没有折断我的剑，因为我根本无剑可折，但是有一次我把我心爱的滑膛枪给弄弯了。如果有人认为凯斯是因为绝望而把剑折断的，那我把枪弄弯则完全是因为不小心。如果说凯斯将军在采浆果方面胜我一筹，我想我在对付洋葱头上可要胜过他。如果说他见过活生生的、在战斗的印第安人，这点比我强，可我跟蚊子进行过多次血战，而且，尽管我从未因失血过多而昏倒，但我可以老实说，我经常忍饥挨饿。议长先生，我们的民主党朋友们认为我有点黑帽徽联邦主义（按：黑帽徽是独立战争时大陆军军帽上佩戴的徽章，后来成为联邦党的标志），也许我该下决心放弃这种主义，这样他们就会提拔我当他们的总统候选人，但是我要抗议，他们不该像取笑凯斯将军那样取笑我，企图把我描绘成一个军事英雄。

8月14日国会休会之后，林肯到纽约和新英格兰地区的几个州去做了几次演讲，为泰勒拉票。由于那时进行新闻报道的机构数量有限，这些演讲稿没能保留下来。拉票活动结束前，他回到了伊利诺伊，继续四处巡回演讲，直到大选正式开始。12月，国会第二次会议开始了。在这次会议上，他变得很低调。可能是与他的委托人们在一起相处的那几个星期使他懂得了，要想连任国会议员，实话实说、行事正直并不是明智之举。国会会议一开始，辉格党就凭着泰勒的当选掌控了政府机构。林肯在国会里兢兢业业、谦虚谨慎地工作。他回复选民们的来信，将党内公文寄给他们，对他们提出的养老金要求十分关心。这个时期他唯一的公众活动就是提出了一项关于哥伦比亚特区奴隶解放的议案。他对乔舒亚·R. 吉丁斯（Joshua Giddings）以及其他著名反奴隶制人士非常关注。但是经过众议院表决，他的议案却立即被小心翼翼地束之高阁。

与此同时，因为手握任命政府职务的权力，他似乎陷入了无止尽的麻烦之中，总是要跟人家费力解释。他推荐T.R. 金（T. R. King）当土地事务所的登记员或接待员，在其他候补人中间引起了不小的风波。他写信给一位极力支持他的推荐的朋友说："要么承认我举荐非人，要么挺身而出，力保他能任职。"他还给了这个朋友一张纸——上面可能是几行赞同金当登记员的话——让朋友自己抄下来。他坚持说："让每个人（不是三四个，而是三四百个）在上面签名，然后把它寄给我。再让6个、8个或者10个我们最有名的辉格党朋友给我写信，告诉我他们对这件事的真实看法。在这件事上不要掉以轻心，也不要耽搁拖延。据我所知，"他继续写道，"三年前他曾因参与赌博或者开过赌场被人指控，对他不利的相关证据已经寄往政府部门。"最后，他用安慰的语气打保票说："您只管放手去做，政府部门这边我会尽力妥善处理的。”但人们始终认为林肯先生诚实正直，从不搞政客的鬼把戏！

6月，我写信给他，主要是关于一个名叫沃尔特·戴维斯（Walter Davis）的人的事。林肯曾经答应过推荐他当斯普林菲尔德的邮政员，结果却食言了，戴维斯感到失望和愤怒。5日，林肯回信中说道：“沃尔特·戴维斯说我曾许给他邮政所的职位，他一定是搞错了。我没有答应过他。我只是告诉他，如果我有权任命邮政所职位的话，他应该获得一个职位。如果我确知他所说的不止这些，我会感到失望。我之所以这样对他说，是因为我知道，他人品不错，年轻有为，是个一贯忠诚、从不惹麻烦的辉格党员，而且很穷，他的哥哥死后，赡养寡母的担子几乎全落在他一人肩上。如果这些理由都不对，那我就错了。在这件事上我确实没有私心，因为在我最需要朋友的时候，他是反对我而支持贝克的。”

洛根法官1848年在候选人提名之争中失败，使林肯得以部分保留了在自己选区内任命官员的权力。直到他在国会的任期结束后，“钻营谋求”官职的人仍然不断找上门来，求他利用自己的影响力，用他的话说，给他们“一个不用干活就能挣钱的门路”。他有时被逼急了，偶尔会口出刻薄之言，拒绝有些人的要求。我在这儿附上一封他拒绝一位先生的信，这位先生现在仍然住在伊利诺伊州中部，我想他应该不愿我说出他的名字：

致某某阁下

亲爱的先生：

我从肯塔基一回来就看到了您11月7日的来信，之所以迟至今日才回复的原因，我现在向您简要地解释一下。从我们相交伊始，我对您就抱有极大的好感，我认为您对我也是如此。去年夏天，由于我向您提过的原因，我忍痛拒绝了您希望我推荐您担任某一职务的要求。不久之后，我通过可靠途径得知，您公开对我进行谩骂。我的感情当然受到了伤害。我在收到您的上一封信时就产生了疑问，您是否在试图利用我的同时又损害我，或者您的本意有否被别人歪曲误传。如果是前者，我不该答复您；如果是后者，我应该答复您。因此我一直迟疑不决。随信附上一封推荐书，如果您认为合适，不妨一用。

A. 林肯敬上

1849年12月15日，于斯普林菲尔德

毫无疑问，此人一开始就遭到了林肯的拒绝，因此大概对林肯颇有微词。这本来再自然不过了，尤其是对这么一个一心求官而不得的失意者来说。我倾向于认为，林肯之所以拒绝是因为他确信这个人犯有过失。只要仔细阅读一遍这封信，就会印证我的这种看法。林肯虽然极不情愿，但还是写了推荐书，至于这封推荐书后来是否派上了用场，我就不得而知了。

随着国会生涯的结束，林肯淡出了政坛。接下来的几年里，他换了另一种身份。他没有再谋求或者争夺国会议员提名，这也是他在公众问题上的立场造成的不幸后果。如果他当时再次参与提名之争，很难说最后能否连任。

第十章　律师界的奇葩

林肯与托德小姐在爱德华兹家举行婚礼以后，我们几乎没有听到过他俩成婚的消息。直到1843年春，林肯的朋友斯皮德与他那位“黑眼睛的范妮”成婚一年有余之际，收到林肯的来信，信中第一次提到了他的婚后生活。他写道：“你现在是不是坐拥豪宅沃土，牛马遍野，男女仆役成群，而且有了儿女了？我们现在没有固定住处，只能住在环球旅店。这家店是一位名叫贝克（Beck）的寡妇开的，打理得很好。我们的房费（就是华莱士医生住过的那间）加上伙食费一星期才4美元。”那时的他谋生艰难，事业受阻。在给斯皮德的另一封信中，他因为无法去肯塔基而向斯皮德道歉。他说：“因为我穷困潦倒，在这个世上前途渺茫，在这无所事事的一个月中已经消耗掉了整整一年的辛劳所得。”但是凭着他不懈的努力和他那些有影响力的朋友们的提携，再加上他那罕见的节俭作风，他最终度过了这段难挨的日子。无论是在他的法律事业还是政坛奋斗中，他的妻子始终与他同甘共苦。她是个勇敢的小妇人，实际上，她比林肯更有雄心抱负，她具有罕见的洞察力，能敏锐地看出一个人的本性和动机。毫无疑义，林肯的成功在一定程度上要归功于他妻子的天赋秉性。林肯在结婚四年后入选国会使他妻子非常满意，她热衷于权利，在我看来，她对自己高大的、笨手笨脚的丈夫充满自豪感，她从他身上看到了光明的未来，她密切关注着他的一举一动。他人眼中的林肯也许是随意而亲切的，而对她来说，林肯是具有贵族式男子气质的化身。在林肯的每一次成功获选日里，她都要庆幸自己的聪明抉择：她当年选择了林肯，而没有选择道格拉斯——事实上道格拉斯从未真正接受过她。“林肯先生确实不那么英俊，”她曾经在林肯的办公室与道格拉斯谈话时说道，“但人们可能不知道，他的心胸宽广，手臂纤长”。

林肯夫人陪同丈夫去了华盛顿，在国会的第一个任职期内，她一直居住在那里。他们在华盛顿租赁的房间与乔舒亚·R. 吉丁斯在同一栋房子内。1856年，当吉丁斯这个勇敢的废除黑奴制度支持者前往伊利诺伊州进行竞选游说的时候，最先找到的就是林肯——这个多年前就给他留下深刻印象的人。在从国会返家的途中，林肯顺路去了尼亚加拉大瀑布，并沿着伊利湖行至托莱多（Toledo），而后又到了底特律。后来，我有一次去纽约，也经过尼亚加拉瀑布这条线路返回。直到我从大瀑布返回几天之后，甚至都已经回到办公室开始上班了，我还在琢磨当林肯见到大瀑布的时候，是否也与他人一样感慨其宏伟壮观。每当我一想到这个话题，我善于描述的优点就会随着无限的想象力一起得到无尽的发挥。大瀑布的水流汹涌澎湃，水声如若牛鸣，湍急的水流在阳光照射下映出美丽的彩虹，这一宏伟壮观而美丽的场面足以震撼见到她的每个人，人们见到大瀑布后一定会为大自然的鬼斧神工而折服。见到林肯前的一晚，我辗转难眠，心里一直被大瀑布的宏伟景象充斥着，见到林肯后，我询问他对于大瀑布的看法，“当你站在那个大自然的伟大奇迹面前的时候，你最深刻的印象是什么？”我永远也无法忘记林肯的回答，因为那个答复充分体现了他对事物认知的特点。“当我站在大瀑布前的时候，我最深刻的体会是这么多的水究竟是从哪里来的？”他居然对瀑布的雄伟壮观，奔腾汹涌、水雾弥漫、激流险滩都视而不见，在看到大瀑布的第一时间内，他的思想立刻追溯到其本源及成因，林肯看问题总是如此，他总是剥离掉事物的华丽外表，一眼看到本质。如果说他有任何神秘力量，那么这就是其中之一。

参观过尼亚加拉瀑布后，林肯继续着他的回家之旅。归途中，他所乘坐的渡船曾在沙滩上搁浅，船长命令把船上所有的空桶、盒子等物品扔下船，让这些东西漂在船帮旁边，以助力渡船漂浮起来。在足够的浮标帮助下，船终于慢慢离开了沙滩，重新浮在了水面。林肯一直专心致志地观察着这一过程。这一景象无疑使林肯回想起了在桑加蒙河上度过的坎坷岁月。那时候，林肯和约翰·汉克斯在新塞勒姆大坝也做过同样的工作。不断就如何使搁浅的船只重新漂浮起来这个问题进行思考，使林肯产生了发明一种专业仪器的想法。运用他所看到的操作的原理，他计划在船体的两侧、紧靠水平线的地方安装一些摺箱，在绳子和滑轮系统的作用下，每当船底靠近浅滩的时候，这些摺箱就会充满空气，借此力量，船身就会被撑起来，船只再也不会被搁浅所困扰。林肯一到家就立刻对他的想法进行了可行性实验。商人沃尔特·戴维斯的店铺就在我们办公室附近，他认为林肯的这个想法很不错，于是帮助林肯制作了安装有这一系统的船只模型。林肯对这个项目很感兴趣，他时常把那个船只模型带到办公室去，他认为这个发明将给蒸汽船航海事业带来革新。尽管我认为这项发明没有什么可行性，但出于对林肯水手称号的敬重，我没有直言自己的想法。这个模型被林肯带到了华盛顿，并在那里获得了一项专利权，但据我所知，这项发明没有被真正运用到船只上，而蒸汽船航海事业的革新也没有发生。这具模型至今仍静静地躺在专利办公室的展示窗里，它成为林肯作为发明家的唯一证据。①

林肯没能成功在议会获得连任，但在其议会任期即将结束的时候又有了一个新的机会：参选土地办公室委员，林肯的参选决定是在其众多伊利诺伊州辉格党友人劝说下做出的。然而，一方面与林肯同州的竞争对手实力非凡，另一方面，林肯在竞选中不够小心谨慎，而且缺乏参与竞争的两个必要

① 林肯曾为其“提升搁浅船只改良办法”申请专利写过亲笔信：“专此为本人发明申请如下专利，通过主轴或可扩展的浮力箱置于船身两侧。”

因素：信心与坚持，于是他很快退出了竞争。在写给乔舒亚·斯皮德的信件中，他说道："1849年2月20日，当我得知克里滕登（Crittenden）先生居然对我的印象并不很糟糕的时候感到受宠若惊，我对你给予我的宽容与友善表示诚挚的谢意。然而，我认为自己的竞争力不足以出任土地办公室委员这一职位，又不甘于加入低一档的办公机构。我认为，从辉格党的角度出发，我毫无疑问可以胜任土地办公室委员的职务；但是，斯威特（Sweet）、莫里森（Morrison）、布朗宁、塞勒斯·爱德华兹（Cyrus Edwards）都希望得到这个职位，更糟糕的是，即使我个人认为我可以得到这个职位，可伊利诺伊州的其他候选人将被迫为此做出牺牲，因为印第安纳州的前议员麦戈伊（McGaughey）也在竞争这个职位，他是个非常有竞争力的人选，不会轻易被击败。"① 最后的结果表明，林肯根本没有必要忌惮麦戈伊，因为，尽管他有斯科特（Scott）将军等政界要人的支持，但还是在竞争中远远落后，林肯、莫里森、布朗宁和爱德华兹也均败北。最后胜出的黑马是一名来自芝加哥的律师贾斯廷·巴特菲尔德（Justin Butter-field），他精明强干，关键是做人八面玲珑、处事圆滑——这一特点被政客们戏称为拥有良好的管理能力，而林肯所缺乏的恰恰是这一特点。贾斯廷·巴特菲尔德曾经大力支持墨西哥战争，但奇怪的是，他并没有因此而失去辉格党人的支持。②

国会闭幕以及泰勒的就职预示着林肯不得不离开华盛顿。他离开时，被许诺了多个政府职位，但是，林肯不但缺乏持久性，而且无意识里有一份傲

① 林肯请求斯皮德去见当时肯塔基州的州长克里滕登，以便从克里滕登那里为贝克获得举荐，但克里滕登表示他更看好林肯，林肯是一颗冉冉升起的明日之星。于是斯皮德建议林肯自己申请该职位，但林肯的答复是"我已经答应了贝克帮助他竞选，因此，在任何情况下，只要他想要这个职位，我都不可能背弃他"。

②下面是一封出自贾斯廷·巴特菲尔德女儿的信件，其内容引起了我们的注意。1888年10月12日，芝加哥。"亲爱的杰西·魏克先生，我父亲于1790年出生在基恩，1807年进入威廉姆斯学院学习，1835年来到芝加哥发展。1849年6月21日，在辉格党重新获得政权后，他被泰勒总统任命为土地办公室委员，他在竞选过程中曾经击败的竞争对手包括亚伯拉罕·林肯。当时广为流传的说法是'巴特菲尔德竞选成功主要是因为他获得了华盛顿的北方路线者的支持'，而事实上，他主要是获得了其好友丹尼尔·韦伯斯特的支持。我父亲在土地办公室委员这个职位上一直工作到1852年。后来，他因为血栓卧床三载，1855年10月23日他在芝加哥去世，时年63岁。"

气，于是，这些因素决定了他处事不够灵活，不能成为一名成功的政府官员。林肯在伊利诺伊州故里待了几天，而后又回到了华盛顿。泰勒总统麾下的内阁意识到林肯为辉格党做出的贡献卓著，因此给予他两个职位选择：俄勒冈州州长或秘书长。林肯在接到诸多职位许诺后回到了华盛顿。林肯在这次旅途中的一个小插曲常被他戏称为遭遇了肯塔基式热情。一大清早，林肯由斯普林菲尔德的兰斯德尔（Ransdell）客栈出发，当时驿站里只有林肯和一个从密苏里赶路回家的肯塔基州人。那个肯塔基人深深被林肯身上的忧郁气质所吸引，为了调节旅途中的单调气氛，他给林肯敬了一支烟。林肯拒绝了他的好意，答复道："不，谢谢，先生，我从不抽烟。"接下来，两人之间是长时间的沉默，后来，肯塔基人从口袋里拿出一个皮质的盒子，请林肯享用他的雪茄，林肯再次以不抽烟为理由拒绝了他的雪茄。最后，当他们即将抵达下一处驿站，更换马匹的时候，肯塔基人从背包里取出一个装烧酒的瓶子，给林肯倒了一杯白兰地，说道："伙计，既然你不抽烟，不喜欢雪茄，也许你能喝点法国白兰地？这酒质量上乘，而且具有很好的开胃功能。"但林肯再次拒绝了这种肯塔基式的热情友善，借口是他从不喝酒。当天下午，肯塔基人将前往另一个驿站去换乘前往路易斯维尔的马车，在他们即将分别之际，肯塔基人热情地与林肯握手道别，并幽默地说道："伙计，你是一个聪明但很奇怪的旅伴，也许以后我们再也不会见面了，我并不想冒犯你，但我想告诉你：我的经验告诉我，如果一个男人没有任何的不良恶习，那他的长处也必然少之又少，再见啦。"林肯一路上不断品味这句话。同样在这次旅程中，林肯还遇到了他就任总统后任命的智利公使托马斯·H. 纳尔逊（Thomas Nelson）。

纳尔逊先生回忆道："1849年春天，我和艾布拉姆·哈蒙德（Abram Hammond）法官（后来就任印第安纳州州长）乘坐驿站的马车从特雷霍特（Terre Haute）前往印第安纳波利斯（Indianapolis），通常情况下，这段旅程需要耗费一天的时间。拂晓时分，马车从西部赶到了驿站，当我们进入马车后，发现整个后座被一个瘦削的高个子人占据着，他看起来好像头和脚都要从窗户里伸出去的样子。他是车上的唯一乘客，而且好像正在酣睡。哈蒙德随意拍了拍他的肩膀，问他是否今天把整个马车都包下来了。他从睡梦中惊醒，回答道‘当然不是’。于是立刻移到了前排座位上，很礼貌地把更舒适的后座给我们让了出来。我们扫了他一眼。他给我们的第一印象是个奇怪的家伙，身上穿着一件很旧的不合体的邦巴辛材质的套装，套装里没有穿马甲，没有打领带，帽子耷拉在脑袋后面。衣着打扮使他整个人看起来格外沉闷无趣。旅途中闲暇无事，我们很不厚道地拿他打趣开玩笑，他对此表现得毫不在乎，尽管是开他的玩笑，可他还好脾气地和我们一起大笑。中午时分，我们抵达了一个小酒馆，在那里吃午饭。我们邀请他一起就餐，他接到邀请后似乎感到很荣幸。就餐过程中，他一直将半个身子坐在一张小凳子上，将帽子夹在腋下。用餐之后，我们的旅途又开始，旅途中我们的话题转移到了彗星上，那是当时科学界争议很大的一个话题。他对这个话题表现出了浓厚的兴趣，并做出了很多大胆的推测，问了很多的问题。他很钦佩我们在这方面的丰富知识。当我们炫耀了一番关于彗星的专有名词和专业术语后，他问道：‘彗星的结局会怎样？’当时我给他的回答是我也不知道。实际上，我的观点和大多数科学家、哲学家不同，我认为全世界都会随着彗星一起毁灭！当天下午，我们抵达了印第安纳波利斯，然后急匆匆地赶到了布朗宁旅店，途中没有再见到他。我们回到房间后开始打扫一路上的尘土。几分钟后，我下楼来到旅馆的前厅，在那里看到了他那修长的身影，他正被一群律师围在中间，大家都用崇敬的目光注视着他，深深地被他正在讲的一个笑话吸引着。那些律师包括麦克莱恩（Mclean）法官、亨廷顿（Huntington）法官、爱德华·汉尼根（Edward Hannigan）、艾伯特·怀特（Albert White）、理查德·汤普森（Richard Thompson）。我向布朗宁询问他究竟是什么人，身为店主的布朗宁告诉我‘他是亚伯拉罕·林肯，印第安纳州人，议员’。我被这个答案震惊了，连忙回到房间，把这个消息告诉了哈蒙德，于是，当我们需要出门的时候专门选择了旅馆的后门，避免与那个身份显赫的人再次见面。多年以后，在哈蒙德即将卸任印第安纳州州长职位的前几天，林肯在其前往华盛顿就职总统的旅途中路过了印第安纳州。在与林肯共同乘坐马车的那次旅途之后，我利用很多机会接触林肯，也是林肯竞选总统的热情支持者。在林肯出发前往华盛顿之前，他约我和约翰·P. 厄金（John Usher），在印第安纳波利斯见面。当我们到达的时候，总统宴会已经开始了，经过询问，我们得知当选总统林肯正在酒店的餐厅用餐。到达餐厅后，我们看到餐厅里所有的桌子都坐满了人，但没有林肯的影子。当我们朝着酒店办公室的方向一路寻去的时候，忽然一只长胳膊拦住了我，一个刺耳的声音在我耳边响起，‘你好啊，纳尔逊！这么多年之后，你还认为全世界都会随着彗星一起毁灭么？’说话的人是林肯。”

林肯的朋友们随意讨论泰勒总统提供给林肯的属地。一些朋友劝他选择俄勒冈州，因为一旦俄勒冈成立一个独立州政府，那么林肯将成为该州第一位议员。林肯本人也倾向于去俄勒冈。他告诉我，他觉得自己以前在议会任职就好像是在进行政治自杀，所以他想换个地方，去俄勒冈发展。但当林肯向家人说到他的想法时，遭到了他妻子的坚决反对。林肯夫妇争论的结果通常是以林肯的妥协告终，而后来的事实证明，没有去俄勒冈是英明的，随着时间的推移，这个结论越来越明显。①

当林肯就职于国会，以及后来献身于政坛，他开始对法律丧失了兴趣。他手里的业务都移交给了他人，而我仍然尽我所能保持着自己手里的业务，在事业上稳步推进，我们的律师行业务蒸蒸日上。林肯回到律师所后，意识到这大部分要归功于我的努力，于是回来后他提出自己无权再分享律师行的利润和成果。我回答道，在我年轻、没有经验的时候，是他在事业上给予了我帮助，所以，现在当我只是在自己力所能及的范围内表达感激之情，我建议继续合作，于是我们还像以前一样运作。我注意到林肯从此刻起作为律师发生的变化：林肯已经开始意识到自己缺乏一种素养——精神上的训练和方法。十年来，伊利诺伊的法律界已经有了变化，事实上这更多的是因为律

① 同一时期，芝加哥的一名律师格兰特·古德里奇邀请林肯与他合伙开律师行。古德里奇在律师界经验丰富、生意规模很大，但林肯拒绝了其邀请，他的理由是芝加哥是个日新月异的大城市，如果他去芝加哥工作，那么他必须每天坐下来不断用功学习，每天坐在办公室笔耕不辍会很快使他郁闷而死。他更喜欢四处游历，尽管这样做意味着收入大大减少，但能使他生活得更加愉快。

师这个行业本身发生了变化。法庭上的判决结果往往不再完全取决于律师的激情辩护和动情演说，陪审团成员变得更加睿智而理性，身为律师必须不断摄取知识，使自己成为更好的推理者和哲学家。法庭的巡回审判制度还是一如既往，但审判过程中的用语和评判标准都有所进步，审判过程更加正规化——至少林肯是这样认为的。政治事业上的挫败在林肯的内心深处留下了印记，尽管他并不因此而妄自菲薄，但可以感觉到，从此刻开始，他在主动避开政治，全身心投入到法律中来。现在他开始弥补自己在政治生涯中荒废了的光阴，努力汲取着知识。一旦他下定决心要做什么事情，他会全身心投入其中，任何事情都无法阻挠他。我经常和他一起参加法庭巡回审判，在偏远地区的小旅馆时常常挤在一张床上，大多数时候，小旅馆的床对他来说总是太短了，他睡觉的时候脚经常悬在床外，半耷拉在地板上。他常常在床头点一根蜡烛，然后连续几个小时读书学习，我曾经见他学习到凌晨2点，而那个时候我或其他同屋人早就酣然入梦了。我们那次一同前去参加法庭巡回审判的时候，他一路上都在研究欧几里得几何学系列丛书，看完那六本书后，他能把六本书中所有的几何公式展示给我们看，我们都搞不懂，林肯怎么能在我、戴维斯、洛根、斯威特、爱德华兹等人震耳欲聋的鼾声中还能置身那些抽象的数字和公式中。我只陪伴林肯参加了大约四分之一的法庭巡回审判，其他时间我在斯普林菲尔德照看生意，但我知道法庭巡回审判的日子是灰暗乏味的，审案过程中经常会发生冲突，而且律师们的日常工作非常艰辛。但是林肯喜欢参加法庭巡回审判。林肯一年中一半的时间都是陪伴着特里特法官和戴维斯法官在法庭巡回审判中度过的。如果距离不是很远的话，每个周六，律师和法官们都会启程回家，一些人是为了回家取换洗衣服，但大多数人是为了与家人共度哪怕半天的时间，享受亲情。林肯是唯一的例外，他经常利用周日去小旅店享受日光浴，只有在法庭巡回审判告一段落的时候才会回家。参加巡回审判的戴维·戴维斯提到[①]，“刚开始的时候，我们

---

① 戴维·戴维斯，手稿。

还会奇怪他为什么不回家，但我们很快意识到他是不愿意回家，林肯对自己的家庭谈论很少，我们也从来不在他面前提及这个问题。我们大多数人都家庭和睦幸福，因此我们在内心深处对林肯都有些同情和怜悯。”在大家都无所事事的时候，旅馆里的人们最喜欢听林肯讲故事，林肯忧郁的外表使他看起来就像个有故事的人。我认为，林肯在讲故事领域是所向披靡的。我看到他身边曾经围绕过两三百人，大家都被他讲的故事深深吸引，你能在旅馆的每个角落里听到人们讨论他所讲的故事结局。我以前提到过，他具有超强的模仿能力，以及动人的朗诵天赋。他的面部表情和肢体语言也能极为协调地配合着他的讲述。每当他讲述到故事的高潮，或者笑话的笑点时，他脸上严肃的表情一扫而空，那个时候他灰色的眼睛闪闪发光；他的笑容会布满整张面孔；他的身体会因为兴奋而微微抖动；在笑点来临的时候，没有人的笑声会比他更响亮。那些当年流行在边远地区的笑话现在已经过时了，但是，对于任何有野心获取公众注意力的律师来说，在大众场合讲笑话都是冒风险的事，因为笑话讲不好会牺牲他们的声望；但林肯有一种神秘而奇特的力量，这种力量能牢牢地抓住人们的注意力。

林肯在默纳德镇的声誉尤其显著。在法庭巡回审判过程中，林肯遇到了詹姆斯·莫里（James Murray）和威廉·恩格尔（William Engle），这两个人也是颇有名气的讲故事能手。那个年代与现在不同，现在乡村生活被认为是高品质的生活，乡村艺术被认为是独特的艺术形式。但那个时候，人们喜爱纯自然的东西，当时那种偏远的乡镇连报纸都是稀有之物，而巡回律师能给这些消息闭塞的人们带来丰富的信息和知识，使当地人大有耳目一新、茅塞顿开的感觉。法庭巡回审判团的到来吸引着偏远的西部乡镇附近人群纷纷汇集而来。

当林肯、莫里和恩格尔聚到一起的时候，前来看热闹的人群必将庞大。这三个人都是讲故事领域的佼佼者。我曾经见识过那个场面。法庭巡回审判结束后，当地的旅馆大厅里聚集而来观看三人辩论的人群能拥挤到令人窒息的程度。大厅所有的门窗旁都充斥着人群，这些人包括当地的医生、律师，有时候甚至包括了一些牧师。三人在那些地方所讲的笑话并不适合其他地方，但这些笑话都有一个共性，那就是：它们揭示并鞭策了人性的弱点，有些笑话可能已经很过时了，但恰当的人名、谚语的改动又赋予这些老旧的笑话鲜活的生命力。配合着适当的人名变动，林肯将巴尔扎克的一则老寓言故事放在“埃及”[①]或放在印第安纳州，但故事的中心主题保持不变。每个故事结束后都会传来“风暴般的笑声和愉悦的掌声”。第一波笑声和掌声停歇下来后，总会有一些反应迟钝的人刚刚弄明白笑话的内容，然后引起人们又一轮的哄笑。欢声笑语经常会持续到深夜，有时候甚至会持续到清晨。我曾经看到以不苟言笑而著称的特里特法官也坐在听笑话的人群中跟大家一起笑到最后，他经常说，“我笑得肋骨都快错位了。”第二天，他仍会一本正经地坐在审判席上，像所有的英国法官那样戴着假发，穿着长袍，庄严肃穆地听林肯为谋杀案做辩护。在这样的环境中，在这样的社会里，林肯在简陋的巡回法庭里或慷慨激昂，或幽默风趣地进行着一场场辩护，历史的车轮在缓缓移动，他不知道，自己正在稳步迈向未来，未来他将成为一位伟大而不朽的灵魂人物，未来，我们将见证他如何展现自己的智慧与风采。

让我们再次从律师的角度来评价林肯，我不得不补充一下，作为一名律师，他极其反感办公室的繁文缛节。他很少做笔头工作——他做的书面工作恐怕比任何一个律师都少。在我们最初合作的几年里，这样的工作通常都是由我来做的。后来，我们把这些工作都交给了来律师所实习的学生去做。1866年，一名芝加哥律师[②]在写给我的信中提到了林肯，“林肯曾经告诉我，他最初之所以与你合作开律师所，是因为他认为你是个擅长处理文件工作的做事井井有条的人，但后来他发现尽管你是个非常优秀的律师，而你在文字处理方面和他一样不甚突出，他曾为此感到有些失望”。林肯在法律领域涉猎广泛，他在开庭之前从来不做事前准备，他在法庭上通常靠自己丰富的学

① 在这本书中多次提到“埃及”，这里的埃及指的是伊利诺伊州的部分地区，该地区位于著名的国家公路南部。

② W.C. 惠特尼，手稿。

识即兴发挥。在写信方面，林肯即使在写公文信的时候也和写家常信一样充满幽默诙谐。早在1839年，他曾经在和一位先生讨论公事的时候这样写道："一个长着尖尖鹰钩鼻的北方佬总给我找麻烦，他总是吵吵着说罗伯特·肯齐（Robert Kenzie）从来就没有收到过他寄过去的80美元汇款。"说话随意已经成了林肯的习惯。林肯在写给居住在附近城镇的一个朋友的道歉信中，就未能及时给他回信的原因是这样写的："首先，我在美利坚合众国法庭的工作非常繁忙；其次，收到你的来信后，我把它放在我的旧帽子里，后来我买了顶新帽子，于是把旧帽子放在了一边，因此有一段时间曾经找不到你的信。"这里被林肯戏称为帽子的东西实际上是他最重要的容器——他的书桌和备忘录。林肯的书桌里保存着银行存折以及一大堆的信件。每当他读书时发现值得记录的东西，或者忽然有了新的想法，他会随便拽过手旁的信封或纸张，把这些东西写在上面，然后把纸揣在抽屉里。每当他需要用备忘录的时候，只有一个地方能找到它：书桌抽屉里。①

一位现在定居纽约的先生形象地描述过林肯在律师事务所的表现，这位先生曾经在我们律所做过多年的实习生，征得他的同意后，我在此引用一些他的原话："我哥哥在渥太华遇到了林肯②，他对林肯说，'我有一个弟弟，我非常想让他到您的律师所去实习。'林肯答复道，'没问题！让他过来，我看看他。'我那时候正在密歇根州大急流城（Grand Rapids）的一所大学里学习法律，得到哥哥的消息后，我立刻前往斯普林菲尔德。我于周六晚上抵达了斯普林菲尔德，周日林肯要见我。我清楚地记得与林肯的第一次见面，那时他正拉着约6岁大的小泰德的手散步，小泰德使出了全力仍然无法跟上他爸爸的步伐。周一早上，我以实习生的身份去林肯和赫恩登的律师事务所报到。律师事务所位于法庭对面的一个小广场旁，办公室在一栋二层小楼的二楼。我爬上楼梯，走到二楼走廊的尽头，进入办公室，办公室是一间面积中

① 林肯的书桌上经常摆放着一摞纸，他常用这些纸记录一些需要记录的东西。多年前，在搬动办公室的家具时，我把桌子上那积满了厚厚尘土的纸摞搬到一旁，尘土去掉后，纸摞上赫然呈现林肯熟悉的笔迹"如果你哪里也找不到，看看这里"。

② 引用自1887年10月16日出版的 *Brooklyn Eagle*，作者约翰·H. 利特菲尔德。

等的屋子，屋子中央摆放着一个长条桌，一个短些的桌子摆放在长条桌的对面，两张桌子形成T字形，桌子上铺着厚厚的绿色羊毛毡。屋子里有两扇窗户，从那里可以直接看到后院，屋子的角落是一个老式秘书台，那里摆放着用来储存法律文件的分类文件架。屋子里还有一个书架，上面码放着约200本法律及哲学书籍。我前去报到的那个早上，林肯和他的合伙人赫恩登都在办公室，林肯对他的合伙人说，‘比利，这就是我和你提到过的年轻人。无论你怎么安排他都行。’然后，林肯转向我说，‘以前这里有过两个实习生布莱克斯通（Blackstone）和肯特（Kent），你看到墙上的墨水痕了么？那是他们在这里学习法律学得太兴奋了，于是一个小伙子向另一个头上扔了个墨水瓶，墙上的印记就是这么来的。希望你别像他们一样对法律投入到走火入魔的境地。’我立刻对办公室进行了一下小规模的扫除。当时林肯先生刚从国会回来，他从华盛顿带来了一些种子，这些种子连同‘自由土壤与共和’文件一起分发给农民，在我清扫办公室过程中，发现一些种子已经在办公室的尘土中发芽了。洛根法官和米尔顿·海（Milton Hay）的办公室在二楼的前方，他们是林肯和赫恩登的律师事务所的邻居。一天，海先生来到律所，他吃惊地看着发芽的种子问，‘这是怎么回事？’林肯指着我回答道，‘没事，这位先生在做扫除而已’。林肯的一个突出的特点是为人质朴，这充分表现在他愿意听取并采纳任何人的意见。一天，他走进办公室请教他的合作伙伴，‘比利，比照这个词是什么意思？’赫恩登先生告诉了他这个词的定义，我接话道，‘林肯先生，请允许我给您一个例子’，林肯诚恳地回答，‘好啊，约翰，给我举个例子’。‘比如说，菲利普斯（Philips）在他描述拿破仑的论文中提到，一个伪爱国者可以使一个国家衰败；一个职业天主教徒可以使教皇无地自容’。林肯先生对我举的例子表示感谢，他看起来对此非常满意。林肯在一次法庭巡回审判归来后对赫恩登先生说，‘比利，我在农村听到了一个很有意思的笑话，D法官在赞扬一个农民产的牛肉好吃时说，我很吃惊，你居然有这么好吃的牛肉。如果你们要吃牛肉肯定不得不杀整头牛。’农民回答道，‘是的，我们从来不杀半头牛’。”

在思考难解的法律问题时，林肯最喜欢的姿势是把两腿伸直，跷放在前面的椅子上，然后把书放在旁边的桌子上，或者放在膝盖上，他就喜欢这样工作。无论他多么投入于工作，只要有人进来，他都会讲个笑话来活跃一下气氛。我曾经听到他在几个小时内给拜访他的不同人讲了三次同一个笑话，但每次讲完笑话后他总是笑得最响亮的那个人，仿佛他讲的是一个新笑话。林肯的幽默感是无人能匹敌的，他对一个反复被讲述的笑话还总能感觉到有笑点，我对此感到很有趣。

“律师事务所的账务一塌糊涂，林肯和赫恩登根本不记账。他们总是在没有任何收据的情况下简单地平分佣金。一天，林肯先生收到一个铁路诉讼案的5,000美元佣金，他走进办公室对合伙人说，‘哦，比利，这是我们的佣金，过来坐下，我们把它分了。’他就好像在数钢镚一样漫不经心地数出2,500美元递给了他的合伙人。林肯的本性中从来没有贪婪二字。

“我在竞选演讲方面一度存在极大困难。我告诉林肯先生，我想给他读一下我的竞选演说词，他坐在一把椅子里，把腿放到另一把椅子里，然后对我说，‘约翰，你可以开始演讲了；你的演讲一定激情澎湃得让我站不住，所以我还是坐下听吧’。我打开讲话稿，然后神经紧张地开始朗读。‘这点说得非常好，约翰。’他会在我讲到一个地方的时候这样评论，然后讲到其他地方的时候继续评论‘这点很好——真的非常好’，他的话安抚了我的情绪，让我都有点飘飘然的感觉。在那次选举中，我把这篇演讲重复了50遍。大名鼎鼎的朱阿夫（Zouaves）第九兵团上校埃尔默·E.埃尔斯沃思（Elmer Ellsworth）当时也是林肯律师事务所的实习生，战争爆发初期他战死在亚历山大。当时他的脑袋里充满了军事思想，于是对法律事务反而漠不关心。林肯当年在评论埃尔斯沃思的时候说‘这个小伙子简直是个战争天才！’”

从国会退休后的六年里，林肯意识到自己需要增加军事方面的知识，于是他开始拓展自己对军事领域的研究。林肯兴趣爱好广泛，他在参加法庭巡回审判团的过程中，曾经展示过自己在文学方面的良好修养。当时他除了对欧几里得几何学痴迷以外，还总是随身携带着一本被读过很多次的莎士比亚作品，他经常在闲暇时间里读莎士比亚诗歌自乐。林肯在巡回审判团的一个同事曾经提到[1]："林肯习惯早起，他一般情况下都是最早起床的一个，起床后，他会坐到壁炉旁，捅亮炉火，陷入沉思，那个意境无疑与爱伦坡的〈乌鸦（The Raven）〉那首诗一样，有时候，林肯会坐在壁炉旁大声朗读一首叫〈永生（Immortality）〉的诗。他的朗诵结束后，很多人都会询问那首诗的作者是谁，在哪里可以找到那首诗。他忘记了那首诗的作者，他说，那首诗对他来说是他听到的最像诗歌的诗词。他尤其喜爱该诗的最后两句。"

林肯经常谦虚地称，除了莎士比亚、拜伦和彭斯，他对文学知之甚少。林肯熟读《圣经》，他经常在读书看报或与人接触的过程中因为有感而发而赋诗一首。即使是快速地扫一眼书本上的内容，他也能将其中的优美语句引用出来。除了《永生》，他喜欢的诗词还包括《必死之人何必高傲》。他非常喜欢奥利弗·温德尔·霍姆斯（Oliver Wendell Holmes）的《最后一片树叶》。我经常听到他反复咏读第四段"时光的剪刀虽有利锋，尚未削去他的青春模样"。他告诉我，有一次在他情绪低落的时候路过一户人家，屋子里一个年轻姑娘正在唱歌，那歌词深深打动了他。尽管他并不认识那个唱歌的姑娘，但他给那姑娘写了个纸条，请求她将歌词抄给他。一两天后，邮差送到办公室一个熏了香水的信封，信封上的笔迹无疑出自女人，收信人写的是"林肯先生亲启"，信件的内容是那首歌的歌词，尽管歌词忧伤得使人想落泪，但其中某些东西触动着林肯，他反复咏读着歌词，深深为之陶醉。这个小插曲原本已在我的记忆中淡去了，但一次翻动旧信件时，再次看到了三十年前那惊鸿一瞥的女性笔迹"林肯先生亲启"，再次将之拿在手中，我仿佛又闻到了三十年前信封上熏着的淡雅香水味道。可惜的是，那封信笺没有署名，我不知道多年前给林肯写下这首歌词的女士姓名，也不知道这首歌原本的旋律，这首歌的名字叫《询问》。以下是该歌的歌词：

① 1866年2月10日劳伦斯·韦尔登的信件。

告诉我，你有一对风的羽翼
你挥动着羽翼在我身旁咆哮
你可知道有个地方没有悲伤，没有哭泣?
一个狭长而充满快乐的山谷
这个山谷位于西方
那里没有伤害没有痛苦
悲伤的灵魂在那里得到安息?
风的咆哮转为低声的呢喃
一声长叹充满怜惜，可是答案却是没有

告诉我，你有一对大海般宽厚的臂膀
你轻轻地拥我入怀嬉戏
你可知道有个地方没有悲伤，没有哭泣?
一个遥远的岛屿
悲伤的人在那里看到快乐
那里没有痛苦与迷茫
那里友谊天长地久?
海浪的怒吼转为低吟
一声长叹充满怜惜，可是答案却是没有

而你，神秘的月亮
用你那圣洁的面孔俯视着大地
环抱黑暗酣然入梦
告诉我，请告诉我，
你是否看到一个地方
那里使苦涩的人们充满希望?
月亮悄悄地躲入云彩

一个甜蜜却悲伤的声音，告诉我没有

告诉我，我的灵魂，
哦，告诉我，我的希望与信仰
世上是否有一个安息的场所
一个没有伤痛、罪恶和死亡的所在？
是否有欢乐谷的存在
使所有灵魂得到庇护？
信仰，希望，爱情，所有一切美好的事物，
挥动着他们透明的翅膀，轻轻地告诉我，是的，那里是天堂。①

最近刚去世的S.H.托里特法官曾经描述过林肯在伊利诺伊州高等法院的第一次露面。“一个案件需要听证，林肯先生代表上诉人出席辩护，他说：‘这是我第一次在这个法庭出庭辩护，因此我对这个案子非常上心，如果法庭仔细看一下证据目录，就会发现，其实这宗案子唯一的问题是权威而已，我在这个案件上没有找到权威支持，但我找到了很多反面案例可以对本案做间接支持，我将向法庭提交这些权威案例，希望能对本案的判决有所帮助。’”

一名比尔兹敦（Beardstown）的律师②提到过：“一天，林肯来到我的办公室，他对我说：‘我知道你正在起诉我的一些客户，我是来替他们辩护的。’林肯提到的案件是我提交法庭的一个涉及商业合同的案子，我向他介绍了案子的情况，并给他展示了我手头的证据。他似乎没有想到我能这么直白地与他讨论这个案子，于是告诉我他也会对我一样开诚布公；他说他的客户刚刚接到法院的传票，于是委托他代理出庭辩护；他说为一个是非曲直明显的

① 熟悉文学作品的人们应该已经注意到了，这首歌词出自查尔斯·麦凯的一首诗，查尔斯·麦凯是一个英国伦敦报社在美国代表处的代理人，南北战争期间，他是战地记者。这首诗被谱曲为圣歌，曾经是著名的哈钦森家族乐团反复吟唱的曲目。我不知道林肯是否知道这首歌词的真正作者。
② 1866年6月13日J.亨利·肖的信件。

案件辩护有悖于其原则。于是，我的客户在诉讼中取得胜利，而对方的辩护律师不是林肯。这种案件的法律程序可能会历时多年，而判决的结果只有一个。”一个年轻人曾经写信给林肯，向他询问掌握法律灵魂思想的最佳捷径是什么。“方法非常简单，”林肯回复道，“最佳途径是勤奋努力的学习，忍受学习过程中的枯燥乏味。”①

林肯从来不会为了丰厚的诉讼费而受理案件。如果有客户没有按时付款，他绝不会向其施压要钱。我记得有一个人因为伪造雇佣记录而遭到起诉，他委托我们为其辩护，期间由于控方律师生病导致案件审理拖延，这个客户因此对我们表示不满，于是他又委托了另外一家律师行取代我们为其辩护，被告拒绝支付我们的诉讼费，借口是我们并没有代表他出庭，当时林肯不在办公室，于是我自己决定起诉这个客户，并通过法律途径要回了诉讼费。林肯从法庭巡回审判返回办公室后，那个家伙找到了林肯，并篡改了事实，骗得林肯没有收他的诉讼费。大度的林肯对那家伙的无耻行径不以为然，他从来无法拒绝穷人的请求，也从来无法抵抗女人的眼泪。②我和那些了解林肯的人们都知道，当林肯在华盛顿的时候，很多女人企图用眼泪攻势求得林肯的帮助，而林肯在眼泪面前很容易受到蛊惑，于是他时常告诫自己的秘书：“别让她们找到我——我受不了这些。”

对于我关心的问题，我常喜欢用华丽的辞藻、精美的暗喻等方式阐述。林肯曾经告诫我：“比利，别把目标人群定得太高——把重点放到普通人身上，让他们能够理解你的意思。他们才是你要靠拢的人群——至少他们是你必须要笼络的人群。尽管词语朴质无华，但那些受过高等教育的人们也会理解其中的意思。如果你只是重视高等人群的高级品位，那么你将因此失去一片森林，而你得到的那棵树木可能对你要表达的意思根本没有兴趣。”虽然林

① 1859年9月25日给J.M.布罗克曼的信。

② 林肯曾经说，感谢上帝他没有生为女人，除非是显而易见的欺诈，否则他永远也无法拒绝女人的眼泪轰炸。

肯四体不勤，但他的思路非常清晰；他的思想不但清晰，而且活跃；不但活跃，而且孜孜不倦，不但孜孜不倦，而且不屈不挠。如果有人站在林肯的对立面与他辩论，那么他需要好好地琢磨一下林肯的思维，因为林肯总是把目光放得很长远，而且精于逻辑推理。对林肯来说，公正与真实是最重要的，如果他认为某事是不正确的，那么他的本性会驱使他不去参与其中。如果林肯接手了一个辩护委托，而他在诉讼过程中发现委托人不站在正义一方的，那么即使很有希望赢得辩护胜利，他也会毫不犹豫地抽身而去。林肯的这种嫉恶如仇的偏激心理使他在法律界难以取得所谓的大的成就。林肯曾在写信给客户的信中提到①："我认为你再继续打这个官司毫无意义，我认为你不但不可能赢得诉讼，而且是必败无疑。所以，你越早撤诉越好。"斯图尔特和爱德华兹曾经手受理过一起诉讼，我和林肯是被控方律师，这个诉讼涉及爵位的沿袭及一大笔财产的分割。当时我们时间紧迫，只有两三个法庭辩论期，而法庭的裁决日程已经排得很满。诉方律师给我们施压，要求尽快开庭，而我们则为了获得更充分的准备时间，力争晚点开庭。我们当时最迫切需要的是时间的拖延。我们不敢向法庭请求诉讼延期，因为我们手头掌握的证据既不充分也不够确凿。当时我们的案子看起来根本没有希望赢得诉讼，一天早上，我无意中听到斯图尔特谈论这个诉讼，他当时很担心我们掌握某个关键性的证据。听到这个消息，我长出了一口气，然后立刻起草了一份语气含糊、令人有遐想空间的辩诉词，尽可能地把斯图尔特心里的疑虑最大化，让他以为我们真的掌握了关键性的证据。虽然我的手段不够光明正大，但的确能达到拖延时间的效果，因为我知道斯图尔特和爱德华兹被我的手段迷惑了。我的这些做法都是在林肯不知情的时候进行的，就在这起诉讼进入纠结期的时候，林肯从法庭巡回审判中回来了，并且介入了此案。按照惯例，林肯把诉讼涉及的文件都非常仔细地阅读了一遍，当他看到我要的小花招时，问道："这第七条抗辩合理么？"我对自己的小手腕很自豪，于是充满自信地

① 1858年3月3日写给H. 基林的信。

回答“合理”。“但是，这是建立在事实基础上的么？”林肯锲而不舍地继续问。我不得不据实回答，但我连忙把自己听到斯图尔特的话转述给林肯，并向他解释，如果对方描述的证据确实存在，那么我们就是有据可依的。我告诉他我们多么迫切地需要时间，否则我们的委托人就被毁了。我意识到自己的一番说辞并没有撼动林肯，他挠了挠头发，陷入沉思，然后对我说：“我们最好还是撤销抗辩吧？你知道这样的做法是不光彩的，难听点说，这样的做法是欺骗。别让它被记录在案。即使将来这个诉讼淹没在历史里，这个污点却可能成为定时炸弹，威胁我们一辈子。”我们撤销了抗辩。后来，我们的委托人聘请了其他中介机构为其辩护，他们顺着我的思路赢得了诉讼。我在这里引用这个例子是为了展现林肯的前瞻性及洞察力；他时刻注意着自己的言行，不让自己的信誉记录有任何污点。在这点上，我很敬佩林肯，他恐怕是当时斯普林菲尔德律师界里唯一的一朵出淤泥而不染的奇葩。

林肯还有一个显著特点：为了维护正义真理而义愤填膺，奋不顾身。他一贯谦虚谨慎的作风使人们几乎无法想象他会为了维护真理而具有超级爆发力。我记得我们曾经为一个谋杀案进行辩护，在案件审理过程中，很显然，法庭的主审法官水平远远不如林肯，他不断地对林肯的辩护进行否定。最后，当一个能说明一切问题的，确凿而关键性的证据提交给法庭后，法庭仍然做出对我们十分不利的阶段性判决。林肯虽然看到败诉已成定局，但这样岂有此理的判决让他非常沮丧。他认为法庭之所以做出如此荒唐的判决完全是因为他个人的原因，于是他对此义愤填膺。晚饭时候，他告诉了我他的感受：“我打算在晚上开庭的时候让前来听审的人挤爆法庭，然后迫使法庭重新考虑其判决。”在此之后，林肯的所作所为非常有趣。在林肯进行辩护陈词的时候，他站起来宣读了一系列对他的观点起到支持作用的胜诉案例，他几乎冒着藐视法庭的风险，打着擦边球对法官的判决进行挑衅。他指出，因为对他个人不满而进行错误判决是不负责任的愚蠢行为；他把法庭的判决从头到脚反驳了个遍。我永远也无法忘记当时的情景，林肯获得了在场听众及陪审团的大力支持，我坚信自己是正确的，坚信法庭对该案的裁决是不公正的，他的投入与狂热使他几乎陷入了疯狂的境界，当一个像林肯这样具有宽广胸怀和敏锐头脑的人陷入疯狂境界时，用一句老话来说，“那个人是彻底疯狂了”。林肯知道主审官的水平有限，于是他完全依赖于在场的群众力量向法庭施压。他语速极快地在法庭上陈述着我们所掌握的所有有说服力的证据，思维严谨地质疑着法庭的不公判决。我还记得他当时在法庭上讲了一则寓言以讥讽实事，“很久以前，几个人一起去猎熊，一头熊出现在他们眼前，除了一个人外，其他人都飞快地爬上树躲藏起来，那个人抓住熊的耳朵，对其他人喊道‘看在上帝分上，伙计们，快出来抓住他’”。林肯在那次审判的表现可能会毁了他的事业，但他对法律知识的灵活运用以及他锲而不舍的坚持真理的决心撼动了法官，后来，法官假装突然发现了自己的判决存在错误，最终按照林肯的想法对案件进行了裁决。林肯的努力终于得到了回报，我们的委托人被宣判无罪释放，而林肯因此在律师领域名声大振。

在芝加哥开庭受理的帕克和霍伊特（Hoyt）案件中，林肯是被告人律师团的一员。这是一起涉及水车的专利侵权案。法庭辩护持续了好几天，林肯对这个案件非常感兴趣，林肯以前曾经参与过一家水车磨坊的经营，因此对水车的技术性问题有所了解。法庭上，林肯把水车的工作原理解释得既清晰又不失趣味，让外行汉也能毫不费劲地明白了其中的奥妙。很显然，林肯在辩护中赢得了陪审团的心，从而对控方律师团造成很大压力。当陪审团撤离到后方去商讨结果时，林肯焦急不安地等待着消息。陪审团在一栋有很多临街窗户的楼里商讨结果，陪审团的讨论持续了两个小时。林肯的一个同僚在回忆当时的情景时提到①：“当我们路过街道时，陪审团中一个我方的坚持支持者向我们伸出一根手指。林肯立刻激动起来，但他又害怕这意味着11个陪审团成员都投有罪票。林肯认为，哪怕只有那个固执的陪审团成员能赞同他的观点，那么他就毫无疑问将赢得这场官司。林肯说，如果这个人能像他在塔兹韦尔（Tazewell）镇遇到的那个陪审员一样，那么被告就安全了。林肯提

① 1866年11月9日，格兰特·古德里奇的信件手稿。

到，他曾经在塔兹韦尔镇为一起离婚案进行辩护。林肯的委托人是一个美丽的、有教养的、谈吐优雅的、身材小巧的女士。而她的被告丈夫是个举止粗鲁、脾气暴躁、爱挑剔、不易相处的男人，她的丈夫完全配不上她。但原告方很难找到这个丈夫有虐待妻子的行径。而法律要求只有丈夫对妻子实施家庭暴力的情况下，法庭才能裁决二人离婚。林肯尽了自己最大的可能进行辩护，竭力劝说陪审团不要用婚姻把这样一个女人束缚给这样的男人，这样的生活，不要因此而毁了这个女人。陪审团在听取了双方辩护后，经过深思熟虑，表达了他们对这个女人的深切同情，但问题的焦点是他们无法找到丈夫的罪证，因此无法做出对她有利的裁决。最后，陪审团决定做出不支持原告离婚的裁决，可有一个陪审员拒绝在裁决上签字，他很酷地看着裁决书说：'先生们，我要躺下睡一会儿，除非你们决定同意那个小女人离婚，否则别打搅我；如果她不能离婚，那我就一直躺在这里不离开，我要躺在这里到死，到腐烂，然后你们可以从钥匙孔里把我的尸体扔出去'。林肯说：'现在，如果这个陪审员能像塔兹韦尔镇的那个陪审员一样坚持已见，那我们的委托人就安全了。'果然不出林肯所料，经过长时间等待后，陪审团终于回到法庭，并向法庭提交了有利于原告的裁决。林肯一直将此看作自己职业生涯中的辉煌胜利。"

第十一章　嫉恶如仇，辩才无碍

通常情况下，律师事务所沉闷无趣，但它却是收集关于背叛、欺骗、冷血残忍、违背誓言、家庭破碎等相关故事的好地方。当然，对于大多数人来说，这些故事是没有吸引力的。当林肯在法庭或办公室里探讨专业问题的时候，他说话的风格与平时的散漫谦和是大相径庭的，涉及专业问题的时候，林肯说话是严谨的、犀利的、耐心的、充满自信的。林肯通常在早上九点抵达办公室，然后他要做的第一件事就是拿起报纸，坐进一个老沙发里，一条腿搭在椅子上，大声地朗读报纸。他的这个习惯让我很不舒服，但林肯看报纸从来都是大声朗读。他的这个习惯曾让我几乎抓狂。我曾经问过他，为什么他非要朗读报纸。他的解释如下："当我大声朗读报纸的时候，我的两重感官会一起启动：首先，我明白了其中的意思；其次，我听到了报纸的内容。因此，我能更好地记忆报纸上的内容。"除非他着手为一个案子做辩护准备，否则他从不研究法律书籍——他从来不像其他律师那样，实时跟进高等法庭的最新动向。林肯给人的感觉是，他似乎总是凭借超高的效率在诉讼案的最后关头通过煽情的讲演赢得辩护胜利。林肯对律师事务所的财务状况及费用问题非常不上心——通常情况下，他让我全权负责此类事情。他从来不看账簿。如果有人把委托费交给他，他一到办公室就立刻跟我平分。如果我不在办公室，他会把我的那份钱裹在一张纸里，然后将其放进我的抽屉里——并且用铅笔写着“罗（Roe）和多伊（Doe）案件——赫恩登的一半佣金”。

很多话题他都不擅长谈论，因为他觉得自己在那些方面的研究不够透彻。林肯不是一个好的倾听者，说得不好听点，在倾听过程中，他有时甚至不太礼貌。如果有其他人在场，或者和别人一起聊天的时候，他会很突兀地插话，或者为了说明什么观点，急不可待地讲个故事。如果有人想从林肯那里打探什么消息，而林肯不想让他知道，但又不忍心拒绝他，那么林肯很擅长跟这种人打太极。这种情况下，林肯会在谈话中占据主导权，大多数时候都是他在讲话，话题涉猎广泛，好像在围绕着对方感兴趣的问题进行谈论，但总是浅尝辄止，谈话涉及问题答案时，他会用一系列的笑话或小故事回避。前来向他套话的人会觉得大家聊得很开心，然后心情愉悦地离开，觉得自己没有白来。但当他离开几分钟，冷静下来后，他会疑惑地问自己：“哦，我找到了什么答案？”除了见识了林肯的诙谐幽默外，他一无所得。

林肯只有在政治领域才展露出雄心勃勃。他只是把法律当作进入政治殿堂的垫脚石。林肯似乎更喜欢从事政治活动，在政治领域里他显得更加如鱼得水。长久以来，关于林肯是否具备一名律师的能力的问题存在很大争议。我认为，林肯毫无疑问是一名杰出的律师。1865年5月，戴维·戴维斯法官在印第安纳波利斯召开的法律界会议上曾经说过：“在律师的必要组成因素中，林肯具备的一些能力是无人匹敌的。林肯在法庭巡回审判及高等法庭上表现卓越。他能在千丝万缕的线索中抓住对辩护最关键的线索，并且能干净利落地将其呈现于法庭之上，他思维缜密，言语直接，不会被琐碎的细枝末节所牵绊。林肯对简单明了的事情热情不大，他更喜欢具有挑战性的任务。林肯的言谈一贯具有幽默诙谐的特点，即使是枯燥无味的事物，在他的三寸不烂之舌下也能牢牢吸引法庭和陪审团的注意力。他在利用巧妙的逻辑推理对事物进行对比分析方面具有神奇力量。林肯为人坦诚，拥有强烈的道德观，如果意识到自己在为非正义方进行辩护，他会消极怠工，敷衍了事。他从来不会像有些律师那样指鹿为马、助纣为虐。一旦他认为自己站在正义的一方，自己在做正确的事情，那么他会尽一切可能，充分展现自己化腐朽为神奇的能力。而在这种情况下，无论案件大小，他都会取胜。”①

整体而言，戴维斯法官的上述评论基本正确，但有些时候存在偏颇。上述评论有点歌颂林肯的味道，戴维斯法官的说法在很多情况下存在矛盾，有美化林肯的嫌疑。1866年，戴维斯法官在其位于布卢明顿（Bloomington）的家中给我写了一则声明，我至今还保留着那纸声明，“林肯先生既没有专业的管理团队，又缺乏组织能力，就连小孩子在这方面的能力也比他强。法律有其自成一体的原则体系，而即使是一个学生，在法律原则的领略与遵循方面也比林肯出色。有些时候，林肯好像是为了解决案件而被迫学习这些被其认为是垃圾的东西。但是，一切迹象都能证明，林肯的确缺乏组织能力。”林肯先生在法庭巡回审判及高等法庭上表现卓越，然而一个小孩子或者一名学生都能在法庭上展现出比林肯强的组织能力，以上两种说法显而易见地存在着不连贯性。但无论如何，林肯曾经以律师为职业是不争的事实。

我与林肯是至交，对他在斯普林菲尔德的行为处事非常了解，而且还经常陪他参加法庭巡回审判。当然，作为巡回审判的主法官，戴维斯法官对林肯在巡回审判中的表现更有发言权，毕竟一年中有六个月的时间他和林肯一起在审判旅途中度过。我很容易就看出来林肯对法律的技术性条款缺乏兴趣，尽管他经常建议年轻的法律系学生们多学多用，但我严重怀疑他一生中是否完整地阅读过一本法律基础性书籍。事实上，凭良心说，我从来没有见到他通读过任何一本法律书籍。从操作角度讲，他对有关证据、诉讼请求等方面的法律书面约定知之有限，而他好像也不关心那些东西。他信仰正义，而且会为维护正义而不断奋斗，他擅长在呆板的表格、方法和条款中寻求突破，

① 林肯先生从来不会在陪审团面前攻击一个人的人品，林肯认为，他对客户的职责是进行有尊严的、高尚的辩护，搞阴谋、耍手段的事情他从来不屑一顾。因此，即使是法庭上最苛刻的法官也对林肯给予充分的尊敬。——戴维·戴维斯法官，1866年9月10日。

让真理化身为耀眼的闪电，劈开迷雾，使其华丽地展现在世人面前。他不是个对任何知识都泛泛了解的人，但他对自己感兴趣的项目学科会做深入透彻的研究。他在解决问题的时候，不但会挖掘到问题的本源，而且会对本源进行更进一步的了解，并且对本源的每个细节分支进行单独的分析了解。从任何角度讲，林肯更擅长于做一名精通案件的律师，除非他手头有个涉及某个问题的案件，否则他不会填鸭式地去寻求与此问题相关的资料。林肯不是个急于采取行动的人，他需要时间来分析与案件有关的事实，然后将之融会贯通成为一个整体。我曾见到他在一些性质单纯的案件中败诉，而那些案件是任何一个没有经验的律师，在不需要多大努力的情况下都能取胜的简单案件。对林肯来说，要想在一个案件中胜诉，两个条件必不可少。一个因素是时间；另一个是对自己受理的案件抱有身处正义方的信心。他曾经的口头禅是“如果我能从技术角度参透一个案件，并将之解释给陪审团，那么我稳赢”。一旦上述两个条件之一缺乏，那么他是我见过的最差劲的律师。在我看来，林肯是伊利诺伊州高等法庭上最杰出的律师，因为在那里，没有一个案件是匆匆了结的。在那里，律师们有充足的时间准备法庭陈词，那里的法庭程序进展缓慢，每人都有足够的时间做准备，不会有突然袭击。我曾经陪同林肯参加过一次诉讼，听过他的口头辩护，辩护过程中，他对法律的历史进程进行了回顾。林肯的那个法庭陈词经过精心准备，构思用词都非常有技巧性，但是，我当时想，那些陈词完全没有实际用处。辩护告一段落后，在我们回家的路上，我问他为什么跑偏到法律的历史演变上去。我认为法庭上的人们应该对此知之甚详。“这就是你的不对了，”林肯回答道，“我可不敢保证他们无所不知——事实上，我的陈词建立的基础是他们什么都不懂。”在案件终结之后，回顾一下做过的法庭陈词，你会发现，它并不像第一印象中那么过于浮华。

我曾经对林肯慢吞吞的做事风格以及他在法庭上的辩护陈词方式感到不满。“讲话的时候要多点激情，”我一度经常说，“让陪审团的成员被你感动——加快你的语速，让他们从打盹状态中清醒过来。”作为对我的建议的答复，林肯运用比喻的方法给我讲了以下的话，“把你的铅笔刀给我，再递给我那把老式折叠刀，把它们都放在桌子上。”打开铅笔刀和折叠刀，使其刀刃都露出来，然后他说，“你看，铅笔刀的刀刃短而利，但它只能切割开物体的表层，然后再也不能深入了；折叠刀的刀刃长而钝，虽然切割过程不如铅笔刀快，但它能切割的深度长。折叠刀的切割过程就好像我的思维过程一样。我的脑子可能不像其他人那样活跃、反应快，我的性格使我说话速度慢，但每当我表达出一个想法，那想法都是我深思熟虑的努力成果，对我来说，它们都是有深度的，是能切割入深层的想法。”这席话是我和林肯单独在办公室的时候他对我说的，那是有的放矢的言语。

为了展现林肯的思维方式，我再次插入一段1858年他为一个案件做辩护陈词时所做的笔记，以下是笔记的原话。

立法和司法必须适应社会的进程。随着社会的进步，一些新的立法和司法要求随之产生，例如，需要将整个铁路公司的债务转移给其他受让公司；使受让人享有被转移资产带来的立法及司法意义上的权力及义务。

这类新兴的立法要求需要具备广泛性还是特例性？

宪法第十章要求，此类立法最好具备广泛性。（朗读此章。）

特例性立法需要由司法部进行立法；而这样做的话会违背宪法第二章的规定。（朗读此章。）

让我们一起来分析一下——政策——倾向于广泛性立法——否则，立法程序将趋于烦琐化，将涉及对许多个别案例的调查——而这种工作是法庭必须执行的，也是法庭擅长的工作。立法机关如何能更好地裁决P&B与S.C. & Co的关系？

据说，一般规律下，如果P&B公司对自己的债务感觉无力偿还时，公司可能通过欺诈手段将债务转移，从而达到赖账目的。这个规定适用于公司，也适用于个人；因此，立法机关或者法庭，理所当然地将所有的债务转移都想象为欺诈行为？

据说，如果购买者已经取得了合法拥有权，那么法律将保护其私有财产神圣不可侵犯的权利，如果购买人有新的立法需求，难道让他们自己去编写相关法律条文?

让他们，让我们都提前享有广泛性的法律（从各个角度采取措施，避免欺诈行为），这样才能使我们获得法律权益的同时不用再眼巴巴地等待其他补充性立法条文的诞生；而如果他们真的存在欺诈行为，那么让法庭来进行裁决公断。

戴维·戴维斯法官谈到林肯的时候说："如果林肯在诉讼过程中认定自己的委托人是受迫害的一方——就好像赖特（Wright）案件里的委托人那样的情况——他会如同自身受害一样当面斥责不法行为。当林肯斥责自私、欺诈或堕落的行为的时候，他会如同秋风扫落叶一样冷酷无情。"所谓的"赖特案件"，指的是一起由我和林肯代表控诉方提请法庭受理的案件，该案件里，我们起诉一家抚恤金代理公司，迫使其偿还一名在独立战争中牺牲的士兵遗孀的一部分抚恤金。该笔抚恤金的总额为400美元，而抚恤金代理公司扣留了一半。抚恤金的领取人是一位被无情的岁月刻上明显标记的跛脚老妇，她颤颤巍巍地来到我们的律师事务所，向我们讲述了自己的不幸遭遇。老妇的遭遇使林肯深受感触，他亲自步行前往抚恤金代理公司，要求他们偿还扣押的抚恤金，但遭到了拒绝。于是，我们向法庭提出了诉讼请求。开庭的前一天，在林肯的请求下，我们一起回顾了独立战争的历史，他给我朗读了好长一段书籍中的相关历史记载。他让我留下来参与庭审的全部过程。庭审进程中，我听到了他对陪审团所做的以下陈词："我要通过这次诉讼剥掉赖特公司一层皮，要向他们把钱要回来。"此案中唯一的证人就是那名老妇人，她在法庭上声泪俱下地讲述了自己的故事。在林肯辩护过程中，他回顾了独立战争爆发的起因，然后生动地描述了福吉谷（Valley Forge）战役的艰难过程，详细地描述着战争中的勇士们用鲜血淋淋的赤足在冰川上艰难行军的情景。讲到这里的时候，他将被告苛刻地扣留老妇的抚恤金这一恶行与先辈的艰苦联系在一起，他的眼睛闪现着咄咄的光彩，挥手将右手拿着的手绢狠狠甩在桌子上。接下来的5—10分钟里，林肯的表现恰恰印证了戴维斯法官的说法：

“他如同自身受害一样当面斥责不法行为，如同秋风扫落叶一样冷酷无情地对待不法行为”。法庭上没有规定律师的辩护激情尺度，而我则从来没有见过林肯在法庭上那么激动过。在林肯的陈词结束之前，他用话语在陪审团成员面前展开一幅悲壮的图画，画面中，被告的丈夫，一名本已疾病缠身的士兵，在家门口与妻子话别，他最后一次深情地吻了吻襁褓中的孩子，然后毅然决然地奔赴沙场。“时间如白驹过隙，”林肯总结道，“当年的英雄们已经作古，士兵们已经在另一个世界得到了安息，然而现在，他的遗孀——跛脚、眼盲、孱弱的老妇来到我们面前。陪审团的成员们，请你们为她主持公道。她原来并不是这个样子，她曾经年轻貌美，她的步履曾经如杨柳般轻盈，她的皮肤曾经洁白如玉，她的嗓音曾经如弗吉尼亚莽莽群山中的百灵一般轻灵甜蜜。但是现在，她穷困潦倒、身无分文。她现在来到了离故乡千里之外的伊利诺伊大草原，来这里向我们求助，她的丈夫为了我们今天的幸福生活而献身独立战争，难道我们不应该向她伸出同情之手、援助之手吗？”正如我们所预料的，林肯的演讲得到了陪审团的认可。半数陪审团成员都感动得流下了眼泪，而被告在林肯的灼灼目光逼视下、在他犀利的言辞压迫下，灰溜溜地退出了法庭。法庭最后裁决我方胜诉，要求被告赔偿控方的一切损失。林肯对老妇人非常关心，他甚至免除了老妇的诉讼费，并且自掏腰包，赞助了老妇往返于斯普林菲尔德期间的路费和住宿费。林肯在辩护期间所做的笔记非常有意思：“没有合同——没有专业的服务——不合理的收费——被告扣留原告的抚恤金——独立战争——描述福吉谷战役——冰——士兵们流着鲜血的脚——原告的丈夫——士兵离家参军——剥了被告的皮——结束。”

上面的例子并不能说明林肯是个喜欢见义勇为的侠士。他从来不会主动去寻找打抱不平的机会，但是，一旦有不公平的事情发生在他眼皮底下，他绝对不会袖手旁观。1855年，林肯在伊利诺伊州的克林顿（Clinton）镇参加法庭巡回审判，15名女士被起诉非法侵入私人领地，她们被起诉的罪状还包括袭击一名负责看守小村屋的守夜人，用铁桶敲打守夜人的脑袋。林肯不是辩护律师，但他参与了当庭裁定。为那些女士辩护的律师企图采用取巧策略，他托熟人给林肯带话，请林肯在可能的情况下给陪审团说说话。林肯没有当面回绝对方的请求，辩护律师以为获得了林肯的首肯，他在辩护过程中做了如下辩词：“本案的被告应该调整一下，威士忌酒才是罪魁祸首，而我的委托人，这15名女士不应该成为被告；因为法典中有三条法律与本案有关：自卫法；土地法，或者成文法；以及道德法，或者说上帝的法律。首先，自卫法是非常有必要的基础性法律，我们的祖先为了追求自由、平等、快乐的生活而从英国的统治下独立出来就是个很好的例子。自卫是本案中的女士们唯一能行驶的权利；其次，土地法，或者成文法，守夜人本身并不是土地的主人，所以他违背了以上两法；再次，道德法，或者说上帝的法律，违反了这则法律而是否要遭到惩戒则是由陪审团决定的。”林肯对这个案子做了自己的调查，他向陪审团陈述了威士忌酒给社会带来的危害，并且请求尽早禁酒。在林肯结束自己的建议陈述后，法官在陪审团组没有递交回审判意见的时候就将15名被告女士打发离席，法官说：“女士们，回家去吧。我不想在这里再看到你们，我会把相关的罚款账单转交给你们。”

在林肯去世后，一位律师这样评价林肯①：“林肯非常和蔼可亲，办事认真而公正。他学识渊博，每到紧急时刻总能派上用场。林肯先生对公正平等的热爱深潜在其本质中。我经常在法庭上聆听他的辩护，当时我就认为，他辩护的案子肯定能赢。他的本性使他绝对不会站在非正义的一方，否则他会立刻撤离。②在巴克马斯特案例中，林肯也在高等法庭上做出了此类壮举。

① 约瑟夫·吉莱斯皮，1886年10月8日信件手稿。

② “1858年年初，我在丹维尔遇到了林肯、斯威特以及其他一些从附近镇子的法庭审判中返回的律师。当时他们正在激烈地讨论着一个谋杀案的细节，那个案件由林肯为原告律师，斯威特为被告律师。被告律师在法庭上的辩护软弱无力。经过打听，我诧异地得知被告是我的一个来自印第安纳州的老朋友艾萨克·怀恩特。我告诉他们，我以前曾经是怀恩特的法律顾问，参与过与他有关的一切指控；我还告诉他们，怀恩特性格软弱可欺，很容易被人栽赃嫁祸。林肯立刻对怀恩特的过去产生了浓厚的兴趣，于是我在他的请求下将有关怀恩特的一切都告诉了他。第二天，在我们去法庭的路上，林肯告诉我，我提供的信息让他很困惑；他甚至连觉都睡不好，整晚上都在琢磨着是否自己在起诉过程中太偏执。他说，‘我的辩词建立的基础是，被告假装精神有问题。但现在我怕自己存在偏见，也许那个可怜的家伙真的精神有问题。如果他真的无法意识到自己是在犯罪，那么我不能将惩罚强加给他。’”——引自豪恩·约瑟夫·E. 麦克唐纳1888年8月“对J.W.W. 的声明”。

我恰巧在该案中与林肯站在对立面，由于林肯的退出，另外一名不如林肯这么较真的律师接替了他的位置，并且赢得了诉讼。

有一次，一名寡妇雇用我和林肯为她名下的一块优质的土地做法律评估，以便确认她已缴纳的税款是否合理、是否被多收了税。在对土地所有权进行查证的过程中，我们没有局限于产权转让证上的语言描述，林肯运用其研究调查手段，亲自着手对土地情况进行了调查。结果表明，该土地的出让人查尔斯·马西尼（Charles Matheney）在出售该土地的时候，出售单价没有问题，但他在描述售价的时候出了点小错，实际交付的土地面积大于其出售总价，这块土地的购买者就是我们的客户。经过详尽的调查和仔细的计算，林肯认为，我们的客户应该向查尔斯·马西尼的继承人缴纳更多的税。我们的客户对此表达了强烈的不满，但林肯坚决表示，除非她支付该笔款项，否则他就退出此案。我们的客户最终按照要求支付了该笔款项，林肯亲自将这笔钱平均分割给查尔斯·马西尼的诸多继承人，并分别从他们手中要来相关收据。”①

林肯先生不是个擅长理财的人，他没有任何不动产——也没有野心去获取不动产——但林肯是个敝帚自珍的人。他从来没有投机于土地或者其他什么。在当时，土地买卖风行一时，他有很多机会进行安全的投资，而且很有希望得到高额回报，但是他自己从来没有利用这些机会。林肯的很多同行都参与了类似的投资，并且收益颇丰。他们中的很多人，比如，戴维斯，很快因此而发家致富；但是林肯一点也不热衷于搞投机经营；事实上他根本就

① “亲爱的赫恩登：

大概是在林肯被提名总统一年之前的一天上午，我在你办公室里听到了如下内容：林肯，坐在办公室角落里一张铺着台面呢的桌子旁边，专心致志地听一个人在热情洋溢地、压低了声音讲话。过了一阵后，林肯终于打断了他，我永远也不会忘记他当时对那个人的答复：‘没有问题，我可以为你赢得诉讼；我们可以使你的左邻右舍都大失所望；我们可以从那个有着六个孩子的寡妇妈妈那里帮你夺回你认为是他们非法占有，而你诉讼认为自己应夺回的六百美元。但我要提醒你的是，有些事情可能在法律上你是有道理的，但在道义上，你是会被谴责的。我不打算接你的案子，但是我可以免费给你一点建议，我认为你是个很生机勃勃、精力充沛的人；所以我建议你试着用你的手通过另外的方法挣回这六百美元。’

你的

主人”

——摘自没有署明日期，但大约是在1866年的手稿。

没有一点冒险精神。他的习惯非常简单。他不过分挑剔诸如食物衣服这样的东西。他的帽子是已经褪了色的棕色，呢绒布上的细毛经常破损或者磨掉了。他穿件短斗篷，或者一个披肩。他的大衣和马甲总是松松垮垮挂在他那瘦削的身板上，而且他的裤子总是太短。在巡回审判时他会在一只手里拿着一把褪了色的绿伞，在伞的内壁上用白色棉布或者条绒布绣着大大的“亚伯拉罕·林肯”。伞柄上的球形把手早就丢了，而且伞在合上的时候往往需要用一根绳子从中间系上，免得它飞开来。在另一只手里，他通常拿着一个绣了字母的毛毡手提包，包里放着法庭上要用的纸张，和一些足够他支撑回斯普林菲尔德的换洗内衣。睡觉时他习惯穿着一条长至脚踝和膝盖间的、粗糙的、黄色的法兰绒衬衣。对于他这种骨感身材来说，那衬衣当然不像博·布鲁梅尔（Beau Brummel，当时著名的风流倜傥的花花公子）穿起来那样合体。因此，我们从某种意义上不难体会，一个年轻律师，第一次看到他如此穿着时的感受：“林肯是我见过的最不讲究外部形象的人。”

戴维·戴维斯说：“林肯对食物、床及住所从不挑剔。即使每个人都在抱怨肮脏的小旅馆里粗陋的饭菜，林肯却能毫无怨言。”他曾经在戴维斯不能出席的情况下作为法官主持了一场裁决，案件的控方是一名商人，被告是一个未成年男孩的父亲，那男孩在未经父亲许可的前提下，从商人那里购买了一套价值28美元的衣服。问题的关键在于那套衣服是否有必要买，而且是否适合在那个男孩的生活环境里穿。被告的父亲是一个富裕的农民；衣服的价值是28美元。林肯做出裁决的时候我正好在法庭上。他做出了被告方败诉的裁决。林肯说：“我这辈子都没怎么穿过价值28美元的衣服”。

林肯的一位律师同事曾经回忆道：在东部地区进行巡回审判期间，我们几个律师的做法曾经使林肯不胜其烦。当时林肯在代替戴维斯法官进行法庭裁决。我们试图为一个很多人指出来的理由辩护。我们只有很好的道德辩护，却没有法律的。我们最想要的是用一个又一个权宜之计把它延迟到下一轮法庭裁判。我们想尽一切方法，把庭审一直延迟到周六深夜的法定的休庭期，林肯在休庭期间出去吃饭。当时，林肯手头上除了这个案件待处理以外，其他的案件都已了结。晚饭后，林肯在法庭上听着我们胡说八道了一个小时，然后让一个律师读了下面一个案例，这个案例的辩护律师企图采用与我们类似的小伎俩，但结果是搬起石头砸了自己的脚。“查顿（Chaddon）与比斯利（Beasley）等人的案件，审判期限是1856年4月之前，香槟县法院受理。抗辩被B.Z.格林拖延，因为当时有一名被告没有出现。1856年4月24日周六上午11时，该案被再次呈递，但呈递时被法庭压下，对其申报持异议。如果非要说一个意见，那么是拒绝。被告出现了，在期限的最后一天晚上八点钟的时候，要求为了利益辩护，被法庭当场驳回，理由是提交太晚。因此，由于无答辩，判被告败诉，用法郎来补偿，由职员定损。亚伯拉罕·林肯‘临时法官’。”即使别人没有反应过来，读这个奇怪案子的律师已经意识到了它的奇特。从震惊中缓过来以后，有位律师问林肯，“好吧，林肯，我们接下来需要怎么做才能再度提交这个案件？”林肯用戏谑的眼神看了我们一会儿，然后回答：“关于这个案子既然你们都这么聪明，那么你们自己一定能找到再次提交案件的理由。”①

讲述最后这个小插曲的是亨利·C.惠特尼，他后来成为林肯最信任的朋友之一。他愉快地描述了巡回审判时快乐的生活，其中一些是与林肯有关的。“1854年10月，亚伯拉罕·林肯，赶到了我们所在的城市——厄巴纳（Urbana）来参加法庭裁决。他当时给人的第一印象是一个粗鄙的、聪明的农夫。而且他的粗糙的、农家制造的小车和骨瘦如柴的马加深了这种印象。我在那年的6月第一次遇到他。戴维·戴维斯和伦纳德·斯威特是他的前任。

第二天早上，搭乘一辆破旧的公共汽车，林肯从伊利诺伊中心公路向北

---

① 一个和林肯一起参加巡回审判的律师提及，“我第一次出席默纳德县的法庭审判，是和林肯搭档为30多个因为打牌被起诉的年轻人辩护。检察官起诉这些小伙子，因为他们涉嫌玩一种名为‘七起’和一种名为‘老雪橇’的纸牌游戏。这些小伙子中，有4个人因为玩‘七起’而被起诉，另外的人则因为玩‘老雪橇’而被告。这个案子中的公诉人完全不熟悉纸牌游戏，他不知道实际上‘七起’和‘老雪橇’是同一种游戏。在关于‘七起’的指控中，我方的证人发誓他们玩的游戏是‘老雪橇’，而在关于‘老雪橇’的起诉中，我方的证人发誓他们玩的游戏是‘七起’。结果，法庭上对两个案子的裁决是被告无罪。直到审判结束，公诉人都没有发现其中的奥妙。这个案子成了大家茶余饭后经常当笑话讲的事情。”

进发，在汽车行驶向火车站的途中，林肯一直都在玩一个小男孩的竖琴。我曾经在丹维尔（Danville）法庭出庭，那时通常与林肯、戴维斯同室而居。我们住在麦考密克（McCormick）老式构造的乡村旅馆。在那里，无论你是陪审员、辩护律师、还是犯人，大家都在一张长长的桌子上吃饭。法官、林肯和我在女起居室搭了两张床。林肯、斯威特、来自布卢明顿的麦克威廉姆斯（McWilliams）、来自卡温顿（Covington）的沃里斯（Voorhees）、来自丹维尔的O.L.戴维斯、德雷克、沃德·拉蒙（Ward Lamon）、劳伦斯、贝克威思（Beckwith），还有O.F.哈蒙（Harmon）、来自易洛魁（Iroquois）县的惠特曼、来自威廉姆斯波特（Williamsport）工业区的钱德勒组成了律师团。林肯、戴维斯、斯威特、我和其他一些来自州西部的人要从厄巴纳出发，前往36英里外的丹维尔。我们一路唱着歌，或者轮流讲故事。我们在路过的一所农舍驻足休息，让房东杀了一只鸡给我们当晚饭。天黑的时候我们到达了丹维尔。拉蒙在办公室里为那些爱喝酒的人准备了威士忌，为那些沉溺于小赌的人准备好了牌局，让他们可以娱乐到深夜。林肯、戴维斯和一些当地的才子则会在戴维斯的房间消磨整个晚上，谈论时政、学问和笑话。林肯和斯威特是杰出的律师，林肯在法律案件中总是需要斯威特的帮助。我们这些在旅馆住宿的人经常一起吃早餐、一起到旅馆外的小树林散步、一起开庭。当时，我们的知名度比法庭和律师团还高，我们给人的感觉是一个整体，一个好像兄弟关系般的律师小团体，而且如果我们有意去限制我们的圈子，对戴维斯来说把那些不合意的人排斥出去一点也不困难。林肯喜欢自己一个人去看一些小型的演出或音乐会。我知道他曾经偷偷溜出去看了一整晚的幻灯片，而那种演出的观众全都是孩子。林肯非常喜欢一个自称为‘纽霍尔家族（Newhall Family）’的旅行音乐团。乐团里的希利斯（Hillis）太太是一个很棒的歌唱家，林肯曾说她似乎是唯一一个向他表示过爱意的女人。我观看了芝加哥的黑人说唱秀，在那里我们听到了迪克西（Dixie）歌曲，这种新鲜事物极大地取悦了林肯。林肯在法庭上总是活力四射，他脑子里有无穷无尽的故事，能在讲故事中打动法庭。很难想象一个很少旅行、见闻有限的人，能够收集到如此恰当而独特的奇闻趣事。戴维斯法官很欣赏林肯这方面的才能，而且随时准备停下工作去听他讲故事。有女士在场的情况下，林肯总会显得非常局促不安。我记得曾经有一次，我们被邀请去一个朋友家里喝茶，大家在客厅落座聊天的时候，我被叫到前门去见一位客户。当我回来的时候，看到本应该在和女士们聊天的林肯却局促不安地坐着，脸红得像一个学生一样，因为紧张而不断地在椅子里扭来扭去。我们所到之处总是受到极大的尊敬，不管我们是在法庭的大庭广众之下，还是免费处理一些容易的案子。”

大概林肯和我接手的最重要的诉讼是为伊利诺伊州中心铁路公司进行的辩护。这个诉讼是1853年8月由伊利诺伊州麦克莱恩（McLean）县提交的，宣称要重新征收铁路应该缴纳给县政府的税款。而在此之前，立法机构曾经许诺对中心铁路公司免税，因此，这是一个关于法律是否符合宪法精神的案件。铁路方面给我们交了250美元的辩护定金。地方法院对这个案子做了有利于铁路方的判决。案子随后被上诉到高等法院，经过两论辩论后，我们最后赢得了胜利。最终判决是在1855年的某个时间下达的。判决裁定后，林肯先生立刻到了芝加哥，要求中心铁路公司支付我们的法律服务的账单。当时，我们只要求在定金基础上增加2, 000美元的辩护费。和林肯接洽的官员——就是后来成为知名官员的乔治·B.麦克莱伦警长，看着那个账单非常惊讶，他大声地说“天哪？先生！这简直跟丹尼尔·韦伯斯特的收费一样高了，我们无法接受这么高额的账单。”林肯被这个粗鲁的拒绝刺伤了，撤下账单，郁闷地返回。在回家的路上，林肯在布卢明顿稍作停顿，他在那里见到了格兰特·古德里奇、阿奇博尔德·威廉姆斯（Archibald Williams）、诺曼·B.贾德（Norman Judd）、O.H.布朗宁，以及其他一些律师，大家知悉他为铁路做这样有价值的服务只索要这么少的费用后，一致劝他把辩护费增加到5, 000美元，并且劝他通过法律手段拿回这笔应得的报酬，这件事很快就搞定了。在审判过程中，6名律师出庭作证，证明这个收费金额非常合理，于是，毫无异议地，我们赢得了诉讼，钱很快到账，林肯把钱分了一半给我。尽管我们讨厌大公司的贪婪行为，我们还是感谢上帝让伊利诺伊中心铁路的案子落在我们手里。

1857年夏天，林肯受雇于芝加哥的曼尼（Manny），为他在一个由收割机发明者麦考密克提交的关于专利侵权的案件中进行辩护[①]。林肯是由来自北伊利诺伊州的国会议员 E.B. 沃什伯恩推荐的。这个案件在美国巡回审判中将在辛辛那提由法官麦克莱恩进行审理。麦考密克的辩护律师是来自费城的雷弗迪·约翰逊（Reverdy Johnson）、爱德华·M. 斯坦顿（Edward Stanton）。他们是林肯的对立方。乔治·哈丁则与林肯合作。林肯在开庭之前几天就已经早早来到了辛辛那提，并在一个朋友家里暂住。当时参与了律师团的一个辛辛那提的律师[②]在评论这个案子的时候说道："这个案件争论的重点是金钱，而且涉及法律问题。当时大名鼎鼎的雷弗迪·约翰逊律师作为原告的辩护律师出庭。林肯先生对此案给予了最高度的重视，他为当庭辩护做了细致而充分的准备工作。他的目标是在辩护过程中，以犀利的言辞作为利剑来迎战那个声名显赫的、来自巴尔的摩的原告律师。在此之前，林肯已与他的当事人达成共识：来自费城的哈丁先生将协助他，在辩护过程中，他们将联手合作去制造一场'车轮大战'。"抵达辛辛那提以后，林肯惊讶并且气愤地得知，他的当事人还同时聘请了来自匹兹堡的斯坦顿律师及另外一名当地律师。因为当事人认为，这个案件非常重要，之所以另外聘请斯坦顿律师，是因为他在律师界的名声与约翰逊律师不相伯仲，而聘请辛辛那提的当地律师是因为他具有"本地影响力"。尽管这些道理听起来冠冕堂皇，但仍然无法改变这种先斩后奏的行为给林肯带来的心理伤害。尽管他心中对此有芥蒂，但还是不得不接受了既成现实。案子的审判开始了，辩护律师团每天早晨碰一下面进行集体磋商。后来某天早晨有人动议说只要两名律师发言就可以了。这也得到默许了。大家都认为，哈丁先生会发言来解释收割机的机械原理。因此，林肯和斯坦顿两位中，只能有一人在法庭上发言。按照法庭惯例，当两个辩护律师处于同等地位，而且在他们的当事人缺席的情况下，应该由当事人最

① 关于麦考密克和曼尼的诉讼案件的报道，请参见麦克莱恩报告，第六册，第539页。

② 威廉·M. 迪克森。

先聘请的律师发言。根据这条规定，林肯拥有当庭辩护的优先权。究竟谁来出庭？斯坦顿先生建议由林肯发言。林肯客气了一下说，“不，你来发言吧。”于是，斯坦顿立刻答应，然后戴上帽子说他要马上回去做准备。林肯只有对此保持默许，但是他伤心极了，感觉心理上受到了伤害；尽管林肯坚持到了判决得出结论才离开，但他已经对此案了无兴趣。他显得非常郁闷，印证了他性格中显著的忧郁特征。他离开这个城市的情景令人难忘。他诚挚地握着房东女主人的手说：“您的热情款待是我在这里的这段日子里最大的安慰，我对您感激不尽。对于您请我有空再来的邀请，我不得不说拒绝，我再也不想来辛辛那提了，我对这个城市本身并没有什么不好的看法，但是在这里发生的事情让我觉得不堪回首。”林肯觉得斯坦顿不仅是对他粗暴无礼，而且是有意识地在这个案子中无视他，使他在各方面都遭受到粗暴的，不友善的对待。据传，斯坦顿用他粗暴鲁莽的方式，把林肯描绘成“从伊利诺伊来的长长的、瘦瘦的人，穿着肮脏的亚麻防尘罩衫，后背上被汗水晕染褪色了一大片，走到哪儿都背着一个美国地图。”迪克森回忆那段时光的时候又说，“林肯在辛辛那提逗留了大概一个星期，他到处随意溜达，但没几个人认识他或者知道他在这里；尽管之前有很多人都听说过他，但没有多少人愿意结识他。他满心希望能在这里的法庭上与雷弗迪·约翰逊律师交锋，但结果却被冷落到一边，蒙羞受辱。林肯在这里遭受了不公正的待遇，并因此对这个无辜的城市抱有了负面的印象，于是他挥了挥衣袖，不带走一片云彩，黯然离开。”回到斯普林菲尔德后，林肯对此事缄默不语，但他一反常态地主动联系了律师团里熟稔的同伴们，但见面后从不提及此次遭遇。

林肯告诉我他“被那个叫斯坦顿的家伙粗暴地伤害了”；他曾经偶然通过半开的门听到斯坦顿询问另一个人：“那个长着长胳膊的家伙是从哪里来的，他能在这个案子中做什么？”在那次审判中，林肯对麦克莱恩法官评价不高。他把他描绘成一个脑力充沛却看不到点子上的“老奶奶”。林肯说，“如果你用你的手指和一根缝衣针同时指着他，他绝对分不清究竟哪个更锋利。”

林肯越来越被公众喜爱，并且在事业上取得了显著的成功。斯普林菲尔德一半的律师都开始妒忌他日益增长的声望。我相信，与其他专业领域相比，律师界里存在的羡慕嫉妒恨的情绪可能还算是比较克制的；但是我们应该知道早期律师协会的一部分人，如果不是各处的大部分律师的话，都是郡里的政治人物。斯图尔特常常跟林肯的政见不同，所以满怀妒忌。那些碰巧与林肯政见相同的人则与林肯一样受到困扰。甚至洛根也不能摆脱嫉妒心这种鄙陋情绪的存在。可见，林肯以及在他之前的世界历史上那些伟大人物都遭人嫉妒。

在诉讼过程中，林肯的对手们最怕的是他的无视惯例，以及他掌控陪审团情绪的丰富经验。他漠视所有的既成规则，经常采取一些出乎意料，但富有策略的手段，要么能打败对手，要么对陪审团造成特殊的影响。因此，在法庭中身处与他对立面的一方总是害怕他戏剧性的攻击，或者在不动声色中推出原本不在计划中的巧妙的构思。在一次庭审中，林肯面对的是平时一向郑重其事、庄重严肃的洛根法官，林肯通过取笑洛根先生的穿衣风格，使庄严肃穆的法庭充满了笑声。他一到法庭上就惊奇地发现了洛根怪异的衣着，但他不动声色，一直等到该他在法官前发言的时候，他对陪审团道："先生们，你们必须小心了，请不要被对方辩护律师的雄辩给征服了。据我所知，洛根法官是一个工作效率很高的律师，我经常和他打交道，所以对此深信不疑。尽管他精明谨慎，但也会犯错。从这次庭审一开始我就发现，虽然他谨小慎微，但他居然欠缺如何正确地穿衬衣这样的基础知识。"听到这番话，洛根的脸一下子变得通红，因为林肯的确没有说错，洛根当天穿了一件新衬衫，但他把衬衫穿反了，那些本应该在前胸的褶皱被他穿到了后背上。法庭上一波接一波的哄堂大笑严重破坏了洛根在陪审团面前树立的严谨形象——这正是林肯的目的。

1858年5月，在伊利诺伊比尔兹敦，林肯充当威廉·阿姆斯特朗（William Armstrong）谋杀詹姆斯·P. 梅茨格（James Metzger）案件中被告的辩护律师①。这次辩护是他律师生涯中取得的辉煌胜利之一。林肯成功的辩护

① 林肯职业生涯中的这个事件被爱德华·艾格尔斯顿博士演绎为一则名叫"格雷森一家"的故事，发表在《世纪杂志》上。

陈词击败了对方主要人证的证词，那人非常肯定地说，他在月光下看见了被告对原告做出了致命的一击。但根据天文年历显示，案发当时，月亮早已落下了，所以根本没有月亮。他的论据同他的雄辩以及全力为当事人主张权利的举动同样令人信服。被告的母亲——老汉娜·阿姆斯特朗——是林肯年轻时候的朋友，她请求林肯为儿子出庭辩护。此案的检察官回忆道，"林肯告诉陪审团他曾经是个贫穷的、孤独的流浪儿，阿姆斯特朗夫妇收养了这个男孩，把他带到家里，给了他温饱，给了他一个家。当他说这些的时候眼里含着泪。他高大的身躯不断颤抖着的形象，以及他讲述的哀婉动人的故事深深打动了陪审团，他们也跟着留下了热泪。陪审团赞同他的主张，一致认为被告无罪。这是我见过的最感人的一幕。"[①]。结束讲述这件事情之前，我们还是听听被告的母亲、老汉娜·阿姆斯特朗谦恭的颂词："林肯对我说，'汉娜，你的儿子在太阳落山前就会清白了。'我离开审判室没一会儿，他们就走过来告诉我，我的儿子又是一个清白自由的人了。我回到审判室，陪审团成员都过来和我握手；法官和林肯也和我握手；泪水从林肯的眼里流下来……庭审结束以后，我问他律师费是多少；我告诉他我很穷。林肯说'汉娜，我不会要你一分钱，而且如果还有什么事情我可以为您效劳，我还会分文不取。'后来，有人曾试图从我手里抢走一块土地，林肯为此事写信给我，他说，'汉娜，他们不能夺走你的土地。随他们到巡回法庭去告你，如果你败诉，你可以上诉到高等法院，到了那个阶段，我和赫恩登会分文不取地为你辩护。'"[②]

最后一个让林肯亲力亲为的案子是著名的约翰逊沙洲案。这个案件如此命名，是因为涉案的那块归属问题存在纠纷的土地是一片位于芝加哥附近，连接着密歇根湖岸的沙洲。该案在1860年4月至5月的美国巡回法庭芝加哥站开庭审理。在此案受理期间，德拉蒙德（Drummond）法官、案件双方的辩护律师都去参加了艾萨克·N.阿诺德（Isaac Arnold）先生举办的家庭宴会。阿诺德先生后来成为一名国会议员，他回忆道："当时，道格拉斯和林肯都是

① 源自1866年8月22日，J.亨利·肖，信件手稿。
② 源自1865年11月24日的声明。

总统提名候选人，赴宴的人不乏双方的积极支持者，祝酒的时候，每当有人说‘祝伊利诺伊州产生下一届总统！’林肯方和道格拉斯方的朋友们都会热烈地干杯。”①

我可以在本书第九章以后的部分充分回忆林肯的律师生涯，但通过一个个单调的案件细细品味恐怕会使读者厌烦，所以我还是继续讲述其他内容。我把本书的这一章写得很充分，是因为当林肯身处律师事务所和法庭的时候，他能更好地展现自己的个性以及卓越超群的特征。我们已经充分体会到，林肯在命运多舛、早期教育匮乏的情况下，是如何凭借不屈不挠的意志力和自信心，最终成为伊利诺伊州所有律师中的佼佼者。读者因此得以品味林肯成长中的哲学。

下面，关于林肯在另外的一个领域的叙述即将展开。在这个领域里，我们将看到他拥有杰出的推理能力，清晰的头脑和大无畏的奉献精神。我们将看到林肯是如何克服艰难险阻，将各执己见的、一盘散沙般的不同团体凝聚成同心同力的一个整体。荷枪实弹的士兵们已经列好了方队，枪林弹雨中，勇敢的领袖林肯，步入了人们的视线。

① 引自阿诺德所著《林肯》一书，第90页。

第十二章　废奴：序幕已经拉开

从某种角度来说，自从林肯结束了国会的工作后，他开始专心致志地回归到他的律师行当，但是，当密苏里协议被废除的时候，林肯的政治觉悟再一次被唤醒了。当时，他仍然是个谨慎的学生，关注各种各样的政治活动。通常来说他是辉格党候选名单上的人，而且他在每个历史阶段的画卷上都留下了自己的名字。①

① 在1852年的竞选中，皮尔斯是民主党总统候选人。道格拉斯几乎在联邦的每个州都为皮尔斯做宣传演讲。皮尔斯的"关键选票"在里士满，而林肯的声望局限在伊利诺伊州，斯普林菲尔德斯科特俱乐部特邀林肯针对这种情况前去做演讲，但当时林肯对此根本不上心，他当时还没有进入状态，因此那场演讲可以算得上是惨淡收场。有人对此进行了评述："如果硬要对此次讲演做出质量高低的评判的话，那么林肯在这次讲演中唯一可取的地方就是，他尝试着在讲演中加入诙谐幽默的基调，但这种尝试的结果并不成功，林肯从头到尾都表现得忽左忽右、情绪不稳定，那种表现与现场庄重的氛围及话题的严肃性格格不入。总的来说，这是林肯在公共场合里表现最糟糕的一次。"下面这段话是林肯在此次演讲的结束段落，它极好地证明了这次演讲的失败效果："让我们像忠于我们的国家一样支持我们的候选人（斯科特将军）。但我严重怀疑，道格拉斯法官对我们州及本州人民的信心。有一个老太太，她的马驹丢下了马车和主人，自己撒欢跑了，老太太说，我曾经非常信任我的马驹，但现在它跑了，我不知道该如何是好了。我觉得，道格拉斯法官对我们州的信任可以媲美老太太对自己马驹的信任，这样，他可以在闲暇时

林肯已经丧失了他早年对政治狂热的兴趣。他似乎对于获取显赫的政治地位没有野心，也不知道自己真的可以在政治上走得那么远。约翰·T.斯图尔特是这样描述的：[①]"1850年，我和林肯离开塔兹韦尔的巡回法庭返回家中，我们路过了一个叫狄龙（Dillon）的小镇，并在那里对当时的政治环境展开了讨论。""当我们从小山上下来的时候，我对林肯说：'林肯，咱们要么是废奴主义者，要么是民主主义者，得有个立场了。'他想了一会儿，然后悲伤地断然说道，'此刻来临，我意已决，因为我相信奴隶制的问题永远不能用折中的方法成功解决。'我用同样的强调响应了他：'我也打定主意了。'那就是和林肯站在一起。"

在日常散步的时候，林肯经常会碰到其他一些废奴主义者，与他们比起来，林肯的政治步伐过于缓慢。当时，大部分斯普林菲尔德人的政治主张是与废奴主义相反的，因此在那样的大环境包围下，林肯仿佛一头沉睡的狮子，好梦正酣，未来的一天，他将会醒来，并且一吼震天下。我当时是激进的废奴主义者，我当时经常劝告林肯不要过于保守，要顺应潮流的召唤，跟上时代的步伐，但他给予我的答复却是："比利，你太极端、太冒进了。"我与萨姆纳（Sumner）、格里利（Greely）、菲利普斯（Phillips）以及加里森（Garrison）保持着密切的联系，在他们的影响下，我强烈的反奴隶制度的意识被激发出来。我相信，林肯骨子里的正义感和黑白分明、嫉恶如仇的性格特征会使他拥有和我一样的政治抱负。每当有宣扬废奴主义的重要演讲发表，我都立刻给他订购回来。因此，你可以在我桌上找到最新版的吉丁斯、菲利普斯、萨姆纳、苏厄德（Seward）演讲，以及被我认为最棒的西奥多·帕克（Theodore Parker）的演讲。林肯和我一起订阅了主张废奴主义的报纸，例如《芝加哥论坛报》（*Chicago Tribune*），《纽约论坛报》（*New York Tribune*），《国家反蓄奴规范》（*National Anti-Slavery Standard*），《解放者》（*Emancipator*），《国家纪元》（*National Era*）。我们也订阅了与废奴主义对立面的报纸，例如查尔斯顿《水

为自己错置了信心而悲伤。"

① 引自1865年7月21日J.T.S.声明的手稿。

星报》（*Mercury*）和里士满《先生》（*Esquirer*）。我还买了一本名为《社会学》的书，书的作者是一个叫菲茨休（Fitzhugh）的人，作者在书中绞尽脑汁为奴隶制进行辩护。此外，我购买了所有奴隶运动史方面的书籍。林肯从来不自己买这类书籍，但我们一起阅读了我建议的作品。读完以后，我们会对书上的观点进行讨论。我从来没有意识到我给林肯先生留下了这么多印象，也从不相信我能改变他的看法。如果我当时能预见到林肯的未来会在废奴主义这条道路上走得如此深入、如此长远，那么我当时会把这些理论基础工作做得更多一些。我记得曾有一次，读过西奥多·帕克的一篇关于奴隶制的文章以后，我大概是这么跟林肯说的："我觉得，来路不正的财富对人没有益处，对一个国家亦然。我们通过奴役黑人得到的不义之财最终会被还回去，而一切最终会被打回原形。"林肯当时觉得我的言论太悲观了，他严重怀疑我们是否能活到奴隶制度被废除的那一天；但是多年以后，在他写第二次就职演说的时候，他借鉴了我的观点，并用华丽的辞藻将其包装为"也许，延续这场战争是上帝的旨意，上帝要让我们看到，250年的奴隶制度下，奴隶们辛勤劳动所积累的财富将在战火中灰飞烟灭，看到抽打在奴隶身上的皮鞭飞溅出的血被战场上厮杀留下的血液来偿还。正如3,000年前的哲人所说的那样，'上帝的判决是最公正的'"。

1854年5月，道格拉斯向国会提交了推行堪萨斯–内布拉斯加法的议案，议案建议把密苏里协议中提议的奴隶制度扩展到堪萨斯。这项议案的提交被道格拉斯认为是自己在已取得的各种法律成就中，最杰出的作为。道格拉斯认为，这个议案的提出充分证明了他在法律上和政治上的前瞻性和灵活性。尽管许多年前，道格拉斯曾祈求神助，让神对那些胆敢对1821年协议提出异议的人遭天谴。现如今，他摇身一变，成为他曾经强烈谴责的行为的倡导者和精神领袖。当一切尘埃落定之后，再次回首往事，我们的结论是，这个议案的提出及执行导致了美国边境各州不幸骚乱，这起事件造成了公众舆论的错误导向，追根溯源，它只不过是一场可悲的政治把戏。在托马斯·H.本顿做过的一个煽动性的演说中，他指出，道格拉斯"对议案的深层次问题提出了异议”，其中包括所有对主权统治的内容——“这个法案的真实意图是，在任何州，既不为奴隶制度立法，也不禁绝其存在，使得人们可以在遵从国家宪法的前提下，自由安排自己的生活方式”。这个论点，用林肯的话来说，就等于是“如果一个人决定奴役另外一个人，那么，其他人不得反对”。这则议案的提出在美国全国境内掀起的轩然大波已成为众所周知的历史。它在新英格兰引起奴隶制度维护者的高昂的支持情绪；但对于废奴主义者来说，它成为攻击奴隶制度拥护者的有力武器，并被戏称为老辉格党的丧钟；它化身为一种凝聚力，使持有各种不同观念的人们凝聚在一起，面对共同的敌人战斗到底；在这个大的历史背景下，林肯作为顺应时代要求的领军人物，走到了人们的面前。

来自立法委员会的民主党的年轻代表库克（Cook）、贾德（Judd）、帕尔默（Palmer）的反对是伊利诺伊州内不满情绪的第一个迹象。当道格拉斯抵达芝加哥后，面对当时普遍存在的、显而易见的敌对情绪，他没有做过任何努力寻求改变。于是，那些持有不同政见的勇士们，无论老少，纷纷从墙上摘下武器，为即将到来的冲突做好了准备。林肯曾经在1852竞选期间，为了给斯科特助威，发表了一些演说，但这些演说对斯科特的帮助非常有限。但在这期间，林肯意识到了一个非常现实的问题，他是最早意识到这个问题的人。在办公室的辩论中，他的言论越来越大胆，他坚信奴隶制和自由制在政治和社会中的矛盾已经日益尖锐，二者只可能有一个存活，“折中的方法已经不可能了。这只能用最艺术的方式才能暂时将两种制度暂时隔离开，但它们就像两头野兽，敌视着面对着彼此，但因为被铁链拴住了而无法殴斗。一旦某一天，一旦镣铐解开，这两个家伙扭在一起拼个你死我活，问题就迎刃而解了。”在与一个律师同事谈及奴隶制的时候[①]，林肯说：“奴隶制度是世界上最值得炫耀的、拥有闪闪发光外表的财富标志，现在，如果一个年轻人去求偶，用来衡量这对男女的唯一标准是他们拥有多少黑人奴隶。人们对奴隶

① 引自1866年6月9日，约瑟夫·吉莱斯皮信件手稿第66页。

资产的热衷程度超越其他任何形式的财产。奴隶制度是一种极大的不平等政策，是国家的罪行。”在另一次谈话中，他指出：“法庭认为，对于一件财产，如果它被盗了，那么其原有主人对其仍然拥有毫无争议的所有权。但是，如果一个人被偷了，那么他却立刻失去了对自己的所有权。”我们不必再堆砌更多的证据了，因为如山的证据表明，林肯从一开始就意识到了，奴隶制度是一切不公平的核心。

道格拉斯在芝加哥的家里做了短暂的休憩后，于10月份的国家贸易日当天，来到了斯普林菲尔德。星期二，他在市政厅做了一个演说，对于那些虽然与他处于同一党派，但政见相左的人来说，道格拉斯的演说只是用来维护自己观点的技巧高超的诡辩。演说当天，各州的人们从四面八方汇集而来，而道格拉斯，作为国会两院的新红人，成为现场令人瞩目的雄狮。第二天，作为反奴隶制的候选人代表，林肯被推选出来，林肯将代表与道格拉斯持有不同政见的人与其进行辩论。林肯的辩论演说莫大地鼓舞了他的朋友们的士气，同时给他的敌人带来了强烈的震撼。我当时对新运动爆发的狂热的兴趣一点儿也不比林肯少。我那时经常给《斯普林菲尔德报》(*Springfield Journal*)撰稿，该报的主编西米恩·弗朗西斯，给予了我和林肯极大的言论自由度。林肯也偶尔会写些东西出版，但是我在报刊上的言论大大多于林肯。报刊上刊登了由我主笔的描述林肯和道格拉斯之间的精彩辩论的文章，当时我用于描述这场辩论的言语到处都洋溢着年轻人常有的那种狂热放浪，但是，多年之后，在我思想更为成熟后，再回头审视这篇报道的时候，我仍然确信，这篇报道的内容是忠于事实的。文章中写道，“林肯先生所做的反内布拉斯加法案演说是他这一生中所做的最有深度的演说。他呐喊出了藏匿于我们灵魂深处的真理，在场所有的人都感受到了那的确是他发自心底的肺腑之言。演讲过程中，林肯有那么一两次情绪激动得无法控制，他激动得全身颤抖，在场的人们因为过于专注而鸦雀无声，整座市政厅死一般寂静。他雄辩地反驳了内布拉斯加法案；林肯的演说非常成功，在场的人群对林肯给予最热烈的掌声表示他们对林肯言论的支持，而妇女们则挥动着她们手中洁白的手帕，表达着她们发自内心的赞同。道格拉斯感到很不安，他的非理性一面被唤醒了，因此他常常打断林肯的讲话。道格拉斯的朋友们感到他已经被林肯充满逻辑性、闪烁着智慧光芒的言辞彻底击垮了。内布拉斯加法案好像一棵被连根拔起的大树一样，轰然倒下，彻底化为了齑粉。林肯在击溃道格拉斯的过程中，一直表现出完美而友好的风度。林肯在辩论中旁征博引，从各个角度展示该法案的欺骗性，然后就像撕破布、切碎纸一样，在大庭广众之下，把它彻底击碎，把齑粉撒到人们脸上。在场的听众及演讲者唇上，都挂着相同的、对该法案的一种蔑视和嘲笑。当林肯做结束性陈词的时候，他已经成功地俘获了在场所有人的心，让他们的心灵都沐浴在了和煦的阳光之下。”

说到给报刊投稿，我想说一下，直到1860年以前，林肯和我都曾不间断地给《斯普林菲尔德报》投稿，对当时的政治事件进行时事评论。我写的许多评论直接或间接地反映了林肯的主张。我曾经写过一篇关于古巴对美国的可比性的文章，文章中，我强烈认为，奴隶制度将在古巴、而非美国率先被废除，我的这个观点在报界引起了极大争议。在此期间发生了一件可能会令报界感兴趣的小插曲。当时，斯普林菲尔德开办了一家名为《保守派》（*Conservative*）的报纸，这是一个公认的发表民主党言论的报纸。表面上看，该报支持的是菲尔莫尔（Fillmore），但暗地里，它是由布坎南派和其他同类的党派豢养的报纸，这些党派都是支持奴隶制度的党派。这种政治观点隐晦的报纸对林肯和其崇尚自由的朋友们的打击破坏性更大。该报的主编是我的一个朋友，他是一个好脾气的，容易相处的家伙，他只是把金主的意愿展现在报纸上而已。因为我们之间的友谊关系，我成为《保守派》编辑室的常客。一天，我在《里士满问询报》（*Richmond Enquirer*）上读到一篇赞同奴隶制的文章，该文章认为，无论奴役白人或黑人都是公平而正确的。我把它拿给林肯看，林肯认为，“文章展示的是被北方民主党所赞同的等级学说，伊利诺伊有些报纸很拥护这个观点。”我对林肯说，我可以让斯普林菲尔德赞成奴隶制的报社发表那篇文章，林肯对此持怀疑态度，于是我告诉他，不信你就等着瞧。当我把我打算怎么干告诉林肯后，他大笑着对我说：“好啊，你就这么干去吧。"我把那篇文章剪下来，成功地在《保守派》编辑室里做了手脚。当然，我的手段不够光明正大，但它的效果是立竿见影的。这样一篇文章出现在那样一份报纸上，尽管不乏好评，但它对报社的打击几乎是致命的，而我的朋友，那家报社的主编，几乎被他的金主们骂死。我和林肯的计谋最终还是被发现了，我们因此被禁止在那家报纸上发表任何文章。反奴隶制的人们经常把斯普林菲尔德民主派报纸赞同、并引用那篇文章的做法作为反面事例加以挞伐，林肯本人也曾对此大肆渲染。尽管他十分清楚整件事情的来龙去脉，但他还是故作震惊地和民众一起谴责这家报纸。

在州农牧产品交易会（State-Fair）那周剩下的日子里，莱曼·特朗布尔、悉尼·布里斯（Sidney Breese）、E.D·泰勒、约翰·卡尔霍恩陆续做了演讲，但他们的演讲不幸无一保存下来。在场的听众中，有一位欧文·洛夫乔伊（Owen Lovejoy）先生，他是一个激进而狂热的废奴主义者。与其他人一样，我的耳朵快要被他的废奴主张磨出茧子来了。内布拉斯加运动重新点燃了我们对废奴主义的狂热，鼓舞着我们重新拥有了改革的信心。我们经常聚集在一起，为即将到来的战斗做好准备。林肯在众议院大厅的演讲刚一结束，洛夫乔伊立刻挤到人群的前面，宣布了当天晚上将在这个地方组织所有自由党的朋友们开会，换句话说，他是在倡议废奴主义者开会。他们的计划是劝说林肯在会上给他们讲话。我本人是狂热的废奴主义者，但我仍怀疑林肯当时是否已经有了既定的政治立场。据我观察，当时林肯的野心是成为美国参议员，而当时的政治环境下，想要爬到那么高的位置不适于有过分强硬的政治派系色彩。但是，拒绝给废奴主义者演讲同样存在风险。我不知道林肯当时是怎么想的，于是，当看到洛夫乔伊打算邀请林肯发表演讲的时候，我立刻来到林肯面前，试图阻止他和那些狂热的废奴主义者见面。"立刻回家，"我说，"带上鲍勃，开车去乡下躲起来，这事结束后再回来。"不知道是不是我的劝告起到了作用，林肯借口在塔兹韦尔有急事，于是立刻坐马车出了城，并在乡下滞留到废奴主义者们解散回家[1]。我一直认为，正是我的这个小小的安排——

---

① 请参阅1858年8月20日林肯在渥太华联合辩论的演说中的例证。

称之为计划就太冠冕堂皇了——挽救了林肯。如果他那天晚上，在会上发表了支持自由党人的讲话，那么将会导致民主党人的怨恨。反之亦然，如果他应邀参加会议后，却拒绝同意支持狂热的废奴主义者的政治立场，那么他将丧失这部分人的支持。两种情况无论哪个都会使他陷入极大的危险；于是，为了在美国参议院选举中接替他的老对手詹姆斯·希尔兹获选，林肯被迫迅速驾着他的单匹马拉的马车，前往塔兹韦尔乡下避祸。巧合的是，12年前，詹姆斯·希尔兹也曾和林肯有过相同的经历，当时他也是因为类似的原因去往同一个地方避祸。二人最终的结果也都相同：都成为了美国参议员。

在党内朋友的请求下，林肯开始追随道格拉斯，林肯的任务是在道格拉斯发表讲演的时候，作为他的对话者。10月16日，他们来到皮奥里亚进行演说。道格拉斯握有“开场白和结束语”，很是欣喜；林肯则做了一个颇有影响的演说。后来他把自己的演说写出来，并发表在《桑加蒙日报》上，这篇演说可以在林肯的公共言论集锦里找到。林肯在斯普林菲尔德的朋友就是想借助他的犀利言辞牵制道格拉斯，直到把他逼得抓狂投降。皮奥里亚论辩结束后几天，我们惊讶地发现林肯居然回到了家里，因为林肯和道格拉斯达成协议，依照协议，两个人都返回家中，都不可以在竞选期间发表任何演说。然而，几天之后，林肯却诧异地发现，道格拉斯居然没有直接返回他在芝加哥的家，而是在普林斯顿逗留，并在那里做了一场演说，道格拉斯的所作所为违反他们的协议。林肯对道格拉斯的这种行为非常不高兴，并且认为道格拉斯是一个缺乏政治道德的人。威廉·巴特勒、威廉·杰恩（William Jayne）、本·F. 欧文（Ben Irwin）和其他一些党内的朋友前来质问林肯，不明白为什么他早早从牵制道格拉斯的政治演说中抽身而出。我记得林肯在办公室给我们做出的解释：皮奥里亚辩论以后，道格拉斯找到林肯，奉承其在领土和奴隶制度的问题上带给他的困扰比所有美国参议院的人都多，因此，道格拉斯建议两个人都放弃演说，直接回家去。林肯是个从来无法拒绝他人礼貌请求的人——前提是这些请求不涉及原则性问题。林肯曾经对我说：“我何其有幸没有生为女人，因为我很难拒绝任何事情。”林肯同意了道格拉斯提出的建议。第二天，两人来到了莱肯（Lacon）镇，并在那里就此事达成了协议。他们的协议是背着双方的朋友达成的，事后，两人开始拒绝公开演说，道格拉斯的借口是嗓子哑了，而林肯则大胆且直接地拒绝，林肯的借口是“道格拉斯法官不演讲，我也不演讲。”二人在莱肯镇分手后，林肯直接回了家。而如前所述，道格拉斯在普林斯顿逗留，并在那里与欧文·洛夫乔伊一起做了辩论性演说。林肯事后指责了道格拉斯这种背弃协议的行为，但道格拉斯回应说，是洛夫乔伊用言语挤对他，逼得他不得不做演讲的。这件事彻底惹恼了林肯。①

在竞选中，林肯被提名并选举为立法委员。这个选举结果是林肯不愿意的。同时高票当选的还有洛根法官，两个人的支持率都达到了600张选票。林肯的志向是进入美国参议院，林肯夫人积极鼓励他实现自己的志向，并支持他放弃立法委员的席位，这样可以更容易在参议员选举中接替他的老对手，时任伊利诺伊参议员的詹姆斯·希尔兹，出任州参议员。林肯为了当选参议员而进行的演说很具个性，但措辞却更加小心谨慎。在普选和立法委员会会议期间的关键时刻，林肯连睡觉都不得安宁，他如同拿破仑一样——睁着一只眼睛睡觉。在立法委员选举结束后的几天，11月11日，林肯在克林顿出庭期间，写信给帕里斯镇的一个党内朋友：“我怀疑，埃德加选了一个辉格党人进立法委员会。如果真是这样的话，你能否不要告诉这个人我在参选美国参议员？我在参议员选举中的获胜机会很大。请你写信邮递至我在斯普林菲尔德的家里，告诉我你认识的参议员和参选代表的名字、职位和政治立场，请代我保密。”②

如果有人认为，林肯是一个会老老实实坐等着被人传唤的人，那么他们就大错特错了。林肯是个精于算计、事事提前谋划的人，林肯的政治野心是

① 1866年3月15日，普林斯顿诗人威廉·卡伦·布赖恩特的哥哥约翰·H.布赖恩特在信中这样写道，“我在普林斯顿的旧档案中找到了关于道格拉斯先生于1854年10月18日星期三在当地做演说的记录。演讲前的那天晚上，道格拉斯本来在南边六英里外的蒂斯基尔瓦镇演讲，在一群民主党人士的簇拥下，道格拉斯于第二天清晨来到了普林斯顿，并在那里做了演说。演说中，道格拉斯率先发言一个半小时，之后，洛夫乔伊回应一个半小时，在此之后，道格拉斯一直滔滔不绝地说到天黑，其间没有留给对手任何发言机会。”约翰·H.布赖恩特。

② 引自1855年11月11日罗伯特·莫斯利的手稿。

驱使他不断奋斗的引擎。

参选期间频繁的政治活动磨炼了林肯的策略性和管理能力，使他在这方面的潜能得到了最大限度的激发。和其他政治家一样，林肯一向非常重视报界的看法，因为身为无冕之王的报界有着化腐朽为神奇的能力。那时新闻界还不像现在这样是一个完整的体系，但有抱负的政治家们已经意识到了能获得报界的支持是何其重要。我记得林肯曾经给伊利诺伊南部一家不出名的乡下小报社写过一封信，写信的风格如下[①]："哈丁老友：三四年来，我一直在拜读你们的报纸，但却没有付一分钱。"林肯在信封里装入10美元，然后知会编辑道，"自己把钱装进口袋里，不要让别人知道。"之后不久，林肯写了一篇关于时政的文章，把它发送给了乡下的那个记者，请求他在其"最有价值的报纸"专栏发表。但是，收了林肯10美元的编辑却拒绝了林肯的请求，"因为，我很久以前就定了一条规矩，绝不出版任何不是自己写的东西。"林肯把编辑的答复念给我听。尽管林肯对这样的答复嗤之以鼻，但他却评价说，"虽然那个编辑为人傲慢，但是他的做法却符合新闻业的理念。"

当时，立法委员会召集开会，把参议员人选的问题提上了日程，关于这段竞选的历史已被大众熟知，世人不只一次被告知，人们对林肯当选参议员是如何众望所归，但是，由于五名反内布拉斯加法案的民主党激进分子的反对，莱曼·特朗布尔最终当选。历史专业的学生从课本中读到的内容是，林肯在关键时刻宽宏大量，主动提出让支持他的朋友们放弃选他，转而支持特朗布尔，而他自己则在落选后退居二线。[②]

① 摘自1855年5月25日雅各布·哈丁的手稿。

② "经过几轮票选之后，来自库克的贾德、拉萨尔的库克、马库平的帕尔默、麦迪逊的艾伦和贝克把选票投给了特朗布尔。我问林肯该怎么做，林肯回答说，'尽全力支持特朗布尔。'我们都明白，当时的情况是民主党刚开始的时候投票支持希尔兹，后来却放弃了他，转而支持乔尔·A.马特森。我们原本以为，那五个支持反内布拉斯加法案的家伙会把选票投给我们，因为这么久以来，我们一直在竞选中并肩作战。我们党内强烈反对民主党推举的马特森当选，林肯亦然，但是，当时的情况是，如果我们不选特朗布尔，那么，上文中提到的那五个人就会把选票投给马特森，从总揽全局的角度来看，这样的结局将是全州的耻辱。于是，我们不得不勉强同意了支持特朗布尔当选。我记得，当时S.T.洛根非常不情愿地放弃了林肯。他极力恳求给林肯投几票，但是，林肯认为不应再冒险了。选举结果出来之后，尽管难掩失望之情，但林肯还是非常诚挚而果断地向特朗布尔表达了祝贺。"

林肯的政治野心遭遇挫折后，他的政见产生了显著的变化。他更加清醒地意识到“压抑不住的冲突”已经不远了。随着时间的推移，他对自己的论断越发深信不疑。但是，他无法像我们一样毫无禁忌地对事件的本质直言不讳。他在发表言论之前，需要每个词、每句话都仔细斟酌，以确定其可能产生的重大影响。这个时期发生了一件事，从这件事中，人们可以看出，林肯的政治视野拓宽了。特朗布尔当选之后不久，一个名叫波利（Polly）的年轻的斯普林菲尔德的黑人，离开家前往圣路易斯，他受雇来到一条在密西西比河下游航行的渡轮上充当帮手。我记不清楚他具体是做什么工作的了。身为黑人的波利到达了新奥尔良后，却无法出示为大众所公认并接受的自由文件。因此，尽管他生来是自由人，但当时被北方如火如荼的废奴运动激怒的南方人还是把他投入了监狱。直到波利所乘的船离开了新奥尔良，他才被放出来。由于波利是个无足轻重的小人物，他很快就被人遗忘了。根据法律规定，如果波利在监狱羁押时间过长，他将不可避免地被卖为奴隶，用这笔款项支付他住监狱的费用。波利的妈妈，一个黑人妇女，找到了我和林肯，告诉我们发生在她儿子身上的事情，希望我们能作为她的代理人介入。我们首先去拜会了伊利诺伊州长，州长在详尽查阅了相关法律后，遗憾地告诉我们，他没有权利介入。我们又去拜会路易斯安那州长，他给予了我们同样的答复。我们感到无所适从，于是不得不第二次拜会伊利诺伊州长，但谈话结果难如人意。谈话结束后，林肯从椅子上站起来，手里拿着帽子，郑重地说：“上帝作证，州长，不管你有没有合法的权利斡旋释放这个孩子，我会让奴隶制度在我们国家无法生存。”尝试使用各种法律手段解救那个黑人未果后，我起草了一个与我们交情不错的律师名单，为那个黑人男孩向这些律师筹集解救资金。当钱数凑齐后，我们把钱汇给了新奥尔良的一个朋友A.P.菲尔茨（Fields）上校，他立即着手此事，将那可怜的孩子还给了他忧心如焚的母亲。

从1854年开始至叛乱爆发，美国的政治命运出现了转折，在这期间，学生们在历史课本上看到的是一幕幕惊心动魄的、但有时充满血腥的场景。1855年2月，林肯在参议员竞选落败之后，开始全身心地投入法律事业。在此期间，密苏里和堪萨斯边境爆发的骚乱在全国范围内引起轩然大波。抢劫、谋杀、欺诈以及其他严重类型的犯罪快速向东部蔓延。这些由奴隶制度的拥护者引发的违法行为，不仅刺激了废奴主义者的神经，使他们的革命热情空前高涨，也触动了普通民众的仁善之心。伊利诺伊州创立了一个专门的协会，其宗旨就是帮助堪萨斯人民寻找“自由空间”。在协会举办的各种集会中，废奴主义者理所当然地占据了最显著的地位。我们在斯普林菲尔德的活动极为频繁且声势浩大，我们想尽一切办法捍卫自由。在一次集会上，林肯受邀做演讲。演讲中，林肯建议大家控制情绪，不要对目前的局势过于悲哀。而作为废奴主义者，我们当时一心向战，且对政府失去了耐心。林肯不赞成我们当时的强硬做法，因为那可能导致流血冲突，他建议我们尽量避免使用武力。林肯在演讲中说道，“你们能通过其他更好的方式取得胜利，你们可以以选票为武器，通过你们手中的选票，让政府听到你们的声音，知道你们的影响力，你们能够在避免与政府直接冲突的情况下实现土地自由化的目标……让我们一起维护和平，拿起选票这个武器进行斗争，从而迫使政府重新充满人性化，只有这样做，我们才能实现真正的、最高程度的公平和自由。如果你们企图通过武力抵制堪萨斯法案，那样的行为属于违法的劣行，其后果是不但给自己带来不幸，而且会破坏我们用鲜血捍卫的、宝贵的自由！”林肯在演讲中提出的建议是明智的，但它没能为当时与奴隶制度维护者的矛盾已处于白热化程度的废奴主义者的热情降温。我们筹募了一大笔钱，林肯也在筹款人名单上签了名，我们把钱寄给了身处堪萨斯的朋友。

此时，辉格党已经完成了其在政治历史舞台上的使命，开始面临分崩瓦解。林肯意识到了情况严峻，尽管人尽皆知林肯行动缓慢，但他已开始准备为自己找一个更坚实的立足点，以便在历史的洪流淹没一切陈旧的时候站稳脚跟。在那段时间里，林肯信件中最重要的一封，是他在关键时刻写给肯塔基一位老友的信[①]。林肯意识到自己和这个老友在奴隶制度上所持的观点不

① 1855年8月24日写给乔舒亚·F. 斯皮德的信件手稿。

同。林肯是这样描述他所看到的奴隶所遭受的待遇："我承认，我痛恨看到这些可怜的奴隶在没有任何回报的情况下辛勤的劳作，但我不得不咬紧嘴唇，缄默不语。1841年，我们曾一起乘船从路易斯维尔前往圣路易斯。不知你是否和我一样对当时的情景记忆犹新。从路易斯维尔到俄亥俄的路上，曾经有十多个被锁链锁在一起的奴隶上了船。那场面对我来说简直是一种精神上的折磨，但每次去俄亥俄或者其他蓄奴州附近，我发现这样的情景非常普遍。你曾经指责我，说我漠视这种现实中不断重复发生的事情，其实，你的指责是不公平的，事实上，那些场景令我非常痛苦。你应该更加重视北方人民的强大力量，他们为了忠于联邦和宪法，一直在情感上忍受着折磨。我反对奴隶制的扩张，因为我的良心让我无法接受奴隶制度，如果我们在这个问题上存在分歧，那么这个分歧将永远无法弥补。"

狂暴的政治洪流平息下来之后，林肯发现自己一直没有融入政治主流。对林肯来说，如果他想成为领袖人物，那么他必须表明立场。仅仅是痛恨奴隶制度、反对堪萨斯内布拉斯加法案已经远远不够。他得选择自己要么成为一个民主党人、不可知论者、废奴主义者，要么成为共和党人。否则他将在既没有罗盘、也没有舵和帆的情况下，迷失在政治的汪洋中。事实所迫下，林肯终于表明了立场，他相信，革命的时机已经成熟。1856年春天，我起草了一份文件，号召在斯普林菲尔德召开会议，选举出本州的共和党代表，前去参加即将在布卢明顿举行的共和党全国大会。这份文件被自由传阅，我号召所有崇尚自由的朋友都可以在上面签名。当文件流转回来时，我们得到了大量的签名。林肯当时不在斯普林菲尔德，但是，他相信我在关键性问题上熟知他的"感觉和判断"，于是我自作主张地在号召令上签上了林肯的名字。包括所有签名在内的号召令被发表在《斯普林菲尔德报》上。约翰·T. 斯图尔特和其他一些人不愿意看到林肯向共和党方向靠近。于是，号召令刚一发表，他就急切地冲进了我的办公室问道："林肯在废奴号召令上签名了？"我否认了这一点，告诉他是我代替林肯签的名。于是他问我："是林肯授权让你替他签的名？"我说，"不是。""斯图尔特听到我的回答后非常惊讶。他向我大叫道:‘你毁了林肯’。”这件事让我有些感触，我意识到自己的所作所为的确有些考虑不周，且仓促草率。我认为我非常了解林肯，但是为了以防万一，我立刻回到办公室，给当时正在塔兹韦尔县出庭的林肯写了一封信。我在信中简要叙述了事情的前因后果，以及我的行为在他的朋友中引发的不安。我要求林肯无论是否赞成我的做法，都务必立刻给我回封信或者发个电报，告诉我他的想法。没过几天，我就收到了林肯的答复。他告诉我“没问题，你继续，我完全同意你的意见”。斯图尔特消停了，自此，那些原先一直萦绕在林肯周围的保守派人士终于淡出了亚伯拉罕·林肯的政治生涯。

1856年5月29日，在布卢明顿举行的州代表大会上，伊利诺伊州的共和党诞生了。这次会议的召开标志着反对内布拉斯加法案的斗争翻开了新的一页，贾德、耶茨、特朗布尔、斯韦特、戴维斯都参加了大会，洛夫乔伊也去了，洛夫乔伊是出了名的热情火辣。林肯和赫恩登两人都亲自参加了会议。会上，曾在墨西哥战争的布埃纳维斯塔（Buena Vista）战役中表现英勇、成功带领伊利诺伊第二军团击败敌军的威廉·H. 比斯尔被提名为党主席。大会为反内布拉斯加法案运动提供了政治平台，并确立了共和党的领导组织机构。

大会的常规性事务结束以后，在在场群众的一再要求下，林肯上前做了一个演讲。林肯所做的这个演讲充满激情、句句有理，有幸聆听过这场演讲的人们对其终生难忘。多年以前，提到这个演讲的时候，我做了如下生动描述:“我听过林肯所做的所有伟大的演讲，我的看法是，布卢明顿的演讲是林肯一生中最伟大的演讲。在此之前，林肯的演讲只是简单地运用既有政策来论证奴隶制度不合理的问题，但他从来没有深入到问题的本质。此次讲演中，林肯好像涅槃的凤凰一样，获得了重生；那些在他心底压抑许久的热情如同火山爆发般喷发出来；他仿佛跳跃的火焰般充满激情；他的眼里闪烁着灵感，他仿佛公平和正义的化身，在人们的心底播下拨乱反正的火种。像往常一样，我打算先聆听15分钟演讲，然后再开始做笔记，但是，我最后不得不扔掉纸笔，专心地沉浸在那个美妙的演讲之中。林肯的身高是六英尺四英寸高，但在那一天，在那个时刻，他在人们心中的形象如若神祇：足有七英尺高，且闪烁着领袖的光芒。从那天起，直至逝世，林肯一直坚守着他的信仰。林肯仿佛勤劳的耕种者一样，辛勤地呵护着自己的苗圃，勤劳地为其施肥浇水，呕心沥血，鞠躬尽瘁，把收获的希望的种子传播至天涯海角”。前面引用的那段描述，是我在1866年讲课时的讲义，一般的读者可能会觉得我的描述因为充满比喻而形象生动，尽管那段描述是我20年前写下的，但直至今天，我仍觉得这段描述不需要做任何修改。我始终坚持我所描述的场景是真实的。不幸的是，林肯的演说从来没有被完整的记录下来并发表过，我不得不依靠我的记忆重新将它还原。

布卢明顿大会的召开，以及林肯在会上的激情演讲，并没有在斯普林菲尔德产生我们预期的反响。斯普林菲尔德似乎一切照旧。而对林肯来说，自从回来之后，原来一些与他关系密切的政治上的朋友，开始刻意与他保持距离。返回几天后，我们决定召开一个在斯普林菲尔德落实布卢明顿大会宗旨的会议。我们像往常一样去召集参会人员，但最后只有三名勇士前来参会。这三个勇士是林肯、我、还有一个叫约翰·佩因（John Pain）的人。响应了与会其他两人的号召，林肯做了一个演说，林肯在演说中提到，参会的人数比他想象中要多。在此之前，他只知道我和他会来参会，但不确定是否还会有其他人敢于前来参会，但事实证明，还有一个勇士存在。他说：“尽管现在一切仍然沉寂，但历史的车轮仍在缓缓向前滚动，让我们对未来充满希望，让我们唤醒仍在沉睡中的人民。”

共和党的创建者们不仅仅在斯普林菲尔德受到冷遇，其他很多地方都有类似情况发生。自由的倡导者们意识到他们面对的形势是路漫漫其修远兮，还需要为正义的目标而上下求索。林肯已成为总统选举团的成员，他四处游说，做了大约50场演说。他的受欢迎程度非常高。我面前堆积着一大堆写给林肯的信件，全都是邀请信，邀请他去几乎全州的每个县做演讲，耶茨、沃什伯恩、特朗布尔都想请林肯去他们所在的地方演讲。似乎一夜之间，政界之中的有志之士都希望林肯“来我们县演讲，这里需要你的帮助，你给大家带来了信心和希望”。老牌废奴主义者乔舒亚·R. 吉丁斯从皮奥里亚写信给林肯，鼓励他道：“现在是你一展拳脚的时候了，无论是在堪萨斯和内布拉斯加重获自由的事情上，还是在密苏里协议重新生效的事情上，你是我们国家最有发言权的人，没人能比你更具有权威性。”[①] 林肯不仅在他所在的州声名显赫，其他各州都对他的大名如雷贯耳。印第安纳州、威斯康星州都派了人来。在衣阿华州做演讲的诺曼·B.贾德和埃比尼泽·佩克也邀请林肯去他们那里。一个镇委员会邀请林肯在他们镇参加“9日、10日、11日的马术运动会”，并在那里做为期三天的演讲辩论会。附近一个镇的官员热情邀请林肯前去：“到我们那里去吧，我们对你比对任何别的人都有信心。就连不识字的人们也会沉浸在林肯的演讲中，因为只有你的演讲能如此吸引人。其他人的演讲也能很精彩，但都无法与林肯媲美，因为他们不是林肯。”一个芝加哥的朋友兴高采烈地写信给林肯道：“你终于可以为了自由放手一搏了，推动自由主义的进程。把解放了的非洲黑人送到埃及去，让他们在那里有足够的事情去做，那是我们赎罪的机会，我们在斯普林菲尔德的人有两万人之巨！”一名邮政总长写信邀请林肯去他所在的地方演讲。他在信中写道：“这里的民主党都是一个货色，天雷地火也改变不了他们尴尬的政治地位。我是这里的邮政总长，请替我的身份保密。一旦老富兰克（皮尔斯总统）得知我居然支持弗里蒙特（Fremont），我肯定会被炒鱿鱼。”南印第安纳州的一个德国人聚居区也来邀请林肯前去演说。一所大学的校长邀请林肯去给全校师生演讲，邀请信里，校长对林肯的描述如下：“在这样关键的历史时刻，你的出现仿佛上帝的福音，你是上帝的使者。即使你在竞选中失利，我们还是会因为时势造就出你这样的领袖人物而感到欣慰。”

林肯非凡的影响力从他受欢迎的程度上可见一斑。林肯的讲演风格始终是一针见血，他在讲演中一如既往地充满激情与活力。林肯在击败第三党总统候选人菲尔莫尔时的表现尤为著称。作为第三党总统候选人，菲尔莫尔很有可能会分流共和党的选票。林肯曾写信给菲尔莫尔的疑似支持者们，借此

① 1855年9月18日J.R.吉丁斯的信件手稿。

瓦解菲尔莫尔的阵营，他要告诉人们，在选举中，对菲尔莫尔的支持事实上帮了布坎南的忙。①

但是，林肯的斡旋努力徒劳无功，大量的菲尔莫尔粉丝仍紧紧追随他们的领袖，选举的最后结果是布坎南当选。伊利诺伊的选票结果是，布坎南105,344票，弗里蒙特96,180票，菲尔莫尔37,451票。同时比斯尔击败民主党的W.A.理查森，以绝对优势的4,729票当选州长。经过激烈博弈，林肯带着前所未有的殊荣回到家中。事实证明，林肯的影响力日益扩大，他已经有足够的力量去面对接下来更大战役中的可怕的敌人。

① 我仍保留着一封林肯瓦解菲尔莫尔支持率时候写的一封信，因为它具有典型性，所以我把它完整地复制了下来——1856年9月8日，斯普林菲尔德

致：哈里森·莫尔特比先生

亲爱的先生：

我知道你是菲尔莫尔先生的支持者。但我可以向你保证，你投给菲尔莫尔的选票越多，菲尔莫尔当选总统的机会越少。

假设布坎南得到所有蓄奴州以及宾夕法尼亚州和另外一个州的选票，那么，不论其他候选人的选票情况如何，布坎南一定会当选；但是，假定菲尔莫尔得到马里兰和肯塔基州这两个蓄奴州的选票，那么布坎南一定会落选；菲尔莫尔进入众议院，然后在多方协商的基础上，他可能当选总统。但是再假定，菲尔莫尔的支持者在印第安纳州和伊利诺伊州在他身上浪费了几千张选票；这两个州仍然会不可避免地落到布坎南手里，这足以补偿布坎南在马里兰和肯塔基州失利的影响；结果是，布坎南会当选总统，而菲尔莫尔既没有机会进入众议院，也没机会当选总统。

这其中的奥妙是显而易见的。既然菲尔莫尔先生绝对不可能在伊利诺伊州的选举中胜出，那还不如把选票投给弗里蒙特，而不是便宜了布坎南，布坎南在这场竞赛中优势最大。如果让他得到伊利诺伊州的选票，他就会所向披靡。而如果大家把选票浪费在菲尔莫尔身上，那么布坎南必将在伊利诺伊州胜出。难道你觉得菲尔莫尔有希望在伊利诺伊州胜出吗？几乎不可能！在伊利诺伊，有超过70家报纸反对布坎南，其中只有3—4家报纸支持菲尔莫尔，剩下的全部是支持弗里蒙特的。这些报纸难道不是选票的风向标吗？再说，在支持菲尔莫尔的这3—4家报纸里，据我所知，至少有2家是布坎南的支持者开办的。他们难道不清楚状况？他们明白，菲尔莫尔会给他们带来好处，所以他们也乐得做个顺水人情。认真地想想这些吧，三思而后行——诚挚的，亚伯拉罕·林肯（机密）

第十三章　分裂之家，无以存活

我不打算叙述从布坎南当选之后，至1858年竞选开始之前，这段时间发生的事情，因为这些叙述不但会令这本书的内容过于拖沓冗长，而且，已经有很多作家的作品对这段时间发生的事情有过详尽的叙述。林肯卓越的政治演说能力已经扬名全国，林肯不仅在伊利诺伊州享有盛名，他的名声已经享誉俄亥俄的沃巴什，以及密西西比州的密西西比河沿岸。林肯关于奴隶制度的立场，使他在北方的追随者数目与日俱增，同时，他在南方的骂名也相应激增。毫无疑义地，林肯已成为伊利诺伊州共和党的领军人物，这一特权受到了嫉妒。林肯的演说虽然用词朴质无华，但没有过多的大话和空话，或多或少的，林肯很欣赏自己独特的演讲风格。但是，林肯仍有些羡慕道格拉斯强势的演讲风格所产生的，对其追随者的驾驭能力。共和党内部那些不乐见林肯成为党内主导人物的人们对林肯付出的努力及日益显赫的声名却嗤之以鼻。我记得1858年的一天早上，林肯沮丧地来到办公室。他告诉我，霍勒斯·格里利（Horace Greeley）对他的看法很不公平。他抱怨道，“对我来说，格里利的做法是不正确的、不公平的。我是一个真正的共和党人，而且已经积极参加了那么多反对奴隶制的斗争，但是格里利却宁可接受道格拉斯——那个名副其实的骗子，那个曾经是南方的傀儡，但现在成为南方敌人的家伙——格里利现在居然要支持道格拉斯。他难道意识不到，对道格拉斯的支持就意味着对我的放弃吗？我觉得，格里利的态度会直接影响到萨姆纳、苏厄德、威尔森（Wilson）、菲利普斯，以及其他一些东部朋友对我的看法。”林肯说这番话的时候，情绪非常低落，他发自心底的悲哀给我留下了深刻的印象。林肯一整天都非常沮丧，且坐立不安。格里利的来信使林肯丧失了对政治的热情。[①] 林肯没有兴趣做任何事，于是，还没到中午，他就离开办公室，去法院找特里特法官下棋散心。林肯的沮丧让我看在眼里，急在心上。当天晚上，经过反复权衡思考后，我决定亲自去一趟东部各州，了解一下相关人物的具体想法。第二天，我把自己的决定告诉了林肯，林肯不知道我这样做是否合适，因为我们二人关系密切，一旦我的行为出现差错，那么对我们唇齿相依的关系势必是牵一发而动全身。我斟酌了他的建议，但还是义无反顾地收拾好行囊出发了。我和格里利、苏厄德、萨姆纳、菲利普斯以及其他人有多年的公务联系，我经常向他们通报伊利诺伊州人民的想法，并和他们在各种政治舞台上并肩作战，但是除了格里利外，我没有亲眼见过他们中的任何一个人。一路上的风景令我陶醉。要不是我有任务在身，这趟旅程可以说是非常愉悦的。大城市里雄伟的建筑、灯红酒绿的奢华、欣欣向荣的繁华景象，开阔了我这个从伊利诺伊小地方来的人的眼界。在华盛顿，我见到了特朗布尔，并且和他一起吃了顿饭，我们一起探讨了政治时局，特朗

---

① 格里利的信直截了当到了略有野蛮的味道。他的信是这样写的：“我没有义务教导伊利诺伊州共和党们，告诉他们自己的职责何在，而且，你在信中罗列的观点无法为我释疑。我预测，如果让你去参加（国会的）议员选举，并在竞选中遭遇哈里斯的话，你毫无获胜的可能。哈里斯比道格拉斯更有见解、道德更高尚，而且哈里斯的政治热情更高涨，功利心更少。在所有道格拉斯党派之中，哈里斯是最真实、最杰出的人选。尽管我与哈里斯没说过几句话，而且只见过一次面，但是，如果我身处哈里斯所在的选区，我一定会给他投赞成票。我从来没有在自己公开发表的文章里提到过哈里斯，以后也不会提到他，我只是在信里告诉你我的想法。你自己看着办吧。——霍勒斯·格里利”。

布尔不久前刚给林肯写过一封信[①]。他认为："我们没有必要继续观望道格拉斯的动向，道格拉斯对伊利诺伊州和其他州的影响没有那么大。连道格拉斯自己都不知道他的政治方向何在。"特朗布尔让我转告林肯稍安勿躁，道格拉斯不可能加入共和党，因为他和共和党的宗旨出入很大。特朗布尔在他写给林肯的另一封信中写道，"我们这里的共和党人斗志昂扬，我们都在等待道格拉斯和他以前的朋友互相争斗。林肯不会有任何损失，他需要做的是考虑如何引导伊利诺伊人民关心现今正在发生的重大事件，而不是过分担心我们正在讨论的问题。"[②]我还在华盛顿见了苏厄德、威尔森及其他一些颇有声望的人。当时，道格拉斯生病在家，但他收到我的拜觐卡后，表示愿意让我到他家见面。我们在愉悦的气氛中进行了交谈，之后我立刻把我们谈话的内容转达给了林肯。到我们谈论到林肯的时候，我告诉道格拉斯，林肯目前正向着他的理想方向前进。我对道格拉斯说，"道格拉斯法官，林肯没有企图挡任何人的路，也没有挡你的路。"道格拉斯坐在椅子里吸着雪茄烟，吞云吐雾之间，道格拉斯回答道，他也没有挡林肯或者任何人的路，他也并不想挑起冲突。道格拉斯说，他已经实现了自己力图达到的目标，因此他觉得没有必要与林肯或共和党对抗。"替我问候林肯先生，"道格拉斯非常和蔼地说，"你回去后告诉林肯，我已经破釜沉舟了。"离开华盛顿以后，我的下一站是纽约，在那里，我会见了《反奴隶制度标准版》的编辑霍勒斯·格里利、亨利·沃德·比彻（Henry Ward Beecher）以及其他一些人。我和格里利进行了长谈，我注意到他的政治主张倾向于道格拉斯。但我也发现他对林肯并不是完全敌视。我对他做过的事进行了极力的赞美，但我发现他仍然对我有所保留，我并没有赢得他的信任。格里利把我介绍给比彻，与其他人一样，比彻问起林肯的近况，并让我转达对林肯的鼓励和赞美。[③]我从纽约出发去了波士顿，我在那

① 1857年12月25日信件手稿。

② 引自1857年12月27日信件手稿。

③ 林肯最大的担心是，道格拉斯可能加入共和党。参议员苏厄德在华盛顿与我见面的时候，向我保证这种事不会发生，他坚称，共和党人或其他的任何人都不会相信像道格拉斯这样狡猾而无赖的人。

里给林肯写了封信，前不久，那封信被我无意中从一捆林肯的信件中找了出来，我对这个意外的发现感到非常高兴。我把它附在这里，我相信它能更好地反映当时的一些情况。信件内容如下：

1858年3月24日，马萨诸塞州波士顿

林肯，我亲爱的朋友：

我现在波士顿，我现在感觉非常好。几天前，我在华盛顿仓促地给你写了一封信，之后我去了费城、巴尔的摩、纽约，现在到了波士顿。我已经见过了格里利，我会把我们所谈及的，所有涉及你的内容都告诉你。我们交谈了大约20分钟。显而易见，格里利希望道格拉斯能留在参议院。他虽然没有多说，但我感觉得到，他支持的是道格拉斯，从他谈话间表露出的点点滴滴，我可以体会到他的想法。谈论到伊利诺伊的报界时，格里利表现出了他的不满，他说伊利诺伊的报界都是蠢人。我问了他这样一个问题，"格里利，你想有第三党形成吗？或者，你希望让曾经侮辱并背叛过北方的道格拉斯掌管北方的大权吗？"对于这个问题，格里利回答道，"让我们着眼于未来，未来一切都会好起来的。道格拉斯是一个勇敢的人，让我们忘记过去，只支持正义。"我的上帝啊，正义！

来到波士顿后，我见到很多有趣的事。今天早上，我被引荐给班克斯（Banks）州长。他和我就"共和主义"，特别是就道格拉斯进行了一场谈话。他问我这样一个问题，"你会在伊利诺伊支持道格拉斯，对吗？"对此我回答："不，永远不会！"他感到非常惊讶，于是我们的话题转到共和主义以及其他一些泛泛的问题。林肯，格里利和其他一些支持道拉斯的人，比如哈里斯等人，希望道格拉斯能坚持下去。班克斯问我的问题也是其他一些人关心的问题，显而易见，他们事先得到了格里利的暗示。顺便提一下，格里利跟我提道："共和党人的标准过高，应该更实际一些。"

你可能对这些事没有兴趣，但我很重视这些，我的职责是告诉你发生了什么，以便你防患于未然，我希望你能做到未雨绸缪。北方的人们对我很冷漢——有点讨厌。

你的朋友，

W.H. 赫恩登

回家的时候，我带去了鼓舞人心的消息。我告诉林肯，菲利普斯、萨姆纳、苏厄德、加里森、比彻、格里利都对林肯赞赏有加。我还带来了西奥多·帕克的演说稿，帕克让我转达对林肯亲切的问候。帕克的一篇演说的题目是“奴隶制度对美国人民的影响”，那是他在波士顿音乐大厅发表的演说，我把这篇演说稿给了林肯，他读完以后还给了我。他特别喜欢下面的这段话，用铅笔标了出来，并且后来用在了他在葛底斯堡的演说里：“民主就是直接的民有、民治、民享。”

1858年4月。民主党举行了全国代表大会，除了选举出一些参议员候选人外，民主党对道格拉斯在参议院的工作给予了认可，并再次提名他为参议员候选人。与此同时，林肯在伊利诺伊州共和党人的心中一致被列为参议员的人选。共和党将在6月16日在斯普林菲尔德召开的大会上一致通过一项特别决议：“亚伯拉罕·林肯先生是我们的第一，且唯一的参议员候选人。他将在道格拉斯届满以后，弥补他留下的空缺。”林肯对此并不感到惊讶。他已经期待良久。他开始为此殊荣悄悄、认真地准备答谢演讲。在写这篇演讲稿的过程中，每当林肯有灵感的时候，他就随手把这些句子写在零散的信封上或者纸条上，然后把这些纸条保存在他的帽子里。大会召开前夕，林肯把所有零散的内容抄在一张纸上，认真地、逐字逐行地修改，把它们融会贯通为一体，以便于演讲期间做提示稿用，也便于会后公开发表。其实，这些提前预防措施对他来说根本没有必要，因为他早已对自己所写的内容烂熟于心，他能毫无困难地发表演讲。大会召开前几天，当林肯为演讲做准备的时候，州政府审计员杰西·K. 杜波依斯（Jesse Dubois）走进林肯办公室，看到他在伏案奋笔疾书，于是好奇地问他在写什么。林肯粗声答道，“我在写的东西是将来有一天你会看到或者听到的东西，但我现在不能给你看。”[①] 虽然我知道林肯写的是什么，但是既然他没有征询过我或者其他任何人的意见，我不会主动去给他任何建议。

在完成了最后的演讲草稿后，林肯锁上办公室的门，拉上遮挡门上玻璃面板的窗帘，然后把演讲稿读了一遍给我听。在每一段结束以后，他会停下来听我评论。我还记得，演讲稿的第一段就讲到了分裂之家。听过之后，我说："你说的是实话，但是这样描述明智吗？”林肯回答："‘分裂之家’是所有人都体会到的事实，并且‘措辞通俗易懂’，一个分裂的家是无法存在的，这个观点已经存在了六千年。我想把一些常识性的事物用普遍语言表达出来，这样可以朗朗上口。我觉得没必要对这个描述进行删减。我宁愿因为演讲稿中的这句话落选，也要在人们面前说出我的心声，我不愿意为了竞选获胜而把它藏在心底。”这不是林肯第一次提出一个国家不能有两种制度——奴隶制和自由制——的观点。早在1856年，林肯在布卢明顿做的一篇演讲里就提到过这个理念，但是，当时T.莱尔·迪基（Lyle Dickey）法官和其他人反对这样的说法。他们认为，这样的“演讲将会把北方人全部划为废奴主义者，而南方人全部是奴隶制拥护者，这种划分阵营的宣传方式会引发战争，并会最终导致联邦的分裂”，于是林肯不得不同意在那次竞选中放弃这样的说法。[②] 但是现在，情况已经不同了，局势变化莫测，共和党的力量已经壮大到颇具影响力的程度，再也没有什么能阻碍林肯了，林肯准备在未来的演说中全面而真实地表达他真正的想法。

---

① “大会结束后，林肯在街上遇到我，他对我说：‘杜波依斯，我现在可以回答那天你在我办公室里，你问我的问题了。当时，我在写那篇讲演稿。我知道，如果当时我把演讲稿里关于分裂之家那段话读给你听的话，你会要求我修改它，而我决定绝对不修改它，就那么说出来。’”——杰西·k.杜波依斯的陈述。

② “大会结束后，林肯和我回到派克楼，我们住一个房间。一进房间，我立刻对林肯说，‘上帝呀，你怎么会宣扬这样的观点？’他幽默地回答，‘那是我的心声，迪基，我觉得它是对的。’我引经据典力图向他说明那不是一个正确的观点。他极力争辩。最后我说，‘就算你是对的，一个国家不能有奴隶制和自由制两种制度，你向人们灌输你的想法，你能得到什么好处？’几分钟后，林肯站起来靠近我，他伸出的右手握住我的手，然后说，‘为了尊重你的判断，迪基，我向你发誓我在竞选中不会再宣扬这个说法了。’”——1866年12月8日，T.莱尔·迪基的信件手稿。

发表演讲之前，他把十几个朋友请到国会图书馆，在那他给他们预演了演讲。演讲之后，他向在场的每个人征求了意见。虽然不乏赞美之声，但有很多人给出了批评性的建议。其中一个人，情绪非常激动地将此演讲描述为“喋喋不休的愚蠢言论”；另一个人则评论他的观点“太超前了”；还有一个人认为，这个学说会吓跑那些刚脱离民主党加入共和党的选民。每个人都提出了自己批判性的观点。我是最后一个评论的。尽管演讲稿的语言表达过于直白，但它说的正是我所想的，于是我说：“林肯，就这样演讲，你一定会当选总统。”当时，我没有意识到我的话对林肯起到非常大的鼓舞作用。耐心地听取了朋友们的意见后——在场所有的人，除我之外都对演讲内容持批评态度——林肯从椅子上站起来，用如下语言回答了那些疑异：“朋友们，真相已经被遮掩得太久了，现在到了不得不说实话的时刻；如果我因为这个演说而落选，那么，我宁肯落选也要说出这番心里话——为正义而做出牺牲是我心甘情愿的。”第二天，也就是17日，我们听到的演说发表了。在林肯提出“分裂之家”观点的同一时刻，苏厄德在北方大肆宣扬他的“更高准则（指高于人间法律的准则——编者按）”。在我看来，林肯的“分裂之家”演说无疑是对苏厄德的政治学说的一个有力打击。①

演讲之后，林肯给人们留下的印象之深大大超出了他本人以及他的朋友们的预期。许多共和党人认为林肯的观点过于超前，因此表示反对；民主党人则认为，林肯的理论精确定义了目前的形势。读到林肯的演讲以后，许多距离斯普林菲尔德很远的朋友都措辞强烈地写信给林肯，批评他的观点；甚至有人②预言，林肯演讲稿里的前10行话必将导致其在选举中落选。各种谴责铺天盖地而来，但林肯对此则非常有耐心。林肯曾骄傲地对一个尾随着他，向他发牢骚的人说，“如果我不得不给自己的人生画一条分界线的话，那么我将毫不犹豫地选择这次演讲作为分界线，我的演讲内容必将被历史铭记”。

① 任何研究演讲历史的学生，在读过林肯在这篇演说以后，都会想到韦伯斯特在众议院回应海恩的那篇演说。两篇演说开头的描述和观点都很感人。事实上，在这个例子里这么说可能有点不恰当，林肯仔细地拜读过韦伯斯特的作品，而且引用过其中一部分。

② 伦纳德·斯韦特。

此时，道格拉斯已经从华盛顿返回芝加哥家中。经过几天的休整后，在朋友们和同事的周密安排下，道格拉斯于7月9日出席了一个公共招待会，招待会上，道格拉斯在特里蒙特楼的阳台上发表了演说，此次演说被视为道格拉斯对林肯在斯普林菲尔德演说的回应。林肯出席了招待会，但是没有参加活动。第二天，林肯同样在特里蒙特楼的阳台上对道格拉斯的演说做出了回应。离开芝加哥后，道格拉斯去了布卢明顿和斯普林菲尔德，并分别于7月16日和17日在两地做了两场演说。17日晚上，林肯再次对道格拉斯的演说做了回应性演讲。两人一问一答式的演说现在进入了白热化阶段，林肯的共和党朋友们希望他能和道格拉斯组成一个联合辩论团，因此，7月24日，林肯向道格拉斯发出了挑战。

我认为没必要在这里详细叙述两位伟大领袖针对此事所进行的反复交锋。最后的结果是，道格拉斯于30日接受了林肯的建议，二人将在同一时间、同一地点、面对同样听众进行辩论式演说。二人将在芝加哥和斯普林菲尔德以外的7个地方演讲，这7个地方属于不同党派的支持区。① 最后决定的演讲地点和时间如下：渥太华，8月21日；弗里波特（Freeport），8月27日；琼斯伯勒（Jonesboro），9月15日；查尔斯顿，9月18日；盖尔斯堡（Galesburg），10月7日；昆西，10月13日；奥尔顿，10月15日。谈到上述信息，道格拉

① 从下面的几封信中，我们可以看到林肯为联合演讲所做的准备工作：

1858年6月28日，斯普林菲尔德

“A. 坎贝尔阁下：

亲爱的先生，1856年，您授权让我使用您一笔数目不超过五百美元的资金。我深知这样的特权在当时是不多见的。我知道现在世道艰难，不比当初了。请您无论如何写信给我。不管您现在是否还愿意资助我，我都会对您曾经的善意心怀感激。——非常忠实于您的

亚伯拉罕·林肯”

下面这封坎贝尔先生的信，信件内容很有意思：

1888年12月12日，伊利诺伊州，拉萨尔

“杰西·W. 魏克阁下：

亲爱的先生：1856年我曾去过斯普林菲尔德的林肯和赫恩登律师事务所，并在那里给了林肯一些赞助资金。我不记得当时确切的数目了，大概是两百到三百美元之间。我从来没有让林肯还钱，从来不记账，也没有特意记住我给他的这些钱。我给他那些钱的目的是让他用于个人消费，或者用于公众利益。我从来没有期望他归还这些钱。就我对他在1856年竞选期间金钱事务上的了解，我完全相信，我给他的每一分钱都仔细、忠实地用于了公众利益。——诚挚的 A. 坎贝尔”。

斯在信中写道，“我同意你的意见，我们轮流进行敞开式辩论。我先在渥太华讲演一个小时，你可以用一个半小时来回应，然后我反辩一个半小时。在弗里波特由你开始演说，你先讲演一个小时，我辩论一个半小时，然后你可以用一个半小时来回应。我们用这个方法轮流在每个地方辩论。”林肯在31日表达了他对这个安排的赞同，他写道，“尽管根据你建议的条件，你有4个开场机会，而我只有3个，但我还是同意你的安排。”

历史上很少有像林肯和道格拉斯这样在生活和政治事业上都很相似的人。他们1834年在万达利亚第一次碰面，当时林肯是众议员，而道格拉斯是说客。第二年，道格拉斯也成为了众议员。1839年，两人于同一天①开始在伊利诺伊的高等法院工作。1841年，两人开始追求同一个女子。1846年两人都成为伊利诺伊在华盛顿国会中的议员，一个在上议院另一个在下议院。1858年，他们是互为对手的美国参议员候选人。最后，两人都在1860年成为总统候选人。他们的政治经历如此相近，然而，他们在很多方面又是如此不同。

道格拉斯个子矮小——大概高五英尺多一点儿。他身材魁梧、头大、肩膀宽、胸膛厚。道格拉斯彬彬有礼、平易近人、而且很勇敢。他别具一格的个人魅力，吸引了很多崇拜者，大家视其为偶像。道格拉斯有丰富的辩论经验，这些经验来自于多年来他在国会中在经验丰富的政治家和演说家中间的耳濡目染。他满脑子都是政治历史，对于一般的论题能够手到擒来，雄辩技术非常出色，自信到有点自负。道格拉斯是一个从各方面来说都非常危险的竞争对手。他所缺乏的是深谋远虑，如果在辩论中，他不能从正面直接摧毁对手的辩论框架，那么，他绝不勉为其难地重述对方的观点，或者用言语嘲弄对方。林肯非常了解道格拉斯。②林肯经常在政治演说中遭遇道格拉斯，

①12月3日。

②近些年，越来越多的人对道格拉斯身为律师的能力和信誉问题提出质疑。其中，最新的版本把他描述为不择手段的“讼棍”，我认为，这样的描述既不公平也不真实。通过在律师协会共事期间的相处，我发现道格拉斯是一个胸襟开阔的、公正的、思想解放的人。尽管他不是根正苗红的法律专业毕业生，但他凭借丰富的知识积累站在了同行的前列。他十分慷慨、彬彬有礼，从不为了获胜而自降身份。据我观察，林肯和道格拉斯在这方面很相似。只有在涉及政治问题的时候，道格拉斯才会表露出其不够灵活的一面，也只有当他与林肯在政治舞台相遇的时候，才显露过其不遵守道义的一面。

因此，林肯对道格拉斯可谓知己知彼，百战不殆。

林肯在知识构成上与道格拉斯完全不同。林肯的知识构造基础是常识性的知识，平铺直叙式的陈述，呆板的逻辑。林肯的外在气质冷漠——至少是没有吸引力的——林肯从来没有尝试过通过优雅的举止令人尊敬。尽管林肯有政治野心，但他从不关心是否受人崇拜。他对公平、公开和真理的热爱从未改变。他对每件事情都会认真分析，所说的每句话都直白露骨。林肯常在演讲中展现出的超强的逻辑推理能力、果敢坚决的勇气，让听众深切感受到他的真诚与诚实。道格拉斯杰出的雄辩能力、英俊的外表和机敏的反应足以令听众折服；但是，当听众在会议结束后，在欢呼喝彩归于沉寂后，在回到家中后，他们脑海里能残留下的是林肯那富有逻辑性的论断和对事物本质的剖析。

下面是我对林肯在政治演说中的表情和行为举止进行的描述，相信大家会觉得很有趣。林肯在站直了身体时有六英尺四英寸高。他身材瘦削、举止笨拙，除了因为习惯性忧郁造成的痛苦表情外，他的脸上没有什么其他表情。他胸围很窄，因此有点儿溜肩。当他站起来面对着法庭和陪审团的时候，或者，当他面对人群演讲的时候，他的身体会微微向前倾。刚开始，他会表现得非常笨拙、身体僵硬、神经敏感、对周围环境无所适从。这样不自然的状态会持续一段时间，每当我看到这种状态下的林肯都会对他深表同情。刚开始讲话的时候，林肯的声音是颤抖的、尖锐的、让人不舒服的。他的举止、他的神态、他那又黄又黑又干燥且长满皱纹的脸、他那奇怪的姿势、他那缺乏自信的动作——似乎一切都在跟他作对——但是，那只会持续很短的一段时间。起身发言的时候，林肯通常把手背在身后，左手的手背放在右手的手掌里，右手的大拇指和其他手指一起紧扣左手腕。最初的笨拙、敏感和僵硬过后，随着发言的进行，林肯会变得生机勃勃。这时候，他的手会慢慢松开，放到身体两侧。需要表现的时候，林肯会把手握紧，放在身前，手指交叉，两只手的大拇指互相交错转动着。演讲中有需要强调的内容时，他的手指松开，手也分别放下，他的左胳膊背在身后，手背贴在身上，右手放在身体右侧。每当演讲进行到这个时刻，他已经完全的镇静下来，这才是他真正开始演讲的时候。林肯用手做的姿势没有用头做得多。演讲中，他经常因为激动而把头甩来甩去，这是他加强语气时的经典动作。有时候，他会突然一转头，仿佛易燃物里被扔进了电火花一样。林肯从来不会做事先排练，他从来不在乎舞台效果。林肯说出的话语总是冷静的、深入人心的、深思熟虑的。他的行事风格简明、精炼、严密。辩论中的林肯逻辑性强、感情充沛且公平公正。林肯在穿着上有点儿马虎，他的衣服不像道格拉斯那样裁剪合体，而是松松垮垮地挂在他那过高的身体上。随着演讲的进行，他的动作逐渐不再拘谨，这时候的他，可以称得上是温文尔雅的。林肯的举止从来不做作，体现出其鲜明的个性，这样的他展现的是一种独特的高贵；他唾弃虚伪的表演，他的演说极有影响力，会左右人们的情绪。当林肯想突出某个具有重要意义的论点时，他会用那长长的、骨感的右手食指指点江山。情绪高涨的时候，他会呈五十度角举起双手，手掌向上，仿佛渴望皈依上帝一般。表达憎恶情绪的时候，例如公开谴责奴隶制度的时候，他会举起两只胳膊，在空中挥动握紧的双拳。这是他最有影响力的手势之一，清晰地表明他坚决要把憎恨的东西踩入泥土的决心。

林肯总是用双脚牢牢站着；换言之，站立时，林肯从不把一只脚放到另一脚前面，他从不依靠任何东西。辩论的时候，林肯很少改变自己的立场和态度，他从不夸夸其谈，也不在台上走来走去。为了放松胳膊，他经常以大拇指向上的姿势，用左手抓紧衣服上的商标，而右手则用来做手势。最近在芝加哥的一个博物馆里竖立的林肯纪念碑上，林肯的雕像就是这样一个姿势。随着演讲的深入，林肯的音调也随着变化，由之前那种尖细颤抖的嗓音，变成柔和而低沉的音调。此时的林肯，站直身躯，挺起胸脯，整个人显得充满活力且仪表堂堂。在林肯为给他带来最多灵感的《独立宣言》进行辩护的时候，“他的语言直接且一语中的，陈词慷慨激昂，这时候的林肯是帕特里克·亨利（Patrick Henry）、米拉博（Mirabeau）和维尼奥（Vergniaud）所不可比拟的，因为他的灵魂已完全沉浸在为人类的权利和正义而进行的斗争之中。”①他不大的灰色眸子因为他意义深远的想法而炯炯有神；他笨拙的动作和僵硬的举止被心底深处喷薄而出的正义浪潮所淹没。这就是演说家林肯。

我们能够体会到，当野心勃勃且英勇无畏的道格拉斯遭遇林肯这样一个人物时的感觉。四年前，道格拉斯和林肯进行的联合辩论中，道格拉斯曾经主动妥协，承认林肯给他带来的麻烦“比其他所有参议员加起来还多”。现在，二人又一次面临正面交锋了。②

我们没有必要在这里重述林肯和道格拉斯所做的闻名于世的演讲。简言之，当林肯在斯普林菲尔德做第一场演说的时候，他的观点就已经很明确了：“分裂之家，无以存活”。我相信，政府不能永远忍受一半奴隶一半自由的制度。我不希望看到联邦消亡，也不希望家园消失——但是，我确实希望停止分裂。鱼和熊掌，不可兼得，两种制度，只能存活一个，无论南北，不分新旧。道格拉斯在奴隶制问题上的观点是大相径庭的，他不遗余力宣传的“人民主权论”就是被林肯戏愚为“如果一个人要奴役另一个人，第三人无权反对”的学说。在奥尔顿进行的最后一次辩论演说中，林肯全然不顾是否会丢失选票，而大肆抨击了那些对万恶的奴隶制度抱有冷漠旁观心态的人士，在结束演讲的时候，林肯做了如下激动人心的总结：“奴隶制度是真正的症结所在。即使我和道格拉斯法官对这个问题保持缄默，这个问题依然会在我们国家持续下去。奴隶制度和自由制度之间的斗争会永久存在于世界，无论对错。这两种原理从一开始就对立存在，并将永远斗争。自由制是人类的普遍权利，而奴隶制是国王赐予的权利。不管如何发展，两种制度的根本意识形态有着本质的区别，即：‘你不计报酬的辛苦劳动挣来面包，是为了给我吃。’不管它演变成何种形态，不论是国王剥削劳动人民劳动的果实，还是一个人种剥削另一个人种的劳动所得，他们的专制性原理是一致的。”

① 霍勒斯·怀特，在他的《芝加哥论坛报》上报道了这篇演讲。1865年6月9日信件手稿。

②“昨天，是我和道格拉斯在这次辩论性演说中第一次会面，当时的场面可谓火花四溅，还好我挺过来了。”引自林肯于1858年8月22日写给渥太华的J.O.坎宁安的信件手稿。

我认为，在这里我没有必要叙述二人在渥太华第一次辩论性演说过程中，道格拉斯向林肯提出的七个问题，也没有必要提及林肯在弗里波特向道格拉斯提的那四个问题。我要在这里指出的是，道格拉斯在弗里波特答复林肯提问的时候，他的政治观点已经被击垮了。面对林肯的问题，道格拉斯的政治基础被打击得体无完肤，即使道格拉斯在随后的参议员选举中获胜，也无法弥补他辩论中的损失。

在辩论演说期间，除了参加与道格拉斯之间的七场演说之外，林肯还参加了州中心委员会为他安排的31场活动。此外，他还会不定时地临时在不同地点做一些小型演说。当他马不停蹄的在全州奔忙时，也会见缝插针地返回斯普林菲尔德，向朋友们请教一些演说中遇到的问题。为了帮助他，我不断拜访国家图书馆，埋首于如山般的资料中，寻找旧日的演说、收集信息、寻找既定策略。此外，我主动把所有报纸中诸如时评等有用的信息剪下来，供他参阅；我会利用给他回信或者回电报的时候，将装订成册的剪辑一起寄给他。林肯有一个皮面带扣的本子，在巡回辩论演说开始之前，我们一直用这个本子装时评等报纸剪切内容。在辩论演说期间，道格拉斯一直享有一个极大的优势，他已经做了很多年美国参议员，所以他在全国各个政府部门的职位上都有很多有影响力的朋友，这些人每次演说都来参加，且不放过任何一个机会为道格拉斯大声喝彩，大力吹捧。这些人营造的，倾向于道格拉斯的热烈气氛对在场的听众起到了明显的影响——林肯经常向他的朋友们抱怨这个事实。一个在辩论演说期间一直陪伴林肯的工作人员[①]回忆道："琼斯伯勒演说结束后的第二天，我和林肯去参加森特勒利亚（Centralia）的农贸会。夜幕降临的时候，我们都已经精疲力竭了，我们已经在农贸会的场地上站了一整天。我们打算在伊利诺伊中心铁路搭火车向北走。火车是在午夜启程，火车站里人满为患。我设法在铁路主管那里给林肯搞到一把椅子坐，但是，热衷于政治的老百姓们总是来打扰林肯，以至于他几乎不能合一会儿

① 1865年7月21日亨利·C. 惠特尼的信件手稿。

眼。火车进站了，且很快就被塞得满满的。我在靠近车门的地方给林肯和我自己找到了一个座。他已经精疲力竭，第二天还要去查尔斯顿和道格拉斯辩论。火车后面拖着一辆小轿车，这种车被称为沙龙车，我去找小轿车的司机——他认识我和林肯，因为我们经常到处奔波——可否让林肯搭个便车，林肯累坏了，他需要休息，但那个司机拒绝了我们的请求。与此同时，乔治·B. 麦克莱伦却用专车专列载着道格拉斯到处跑。伊利诺伊中心铁路公司这样对待林肯非常不公平，该公司的所有人都反对林肯的观点，而支持道格拉斯。"

辩论演说的烽火终于熄灭了。选举在11月2日举行，虽然林肯得到了总数超过4,000张的民众选票，但他在立法区的选举则惨败。当参议员选举在立法区举行的时候，道格拉斯得到了54张选票而林肯只得到了46张——可悲的《土地分配法》结果生效了。①

林肯在这个时期写的信件，很好的反映出他当时面对竞选失利时的感受。下面是林肯写给亨利·阿斯伯里（Henry Asbury）的信，阿斯伯里曾给林肯写过一封热情洋溢的信，鼓励他不要轻言放弃。

"1858年11月19日，斯普林菲尔德

致亨利·阿斯伯里先生

亲爱的先生：我几天前收到了你于13日写的信。战斗还会继续，为了实

① 霍勒斯·格里利时刻关心着政局的发展。我仍然保留着许多他当时写给我和林肯的信件。10月6日竞选期间，格里利写给我，他提到道格拉斯时说："就目前的情况来看，我当然不会支持道格拉斯，但是，如果当初伊利诺伊的共和党人能够更有远见些、更聪明些的话，道格拉斯就不会是今天这个样子了……既然现在已经是这个局面了，我也不想再充当权威去做任何评论，也不想因此而与朋友们继续意见不合。"听说11月份选举的结果后，格里利很快又写信来："我个人认为，道德拉斯先生可以成为共和党最出色的总统候选人，但共和党不会推举他。'既然道格拉斯是注定要被牺牲于祭坛之上的羔羊，那么现在趁机把他养肥些，以便于屠宰时好下刀。'"一个关于谁更适合总统候选人的民意问询由此展开。11月4日，"对于总统候选人的职位，我的判断是，爱德华·贝茨为总统，约翰·M. 里德为副总统；但是我愿意支持任何强有力的人，我不希望给原本已经负重过度的团队再增加新的负担。至于道格拉斯，正如他曾经对自己做过的评论那样'我不像想象中那么重要'。但我认为，在他进行反莱康普顿宪法的论辩过程中，我们最好不要在背后攻击他，我现在仍然是那个观点。"

现国内民主，别说是一次失败，就是一百次，我也不会妥协。关于奴隶制度究竟应该被推翻、还是保留的问题，道格拉斯在辩论中的论点站不住脚。奴隶制和自由制不可能长期和谐共处。下一场爆发很快就会到来。——您诚挚的 亚伯拉罕·林肯”

林肯在同一天给另外一个朋友[①]的信是这样写的：“我很高兴参加了上次的角逐，在那里，我听到了关于这个时代最伟大、最持久问题的辩论，这是其他地方听不到的；尽管我在竞选中败下阵来，但是，我说出了自己的想法，我相信，即使将来我们作古，我的言论还是会在追寻自由的道路上留下痕迹。”

在开始讲述林肯生活中的其他事情之前，我觉得有必要在本章中叙述一下，林肯于8月12日，在比尔兹敦发表的一篇演说中引用了著名的《独立宣言》，而不是像传记作者们所认为的，在五天之后的刘易斯顿演讲中引用。如果说，葛底斯堡的演说是林肯所做的最伟大的一次演说，那么，此次演说可以排名第二。演说的推理明确、观点突出。身为共和党之父的林肯在演说中揭露了奴隶买卖交易的罪恶，他说：“我们先辈的代表们聚集在老独立大厅，向全人类宣布：‘我们认为下面这些真理是不言而喻的：人人生而平等，造物者赋予他们若干不可剥夺的权利，其中包括生命权、自由权和追求幸福的权利。’这是上帝对人类社会体制的伟大诠释。是上帝对‘公平’一词高尚而智慧的理解——是的，先生们，对所有上帝的创造物来说、对整个人类大家庭来说——没有谁来到这个世界上是为了被他的同伴践踏，或者为了退化和堕落。这个道理不仅适用于所有人种，而且适用于他们所有子孙后代。先辈们所竖立的丰碑将引导其子子孙孙，以及后世所有的人类。先辈们是如此明智，他们知道繁荣会导致贪婪，而贪婪会在不远的将来使某些人、某些党派、某些利益团体产生暴君，他们将会建立这样的学说声称，只有富人，只

① 亨利博士。

有白人，且只有盎格鲁－撒克逊人才拥有生命权，自由权和追求幸福的权利。这个时候，他们的后代将再一次拿起《独立宣言》，鼓起勇气重新开始父辈们进行过的战争，直至所有人类和基督教信条重归大地，直至自由平等的原则不再被限制。”

现在，我的同胞们，如果你们被灌输了与伟大的里程碑《独立宣言》相冲突的信条，如果你们听到了对《独立宣言》断章取义的信条，如果你相信人生来就是不平等的，那么，让我恳请你们回来，回到所有问题的源头上来。不用考虑我；也不用考虑任何人的政治命运，但请回到《独立宣言》中的真理上来。你可以不选我入围参议员，你可以对我做任何事，只要你遵从《独立宣言》。我承认，我对俗世荣誉有所追求，所以我来竞争参选，但我在这里请求你们不要考虑我或者任何一个人的得失，那是微不足道的。我本身是微不足道的，道格拉斯法官也是微不足道的。真正重要的是不要摧毁人类精神支柱的象征——《美国独立宣言》。

一个新闻记者[①]听了林肯所做的这个宏伟演说后，给我写信如下：“你提到的《独立宣言》中的省略部分是我根据林肯先生1858年8月12日在比尔兹敦发表的演说的回忆写的。发表演说的第二天，我和林肯先生乘汽船从比尔兹敦前往哈瓦那，路上，我对林肯说，我被他前一天演讲结尾所做的结论性评论深深地打动，如果他能把那些话给我写出来，我相信，这篇演说的发表将使我们极大地获益，同时对林肯自己人气的提升也有帮助。林肯回答说，他记不太清自己演讲时说的话了，他所有的竞选演说都是即兴发挥，影响好坏也完全依靠当时的灵感，这次也不例外。他补充说，我可能过高的估计了那些言论的价值。在回答我提出的关于他是否介意我根据回忆把那些言论写出来，并以书面报告的形式发表时，林肯说，‘一点也不介意，’于是我就这

① 霍勒斯·怀特1865年5月17日的手稿。

么做了。我当时很自信，正如我现在同样确信，我记录下的这篇演说完全忠实于林肯当时的语言及思想。写完之后，我给林肯读了一遍。当我读完以后他说，‘不错，你写的的确是我的观点，如果我要表达这个观点的话，所用的语言大体也是这样，但是恐怕我所用的语言没有你写的那么好。’我对这段评论记得十分清楚，如果那个老汽船——*编辑号*——还在的话，我能指出我们当时坐的位置。得到林肯的赞同后，我把这篇演说稿转投到我们报社，由于我之前所写的关于比尔兹敦会议的报道已经投递，我在之后两三天里从刘易斯顿寄出了这篇加上了独立宣言附记的报道。……后来，我看到这段结束语被一次又一次地引用和发表在美国和英国的一些报纸上（且带来正面的影响，我相信）。每当这时，我脑海中就会浮现出当时记录下这段话时的情景。”

第十四章　鲜为人知的宗教观

在林肯先生彻底为大众所知之前，他的职业生涯正面临最大的危机，让我们对他进行更近距离的、更私人性质的观察，了解他的观点和行为，认识居家中的他，更透彻地了解他著名的论点是如何发展而成的，这将有利于我们对他进行总体评价。学术研究领域的林肯是一个严肃的、百折不挠的、拥有惊人忍耐力的思考者，他时常因为沉浸在思考中而显得神游太虚、木讷而沉默寡言。结婚之后的林肯仍然不能适应与女人周旋；事实上，他不喜欢女人的世界，尽管一个传记作者对此持有不同看法。林肯不会用温和的方式去取悦女性，而且，他似乎不懂得如何积极主动地赢得女人的青睐。如果说林肯的妻子是幸福的，那么，要么是因为她本性开朗明媚，要么就是她想了别的办法使自己快乐，因为她的生活中充满了许多令人不快的因素。但是，林肯用自己特殊的方式表明他是个好丈夫。

每当林肯因为长时间的认真思考而感到困倦时，他会从生活中找点乐趣借以放松。当感到困倦的时候，林肯会停止思考，找只小狗或小猫嬉戏一会儿，精神得到放松后，再回去接着工作。林肯对待男女的方式几乎一样。尽管林肯认为，有抱负的男人应该通过追求政治地位的方式借以实现自己的人生价值，但他明显不喜欢追求社会上的时髦风尚。如果林肯受邀出去吃饭，或者参加社交活动而不得不跟女士们交往时，他会对女士们保持彬彬有礼，会因为不善交际而显得手足无措。一有机会，林肯会用自己卓越的讲故事能力把男人们和他们的女人分开，把他们引到客厅的角落里，围挤到他的身边。像玛丽·托德那样又骄傲、又有政治野心的女人，嫁给一个如我之前所描述的林肯那样的男人后毫无疑问会感到后悔。两人在婚后都尝到了不匹配的婚姻的苦果①。在描述林肯的家庭生活的时候，我可以揭示一些以前不为世人所知的林肯的特色；但是，我确信，我这么做不会对任何人造成不便，因为在这场家庭戏剧里，所有的演员都不在了，而世人已经准备好去聆听这些事实了。林肯所有的朋友都知道，他的婚姻生活给他的政治事业带来了特殊的影响。我认为，现在揭开这个谜底没有什么不恰当的。我在前面一个章节中已经描述了林肯太太的气质和性格，我觉得，她最大的不幸在于她不能控制自己的坏脾气。承认了这个，所有的事情就好解释了。不管林肯在别人面前表现得如何冷漠和心不在焉，也不管在公共场合演说时他能够表现得多么激情澎湃，林肯在家里从不多言，他在家庭事务上一向把夫人视作无上的权威，在所有的事情上都逆来顺受。② 在这一点上，也许戴维斯法官的描述可以用来作为佐证，“按照惯例，星期六晚上所有的律师都会回家去看他们的家人和朋友，但是，林肯总是找一些借口不回去。我们什么都没有说，但是，所有的人都认为，林肯的家庭生活似乎不太幸福。”林肯在家庭事务上什么都不管，他的孩子们高兴怎么做就怎么做，他们的许多傻里傻气的行为都

① 林肯太太所持的政治观点无疑是拥护奴隶制度的。当林肯夫妇还在斯普林菲尔德居住的时候，有一天，她被邀请去和邻居一起乘车出去兜风，兜风途中她曾说道：“如果我的丈夫死了，他的灵魂只有在蓄奴州范围内才能找到我。”

② 有一天，一个园丁建议林肯夫人砍掉院子里的一棵树，林肯太太痛快地答应了。但是在这么做之前，那园丁来到我们的办公室就此事咨询林肯本人的意见，“林肯太太说什么？”林肯问。“她同意把它砍掉。”“那么，以上帝的名义，”林肯大叫，“连根拔掉它！”

得到他的赞成，他一点也不约束孩子们。林肯从未发挥父亲的权威性，对他们的行为表示一下不满。林肯是我所知道的最宽容的家长。当林肯在家的时候，他有一个习惯，星期日他会在夫人去教堂的时候带着他的两个儿子，威廉和托马斯（或者叫"泰德"），去他的办公室里待着。他很少陪夫人去教堂。即使儿子们把书从书架上扯下来，弄弯所有的笔尖，打翻墨水瓶，把法律文件弄得满地都是，或者把铅笔都扔到了痰盂里，林肯仍然会保持平静，他是个好脾气的父亲。林肯常常沉浸在自己的思考里，从来不关心儿子们是否已经淘气到了该打屁股的程度。而作为他可怜的合伙人，我都看不过去了，却也不好说什么。即使儿子们的恶作剧引起了林肯的注意，因为他不会显示出任何实质上的不赞同，这种做法间接鼓励了儿子们一次又一次的捣蛋行为。教堂礼拜结束以后，林肯会带着孩子们加入从教堂里涌出的衣着光鲜的人群中，踏上回家的路。看到这父子三人，大多数人都会认为，他们正在赶回温馨的家，那里有暖融融的壁炉，那里有爱，有白翅鹦鹉，一切都是那么的宁静。一位林肯太太的近亲，在解释林肯的家庭不幸时，给出了如下建议：

"林肯太太出身高贵，像一个贵妇一样被抚养长大，而她的丈夫正好相反，在出身上、受到的教育上、成长方式上，以及所有的事情上，两个人都是如此格格不入。因此，她自然会抱怨丈夫听到门铃响了以后自己去开门而不是让仆人去做；她自然会责备丈夫，因为他坚持用自己的餐刀去切黄油，而不是用精致的带银把的专用黄油勺去挑黄油。"[①] 林肯诸如此类在社交礼仪上的不雅使林肯夫人非常不快，因此，每当纠正丈夫这类错误时，她会不顾时间、地点和场合是否适宜。林肯夫人经常爆发的坏脾气使林肯时常处于尴尬难堪的境地。

---

① 一位与林肯一家生活了两年的女亲戚告诉我，林肯先生习惯躺在地板上，把枕头靠在椅背上读书。有一天晚上，当他在客厅里用这么一个姿势读书的时候，有人敲门，尽管当时他衣衫不整，但还是去应了门。两个女人站在门口，他把她们请进了客厅，用坦率的、家常语气对女士们说他居然"没有把两位女士吓跑"。林肯太太在旁边的屋子里看到这两个女人进来，也听到了丈夫和她们开这样的玩笑。她突然恼怒起来，这让林肯的处境尴尬可笑，于是他乐得离开公馆，直到很晚也不敢回家，最后他悄悄从后门溜回了家。

林肯太太特别的性情使她很难长时间地留住仆人。树欲静而风不止，她喜欢显摆，喜欢被人注意。当她炫耀自己高贵的家世血统的时候，或者，当她沉溺于莫名其妙的怒气中的时候，仆人会逢迎地对她溜须拍马，或者，世故地鼓励她自命不凡。那时候的林肯太太，会成为仆人最铁的朋友。一个了解了林肯夫人脾气的仆人学会了迎合她变幻莫测的风格，所以在她家工作了好几年。她告诉我，在道格拉斯和林肯辩论的那段时间，她经常听见林肯太太扬言自己会成为白宫的女主人。她能忍受女主人古怪行为的秘密是，如果她能勇敢面对任何可能发生的风暴，而且不抱怨、不诉苦的话，林肯先生每个星期会额外给她一块钱。尽管非常艰辛，但她还是遵守了约定。钱是秘密支付的，林肯太太对此毫不知情。在女主人对仆人大发雷霆之后，林肯会在第一时间把手放在仆人的肩膀上，鼓励她道："玛丽，鼓起勇气。"补充一点大家可能感兴趣的话题，这个女仆后来嫁给了一名军人。1865年春天，这个妻子来到华盛顿，试图想办法让丈夫离开军队。经过一番努力后，她成功获得了与林肯总统见面的机会。林肯见到她很高兴，给了她一篮子水果，告诉她第二天打电话过来，并给了她一张通行证，一些给她自己和孩子们买衣服的钱。但是，林肯在当天晚上被暗杀了。

下面的信件是林肯写给斯普林菲尔德一家报社的编辑的，信中描述了每当林肯感到困惑混乱，每当林肯太太和别人交往的时候，林肯经常会出现的某种典型状况。我们不知道林肯夫人对送报纸的人说了什么，尽管我与这个编辑非常熟悉，但现在已经无从考证当年事情的始末，我们只能做个大概的推断。这封信以前一直没有被曝光过，我对信的内容不做更多的评论，只是把它放在这里供大家品评。

【私人信件】

1857年2月20日，伊利诺伊州斯普林菲尔德

约翰·E. 罗塞特（John Rosette）阁下

亲爱的先生：您夹在《共和党人》里的那段话我昨天收到了。收到信的时候我不太舒服，因此没有注意到上面的内容。我没想到你会写信来同意我订报。所有的一切都是误会。通过和我的谈话，你应该知道，我对这个报纸的创立基础并不看好，但是，我也不希望给它设置什么障碍，而且对这份报纸的态度也只是买一份随便看看而已。当送报纸的人来到我家的时候，我的妻子跟我说："你又打算订一份没有价值的小报吗？"我推脱道："不是我让人把报纸送过来的。"自此之后，我不在家的时候，我太太开始负责家里的报纸事宜。这就是事情的始末。——亚伯拉罕·林肯

有个人曾经去林肯家兴师问罪，责问林肯太太为什么无礼地解雇了他的侄女。林肯太太在门口堵住了他，她当时情绪激动得有些失控。她通过野蛮的肢体语言和过激的话发泄了愤懑的情绪，搞得上门问罪的人手忙脚乱且灰溜溜地撤退了。那人立刻去找林肯，想从他那里得到满意的答复。林肯当时正在一间商店里与一群人聊天。那个倒霉蛋把林肯叫到门口，告诉了他事情的经过。林肯听了一会儿他的讲述，然后打断他说："我的朋友，听到你的遭遇我很抱歉，但是，你所遭遇的这种情况是我在过去的15年里日常生活的一部分。让我坦率地问你，你能不能忍耐哪怕一小会儿我的遭遇？"说这些话的时候，林肯的语气显得如此凄惨，表情如此伤痛，林肯的话使那个人完全缴械投降了。他握住林肯的手，不知道该怎么表达对这个不幸的丈夫的同情，他甚至对林肯感到愧疚。他再也没有埋怨过林肯夫人，此后，他和林肯在斯普林菲尔德成为最要好的朋友。

林肯没有知己，因此他从来不向别人吐露心声。他从来没向我透露过他忧虑的原因，据我所知，他没有跟任何朋友说过这方面的事情。这是一个沉重的负担，但是，他一句怨言也没说过。即使他缄默不语，我也能感受到他的痛苦。林肯不是个爱起早的人，一般来说，早上九点以前，他不会出现在办公室里。我通常比他提早一个小时到办公室。但是，林肯有时候会在早上七点钟就来到办公室，事实上，我记得有一次他在天亮之前就到了。如果我

发现林肯居然比我早到办公室，那就意味着他的后院又“失火”了。这个时候的林肯，要么躺在客厅里，失神地仰望着房顶；要么把脚跷在窗台上，身体挤在椅子里。我进门的时候，他不会抬头看我，只是嘟囔着跟我说声“早上好”。看到这种状况，我会立刻伏案忙碌起来；但是，他的忧郁和悲伤是如此明显，以至于我会觉得坐立不安，于是，我总是找些理由，例如去法庭或者其他地方，以便离开办公室。

我们的办公室朝着狭窄的走廊方向有一道门，门上有一半是玻璃，玻璃上用铜环挂着窗帘。外出经过这扇门的时候，我会顺手拉上窗帘遮住玻璃，在我走到楼梯尽头之前，我能听到钥匙在锁里转动的声音，林肯把自己关进了忧愁之中。我会在法庭办事员那里晃悠一个小时，或者在隔壁商店再待一个小时，然后再回去。那个时候，要么林肯正在忙碌着接待来访的客户，积极翻阅各种法律文件；要么，他会沉浸于朗诵一段印第安纳小故事，借此赶走早上忧愁的回忆，这时，笼罩在头顶的沮丧的乌云才逐渐挪走。中午，我会离开办公室回家吃饭。一小时之后，当我返回办公室时，我会发现，尽管林肯家距离办公室非常近，他仍然待在办公室里，他的午餐是从楼下的商店里买的一片奶酪、一把薄脆饼干。下午五六点钟的时候，我下班回家，而林肯依然滞留在后，他要么坐在楼梯角的一个箱子上，与一群游手好闲的人聊天，要么在法院附近徘徊着消磨时光。天黑之后，办公室里依然闪烁的灯光证明林肯还没有回家，直到夜深人静，整个世界都睡了的时候，这个注定要成为美国总统的人，他那瘦高的身影才悄无声息地溜进一栋构造保守的房子的大门，那栋房屋就是世人所称的林肯故居。

有人坚持认为，我的上述描述有点过头。我的回答是，认为我描述得不确切的人，是不了解真相的人。大部分了解真相的人都永远地离去了，如果他们能再开口说话，所有的一切就会真相大白，那么大家就会发现，我所说的一切是合理且真实的。下面，我将换个角度再讲几句关于林肯家庭生活的历史，林肯的一个仍然在世的最亲密的朋友坚持认为，林肯之所以能取得显赫的政治地位，他之所以能最后担任总统，很大一部分原因要归功于他的妻子。他的朋友坚称，“玛丽·托德狂暴的本性和不羁的举止迫使她的丈夫远离家庭温暖，这其实是对他事业的另一种支持；林肯因此而全心全意地投身于政治事业。他不会惬意地在家一边读着报纸，一边在壁炉边暖着脚，而是喜欢在外面和普通人厮混在一起。林肯要么混迹于政治家群里，与他们讨论当下的政治事件；要么滞留在法院里或政府大楼的办公室里，与聚集在那里的农民讨论公众事务；要么在漫长的冬夜里，待在农村小店里和无所事事的人们交换想法。林肯持续不断地与普通群众打成一片，结果是他比社区中的任何人更广为人知。因此，林肯夫人以特殊的方式支持了他的事业。换个角度讲，如果林肯娶了一个没有多少野心的、热衷于家庭生活的女人，例如，某个诚实的农场主的文静的女儿——一个会对林肯仰视且崇拜的女人——结果可能会完全不同。如果是那样的话，人们会看到一个随时都有干净衣服穿的林肯，一个日常生活被打理得井井有条的林肯，一个穿得暖吃得饱的林肯；这些无疑是一个本分妻子的骄傲；但是，林肯很可能会被温暖的家庭带来的乐趣埋葬，这个国家将永远不会有亚伯拉罕·林肯总统。”

在家庭生活方面，我一直同情林肯太太。世人不知道她忍受了多少苦闷，不知道她有多大的负担。林肯夫人是个无畏的、机智的、一丝不苟的人，而林肯本人则是冷静沉着、生活简单、思考缜密、不讲究生活的。当两者结合在一起的时候，不和谐就迸发出来了。此外，也许林肯夫人对丈夫的行为是在向他复仇？ 1841年那个多事的夜晚，当她穿着婚纱站在爱德华大厦里，当宴席已经摆好，当客人都已来齐的时候，新郎却没有出现，那尴尬的一幕可能不断地出现在她脑海中，促使她性情中恶的一面做出一系列的报复行为。在嫁给林肯这件事上她的目光不够长远，她没有选择成为玛丽·欧文斯夫人，拒绝了欧文斯的求婚，因为她认为，“欧文斯在让女人快乐方面存在小的缺陷”。[①]

①林肯太太于1882年7月16日死于斯普林菲尔德的姐姐尼尼安·W.爱德华兹家。在她最后生病的日子里，她的医生是这么评论的：“在她生命中的最后几年里，她的精神出现了异常，最终导致了中风瘫痪，这就是她死亡的原因。在她生命的最后几年里，她最特别的怪癖是把自己关到一个漆黑的房间里，即使屋外阳光普照，她也坚持只用一点小小的烛光照明。另一个怪癖是，她收集了

从本质上来说，林肯从来没有真正意义上对科学、哲学和财政学做过透彻的研究。他从来没有着手去彻底了解错综复杂的心理学和形而上学。①

从本质上来说，林肯或多或少有些迷信。尽管有时候他可能并不相信梦里许多暗示性的迹象，但他总是很努力地想要知道其中的奥秘。一些最荒谬的迷信活动也能轻易地在他脑海中留下深刻印象。

1831年，林肯拜访了新奥尔良的伏都教巫师；当他带着儿子罗伯特去印第安纳州的泰雷霍特去治疗狂犬咬伤的时候，他信赖狂犬病石的力量；林肯告诉他的秘书约翰·海（John Hay），他在1860年当选总统之后，曾在镜子里看到了自己的双图像，这些都证明了林肯的迷信倾向。林肯一生中坚信宿命论。林肯去世后，他的妻子告诉我："林肯唯一的哲学是，该发生的都会发生，我们的祈祷不能改变宿命。"他的这个理论是我以前就知道的。林肯一直认为，他命中注定悲哀一生，当我们单独待在办公室的时候，他曾反复对我说过："我相信我的结局会很凄惨。"他曾经在辩论的时候引用过布鲁图和恺撒事件，这都是他强烈相信宿命论的证据。他认为，布鲁图是在法律和环境的双重压迫下不受控制地杀死了恺撒，反之亦然，恺撒的出现就是为了被布鲁图杀死。诸如此类的宿命迷信观贯穿了林肯的一生，就好像一根细细的蓝色叶脉贯穿了最白的大理石一样，使我们的眼睛从恒久不变的色彩疲倦中得到休息。② 多年来，我一直订阅着威斯敏斯特和爱丁堡评论，以及其他一些英国期刊，我把这些期刊放在办公室的桌子上。除了这些期刊外，我还买了斯宾塞、达尔文和其他英国科学家的著作，当时，我带着极大的乐趣，贪婪

大量的丝绸和衣物，那些东西她从来不用，但却收集得多到连仓库的地板都要被挤垮的程度。她在谈话时聪明睿智，光彩夺目。她的脸上会显示出生机勃勃的表情，让人赏心悦目。对我来说，她一直是一个风趣的女人，当全世界都在诟病她的脾气和性情的时候，我清楚地知道，问题的核心是她脑部有疾病。"——托马斯·W. 德雷瑟医生，1889年1月3日信件手稿。

① 林肯是理智型、而非情感型的人，他喜欢那些实质性的学科，因此，他偏向数学和物理学，对上述学科注入了大量的精力，而对形而上学的东西不屑一顾。我曾经听他谈论过，如果子弹是水平方向从枪口射出来的，是否会比垂直方向射出的子弹更早落地。林肯的结论是，不用读那些理论性的书籍，他也知道，无论从哪个角度射击而出的子弹，都会同时落地。

② 我经常听到林肯引用一句诗，"神设计出我们的结局，篡改了它，我们将如何？"

地阅读了这些书籍。我曾经努力引起林肯对这些书籍的兴趣，但没有成功。林肯会偶尔捏起一本书，匆匆浏览一小会儿，但是很快就会扔下它们。林肯认为，这些东西对一个普通的脑袋来说过于深奥难懂。[①] 在斯普林菲尔德时，有人给了林肯一本名为《造物的痕迹》（*Vestiges of Creation*）的书，林肯对这本书非常感兴趣，他很快读完了它。那本书是在爱丁堡出版的，它引起了林肯极大的兴趣，他深深地被所谓的"宇宙法则"——进化论概念所吸引。林肯没有对进化论这个哲学理论进行深入的探索，但是，通过持续的单向思维，林肯在此基础上发展出了自己的新观念。"一切皆无偶然，"他说，"在我的哲学里，每个结果都是有原因的。过去是现在的原因，现在是将来的原因。所有的这些都是环环相扣，紧密相连的。"从林肯的话中，我们可以顺理成章地得出结论，除了极个别情况，林肯不相信意识的自主性。我们经常就这个问题进行辩论，我总是持反方观点；林肯换了个表达方式，称其为思维的自主性。林肯坚信，人的行动总是来自于某种动机，我一度认为人是自由的，没有动机也可以行动。他总是微笑着倾听我的理论，但回答我说那是不可能的，因为动机在人类产生之前就存在了。

前面的话题是林肯持有什么宗教信仰这个有争议的问题的前奏。关于这个话题。我在前面说过，无论是在公开发表的公众演讲中，还是在报纸中

①1856年，我在纽约买了一本《埃德蒙·伯克传记》，我忘记书的作者是谁了，但是，我记得自己在很短时间内就读完了它。一天早晨，林肯在办公室看到我手里的这本书，他问我在读什么。我告诉了他，我告诉他这是本好书，并把它推荐给林肯。林肯手捧着书，把自己投进了办公室的沙发里，他飞快地浏览了一下书的内容，这儿看一章，那儿看一节，然后，他合上书，把它扔在桌子上说，"不，我已经读够了，这本书和别的书没什么区别。通常情况下，传记都是误导，甚至是欺骗读者。《埃德蒙·伯克传记》的作者通过他的主观想象，塑造了一个令人惊叹的英雄。他夸大了伯克的优点——如果他有优点的话——同时隐藏了他不完美的地方。作者过分信赖伯克的决定，且过分地赞美他的每一个行动，以至于人们几乎要相信伯克一生从来不犯错误且也从没经历过失败。"林肯先是沉思了一会儿，然后对我说："比利，我在想，为什么出版社和出版商的书架上没有空白的传记。他们应该时刻准备着应对紧急情况；比如，如果一个人死了，他的继承人或者他的朋友们希望永远记住这个人，那么他们可以买一本已经写了一部分，但还残留有空白页的传记。他们能在这些空白处随心所欲地写满美好的赞语。在大多数情况下，人们会在传记中说谎，借以欺骗后世子孙，掩盖真相。所谓历史就是真实的史实，如果不是真相，就不是历史。"林肯对普通传记的观点影响着我写这本书的宗旨。

刊登出来的私人信件中，我们都能看出林肯的信仰倾向。我真的不想重新讨论，或者回应那些站出来要和我就此问题比试一番的人们的挑衅。我唯一的目的是，不带任何感情色彩地讲出事实真相，并允许每个人对此做出自己的理解。

尽管林肯经常作为候选人参选公职，但是，林肯尽可能避免提到他的宗教观点，因为他的信仰有别于正统世界的信仰。林肯曾经说过，他的宗教信仰类似于一个叫格伦的老人的描述，那位老人在印第安纳州一个教堂聚会中曾讲过："当我干得好时我感觉很好，当我做的不好时，我感觉不好，这就是我的宗教信仰。"

1834年，当林肯仍然生活在新塞勒姆的时候，他还没有成为一个律师，在他当时的生活环境中，人们关于宗教信仰问题的观念都很自由开放。沃尔尼的《遗址》和佩因的《理性时代》在民众中广为传阅，在当地的小旅馆和商店里，人们会在夜晚聚在一起，一边吃喝，一边讨论书中的观点问题。林肯两本书都读过，而且，他吸收了书中的内容，使之成为自己观点的一部分。很多当地人都记得，林肯曾经以此为题，写过一篇扩展论文，或者，可以称之为一本书。在书里，林肯进行了一场反对基督教教义的辩论，他努力去证明，《圣经》没什么大不了的，因此，它不是上帝的旨意；耶稣基督不是上帝的儿子。林肯曾经试图发表，或者让人广泛传阅这篇内容如此大胆且思想激进的文章，他把文章带到商店，放在那里，让人们免费阅读并进行开放式讨论。

林肯的朋友兼雇主，塞缪尔·希尔，当时也是听众之一，他强烈质疑像林肯这样一个有前途的青年，提出这样一个理念是否明智。于是，希尔从林肯手里抢过手稿，扔进了火炉里。书被焚毁了，林肯的政治前途安全了。但是，林肯的无宗教信仰和无神论观点并没有消失。林肯搬到斯普林菲尔德之后，他曾经因为自己的极端学说在那里吸引了相当的注意。他当时说的许多话都可以理解为是年轻人的冲动莽撞所为。林肯的一个不能公开姓名的好朋友，是这样叙述1838年发生在当地职员办公室的场景的："林肯有时候是个无神论者，他在无神论的道路上走得很远，我对此很震惊。我当年还是个年轻人，一直对从小被灌输的信仰坚定不移……林肯常会带着《圣经》走进我们的办公室，他会和我们一起读一章《圣经》，然后与我们辩论，并反驳《圣经》的内容……林肯热衷于宣扬他的无信仰论，随着年龄的增长，林肯变得越来越谨慎，他不会跟陌生人谈论他的宗教信仰。但是对亲近的朋友和知己，他总是坦率的、公平的、诚实的；对陌生人，他会原则性地保持距离。”约翰·T. 斯图尔特，林肯的第一个合伙人，对上面的说法大为赞同：“林肯是一个坦率的、不信宗教的人，”斯图尔特宣称，“有时候，他会游走在无神论的边缘……在反对基督教信仰学说方面，林肯比我所知道的任何一个人走得都远，我曾对此非常吃惊。我不记得他与我争辩的确切语言了，但他对《圣经》基本持否定态度。林肯一直否认耶稣是救世主，否认耶稣是上帝的儿子。”戴维·戴维斯告诉我们：“我认为，林肯不可能和陌生人针对他的宗教信仰问题高谈阔论。那是很荒谬的。我非常了解林肯，他是我所见过的最沉默寡言、守口如瓶的人。他没有宗教信仰，不信基督教理——他相信的是法律、原则、前因后果。”……另一个人[①]，做了如下证明：“林肯告诉我，他是另类的不朽论者；他从来不相信永恒的惩罚，如果永恒的惩罚真的是人的命运，那么，人们就应该利用其有限的生命不停地祈祷。”林肯另外一个亲密的朋友[②]的说法如下：“在我和林肯交往期间，我得知，他相信所有事务共有一个创造者，这个创造者是生生不息的，她拥有绝对的权利和智慧，她创建的规律是被世界所遵循的规律，是她创造了动物和植物。林肯相信，大自然秩序的和谐的是偶然的，而不是被某种神奇的思想力创造或安排出来的。基督教中的上帝等同于创世主。林肯说，我们最好承认这一点，否则基督徒一定会把我们当作异教徒看待。林肯认为，基督教的整个系统是精巧的，至少它教导人们向善。”杰西·费尔是第一个被林肯认可为其写传记的人。关于林肯的信仰，费尔提供了比其他任何人都详尽的描述。在1870年9月22日的报告中，费尔说：“如果

① 威廉·H. 汉娜。

② I.W. 基斯。

有什么个性特征能鲜明地标示出林肯的个人信仰的话，那就是真诚和坦率。在林肯真正的性情中，没有不诚实和欺诈的容身之地。林肯的许多朋友发现，在各种版本的林肯传记中，对林肯的宗教观点的描述各不相同，他们对于这种不同并不惊奇。林肯去世后，关于他的描述必然会被修改、被艺术加工。毕竟，林肯是个历史人物，在他居住于华盛顿，任职总统的四年里，他一直致力于公共事务。[①] 也许，将林肯定义为无宗教信仰，才能更好地解释他相互矛盾的观点；也许，并不是有人故意误导公众，而是有人误解了林肯，误以为他信奉的是当时风靡一时的神学观点。因为一般来说，对于这种课题的研究并不需要极端精确。众所周知，林肯很少就这个话题与人交流，这个事实说明上述的可能性很大。但是，我可以毫不迟疑地说，林肯的大部分观点与基督信徒是一样的，但是他不相信新教的教义和观点。

“林肯所持的很多观点都与教会所宣扬的观点完全不同，例如，关于人的原罪、关于教会领袖的名望和地位、关于赎罪，关于神示的无过错，关于神迹，关于现在和将来的还原和设计（如他们通常所说），以及其他的一些主题。我不得不说，林肯针对上述问题所持的观点一定会使他被基督徒排斥为异类。但是，我个人认为，那些观点并不能完全代表他的立场，因为，尽管林肯从来不加入任何宗教团体，但是，纵观林肯的原则和行为，以及他一生中的行事风格都与基督徒一致。

“林肯的宗教观点非常实际，我认为，总的来说，它可以表现在两个方面：即，上帝的父权和人类的手足之情。林肯完全相信，完全顺应天意引导、听之任之是不可行的，进行人为管理和监督是必需的，它控制着世间万物的运行，法律和法令是必须要被遵行的，是不允许被违反的，这是天意得以运行的精髓。

“尽管我曾与林肯长期针对不同问题进行过探讨，但我在这里不打算具

---

① “1865年5月27日，华盛顿，白宫
赫恩登老朋友：据我所知，林肯先生从离开斯普林菲尔德那一刻，直到他去世那一天，一直都没有改变过关于宗教的观点。我不知道他的信仰到底是什么，也没有听他详细地解释过；但是我非常确定，他在华盛顿期间从没有表示过自己的信仰有过任何改变。——约翰·G. 尼古拉”

体描述林肯究竟信仰什么、不信仰什么；但是，为了让大家对林肯的宗教信仰观点有一个大概的了解，我不得不讲述下面的事实。在林肯去世前大概8年或10年，在和林肯就信仰问题交谈的时候，杰西・费尔无意中赞扬了W.E.钱宁（Channing）博士的作品。他发现，林肯对那个作者的观点特别感兴趣。于是，他送给林肯一套钱宁的书。林肯对这些书，以及西奥多・帕克的作品给予了诸多赞美，我曾经告诉费尔，林肯不但喜欢这些作品，而且还吸收了其中的很多观点。这些作品自然就成了他们交谈的话题；尽管费尔远不相信，林肯的观点和那些作者一致，但无论如何，林肯还是推崇和赞许了那些作品。

“除了那些有实际用途的纯理论的法则外，似乎没有什么宗教观点能得到林肯的赞赏；但是，据我所知，如果说有某个人的观点最可以代表林肯这方面的观点的话，那个人就是西奥多・帕克。”

在林肯的宗教信仰问题上，最后一个出场的、具有代表性的证人是林肯夫人。林肯夫人曾经在某个场合中说过（关于这个场合的详细内容，我们将在后面的章节做详细说明）：“林肯先生没有信仰，而且也不希望接受任何信仰。他从来不去教堂做礼拜；但是我仍然相信，就本性而言，他是一个有信仰的人。他第一次考虑信仰问题是在我们的孩子威廉死的时候。在葛底斯堡的时候，他更加慎重地考虑过这个问题；但是，他天性中富有诗意的一面使他无法成为一个形式上的基督徒。”

没有人比林肯更强烈和坚定地相信天意——上帝——但这并不意味着他信仰的是人格化的神。1854年，我写了一篇演讲稿，并且读给他听，他要求我把演讲稿里上帝这个词去掉，因为我的演讲稿里暗示了人格神存在的可能，但是他坚信没有这样的神存在。

我所写出的关于林肯先生的宗教信仰观点可能会引起争议。世人总是坚持把林肯作为一个传统意义上的基督徒，因此，去分析他有关信仰的言论只会有损其完美的偶像形象。我最后要说的是，不管是否正统，林肯信奉上帝和不朽；即使他质疑永久的惩罚之说，但他还是希望人死去之后能摆脱困苦，希望有天堂存在。尽管林肯曾经质疑过《圣经》的神圣性，但他也不应该为此而受责备；因为在林肯的内心深处，他同样接受了《圣经》中的戒律箴言。林肯崇尚善举，崇尚法制，他高贵的品质使他心灵纯洁，他对自然宗教的忠诚是无可指责的。

第十五章　1860：总统林肯

1858年的竞选失利给林肯财政方面带来的灾难远比政治方面更大。竞选期间，林肯六个月没有工作，同时他还要负担竞选游说的相关开销，这使他的经济开支受到极大挑战。林肯迫不及待地想要重归律师行当，借以养家糊口。在这个时期，林肯写了封信给他的朋友，共和党委员会主席诺曼·贾德，信里的内容说明了他当时所处的尴尬境地。“我现在是入不敷出，经济上长时间的只出不进害得我连生活费都快负担不起了。如果你能给我减免250美元委员会会费的话，我会从私人角度，对你非常感激。这笔钱，加上我已经支付的钱，总计额度已经超过了我最初签署的500美元限额。我还要额外支付自己竞选期间的日常花销，此外，为了竞选我搭进去的时间以及耽误生意造成的损失，都给我带来了沉重的负担。尽管我一向好脾气，但我在这个问题上实在不能太好脾气了。”写这封信的时候，林肯的财产仅包括他的住房、他赖以生存的一块地、一些法律的书和一些日常家具。林肯在衣阿华有无法给他带来任何经济效益的土地，他每年从事法律业务的收入不超过3,000

美元；但是，芝加哥的共和党委员会仍然向林肯逼债，林肯因为竞选失利而懊恼，他牺牲了时间，而竞选期间的费用要他自己承担。如果是现在，人们可能会诧异，芝加哥或者其他的地方的党内有钱人居然没有筹钱帮助他，但是当时没人主动帮他。不管林肯心里是否觉得这种待遇不公平，但他继续向前，走自己的路，什么都没说。

手头没有政务要处理，林肯想到了办讲座。他又开始用以前习惯的方式进行准备：把突然迸发的观点记在纸条上，把纸条塞进帽子里，一点一滴地积累，最后形成了一篇题为《发明》的演说稿。该演说叙述了机械、艺术和科学领域发生的巨大进步，演说过程中，他加入一些幽默的俏皮话作为点缀。冬天，林肯在中部地区的一些县郡发表了这个演讲，但是，他演说的题目毫无新意，老生常谈，因此取得的成就非常一般，于是，他很快就完全放弃了这个演说。[①] 林肯的努力遭到了朋友们的反对，渐渐地，他自己也对演讲式授课充满了厌恶。如果说，1852年，林肯在克莱去世后发表的演说证明他不是一个好的颂扬者的话，那么这次演说遭遇的滑铁卢证明他不是一个好的演说家。邀请林肯前去发表演说的请帖——可能是林肯和道格拉斯曾经进行的辩论演讲起到了广告效应——随处可见，但是除了刚才提到过的三个演说，林肯拒绝了所有其他的邀请。“法庭事务的压力”给了他一个便捷的借口，使他不再接受演讲邀请。[②]

1859年秋天，竞选在即，有六七个选区州都邀请林肯去游说拉票。道格拉斯作为新进的参议员已经去了俄亥俄，应各处党朋的要求，林肯在9月

---

① “在我们去往丹维尔法庭的路上，我给林肯读了班克罗夫特在9月份发表的，关于人类精彩进程的演说。后来，林肯告诉我们——斯韦特和我——他对那个主题思考了很久，他将写一篇题目为《人类的进程》的演讲稿。后来我从报纸上刊登的消息得知，林肯去了布卢明顿或者是克林顿讲这个题目，但是没人去听他的演说。报纸还补充说：‘林肯看起来不像是个当总统的料。’我曾经拿这件事跟他开玩笑，他好脾气地说：‘别拿这个取笑我，那件事让我很烦恼。’”——亨利·C. 惠特尼，1867年8月27日信件。

② “1859年3月28日，斯普林菲尔德，致W.M. 莫里斯阁下

亲爱的先生：您邀请我去盖尔斯堡进行演讲的邀请信已经收到了。我很遗憾地告诉您，我现在不能前去演说；我必须在法庭工作上耽搁一段时间。这两个月来，我做的短篇演说只吸引了3名观众前去聆听；我实在是不能在这个领域浪费太多时间了。——您忠实的，亚伯拉罕·林肯”

份也跟随着道格拉斯的足迹去了俄亥俄。林肯在辛辛那提和哥伦比亚做的演说令人印象深刻，而道格拉斯刚刚结束了在这两个地方的演讲。① 林肯给俄亥俄的朋友留下了非常令人满意的印象，于是，共和党在该地取得竞选胜利后，州委员会要求优先出版林肯和道格拉斯的演讲，并将之作为竞选文件下发。② 林肯对州委员会的这个决定非常高兴，因为他曾经试图在斯普林菲尔德的出版社出版这些演讲，但遭到拒绝。③ 这说明"墙里开花墙外香"。12月，林肯访问了堪萨斯州，他在艾奇逊（Atchison）、特洛伊（Troy）、莱文沃思（Leavenworth）和其他几个靠近州边境的小镇做了演讲。林肯的声望随着他的演讲而扩展到了美国西部地区。尽管林肯的演讲内容只是在重复他与道格拉斯辩论期间的内容，但是，对于大部分的堪萨斯听众来说，这些内容仍然是

① 两年以后，在整个美洲大陆闻名遐迩的林肯回到这座城市。那时的林肯已获得总统提名，头上戴着辩论中战胜道格拉斯的桂冠，他回来了。迎接他的是雷鸣般的礼炮，美妙的音乐，成千上万的市民欢呼着挤满了街道。林肯在第五街市场的大堂里做了演讲；在伯内特大厦受到了王子般的接待，也是在那里，他礼貌地接受了原住民对这颗冉冉升起的政治新星的祝贺。三天的行程结束后，林肯满怀着希望和快乐离开了辛辛那提。但是他在辛辛那提访问的过程中，荒谬的事情发生了。在林肯离开九个月以后，在他被提名为总统候选人之后，当他在斯普林菲尔德的小木屋里静静地等待总统竞选结果的时候，一份来自辛辛那提的冰冷的账单让他想起了他在当地进行的最后一次访问，以及他在伯内特大厦留下的那些美好记忆。在他离开辛辛那提那家旅馆之前，他曾经向旅馆员工要求过结账，但却被告知，账已经付过了，或者当时服务人员给了他类似的印象。这本来应该是共和党委员会处理的事情，但他们后来却忘了付账。精明的旅馆主人推测，写信给总统提名人本人，一定能得到钱。在回信中，林肯表达了他对这件有损于他声望的事件的愤慨之情。他对账单其中一项内容特别不满，"关于葡萄酒、白酒和雪茄这项消费，我从来没有消费过这些东西，完全没有。这些花销应该是15号房间的委员会成员的花销，我不会为他们买单。"——W.M.迪克森，《哈珀杂志》，1884年6月。

② 道格拉斯曾经呕心沥血完成过一篇名为《主权在民》的文章，这篇文章在1859年第一次发表在《哈珀杂志》的某一期里。它回顾了联邦政府的历史，叙述了早期国会的进程，要求把"联邦和地方政府的界限"标得更清晰。在哥伦比亚的一场演讲中，林肯对这篇"版权属于道格拉斯的文章"做出了明确的应答。林肯暗示了他和道格拉斯在"主权在民"信条上的不同之处。林肯说："道格拉斯法官的《主权在民》有一堆的问题。他对论点进行了循环的、周而复始的、没完没了的解释。这是我们在《哈珀杂志》上见到过的最长的、系列的、循环解释性巨著。"

③ 在林肯和道格拉斯辩论期间，林肯将当时发表在报纸上的，所有他在辩论期间的演讲内容都收集起来，发给一位斯普林菲尔德的出版商，建议他以书的形式出版这些演讲稿，但该出版商由于担心销路而拒绝了林肯。于是，当这些演讲以书的形式出现在俄亥俄的时候，林肯将之邮寄给那位出版商，并在书皮上写下"亚伯拉罕·林肯的问候"。这位出版商至今仍然在世。

新鲜的，林肯在那里得到了热情的赞扬。[①]到年末的时候，林肯回到了斯普林菲尔德的律师办公室里。

1860年新年，有人开始把林肯的名字同共和党提名的总统候选人联系在一起。林肯与苏厄德、蔡斯（Chase）、麦克莱恩这些人一样成为社会名流，这使伊利诺伊的律师们都感到非常骄傲。而林肯即便对此有些心中窃喜，也巧妙地隐藏了自己的情感。对于一些热心朋友的逢迎之举，例如，一个编辑把林肯的名字登在报纸的首页，林肯从不鼓励。“关于你提到的事情，”林肯对一位恭维其一定会当选的人说，“我请求您以后不要再这样说了，严格地说，我觉得自己并不适合当总统。”[②]

1860年年初，在白宫举行的一次共和党会议上，在后来成为国务卿的O.M. 哈奇（O.M. Hatch）的房间里，林肯的朋友们第一次提出让他出任共和党总统候选人。除了哈奇外，当时提议的人还包括州共和党委员会主席诺曼·贾德、埃比尼泽·佩克、杰克逊·格里姆肖（Jackson Grimshaw）以及其他一些同等声望的党内人士。“我们都表达了对林肯先生的青睐，”参会的一人回忆道，“我们推荐林肯作为伊利诺伊州的总统候选人，问他是否有意作为总统候选人参选。尽管林肯对我们的提议非常乐意，但他谦虚谨慎的性情使他怀疑自己是否具备被提名的资格，并请求允许他第二天再给我们答复。第二天，林肯同意我们宣布提名他为总统候选人。”[③]格里姆肖先生询问林肯，

① 一位堪萨斯州的朋友邀请林肯前往堪萨斯州参加共和党大会，1859年5月14日，林肯写了封回信给他。这封信的内容反映了林肯在竞选中败给道格拉斯后的感想。“你们可能会采取降低准入门槛的新举措，来招募新党员，我认为，这种做法是完全错误的。这样做的风险是，标准的降低会使退党的人比入党的还多。我觉得，这种选择类似于对道格拉斯理论，或者是南方反对派理论的抉择；二者都不符合共和党的宗旨——阻止奴隶制度扩大到全国范围内。如果放弃了这个目标，共和党就会四分五裂。我说这些话的意思，不是说南方人不能参与1860年的总统选举，蓄奴州有很多人参选，我乐意将我手里的选票投给其中任何一个人，前提是，他会让我自由地贯彻共和党的宗旨，不会降低党的标准，这是一个不可或缺的条件，否则会让南方徒劳，同时让北方遭难，让所有的一切徒劳无功。如果我们在竞选中刻意回避奴隶制的问题，仅仅讨论其他热门的政治话题，那么结果将是，我们无法获得南方的选票，同时失掉了北方所有人的支持。”——致 M.W. 德拉海的信件手稿。

② 1859年3月5日，写给托马斯·J. 皮克特的信。

③ 1866年4月28日，伊利诺伊昆西，杰克逊·格里姆肖的信。

如果他的总统候选提名最终未能被接受，他是否接受副总统的职位，林肯的回答是，无论其他职位有多么荣耀，既然自己已被提名为总统候选人，他只为这个职位而努力。这次会议是迪凯特（Decatur）会议的预备会议，这也是林肯的朋友们第一次在达成一致的前提下采取的行动。

头年10月的一天早晨，林肯手里拿着一封来自纽约的信冲进办公室，信上邀请他去纽约做个演讲。他就演讲的题目和风格征询了我和其他朋友们的意见。我们都建议他做一个关于当前政治局势的演讲。回想起自己办讲座时遭遇的滑铁卢，林肯采纳了我们的建议。他接受了纽约委员会的邀请，同时知会他们，他会只讲政治问题，最方便的时间是2月下旬。林肯利用演讲日之前的这段时间做了充分的准备。林肯在政府图书馆布满灰尘的书籍中查阅了所有国会公报，并且深刻挖掘了政治历史。他的研究工作做得细致而彻底，但是，当最后林肯前往纽约的时候，我们对他的演说是否能取得成功还是有很多疑虑——我们无法预测，林肯，这个来自于美国西部小地方的律师，他是否能在纽约这样繁华而时髦的大都市里留下痕迹。相关的历史记载了会议在库珀学院（Cooper Institute）召开时的情景，记载了前去参会的社会名流的姓名，以及林肯发表的演说内容。① 关于这次演说，林肯当时的表现不够生动，渲染气氛上做得不够成功，讲话时，带着明显的树桩般的僵硬。林肯的演说稿观点精炼准确、言简意赅、思维连贯。演说稿反映出一名律师的思维方式：逻辑性强、说服力强、语气果断——林肯的演说非常深入人心，甚至深入灵魂。林肯在以前做演讲的时候，从来没有像这次一样提前精心准备过。据一位给林肯写过传记的作者回忆，林肯演讲之后，有人专门负

① 回到家后，林肯告诉我，演讲过程中，他第一次因为自己的仪表问题感到尴尬。他在去纽约之前做的一身衣服不太合体，而且在包里放得压出了褶皱，所以，在他开始演讲以后相当长一段时间里，在他完全投入到演讲内容之前，林肯一直在想，观众肯定注意到，布赖恩特（Bryant）先生以及台上坐着的其他人全都衣着亮丽优雅，而自己的仪表则与大家形成了鲜明的对比。演讲中，林肯每次伸胳膊做手势的时候，他的右领子都会讨厌地翘起来。林肯想，台下的观众肯定也注意到了这个。大会结束以后，报社的记者们找林肯帮忙看看，他们记录下的演讲稿内容是否有错，这让林肯感到有趣，因为他不知道自己在演讲中具体说了些什么，另外，他没想到报纸会打算发表他的演说，并对演说稿进行逐字逐句的推敲。

责整理大会演说稿，以制成会议档案。而林肯的演说稿足足花费了相关人员三个星期的时间来修改内容、核对引言出处。关于三个星期的说法可能有点夸张，毕竟，查阅引言出处的工作本来就是需要耗时耗力的。[①] 库珀学院会议之后，纽约最重要的几家日报全篇刊登了林肯的演讲内容，而且对演讲本身，及演讲人都给予了高度赞赏。很显然，林肯征服了纽约。离开纽约后，林肯出发前往新英格兰，去那里看望正在上大学的儿子罗伯特。为了回应雪片一样飞来的邀请，林肯在康涅狄格（Connecticut）、罗得岛（Rhode Island）、新罕布什尔（New Hampshire）等各地做演讲。所到之处，林肯的演说都给大家留下了深刻的印象。在新英格兰，他对待自己政治信念的认真执著触动了当地报界，他们给予林肯极大的关注。其中一家报纸[②] 评论林肯的演讲“具有伟大的公正性，演说内容观点鲜明，充满趣味。在演说最开始的半个小时里，林肯的观点得到了他所有对手的赞同；林肯的演讲循序渐进、一点点地引领着人们的认知，让人们在不知不觉中被完全征服。林肯的外表远称不上赏心悦目，他的声音也不讨人喜欢，但是他的演讲却能从一开始就吸引你的注意力。林肯的演说没有华丽的辞藻，没有强词夺理的狡辩……演说内容展示了他的机敏和渊博。自从吉姆·威尔逊（Jim Wilson）去了加利福尼亚，林肯的演说是我们这么长时间以来听到过最棒的”。

林肯在东部的演说获得了成功。返回斯普林菲尔德后，他受到朋友们的热烈欢迎。苏厄德是那个时代的大人物，但是林肯的优异表现让他的朋友们满意地认为，林肯已经能够和苏厄德较量了。林肯在纽约和新英格兰取得的巨大成就表明，林肯的“分裂之家”学说和苏厄德的“难以遏制的冲突”学说，已经形成两个互相匹敌的重要政治理论。现在的局势来看，林肯被提名为总统候选人已经是近在咫尺的事情了。于是，他渐渐地失去了对律师事务所工作的兴趣，开始全心全意地投身于政治事务。近来的成功使林肯更加自信。

① 林肯先生搞到了埃利奥特编辑的《关于联邦宪法的争论》，里面收集了所有库珀学院的演说内容，共有6册。1861年，林肯去华盛顿的时候，他把这些期刊转送给我。

② 曼彻斯特《镜报》。

他开始写信与各地的有影响力的党员联络。林肯不愿意坐在斯普林菲尔德，等着天上落下总统候选人的大馅儿饼；但是，任何有政治经验的人们都知道，写信联络并非取得政治成功的关键途径。事实上，林肯是个非常谨慎、非常有抱负的人，他从一开始就对所有情况一清二楚。在做自己的政治布局时，林肯不得不完全依靠他自己的资源。他没有钱为自己设立一个参谋部，也没有人帮他进行系统的组织安排。而苏厄德却拥有所有这一切，而且，苏厄德是老牌参议员，在参议院期间政绩卓著。苏厄德的优势明显，相较之下，林肯不过是一个近期才在库珀学院演讲中脱颖而出的政治新星。林肯在这个时期写信给一位堪萨斯的朋友，信里描绘了他实现抱负的步骤和方法。这封信是3月10日写的，现在为我所有。出于隐私原因，我隐去了这个朋友的名字："关于你对我恳切的希望，"林肯写道，"请允许我说，我不能在钱的问题上卷入过多。首先，从大原则上讲，这样做是错的；第二，我没有，也不能拿那些钱；那些钱的主要用途是错误的；尽管在政治选举中，钱的作用是重要的。对我们来说，这种长期的奋斗无疑是一种金钱上损失。我现在要清楚地向你保证：如果你能被指派为芝加哥委员会的代表，我愿意给你提供100美元的差旅费。"这封信充分显示了，林肯在他的政治抱负上，不仅果断而且非常实际。林肯的目光紧紧盯着已经在党内随心所欲行使领导权的苏厄德。所有其他竞争对手都被他排除在外。4月中旬，林肯给他堪萨斯的朋友写信："昨晚到家以后才发现你7日写来的信，你知道，我最近在新英格兰。那里的一些熟人从选举一开始就写信给我，他们说，在辛辛那提和在罗德岛的初选中，苏厄德州长的形势不容乐观；特朗布尔给杜波依斯写信也这么说。不要跟人提起说这是我说的。今年秋天，我在这两个州的选票是有保障的。"但是，尽管苏厄德在自家门口表现失利，他在美国西部得到了支持。西部地区是林肯和道格拉斯进行辩论演说过程中原本打算征服的领土。林肯在堪萨斯的朋友没能抵抗得住苏厄德在当地制造的影响，前景不容乐观。"我已经看到了你发出的急件，"林肯惊讶地写道，"堪萨斯已经派出代表，并表示支持苏厄德，别激怒他们，让他们来参加大会，然后，我会给你我提到过的经费。"我不知道林肯的这个朋友是否曾经接受了林肯给他的经费[①]，但是，可能会引起人们兴趣的是，在林肯就职10天以后，他给那个朋友指派了一个薪水不错的联邦职位，甚至询问他是否想在他的政府里得到别的任命。[②]

从这时起，林肯进入了激动人心的快节奏生活，他逐渐在忙碌中失去了自我，彻底以伊利诺伊人民的事务为己任。律师协会里，林肯以前的同事们不再把他看作是巡回法庭律师团的一员。在他们看来，整个国家都即将臣服在他的脚下。他实在太高大了，用比喻法形容一下，他高得再也不能从我们昏暗的办公门里通过了。林肯的成功引起了律师协会里以前竞争对手的羡慕，以及同时期政治家的嫉妒。很少有人能做到不嫉妒，但是林肯还是像以前一样对待他们。他一如既往地慷慨顺从。伊利诺伊人召开的全州会议是对林肯表示支持的第一次公众活动。会议于5月9日至10日在迪凯特举行。在这次会议上，林肯的朋友兼外甥约翰·汉克斯带来了两根于1830年在桑加蒙用来铺路的铁轨。这两根铁轨具有双重含义：一是给伊利诺伊的人民打气；二是点燃激情，使之横扫全国。用一名热情的林肯支持者的话来说，“这两根铁轨代表的是即将在竞选中涉及的话题：自由劳工与奴隶劳工、民主政治和贵族政治之间的竞赛。”这位热情洋溢的朋友继续说：“我没想到，林肯这样一个高高的、笨拙的、瘦削的、像姑娘一样羞怯的、总是奇怪地弯着腰的人，有一天能够坐到华盛顿坐过的椅子上。也没有想到，林肯的受欢迎程度是如此之盛，以至于他所经过之处，到处回荡着人们呼喊林肯名字的声音”。一个星期后，大家聚集到芝加哥开大会。戴维·戴维斯租了特里蒙特

①这个事件强有力地说明了林肯待人接物方面的弱点。据我所知，这个人曾写信给林肯，发誓说，只要林肯付钱给他，他就帮林肯把堪萨斯代表团带去芝加哥。林肯非常愚蠢地向这个人做出承诺，当选后，林肯给他指派了一个重要的司法位置，而且还用别的方法给了他极大的声望。现在还有哪个总统或者总统候选人敢做这样的事情？

② 以下是我保存的：

“1861年3月13日白宫

亲爱的先生：

你现在可能已经出发去堪萨斯了，今天早上看见你的时候，我忘了问你，你怎么看被任命去堪萨斯的问题。如果你对此感兴趣，你可以给我写信。——匆匆，亚伯拉罕·林肯”

大厦的房间，并设立了“林肯总部”。我不是代表，我充当的角色是林肯的利益维护者。洛根法官是斯普林菲尔德的代表，林肯专门写信授权他，允许他随意行使一切权利，无论合理与否。戴维斯是一个活跃的人，他掌管事务安排，主导所有谈判事宜。大会在一个巨大的、被称作“棚屋”的建筑物里举行。任何描写都不会夸大当时场景的热烈和激动人心。在昏暗而混乱的环境中，与会的候选人们激烈地辩论，杂乱地争吵，中间穿插着组织者震耳欲聋的仲裁声，辩论圈逐渐缩小，最后发展成为来自奥本的头脑灵活的政治家和来自桑加蒙的自命不凡、勇猛无敌的政治家之间的对决。选举的流程为世人所熟悉，第一轮投票结果是苏厄德领先，但林肯紧随其后；第二轮林肯以较大优势获胜；第三轮势均力敌，直到俄亥俄的卡特（Carter）带来了戏剧性的变化。当林肯一路披荆斩棘获得领先地位时，棚屋顶上架起的礼炮发出轰鸣，响彻了整个伊利诺伊。从缅因（Maine）到加利福尼亚，到处都是为林肯欢呼的人民。随着来自缅因州的汉尼巴尔·哈姆林（Hannibal Hamlin）获得提名，大会进入休会期。代表们——无论胜败——都踏上了回家的路。1860年的大选已经拉开了帷幕。在提名的前一天，斯普林菲尔德期刊的编辑带着一本名叫《密苏里民主党人》的刊物来到芝加哥，在那本刊物里，林肯就苏厄德在奴隶问题上的立场标出了三段话。在刊物的空白处，林肯用铅笔写道：“我同意苏厄德所说的‘难以遏制的冲突’，但是我不赞同他的‘更高准则’。”然后，他用画线的句子补充道：“没有什么契约能够让我妥协。”这份刊物被带进房间的时候，戴维斯、贾德、洛根和我都在场，编辑把林肯的意见读给我们听。那个时候，林肯去了斯普林菲尔德，离芝加哥有段距离，因此他不知道自己的言行使形势变得严峻，至少戴维斯是这样认为的。于是，戴维斯开始为弥补此事而展开斡旋谈判，谈判的结果我将在后文交代。当获得提名的消息传来时，林肯正待在《斯普林菲尔德报》的办公室里。他当时神经紧张，没休息好，有点激动过度。为了平静情绪，林肯不停地投球、玩弹子戏——那个时期的律师经常玩这种游戏借以消遣。用另一个人的话来形容他当时的情形，“焦虑几乎让他不能自已”。当那封带着最新投票结果的电报送进来时，林肯尽管表面平静，但是近距离观察，你能从他抿紧的嘴唇和严肃的面容中体会到他激动的心情。在投票期内，林肯基本上以报社的办公室为家。他总是坐在办公室的一把扶手椅上，等候着竞选结果的出炉。那是怎样一副场景：从肯塔基群众聚集的广场，到芝加哥的棚屋，到处都是欢欣鼓舞、热情洋溢的人群，人们都在等待着竞选的结果。傍晚的时候，林肯的朋友和邻居们一起来为他祝贺。他真诚地感谢到场的每个人，并且一一与众人握手。一天以后，来自马萨诸塞的选举委员会主席乔治·阿什姆亲自来拜访林肯，递交了宣布林肯已获正式提名的通知。林肯在家中接待了阿什姆，并做了礼貌得体的致谢回应；许多随从到访的委员都是第一次见林肯，当他们离开的时候，大家都对林肯留下了良好的印象。几天以后，林肯以书面方式正式接受提名。在信里，他热情洋溢地支持了大会的决议。林肯得体的言行成功消除了在东部一些州中流行的，关于林肯是一个来自荒蛮地带、举止粗鲁的俗人的错误观念。但是，随着竞选的不断深入，人们的关注重点已经由候选人本人的状况，发展到时局的动荡变幻。共和党的党纲可以简单归纳为如下宣言：“宪法允许将蓄奴制的范围扩大到整个国家是一个危险的举措，这样做的后果可能会颠覆国家的和平与和谐。我们的国家是自由之地；国会、任何立法机构、任何个人都不能在任何土地上使奴隶制度的存在合法化，放开奴隶贸易是违反人性的犯罪。”决议倾向于建立一个《宅地法》，其内容包括了对河流、海港及太平洋铁路的改善措施。援引一位律师的评论，共和党确立的上述章程为他们赢得了全国范围的支持。接下来的竞选是美国历史上鲜有的，参加投票的广大群众，不但有那些因为对候选人的崇拜喜爱而参与的，还有一些人，他们仔细倾听竞选演讲，努力思考当下时局，本着爱国主义情怀而积极参与。人们感觉到，奴隶制的问题亟待解决。南方竞选演讲的内容中时常出现领土分裂的威胁：事实上，一股力图推翻联邦的暗流正在涌动，只待共和党获得总统选举的胜利，分裂势力的丑陋嘴脸即将显露。民主党正忙着与党内派系分裂做斗争，甚至连布坎南都陷入内斗。民主党中一派的代表人物道格拉斯不顾一切地投入游说演说，竭尽所能地吸纳支持率。共和党人对此情景欢呼雀跃，他们与废奴主义者联合作战，在林肯观点的鼓舞下一起奔向胜利。林肯的观点是“奴隶制度的进一步扩张应该被阻止，奴隶制度的最终灭亡是民意所向、大势所趋”。

随着竞选活动进入白热化程度，我也为了贡献自己的微薄之力而加入了游说演说队伍。我在中部地区做了一些演讲。我记得，有一次，我在彼得斯堡演讲，正讲得兴致高昂的时候，一个人上气不接下气地朝我跑过来，往我手里塞了一张纸条。我有些烦恼，担心纸条里可能是我的家人遭受什么不幸的消息。看到纸条上的内容后，我大大地解脱了。我大声向在场的群众宣布了纸条的内容。那是一个林肯带给我的消息。他告诉我，俄亥俄、宾夕法尼亚和印第安纳归共和党了。①

这就是十月联盟，它打响了林肯伟大事业的第一枪。便条的内容引发了人群的热情，现场的人们只顾沉浸在好消息带来的兴奋之中，他们甚至忘记了我这个演讲者的存在。还没等我讲完，他们大喊着、欢呼着跑出大厅。

官方的提名通知一发布，林肯就把他的总部从我们的办公室挪到了政府大楼的一个房间里。② 在那里，林肯和他的秘书约翰·G. 尼古拉一起，度过了竞选中忙碌而兴奋的日子。当然，林肯现在不再参与处理法律事务，但是他喜欢晚上到我们办公室来，和几位私交像以前一样随意地待上一个小时。这是林肯作为我们中一员的最后的几次聚会；这也是我们记忆中留存的关于

① 这个便条的字迹有些歪斜，说明林肯写它的时候，心情是兴奋而紧张的。下面是便条原稿的复印件：

“1860年10月10日，伊利诺伊州斯普林菲尔德

亲爱的威廉：我不能提供细节给你，但是我完全肯定，宾夕法尼亚州和印第安纳州已经大部分都是共和党的了。宾夕法尼亚州25,000票，印第安纳州5,000到10,000票，俄亥俄当然是安全的。——你永远的，亚伯拉罕·林肯”

② 下面是林肯接受提名的信：

“1860年6月23日，伊利诺伊州斯普林菲尔德

先生：您作为大会主席来函正式宣布提名我为总统候选人。我接受大会对我的正式提名。我完全赞同您在信中提及的原则，并将谨记在心。恳请上帝福佑，我将代表并维护党、国家和人民的意志，维护宪法的神圣不可侵犯，维护国家的统一和繁荣。我非常乐意贯彻大会宣布的原则，使其取得实际上的成功。——您心怀感激的朋友和公民同道，亚伯拉罕·林肯”

林肯的最令人欣慰的回忆。[①]竞选准备工作结束了，竞选带来的混乱、激动和疲劳告一段落了。热情的政治工作者们把竞选制服扔到一边，男孩们吹灭了火把，选民们举着选票去投票。在选举那天早晨，我去看林肯，惊奇地发现他没想着给自己投一票。我当然知道，他这么做是觉得，作为总统候选人，不应该给自己投票。于是，我建议林肯不要去投票给总统候选人，而是去为政府官员投出自己的一票，他同意了我的建议。我和埃尔斯沃思、沃德·拉蒙一起陪着林肯出现在投票站的时候，大家都很惊讶，因为他们先前以为，林肯不会来投票。当林肯走向票箱的时候，周围的人们主动为他让开了一条路，其中有些人甚至摘掉帽子向林肯致敬。林肯在票箱里投入自己的选票，并低声宣布自己的名字——亚伯拉罕·林肯。

选举是在12月6日举行的，结果显示，林肯得票数为1,857,610张；道格拉斯得票数为1,291,574张；布雷肯里奇得票数为850,022张；贝尔（Bell）646,124张。

在总统选举团中，林肯获得180张选票，布雷肯里奇72张，贝尔39张，道格拉斯12张。[②]林肯正式当选总统。但是，在新政府组建之前，事情还远未完结。林肯离开斯普林菲尔德的细节、内阁选举细节等一系列事情需要落实。

---

① 林肯认为，总统选举期间，让他印象深刻的一件事是斯普林菲尔德的邻居们对他是否合格当选的态度。当地选民的民意调查结果被装订成一本书送给了他。在浏览投票者的名字时，林肯发现，这个城市里绝大部分的牧师——事实上，除了三名牧师之外——都反对他。这让林肯感到郁闷，于是，他前去隔壁办公室，拜访了主管公共事务建设的牛顿·贝特曼博士，林肯总将其戏称为“校长先生”。林肯假装自己是个信奉《圣经》的虔诚基督徒，他沉痛地控诉那些人根本不在乎奴隶制度是否存在，但“上帝和人类良知都关注这个问题，”他说，“如果他们真的对此毫不在乎，那说明他们没有正确地理解《圣经》的内容。”

② 林肯的选民来自17个自由州，如下：缅因州、新罕布什尔、马萨诸塞、罗得岛、康涅狄格、佛蒙特、纽约、宾夕法尼亚、俄亥俄、印第安纳、伊利诺伊、密歇根、威斯康星、明尼苏达、衣阿华、加利福尼亚州、俄勒冈，以及和民主党交融的新泽西、亚拉巴马、阿肯色、特拉华、佛罗里达州、佐治亚、路易斯安那、马里兰、密西西比、北卡罗来纳、南卡罗来纳。得克萨斯被看作是布雷肯里奇的地盘；肯塔基、田纳西、弗吉尼亚是贝尔的地盘；道格拉斯只在密苏里获得支持。

第十六章
穿过欢呼的人群与谋杀者的枪弹，礼成

选举结束后，林肯还来不及喘口气，又投入了另一场同样重要的竞选之中，这对林肯的体能和神经都是一个考验。我在这里所说的竞选是指内阁成员和谋求职位者的围攻，这是一场艰辛的持久战，因为按照惯例，候任总统要接见每一位来访者，并倾听他们的言论。用林肯的一位传记作者的话来描述，“来自各地的个人、代表、代表团都跑来见林肯，如果林肯的体格或心理素质不够强大的话，他足以被这些源源不断、汹涌澎湃的人群杀死。斯普林菲尔德的旅馆里住满了带着轻便行李及厚厚计划书的人。这是共和党第一次执政，新政府组建后，肯定有一些‘里面的人’会被扫地出门，而另外一些‘外面的人’会填补空位。这些人如同潮水一样，一波又一波；如同饿狼一样，不知满足。林肯和阿蒂默斯·沃德（Artemus Ward）在接待过程中看到许多趣事；正是这种苦中寻乐，支撑着他容忍着这一切。”

林肯的当选排除了伊利诺伊州代表们向他要求进入内阁的麻烦，但这并没有把林肯从络绎不绝的，争吵不休的，前来谋求职位的，野心勃勃的政治家的纠缠中解脱出来。那些人从四面八方涌入斯普林菲尔德。林肯跟他们每个人耐心交谈，使他们走的时候都心满意足，他们并不知道林肯可能忘记把自己的名字写进候选人名单上，即使这样，他们也永远不会忘记与林肯的会面。①

林肯总是在拜访者面前显示出一副自己能全权把握一切人事任免权的样子。其实在芝加哥大会期间担任管理者的戴维·戴维斯已经和印第安纳州及宾夕法尼亚州进行了协商，并在未提前经林肯批准的情况下，在内阁中给西蒙·卡梅伦（Simon Cameron），凯莱布·史密斯安排了职位，此外，他还做了其他一些林肯先生“应会批准”的“安排”。毫无疑问，林肯对此心知肚明。尽管如此，他在回复来自俄亥俄的乔舒亚·吉丁斯为他获得总体提名发来的

---

① 一位报社的记者在林肯被提名以后不久就被派往芝加哥去写一些关于林肯文章，他几年前十分友好地提供了一份他的访问记录给我。因为他的回忆录多少看着有趣，我在这儿随意引用他信件的一部分：“比如说，房间的角落，”他描述道，“堆满了各种各样的贝壳。我拿起一个贝壳说，‘我想这是地理学家或者自然学家所说的细纹铜螺贝壳。’林肯先生停了一会儿，好像有些反应不过来，然后回答，‘我不知道，因为我从来没有研究过地质学或自然史。’我又去看那些挂在墙上的照片，尤其对挂在沙发上方的一幅照片特别感兴趣。林肯先生很快来到我的身边，指着照片说：‘我的特征是相貌平庸，这幅照片就是证明。’……我离开的时间到了。我像通常一样表达了歉意准备出发。‘你在十一点一刻之前很难出城的，’林肯告诫说，‘你还是再待一会儿的好。’我假装城里还有未做完的事情，不情愿地离开了这个大厦。林肯一路把我送到大厅，他对我说：‘我想，你去芝加哥之前还有机会来政府大楼。’考虑了一会儿，我知道我会来。林肯先生继续与我谈话，在门口与我握着手说，‘好了，现在去吧。’我慢慢踱回了宾馆。过了一会儿，我又去了林肯的办公室，继续交谈。林肯说，‘在你离开之前我会送你一本书。’我当然希望如此。我们还谈了其他一些话题，但我已经忘了那些话题具体是什么了。过了一会儿，林肯先生离开了大概两分钟，回来时手里拿着一本他和道格拉斯法官的辩论集锦。他把书放到膝盖上，靠着椅子，把身体的重量都倾在椅子的两条后腿上，林肯在书的封面上写下，‘J.S. 布利斯惠存。亚伯拉罕·林肯。’除了那句赠言外，林肯还在书中间为我标注了一整段话。林肯坐在那里和我谈话，他的儿子小威廉跑了进来，他向父亲要2毛5分钱。‘你要2毛5分钱干什么？’林肯问威廉，‘我想买糖吃！’威廉叫道。‘我没有2毛5分钱，儿子，我只有5分钱给你，’说着，他把手指伸到汗衫口袋里，从那里掏出了5分银币，放到了威廉面前的桌子上。这没有达到威廉预期的目的。他对那些钱不屑一顾，转身跑了。空旷的国会大厦大厅里留下了5分钱和一串脚步的回音。林肯先生转向我说，‘他过几分钟后一定会回来。’我问道‘为什么？’林肯告诉我，‘因为，一旦他发现我不会给他更多，他就会回过头来拿这钱。’后来，我们在交谈中几乎忘记了这件事，交谈已经转到了完全不同的话题。威廉悄悄地进来，走到我和他父亲的椅子后面，拿起硬币一声不响地跑了。”——J.S. 布利斯，1867年1月29日信件手稿。

贺电时说："我由衷地感谢在毫无前提条件的情况下，我得到了如此责任重大的岗位。"①出于对即将出任的总统职位的荣誉考虑，他不方便和以前的私人朋友讨论可能的人事任免事宜，他在这些事情上不能随心所欲。有那么一两次，林肯因为没有满足老朋友的求官请求而得罪了他们。林肯从来没有就人事任免的问题征询过我的意见，我也不认为我有权利对那些事情发表意见，因此我从来没有觉得自己被轻视或者冒犯。有的时候，林肯先生会从他政府大楼的办公室溜达到我们的律师事务所，到这里来休息放松一会儿，在我们聊天的时候，他会时不时地说一些和内阁人选有关的事，但通常是选内阁过程中发生的趣闻，但他说话的基调让你无法随意询问他有什么计划。林肯当选之后不久，我收到了芝加哥的朋友约瑟夫·梅迪尔（Joseph Medill）的信，信中他强烈反对任命西蒙·卡梅伦担任内阁中的一个职位，而且希望我能把他的想法反馈给林肯。我等待着合适的机会，一天晚上，当我们单独待在办公室的时候，我把梅迪尔的信转给了林肯，那是一封措辞严厉的抗议信，信里反映卡梅伦是一个贪赃舞弊、品质恶劣的人，而且这些对卡梅伦的评价来自林肯在报界最得力的支持者之一梅迪尔，此人曾给林肯留下了深刻的印象。林肯将信翻来覆去读了好几遍，但是没发表任何意见。他说自己没有任命过卡梅伦，如果是他的朋友打着他的旗号做的任命，那肯定是在未得到他许可情况下的越权而为。有一次，林肯想在内阁给南方势力的人安排一个职位，以便对南方进行安抚。如果不是被干扰的话，他一定会将这个让所有的人都获益的事情完成。林肯提名了三个可能的人选，他们是弗吉尼亚的博茨（Botts）、佐治亚的斯蒂芬斯（Stephens）、田纳西的梅纳德（Maynard）。林肯明白，对于联邦来说，最大的危险来自南方分裂颠覆势力的威胁，但在内心深处，他不愿意相信，南方的分裂行为是蓄谋已久的。这是我从我们之间关于内阁的谈话中得出的推论。瑟落·威德（Thurlow Weed）是新闻界和政界的老手，他专程从纽约赶过来和林肯待了几天。威德曾经是苏厄德参议员的代表，他在

① 1860年5月21日信件手稿。

组建内阁的相关事宜上为林肯做出了重要贡献。在他的自传中，威德先生叙述了大量有关这次拜访过程中发生的事。有一天，林肯先生问威德觉得谁适合做内阁成员，威德反对让蒙哥马利·布莱尔（Montgomery Blair）做，林肯就让他推荐一个人，他说："亨利·温特·戴维斯（Henry Winter Davis）"。林肯立刻接着说道："我明白了，你是受戴维·戴维斯之托。他对戴维斯家族念念不忘。我觉得马里兰是个施展拳脚的好地方。"在这之后，总统讲了一个关于法庭证人的笑话。一名证人出庭作证，在被问到年龄的时候，他回答道，"60。"法官看得出，他要比60岁老很多，于是再次询问他多大年龄，当法庭得到同样的答复后，法官责问那个证人说："法庭知道你比60岁老多了。""嗯，我明白了，"证人回答道："你是在指我在马里兰东岸度过的那10年吗？我在那里浪费了太多时间，不想把它们算到我的年龄中去。"

在林肯先生离开斯普林菲尔德以前，一些与他有私交的人经常被人询问，林肯到底是什么样的人。我收到许多信件，通常都是从东部的州寄来的，信里，很多人表示了对林肯是否有能力公平处理政务存在很多疑虑。写信的人，还包括后来成为美国副总统的亨利·威尔逊（Henry Wilson）先生，我曾经在1858年去华盛顿访问期间见过他。在林肯先生去世两年后，威尔逊先生写信给我，信的内容如下："我又读了一遍您在1860年12月21日给我的回信，信里，您答复了我关于对候任总统的看法。经过四年共事期间的观察，我非常认可您在信中对林肯先生的评价。您在简单的客气之后写道，您是林肯18年的法律合伙人，同时也是他最亲密的知己，'我比他自己还要了解他。我知道这可能有点武断，但是我确信，林肯是一个非常有爱心的人，是一位真正的绅士。他像女人一样温柔，但他的意志像钢铁一样坚定。林肯爱所有的人，痛恨奴隶制度及一切形式的专制主义。关于他是什么样的人，当你把他对奴隶的仁爱之心和对拥护平等的坚强决心结合起来看，你就不难从中得出自己的结论。林肯不擅长政治经济学，如果在诸如此类他不擅长的领域产生疑问，那么林肯很容易被朋友们的观点所左右；但是，如果涉及公平、公正、民主、政府、宪法和联邦问题，他就会主导局面，控制一切，没有任何人或者任何团体能够撼动他，从不例外。这就是林肯。请你牢记我对林肯的评价。’你的这些话给我留下了很深的印象，以至于我在见到他本人之前就开始喜爱并信任他。经过四年多的共事，我发现你对他所有的认识都是正确的——他的确如你所说的那样，是一个充满爱心、温柔、坚定、公平的人；但在许多道德因素不是很明显的问题上，他太容易被别人影响了。林肯先生在意识、看法和行动上是真正的民主人士。林肯在处理公共事务的时候非常有耐心。记得战争期间，有一次我因为急事去找他，发现他在接待室里被嘈杂的、请求指示的男女紧紧围在中间，尽管他看起来焦虑而劳累，但他仍然在认真、仔细而耐心地履行着工作程序。我对他说，‘总统先生，你太累了，不能再接见这些人了；你会把自己累垮的。’他带着一丝悲伤微笑地回答，‘他们要求的不多；他们得到的很少。我必须接见他们。’战争期间，由于他天性温柔，然而肩上的责任重大，两者之间的冲突一度给他带来了很大的压力和负担。在战事最严峻的日子里，军队里经常发生开小差事件，于是军官们严肃地要求按照法律对开小差者依法执行死刑。经过极大的努力，林肯才让自己同意了军事法庭的判决。我记得，在一个安息日的早晨，我曾经带着一名受伤的爱尔兰军官去拜访林肯，那名军官来华盛顿是为了替他麾下一个曾经作战英勇的士兵求情，那名士兵因为开小差将在一两天以后被枪决。我告诉林肯先生我们的来意。经过几分钟的思考后，林肯说：‘我的军官们告诉我，军队的运行需要强有力的法律维护。但是，枪决这些可怜的家伙让我心疼。我会宽恕这个士兵，然后你们又会因此而指责我。你们监督我不能姑息，但你们还是会要求我这么做。’我再说一遍，没有人比林肯更充满爱心和天性温柔了。”

在出发去华盛顿之前，林肯去芝加哥待了几天。[①] 按照之前的安排，他在那里接见了老朋友乔舒亚·斯皮德。两个人都带了自己的夫人。当她们去

① 有一天，一位女士去林肯夫妇在芝加哥下榻的住所，接林肯太太去逛街或者是兜风，她在客厅门口遇到了林肯先生，林肯匆忙地跑上楼去询问他妻子迟到的原因，回来以后报告说“她在把所有的行头套上以后很快就会下来了”。

逛街的时候，两个人回到了斯皮德的宾馆房间里休息。“在一个小时或者更长的时间里，”斯皮德说，“我们再次重温了旧日里无拘无束的时光。林肯扑到床上，出神地盯着天花板，问了我这个问题，‘斯皮德，你的财务状况怎么样？你算是穷人还是富人？’我明白他的话外之音，于是答复道：‘总统先生，我知道你打算说什么，在这个问题上我很坦率。我的财务状况目前很令我满意；或者可以说是情况很好。我想在你手头的职位里没有什么是我想要的。’林肯先生建议，让肯塔基的格斯里担任陆军参谋长，但是不想直接写信给他——他让我征询一下格斯里本人的意见。我按要求做了，那位肯塔基的资深政治家以年龄渐长，体力不佳为由拒绝了。但他表达了自己的忠诚之意，而且坚称，联邦在任何危险下都应该维持。”

1月底的时候，林肯告诉我，他开始着手准备就职演说。除了一些法律书籍和一些他放在家里客厅桌子上的用来装门面的书籍之外，林肯其实没有自己的图书馆。他好像对收藏书籍从来就不上心。与他不同，我收藏了相当多的书籍，而且每天都在增加中。林肯经常光顾我的图书馆。因此当他开始准备他的就职演说时，他告诉我想查阅哪些著作。我列出了长长的一个书单，但是当我发现他都看过那些书时，我非常惊讶。他让我找亨利·克莱（Henry Clay）1850年发表的著名演讲、安德鲁·杰克逊（Andrew Jackson）反对虚无主义的声明，还有一本宪法。后来，林肯还要了韦伯斯特对海恩（Hayne）的答复，一篇他住在新塞勒姆的时候看过的演讲，他认为那篇演讲是美国演讲史中最伟大的范例。凭借这些书，而没有其他更多资源，林肯开始在政府大厦对面一家商店楼上的房间里闭关。在那里，他切断了与外界的所有联系，拒绝了所有打扰，全心全意地准备演说。尽管是在昏暗、肮脏、不起眼的密室里创作出来的，这篇就职演说仍然成为一篇值得纪念的稿件。后世子孙对这份演说推崇备至，并永远把它与华盛顿、杰斐逊、亚当斯或者任何林肯之前的总统的演讲相媲美。

当林肯成为全国闻名的人物后，尤其是在林肯去世后，经常有人问我，我是否真的没有给林肯代笔过任何演说稿。我知道，林肯的其他朋友们也都被问过同样的问题。[①] 对那些提出这样问题的人，我总是回复："你不了解林肯先生，没有人比他更少要求帮助了。在解决问题的时候，他对自己的能力非常自信，从来不考虑向朋友们要求帮助，因此，没有人能够给他分担责任。我从来没给他写过一行字；他也从来没要我这么做过。我没觉得我对他施加过任何影响。他经常就一些哲学问题与我探讨，并且承认，我在这方面比他知道的更多；他经常问我诸如词的运用，或者句子转换的问题，但是，如果我建议他修改的语言会改变他原本的观点，他就成了我见过的最不灵活的人。"

在亚伯拉罕·林肯一切就绪，准备出发去华盛顿——那个曾经令他发誓再也不去的城市——之前，他还有一件事没有办妥，那就是作为子女，对父母眷恋的亲情。2月的第一周，林肯悄悄地溜出斯普林菲尔德，乘车去了柯尔斯县的法明顿，他那上了年纪的继母仍然生活在那里。在那儿，在那个小小的乡下村庄里，他见到了仍健在的汉克斯和约翰斯顿家的人。他去拜祭了父亲，老托马斯·林肯的墓，他的坟冢没有墓碑，已经默默矗立了近乎十年，林肯临走时留下指示，要为父亲的坟墓立一块合适的碑。林肯在查尔斯顿过了一夜，做了一个简短的演说，回忆了很多小时候的事，在公众大厅，观众中有很多人都是从小看着他长大的，那时，人们印象中的林肯是随着父亲从南部的印第安纳迁到伊利诺伊的，经常骑在牛背上的壮小伙。一个人牵着一匹马前来听林肯的演说，那匹马是林肯刚从事律师职业时，在法庭上为他辩护争取回来的；另外一人谈及了林肯在1830年和丹尼尔·尼达姆掰手腕比赛的细节；大家都带来一些林肯早年的有趣旧事。林肯与继母的告别场景格外让人感动。[②]

①"我知道，华盛顿的人们都认为，我了解林肯所有的计划和想法，但真相是，我其实什么也不知道。林肯从来不向我吐露他的所想。"——戴维·戴维斯的陈述，1866年9月20日。

② 林肯对继母的爱是真挚的儿子对母亲的眷恋。他写过的信件证明了这一点。1851年11月4日在父亲去世后，林肯写信给继母：

"亲爱的妈妈：

查普曼告诉我，他想让你和他一起生活。如果我是你，我会去试一段时间。如果你觉得厌倦了（我想你不会），就回你自己的家里。查普曼对你非常好；我毫不怀疑他会将你的生活安排得非常愉快。

告别的场面令当时在场的人永生难忘。当时，那个善良的老妇人，泪流满面地给了林肯一个母亲的祝福，并表达了她对林肯的生命可能会被敌人威胁的担心。被告别的场景深深打动的林肯，依依不舍地从围在他身边的一圈热心的朋友们中间离去，带着对未来无助的预感，回到了斯普林菲尔德。

此时，林肯的头脑中对国家最重大的问题已经形成了解决方案。还有几天就要离开了，林肯的邻居和老朋友们纷纷前来与他告别且送上“最诚挚的问候”。其中大部分人是从新塞勒姆来的，新塞勒姆是林肯新生活的起点，那里来的每个人都带给林肯早期生活在新塞勒姆的有趣回忆。汉娜·阿姆斯特朗来了，林肯在约翰·卡尔霍恩手下当测量员的时候，老汉娜曾经给他缝补过裤子；林肯曾经在比尔兹敦谋杀案中为老汉娜的儿子做过无罪辩护，且最终取得辩护胜利；再后来，林肯还曾为汉娜的财产被人侵吞做过法律诉讼。汉娜前来向林肯说再见，她预感到以后不会活着见到他。“汉娜，”林肯热络地说：“如果他们真杀了我，我就不会再死一次了。”艾萨克·科格斯戴尔（Isaac Cogsdale），新塞勒姆的先驱者之一来了，林肯再一次向他承认了他对不幸的安妮·拉特利奇的爱。后来，科格斯戴尔告诉了我这次会面的过程。那是一个傍晚，秘书尼古拉先生已经回家了，来自各地的拜访者已经陆续散去，当天的会见已经结束。林肯问候了所有新塞勒姆家族的早期成员，当他提及那些人的时候，能清楚地回想起每个人的特征。对于拉特利奇，林肯说：“直到今天，我还是很喜欢拉特利奇这个名字，我一直关注着这个家族的动向。”对于安妮，林肯带着几许感伤地说：“我曾经非常爱他。她是一个漂亮的姑娘，而且应该会成为一个惹人爱的好妻子；尽管没有受过好的教育，但她聪明伶俐。我真诚地喜欢过这个女孩，现在我还常常想起她。”

2月初，去华盛顿的准备工作一切就绪了。林肯先生把自己的家具和物件儿都送给了邻居们，房子也租了出去。这些东西是他在伊利诺伊拥有的所

——你诚挚的儿子，亚伯拉罕·林肯”
在2月9日，林肯写信给自己的继兄约翰·约翰斯顿：“如果土地卖掉后，我能得到300美元，我愿意把这钱给妈妈，只要她不反对，我绝对没有意见。但在这之前，我必须确定，那笔钱一定有我的份，而且是总土地价款的10%。”

有的财产，所以，他没什么后顾之忧了。在斯普林菲尔德的最后一天下午，林肯来到我们的办公室，查看一些文件，并和我磋商某些他仍然感兴趣的法律事务。在之前的几个场合里，他已经告诉我，他会来办公室“和我长谈”。我们整理了办公室里的书籍，安排妥了所有未解决的事务。林肯对几个案件发表了自己的观点。做完所有的事情以后，林肯走进对面的房间里，坐进办公室的旧沙发里，那个沙发已经用过很多年，只能挪到墙角，靠墙支撑着才没有散架。林肯在沙发里躺了一会儿，眼睛盯着天花板，我俩都没有说话。过了一会儿，他问，“比利，”——他总爱这么称呼我——“我们在一起多少年了？”“超过16年了。”我回答。“我们从来没有吵过架，是吗？”对于这个问题，我热切地回答说:“是的，我们确实没有。”接下来，他回顾了一些早期法律实践中的乌龙事件，极有兴趣地描述了一些巡回审判中遇到的荒唐可笑的诉讼。在斯普林菲尔德的这最后一次会面中，林肯第一次告诉我，曾经有些律师在他面前曾挤对过我，说我不适合做他的法律合伙人。他坚称，说那种话的人是软弱的，用他的语言来描述那些人，“他们希望通过做林肯的跟屁虫来确保自己在律师行业的地位。”我从来没见过他如此情绪高涨过。他把一些想带走的书和文件捆成了一捆，然后向我告别。临走之前，林肯提了一个奇怪的要求，请我保留楼梯角上那个已经生锈了的公司名牌。“让它好好地挂在那里，别摘下来。”① 林肯特意压低了声音说:“让你的客户们明白，我当选总统对林肯和赫恩登律师事务所来说没有什么变化。如果有一天，我能活着回来，我们可以好像什么事情都没有发生过一样，继续经营我们的律师事务所。”他又徘徊了一会儿，像是要最后再看一眼他曾经的岗位一样，然后，他穿过长长的走廊，走出了大门。离开的路上，他说起了总统办公室一

① 有许多人问起，所以我在这里说明一下，在最后一次和林肯先生的会面中，他第一次问我，是否希望在他手下任职，问我是否想要什么官职，如果我有什么想法，他应该能够满足我。我回答说我不想在联邦政府里任职，我目前在比斯尔州长的手下任职于伊利诺伊银行委员会，如果他让我在即将上任的耶茨州长手下留任这个职位，我就满足了。林肯把我推荐给耶茨州长，州长回复了他的请求。他们讨论了我的情况，我记得，当林肯敦促耶茨州长留任我的时候，耶茨要求林肯委任他的密友 A.Y. 埃利斯出任斯普林菲尔德的邮政局长。我不知道林肯是否答应了这个请求，但是，埃利斯没能担任那个职务。

些令人不快的事情。“我已经开始讨厌担任这个职务了，”他抱怨道，“一想到那些等着我处理的事情我就发抖。”他说，没人能想象，离开这些旧日的生活令他多么悲伤。对他来说，更悲伤的还在于，他认为自己永远也不会活着回来了。我不断自我否定着那种不吉利的想法，觉得这样看待一位总统的离开，是不和谐的幻想。“但是这符合我的哲学，”林肯快速地反驳道。我们的谈话不断被路人打断，他们似乎都很想引起林肯的注意，林肯最终摆脱了路人的纠缠，热情地握着我的手说“再见”。然后他高大的身影消失在街道上，从此再没能出现在我们的律师事务所。

最后的会面后的第二天早上，2月11日，总统一行聚集到火车站，在那里，开往华盛顿的火车专列正等着他们，欢送仪式正在进行。他们打算在沿线的一些重要城市做短暂停留，并且为此留出了充足的时间。林肯先生曾告诉我，苏厄德先生推荐了一个叫伍德的人担任一行人的行程总管。这一行人，除了总统的家人：总统、总统夫人，三个儿子，罗伯特、威廉、托马斯、林肯的大舅子外，还有W.S.华莱士医生、戴维·戴维斯、诺曼·贾德、埃尔默·埃尔斯沃思，沃德·拉蒙，以及总统的两个秘书约翰·尼古拉和约翰·海，E.V.萨姆纳上校，其他的一些军官也在车上。林肯先生的一些朋友：O.H.布朗宁，耶茨州长，前州长穆尔，陪同总统一行人从斯普林菲尔德出发，但在途中离开。那天是个狂风暴雨的日子，厚厚的云层沉重地压在头顶，很多斯普林菲尔德群众聚集在一起为他们送行。

一行人进入车厢后，人们围拢着不肯散去，直到总统的身影再次出现在车厢外。林肯安静地站了一会儿，像是在平复自己的情绪，然后，他摘下帽子，做了如下简短却庄严的令人感动的演讲。[①]“朋友们，没有人能够体会我此时此刻的感受，没有人知道，在这离别的时刻，我心里是多么的沉重和悲伤。我作为你们中间的一员在这里生活了将近30年，从你们身上感受到了温

①林肯先生在斯普林菲尔德的火车站发表演说的时候我不在场，也从来没有听他说到过演讲内容。我选了这篇演讲稿放在书里，演讲稿在用词上与他最初的稿件有些改动，最近，尼古拉先生发表了据说是最初手稿的演说稿，但那个演说稿上的字迹一部分是他写的，另一部分是林肯的笔迹。实质上，两者内容相差不大。

暖的善意。我年轻的时候就来到这里，如今，我已是垂暮老人了。这里有我在世界上最亲的亲人。我所有的孩子都出生在这里；他们中的一个也长眠于此。亲爱的朋友们，我所拥有的和取得的一切成就都归功于你们。今天，我就要离开你们，过去的一切都涌入了我的脑海，我现在要去完成的使命比当年华盛顿总统担负的更为艰巨。除非上帝能与我同在，帮助我，指引我，否则，我将无法完成这个使命。有了上帝无所不在的支持，我不会失败——我一定会成功。让我们祈祷我主上帝不会放弃我们，我拜托你们真诚地祈祷，祈祷上帝用他的智慧来指引我们。说完这些话，我必须离开你们了，我不知道我究竟要去多久。朋友们，我现在不得不跟你们告别了。”

在这精练简洁的告别演说结束后，火车缓缓地开动了，林肯先生仍然站在车尾的门口，好像要再最后看一眼斯普林菲尔德。一路上的行程因事先的详细规划而令人称赞。在沿线地区的每一个城镇，每一站，都有大量人聚集着，只为目睹这位候任总统的风采。① 无论途经的地方是否属于行程中安排的停驻点，一般情况下，林肯都会满足夹道欢迎人群的愿望，从火车上下来发表演说。林肯所做的这些演说都是简练却充满真挚感情的。路过印第安纳波利斯时，林肯去了立法机关，在那里停留了一天，发表了一篇演讲，以回应南方发出的侵略性威胁。离开印第安纳波利斯后，林肯去了辛辛那提和哥

① “在1860年林肯参加选举之前，我还是一个11岁的小孩，有人给我订阅了一本关于他的杂志。尽管我全心全意地崇拜他，但还是觉得，如果他能蓄一副络腮胡，可能会看起来更神气。于是我写信告诉了他我孩子气的想法，同时表达了对他的敬意。几天以后我收到了这封回信：

‘1860年10月19日，伊利诺伊，斯普林菲尔德

格雷丝·比德尔小姐

亲爱的小姐：你15日的来信已经收到。看到你的信，我非常高兴。很遗憾，我没有女儿，只有三个儿子：一个17岁，一个9岁，还有一个7岁。他们和妈妈组成了我整个家庭。至于络腮胡，我从来没留过，如果我蓄胡子的话，你确定人们不会认为我有点傻么？——祝一切顺利，你真诚的朋友 亚伯拉罕·林肯’

“似乎我并没有被他忘记。林肯当选总统以后，在他去华盛顿的途中，居然会在韦斯特菲尔德（Westfield）的肖托夸（Chautauqua）县做了停留。林肯先生说，‘我在这里有个笔友，一个名叫格雷丝·比德尔的小姑娘，我很想见她。’于是，我被人领去见他；他从车厢里下来，向我伸出手说，‘你看，我已经让这些胡子为你长起来了，格雷丝，’他亲了亲我，热诚地握了握我的手，然后走了。后来，我常常想起这段美好的回忆。”——格雷丝·比德尔，1866年11月14日信件手稿。

伦比亚，在哥伦比亚，林肯接见了俄亥俄的立法机构成员。接下来的旅途，让林肯相信了广大人民群众对他的爱戴。许多人无疑对林肯充满了好奇，他们在说话的时候完全是坦诚和真挚的。林肯在斯托本维尔（Steubenville）、匹兹堡（Pittsburg）、克利夫兰（Cleveland）、布法罗（Buffalo）、奥尔巴尼（Albany）、纽约和费城都做了宣扬爱国主义情怀的演说。林肯所做的这些演说语言朴实，通俗易懂，加强了每一位在场听众对政府的支持。林肯委婉地告诫人们前面可能面临的危险，使人们对林肯总揽全局的能力留下了深刻的印象，但是，演讲内容中丝毫没有透露出林肯想要实施什么样的政策，以及他蕴藏着什么样的力量。① 在匹兹堡，林肯建议大家三思而后行，他恳请南北双方都不要越界挑衅。在克利夫兰，林肯坚称，“危机，像它被称呼的那样，是人为的危险和机遇，其存在的基础并不牢固”。在费城，林肯向听众们保证，在他的统治下将“不会有血腥屠杀，除非政府迫于无奈而不得不采取自卫行动”。林肯的这番话是在独立大厅当中所言。在那里，林肯展开了一面崭新的旗帜，在场的人海发出的欢呼仿佛在为这面崭新的旗帜举行升旗仪式。离开费城，林肯一行去了哈里斯堡（Harrisburg），在那里，他会见了立法机关的两个在任分支的代表。林肯接下来的旅程在历史上有所记载，我在这里将引用霍兰博士的相关叙述。在哈里斯堡，立法机关人员热情

① 以下摘自林肯在竞选期间的一封回信，信中体现了他对于南方各州可能暴动的预期所持的政治立场。此信的内容是第一次对外披露：

[摘自一封1860年10月15日写给L.蒙哥马利·邦德阁下的信]

“对于南方的感受和想法，我没有理由感到气愤或悲哀。但是，关于是否因为我的行为导致了南方的敌对情绪，我无法在这么短的一封信中完整地表达我的观点，你可以从我公开发表的演说中得出结论。我想，我无须再次重申我的立场。”

[摘自1860年6月4日在伊利诺伊斯普林菲尔德写给塞缪尔·海克拉夫特的一封信]

“和你一样，我从辉格党一开始建立就是其成员之一，且一直持续到它的结束。我从来不属于美国党，也不属于联邦党；我对联邦统一的投入和为此付出的努力一点也不比你或其他的任何人少。”

[私密信件]

1860年12月13日伊利诺伊斯普林菲尔德

“尊敬的塞缪尔·海克拉夫特

亲爱的先生：我已经收到了你于9日写的信，我只能简要地回答一下。我和你的看法一样，不明白为什么南方人民都对我表现出如此不满和愤慨。——忠实于你的，亚伯拉罕·林肯”

欢迎了林肯，霍兰博士说："在一天的活动结束后，大家都知道林肯先生已经非常疲倦了，于是，他在不被打搅的情况下回到琼斯大厦休息。按照对外宣布的行程，林肯第二天早晨将要出发去华盛顿，哈里斯堡的人们以为，他只是短暂地离开，去休息一下而已。林肯在房间里待到六点，然后走到街上，上了一辆马车，在拉蒙上校陪同下，悄悄赶到了宾夕法尼亚火车站，上了在那里等候他的一节专列。作为安全防御措施，在林肯离开哈里斯堡的时候，当地的电报线路全被切断了，因此，即使情报人员发现他离开，消息也送不出去。十点半，火车到了费城，在那里，一名侦探负责接应林肯，为他们准备了一辆马车，载着一行人奔赴费城火车站，计划乘火车沿着威尔明顿（Wilmington）和巴尔的摩铁路一路前行。十一点一刻，他们幸运地发现本该于十一点启程的火车晚点了。一行人来到了卧铺车厢，一路顺利地穿过巴尔的摩，到达了华盛顿。第二天早上六点半，抵达了华盛顿的林肯先生发现沃什伯恩先生正焦急地等待着他。林肯被带上一辆马车，几分钟后，他已经在威拉德酒店（Willard's Hotel）与苏厄德参议员谈论此次的冒险旅程了。当林肯安全到达华盛顿的消息传遍全国以后，在哈里斯堡与他分开后上了为他准备的专列的随行人员可以安全无忧地通过巴尔的摩了。据报道，有人密谋用炸药或其他手段袭击林肯乘坐的火车专列，借以谋害候任总统。苏厄德先生和其他一些人对此非常担忧，于是，他们聘请了芝加哥著名侦探艾伦·平克顿（Allan Pinkerton），对是否有这样的阴谋进行调查。平克顿去了巴尔的摩，以股票经纪人的身份在那里开了一个公司，通过他的助手——一名熟练机智的女子——很快掌握了所有的内线消息。哈里斯堡的计划改变就是在他的建议下安排的。

在去世多年以前，平克顿先生给我提供了大量由他的下属提交的书面报告，以及他本人的侦查结果记录。侦查的细节紧张刺激，但因为距离我们的话题过远，我就不在这里一一叙述了。万幸的是，悲剧被及时避免，林肯先生安全抵达了华盛顿。

早在1月份，在林肯离开斯普林菲尔德之前，他就开始对威胁他人身安全的恐吓感到烦恼和警觉，从巴尔的摩及其他华盛顿周边的地方传来的恐吓声称，林肯不会活着抵达华盛顿，即便他能到华盛顿，他也无法去国会大厦出席就职演说。林肯决定弄清楚，如果有人对他行凶，他能得到当局什么样的保护。于是，他派了一位名叫托马斯·马瑟的年轻军官带着给斯科特将军的一封信去了华盛顿（马瑟是当时伊利诺伊军务局长）。林肯在信中详细叙述了他听到的威胁，且询问了关于就职演说发表时安保措施的具体细节。马瑟将军到达华盛顿后，发现斯科特将军正因病卧床，无法接见来访者。马瑟第二次去拜访的时候，呈递上了林肯的信件，于是，他被请进了主人的房间。“走进房间，”几年后，马瑟回忆道，“我看到，老将军头发花白，皱纹满面，为了挣扎着从床上坐起来，他的后背垫着许多枕头，他的须发杂乱无章，呼吸很困难。老将军手里拿着林肯的信，因为长时间卧病在床，他非常虚弱，颤抖得厉害。很明显，林肯的信唤回了这个老将军身为军人的感觉，‘马瑟将军，’他焦虑地对我说：‘等你回到斯普林菲尔德的时候，请把我的问候带给林肯先生，并且告诉他，我期望他一切就绪后尽快来华盛顿。告诉他，我本人会盯着那些马里兰和弗吉尼亚企图滋事的家伙；我会在费城大道的路边都架上大炮，谁要是敢露面，或者轻举妄动，我就把他们炸到地狱里去。’”“当我回到斯普林菲尔德的时候，”马瑟说，“我赶忙前去向林肯先生保证，如果斯科特在发表就职演说那天还活着，就不用担心典礼被任何人打搅。我确信，斯科特将军对这件事给予了充分的关注。”

最终安全抵达目的地后，林肯先生在就职演说前几天一直待在威拉德酒店里，接见了川流不息的拜访者和朋友。在少得可怜的自由时间里，他仔细地修改了就职演说。3月4日早晨，林肯在布坎南先生的陪伴下乘坐一辆敞篷的四轮大马车从酒店出发来到了国会大厦。到达国会大厦后，林肯脸色有一丝苍白，略显紧张，他被老朋友爱德华·贝克先生介绍给了广大的民众，然后，林肯用热烈的让人印象深刻的方式发表了演说。结尾的惯常宣誓是由首席法官托尼主持的，在此之后，林肯正式成为拥有一切权利的国家首席行政长官。在布坎南先生的陪同下，林肯前往白宫，参加那里为他举行的庆祝会，庆祝会上，兰开斯特（Lancaster）爵士预祝林肯领导的政府和平、繁荣和昌盛。

一位当时见证了林肯就职仪式的目击者，对就职过程做出以下生动形象的描述："接近中午的时候，我随着人流聚集到威拉德酒店大门旁，那里到处是衣着鲜艳的人群。一辆敞篷的四轮马车驶来，车上唯一的乘客走了出来。他是一个身材高大、结实、行动迟缓的人。他上了年纪，头发花白而稀疏，长长的脸上布满皱纹，头奇怪地偏向左肩膀。他的帽子戴得很低。那是一顶宽边丝绸帽。他那巨大的白色领结直接伸进竖起的领子里。他通身着黑色，穿的是不那么新式的燕尾服。那就是老总统布坎南。布坎南前来陪同他的继任者前往国会大厦。几分钟之后，布坎南和林肯挽着胳膊走了出来；两个人肩并肩坐在马车里，马车开走了。马车后跟随的仪仗队秩序不够井然有序，演奏得不够庄严肃穆。我有充足的时间走到国会大厦，毫不费力地找到一个视听效果都最佳的位置。他们告诉我，参加就职演说的人非常少，因为担心有人在其间干扰滋事，许多人都被隔离在外，据传闻——事实亦如此——斯科特将军担心仪式遭到恐怖袭击，于是命令所有军队都处于戒备状态，以便应付紧急情况。一个方形的平台已经搭好，平台从楼梯延伸到东面门廊，平台三面环绕摆放着长椅，那属于贵宾区。贵宾区坐着的人里，我唯一认识的是道格拉斯。他坐在靠近右边通道的楼梯附近最末端的座位上。就职典礼没有丝毫耽搁，立即举行了。身材瘦削的候任总统出现了，他慢慢走到前面来。在我看来，他的外表变化很大，这一部分归咎于他自己，另一部分是他的朋友和裁缝的错。林肯蓄了厚厚的络腮胡子（据说是听从了一个小姑娘的建议），他的胡子好像黑刷子一样，衬托得整个人显得粗鲁、冷淡、不优雅，破坏了那张脸原本的威严，以及对世人悲悯的表情特性。林肯穿的不再是他平日里常穿的黑色教士服，或者缎子背心配黑色的老头裤。为了配合这个场合，林肯从头到脚穿着崭新的黑色套装，配着一顶显然是新买的帽子，这更显得他的胡子非常突兀……让他的整体穿着显得更为难堪的是，他拿着一根带有鸡蛋大的金头的乌木手杖。林肯的这身奇怪的服饰使人看起来非常不舒服，以至于作为旁观者的我都忍不住可怜他。走上平台后，林肯的不自然更加显而易见了，他不知道该把帽子和手杖怎么办；于是他站在那里，被几万双眼睛盯着，一只手举着帽子，另一只手拿着拐杖，场面非常尴尬。犹豫了一阵后，林肯把手杖依着栏杆放在角落里，但是除了地上，实在找不出放帽子的地方，看的出来，林肯不想把帽子放在地上。道格拉斯适时伸出了援手，为他的老朋友兼老对手解了围，他接过那顶帽子，替林肯代为保管。如果是两年之前，道格拉斯肯定不相信自己会这么做。就职宣誓是首席法官托尼主持的，他黑色的长袍、瘦削的身材、苍白的面容让人不由自主地联想到僵尸。宣誓之后，总统走上前来，用嘹亮独特的嗓音宣读了他的就职演说。所有的人都听得聚精会神，但是最近的听众是道格拉斯。他身体前倾着，似乎要听清每一句话，在听到那些精彩段落时，他会由衷地点头赞赏。在场观众对演讲给予了喝彩，但喝彩并不过分热烈。那天让我难忘的事，还包括看到那位来自得克萨斯的威格福尔（Wigfall）恶魔参议员，他双手抱胸靠在国会大厦的门口，带着蔑视的姿态看着场内的人群和仪式，这充分表明了他对整个仪式的态度。对他来说，南方联盟已成事实。他将亲眼看到最惨痛的悲剧。”

第十七章　仅次于上帝的最伟大的人物

身为总统的林肯和当年那个身为律师和政治家的林肯区别不是很大。当林肯身为律师和政治家的时候，他的知名度仅限于伊利诺伊、朋友圈，而当林肯坐上总统宝座之后，他的老朋友们都很好奇，想知道他在地位改变后有什么变化。林肯已经不能再与那些看着他从一名普通的乡村律师成长为国家元首的朋友为伍，不能再与多年至交手挽手畅谈一切；现在的他被财富、权利、时尚、名望所环绕，被形形色色的杰出政治家和谋士所包围。过去的林肯，他的一切焦虑和责任都可以和伊利诺伊，特别是斯普林菲尔德的朋友们分享。①

---

① 即使当选为总统之后，林肯仍然十分关注他的老朋友们，下面的这些信就能够充分的证明：

“1864年4月20日华盛顿白宫

卡尔文·特鲁斯代尔阁下

伊利诺伊州罗克岛邮政局长：

托马斯·J.皮科特，前任罗克岛军需处长，因为涉嫌牟利倒卖岛上的木料和石料而被开除。皮科特先生是我的一个老朋友。如果阁下能拨冗收集该案的证据，我将十分感谢。请通知皮科特和一个叫J.B.丹福思的人（据我所知是皮科特的指控人），请将他们二位的证词，连同双方证人的但现在，他们无法再继续陪伴他了。他们中的许多人不想当官，但他们所有的人对林肯的未来既关切，又骄傲。有些人试图和他保持通信联系，但是他的回信经常迟缓，而且不定时。因为林肯没有给他的老朋友指派舒服的官位，也没有对伊利诺伊州所有人的安好表示太多的关心，于是给了人们错觉，觉得他当了总统就忘了本，这样的指责是毫无根据的。其实林肯没有什么变化，他担负着许多沉重的责任，需要关注许多事情的进展；他的环境改变了，他有了很多新的朋友，但他还是那个冷静的，公正的，如昔日一样关心朋友的他。虽然他的信很少，而且内容简短，但是信中总是充满着感激赞赏之情，以下给我的一封就是证明：

1862年2月3日，白宫

亲爱的威廉：

你于1月30日的来信收到了。关于钱的事情就像你说的那么办吧。你最了解我，我没时间写一封长信。上帝保佑你。——你的朋友，亚伯拉罕·林肯①

林肯写给其他人的信件也是一样充满着温情，但是，仍然有愚蠢的流言说他开始不重视斯普林菲尔德的朋友们。林肯的一个老朋友从华盛顿回来

证词一同以书面报告的形式提交给我。麻烦您帮我这个忙。——忠实于您的，亚伯拉罕·林肯”

皮科特以前是伊利诺伊北部一家报纸的编辑，他曾经开辟了一个专栏，用虚拟语气假设林肯当选总统以后的繁荣景象。当他后来被怀疑指控的时候，除了林肯之外，没有一个人站出来解救他。

以下的信件不用解释：

“1862年8月27日华盛顿白宫

尊敬的沃什·塔尔科特

亲爱的先生：我决定委任您做税务员。我想对您提一个特别的要求，请您不要再和沃什伯恩先生斗争了，他是我的老朋友。如果您能为他做点什么，我会不胜感激。——忠实于你的，亚伯拉罕·林肯”

以下这封信是总统写给塔尔科特的介绍信，内容如下：

“塔尔科特先生是非常优秀的人选，我相信，财政部长和国税局长都会非常喜欢他，他们将来对他的欣赏会更胜于我。——亚伯拉罕·林肯，1862年8月18日”

① 1863年2月19日，我收到来自林肯的短笺：

“你愿不愿意接受一份持续一个月的工作，在圣路易斯，一天五美元还有旅费津贴。盼复。——A. 林肯”

以后有点不高兴，因为林肯没有询问到每一个老邻居的健康和幸福状况。有报道说他不关心自己的家乡和造就他今日成就的朋友们。那些抱有这样观点的人忘记了，林肯并不是仅仅属于斯普林菲尔德或者伊利诺伊，他还是整个联邦的总统。[①] 谈及此处，我想简单地评论一下林肯对他在伊利诺伊的朋友们提出的要求的答复。据此前观察，林肯当选总统排除了伊利诺伊的其他人入选内阁的可能，但这并不排除他把自己的朋友引入内阁供职的可能，而这也正是大家所期盼看到的。其中最劳苦功高、最热心和最有影响力的人是戴维·戴维斯。[②] 他们二人相交多年，毫不夸张地说，戴维·戴维斯为林肯做的工作比其他一打朋友所做的工作的总和都多。当然，当林肯在总统宝座上坐稳以后，人们，尤其是伊利诺伊州的人们，都期待着他对戴维斯予以回报。林肯后来的所作所为在伦纳德·斯韦特（Leonard Swett）的信里做了详尽的叙述，正好在这里插入。

1887年8月29日，伊利诺伊州芝加哥

威廉·H. 赫恩登

亲爱的先生：您所写的，关于任命戴维·戴维斯为最高法院法官的进展情况询问信函，我昨晚已经收到了。作为回复，我请求先回顾一些事实。1860年，伊利诺伊的政治家们分成了三派，这三个派别是在迪凯特会议上，在州长候选人投票的时候形成的。获得选票最多的是芝加哥的诺曼·贾德，他主要的势力范围在州的北部。我获得的选票排在其次，理查德·耶茨排在第三。由于三个派别的重要性不同，结果是耶茨被提名了。耶茨的势力范围是在斯普林菲尔德周边以及杰克逊维尔，延伸至昆西西部。我的范围是在布

① 下面这封信出自一位失望的伊利诺伊朋友，信件内容反映出林肯在面对朋友要求时的两难感受及困惑。写信的人是个伊利诺伊的小人物，他曾经担任过政府公职："林肯是个特别的人，我必须承认，虽然做了20多年的朋友，但我从来不了解他。他总是为了实现自己的目标而把我们当玩物一样利用；但当他当上了总统，他似乎立刻完全变成了另外一个人。他只对自己的敌人示好拉拢，对朋友却紧闭心扉，没有表示。"

② "我给林肯提供了许多的帮助，帮他从事选举活动，给他提供经费，长时间辛苦地为他工作。"1866年9月20日，戴维·戴维斯陈述。

卢明顿及其附近以及南部、东南部。

这些派别在林肯先生当选之后存在了一阵，当时他们被认为是联邦资助的分支机构。1861年，由于斯蒂芬·道格拉斯的逝世，参议员空出了一个位置，耶茨州长派来的，来自昆西的奥利弗·布朗宁填补了这个空缺。在林肯早期的总统生涯中，也有一个美国最高法院大法官的空缺，要从这些地区选出来，布卢明顿的戴维斯法官，昆西的布朗宁先生，都想得到这个职位。布朗宁先生所占的优势是，林肯新近出任总统，而参议员是令人敬畏的要职，作为在参议院里最凝聚人气的人物，布朗宁先生拥有几乎全部的参议院的支持力量。林肯先生几乎被参议院强大的影响力所压倒。戴维斯的支持者主要是在东部和中部巡回法庭中的律师。这些律师的力量属于地方势力，与总统所在的华盛顿权力中心距离甚远。

那时候，我生活在布卢明顿，每天都能碰到戴维斯法官。几个月过去了，当时我们常常从华盛顿那里得到关于事态发展情况的消息。有一天，林肯传来消息说："我不知道到时候该怎么做，但是，我不希望会有这么一天，我明知不对，却不得不把那个职位委任给布朗宁。"我和戴维斯法官、奥姆将军聚在布卢明顿的法律办公室进行了磋商。我们认为，这条信息太具有林肯风格的黑色幽默了，这同时也暗示着，我们获得那个职位的可能性几乎没有了。大家坐在那里，对结局感到闷闷不乐。最后，我打破了沉默说，"职位没了，我打算去趟华盛顿。""不，你别去，"戴维斯说。"我要去，"我回答道："那些参议员的力量压过了林肯，在他行动之前，我要去和他做一次长谈。"

我确实去了华盛顿，两天之后，大概早上7点钟——我非常清楚林肯先生的习惯——我抵达了白宫，在那里和林肯谈了大半个上午。我努力提醒林肯，是以戴维斯法官为首的第八次巡回法庭的律师们给他带来了声望。"如果，"我说，"戴维斯法官以及以他为首的力量不存在，那么，所有的事情都会和现在不一样。我相信，你不会坐到现在的位置上。"他严肃地回答，"是的，确实如此。"我说，"按照惯例，如果你得到了声望，那么你应该对给予你帮助的人回报，否则会失去信用，失去人心。沙皇尼古拉曾经被暗杀袭击；一个属下为他挡开了致命一击，救了他的命。沙皇对他的救命恩人给予回报，使他一生无忧。拿破仑三世国王曾经在哈姆（Ham）身陷囹圄，他得志之后，找到了所有在危难中给他帮助的人，使他们富贵一生。至于戴维斯法官，你知道，他在各方面都非常有资格担任这个职位，给他那个职位既能体现你的公正，也深孚众望。”我们坦诚地谈了一个上午，我想，我已经做了自己力所能及的最好的阐释，我想，林肯也是这么认为的。

我离开白宫后前往威拉德酒店。在酒店里回忆起这次会面，我忽然产生了一个新的想法。于是我给林肯先生写了一封信，然后回到了白宫，走进屋，我给林肯读了那封信的内容，并且把信件留给了他。按照我的分析，如果林肯把大法官的职位给了戴维斯，那么，当戴维斯来到华盛顿后，他一定会竭尽所能给我谋个好职位。我意识到，林肯不能把这个职位给戴维斯，否则就意味着我们州政局中的布卢明顿派系获得了权力，而我今后一旦也掌握了某个政府职位，那将使得布卢明顿派更加如虎添翼；这样的任命就会达到“一箭双雕”的效果。任命戴维斯的结果是我和戴维斯两人都会从中受益；我将这封信作为呈堂证据交给林肯，证明自己将放弃从中获益，如果将来我或者我的任何朋友再因为此事指责他，他可以用这封信证明自己的清白。当我读信的时候，林肯说：“如果你的意思是，我可以把这封信给朋友们看，那我会接受它，做出那个任命。”他马上像他说的这样做了。

林肯接着提出在任命戴维斯为大法官后让他帮忙为一位职员在巡回法庭中谋一份差事。然后他写了委任通知书，在我回到布卢明顿的当天下午，戴维斯收到了任命书。

戴维斯法官比我年长大概15岁。我24岁就加入了他的巡回审判律师团，在他和林肯的培养下成长，在脆弱的时候得到他们坚强臂膀的呵护。我很高兴有机会通过请林肯帮忙而为戴维斯效劳，而且，我很高兴从那时起，我每天都在为戴维斯效劳。

从那以后，不知多少人几乎每个星期都会用一种貌似亲密的口吻无礼地问我，“你和林肯那么熟，为什么他从来不给你任何好处？”通常情况下，我会回答:“这似乎是我自己的事，我自己都不抱怨，你有什么可抱怨的。”据我所知，似乎没有人因为得不到想要的官职而生活不好的。后来，我来到华盛顿当官，看到官场中的起起落落，我祈祷我的结局不要像他们那样。

——忠实于你的，伦纳德·斯韦特

在林肯先生去华盛顿之前，他曾经多次指出国家所面临的问题是多么紧要，但是，从他的话里，我无法领会他将采取什么措施应对。林肯让我与他保持联系，向他通报家乡这边的情况，他的朋友怎么看他，他的所作所为是否得到了朋友们的赞同。他建议我经常写信给他，他的私人秘书尼古拉将负责安排我的信原封不动地送达他手里。我遵从着他的指示，而且我现在完全有理由相信，我写给林肯的所有信，尽管没有包含什么国家机密，都未经拆阅就到了他的手里。我是报刊记者说的那种“高产的人”。我写给林肯的信远远多于他给我回复的信件，我写信的内容有时是关于我们律师事务所他应得的那份律师费的事，有时候扩大到讨论国家事务，但通常都是关于斯普林菲尔德当地和周边的政治新闻。我曾给林肯写过两封长信，一封是关于必须着力起草关于解放奴隶的宣言，另一封是劝诫他赶快发表《解放奴隶宣言》。在后一封信里，我尤其热切地向他保证，如果他解放了奴隶，他就能“使生活出现天翻地覆的变化，履行了作为总统的义务，而且从此走上一条闪耀着荣耀之光的道路”。我不知道自己的言辞和看法是否打动过他，因为林肯总是忙碌着处理行政事务，他很少对我的任何一封做出回应。在这本书的有些章节中，我曾经提到过，1861年夏末，我在林肯任总统期间第一次也是唯一一次拜访了华盛顿。我的目的是为我的妻弟查尔斯·查特顿（Charles Chatterton）谋求一个在印第安人事务局（Bureau of Indian Affairs）的职位。林肯先生陪着我一起去了印第安人事务局局长的办公室。这个局的局长是伊利诺伊州帕里斯的威廉·多尔（William Dole）。林肯与局长进行了一番诚挚的交谈，提出了关于那个职位的申请，并且在很短的时间内帮助我得到了那个印第安人代理的职位。这是我向林肯先生要求的少数帮助之一，而且他以

"迅速——不耽搁、免费——不花钱、全部——不拒绝"的原则应允了我的请求。在此之后，我在华盛顿逗留了几天，尽管要务缠身，林肯还是让我在白宫度过了一段美好的时光。林肯提到过，最让他受不了的是那些谋求官职者的坚持不懈的纠缠。他们可能会在大厦管理员不经意间，从半开的门外偷偷溜进来；可能会顽强地一路尾随着他；可能在林肯乘车经过人群时，把索职文件塞进他的手里[①]。总的来说，他们几乎让林肯愁死。林肯说过，如果政府能度过南方州反叛的难关而不被颠覆，那么，排在其次的威胁就来自于那些贪心的索官阶层的威胁。"这些人努力地争夺和拼抢官职，"他说，"他们是在寻求一条不用工作就能生活的路，这些人就像蛀虫一样会最终腐蚀我们的政府体制。"在华盛顿期间，我的大部分时间都和林肯一起待在办公室或者接待室，我看到那一眼看不到头的拜访者队伍，见到许多甚至现在仍然经常能在白宫看到的显贵；但是没有发生什么特别值得在这儿说明的事情。一天，霍勒斯·梅纳德（Horace Maynard）和安德鲁·杰克逊，两个田纳西参议员，相互挽着臂膀走了进来。他们谢绝了林肯的让座，急不可待地开始和总统讨论让他们感兴趣的总统新政。梅纳德郑重其事地对林肯说："当心，总统先生，不要冒进，前面有危险。""我知道，"林肯平静地回应道，"但是，我还是要坚持快步走，我认为这样做是正确的，而且人们已经为适应这个节奏做好了准备。"在此之后，两人没说几句话就离开了。第二天，我离开华盛顿踏上回家的旅程。我和林肯在白宫道了别，他将我送到门廊尽头，我将在那里乘坐一辆马车赶往火车站。林肯热情地与我握手道别，互相道了句"再见"。这是我最后一次见到活着的林肯。

林肯夫人的姐姐尼尼安·爱德华兹太太去世之前，她曾跟我提起过一段她在华盛顿拜访的经历，其中一些事情是如此特别，我不得不在这儿讲一下。这位女士没有隐瞒她妹妹做了白宫的女主人之后的任性想法和古怪行

① 林肯说，有一天，当他穿过宾夕法尼亚大街的时候，一个人跑过来尾随着他，向他致敬，然后把一捆索职文件塞到了他的手里。这让林肯非常生气，他把这些文件扔了回去说："我可不是来这里开商店的。"

为。爱德华兹太太多次受到林肯夫妇的邀请，于是，作为回应，她和丈夫一起到了华盛顿。“我们到达华盛顿后，有一天，”她叙述说，“为了平复林肯的情绪，把他的注意力从工作上分散一下，让他振作起来，我带着林肯来到属于行政大楼的暖房，向他展示了那里盛开的花的海洋。他耐心地跟着我穿过花海。‘这些花儿真漂亮！这些玫瑰真美丽！太吸引人了！’我羡慕地大声说。‘都是从世界各地收集而来的，简直美得无法用语言来形容。’接下来，是一阵忧郁的沉默。林肯打破了沉默，表达了他的看法：‘是的，这里好像春天一样美丽，但是，你知道吗？我以前从来没有来过这里。我不知道为什么，但我从来不关心花卉；我好像很没有品位，不知道是因为自己先天不足，还是后天情趣培养不够。’”“有一天我开导林肯，”爱德华兹太太继续说，“去白宫北面的公园走一走。”他说他已经一年没去那里了。我让他一个人或者和朋友一起经常去公园走走，这样有利于他摆脱工作压力，有助于他摆脱工作环境的束缚。林肯是我热爱和尊敬的一个人。他是一个好人，一个诚实而真诚的人。许多人不了解他，所以污蔑他是个忘恩负义的人。他的习惯和他的为人一样，有时候有点奇怪，有点不中规中矩。他会好似茫然地、心不在焉地走来走去，就像没有意识到自己或者别人的存在一样。他没有什么特别的喜好，吃饭对他来说是一件很机械的事。我曾经看见他就餐的时候陷入沉思，除非有人叫他吃饭，否则他意识不到该吃饭了。但是尽管他看起来独特而沉默寡言，他一点也不冷漠。

在世人看到的表面之下，藏着一颗温柔而富有诗意的心。林肯的儿子威廉在华盛顿的夭折给了他很大的刺激。除了在斯普林菲尔德那个出生几年后就死去的幼儿外，这是他的家里第一次有人死去。“那天晚上，我们漫步在公园里，他带着深切的悲哀提起这件事，而且后来他常常提到它。当我说要离开华盛顿的时候，林肯被深深地触动，他眼里含着泪恳求我再留一段时间，‘你能牢牢控制和影响玛丽，’他说，‘有麻烦的时候，你能安慰我。’我无法忘记他绝望的表情。即使我回到斯普林菲尔德之后很久，一想到那悲伤的分离，我还是会因为没能尽我的微薄之力减轻他的负担而心痛。”

1866年夏天，我给林肯太太写信，要求她给我一份关于她自己和林肯在白宫期间的生活模式的简要叙述。她做了如下回应[①]。

1866年8月28日，伊利诺伊州，芝加哥西华盛顿街375号

尊敬的威廉·赫恩登

亲爱的先生：因为你上封信到达的时候罗伯特不在芝加哥，所以我昨天晚上才看到你写给我的信。回忆起我亲爱的丈夫对你真诚的友爱，想起你对我丈夫的热爱和尊敬，我和我的儿子们都非常珍惜你这个老友。在我被丧夫之痛淹没的时候，愈发觉得那些对我丈夫无私热爱的朋友非常珍贵。我的悲伤如此地不可控制，于是我不得不选择独居。过去有一段时间，我曾经想过去见你，和你长谈一次。我希望知道，你下周三，9月4日是否会来斯普林菲尔德；如果来，早上十点我会在圣·尼古拉斯宾馆等你。请不要告诉任何人我这次去斯普林菲尔德的拜访。像你知道的那样，去拜祭我生命中的全部——我丈夫的坟墓——是一件极为隐秘的事。如果你届时不方便去拜访我，或者你有紧急事情要处理不能来，你能在这个星期的任何一天来芝加哥么？看到你我会非常高兴。

——玛丽·林肯

根据约定，我在斯普林菲尔德的宾馆见了林肯太太。我们的谈话内容涉及广泛，但很有趣。她当时是这样对我说的，“我丈夫打算，在他的任期结束之后，我们将带着孩子们一起去欧洲旅游。从欧洲回来以后，他打算穿越落基山脉去加利福尼亚，士兵们正在那里挖掘金子以偿还国债。在他最后的日子里，他和参议员萨姆纳成为好朋友，他们的关系非常好。里士满被攻下来以后，他们沿着河边散步——憧憬着战争就要结束，心中充满欢乐。直到1864年，林肯都希望卸任后住在斯普林菲尔德，死后也埋在那里；但是后来，

① 摘自作者保存的手稿。

就在他去世之前不久，他改变了主意，但是还没定下来究竟到其他什么地方。我记得他最后一次提到这件事的时候，他说，我们最好花一年或者更多的时间去旅行。从本性上来说，林肯是世界上最善良的人，最温和的丈夫，最慈爱的父亲。他给了我们全方位的自由，当我要求什么的时候，他经常对我说，'你知道你想要什么，放手去做吧。'他对孩子们非常宽容，对他们从来不吝啬赞扬。他常常说，'我很高兴我的孩子们是自由而快乐的，没有被父母的专制所控制。爱是把孩子和父母联系起来的纽带。'"

"我的丈夫非常依赖我对人性的了解，每当要前去会见一些重要人物的时候，他常常对我说，他不了解人，不了解他们的动机。他想等南方战事一结束，就立刻把苏厄德调走。他非常不喜欢安德鲁·约翰逊。有一次，当我们夫妇一起散步的时候，约翰逊一直尾随着我们，这让林肯非常不高兴，他突然转过身问道：'为什么这个人总是跟着我们？'当时，他的声音大得几乎每个人都能听见。还有一次，当我们去锡蒂波因特（City Point）的时候，醉醺醺的约翰逊仍然锲而不舍地跟着我们，林肯无可奈何地说，'看在上帝的分上，不要请约翰逊和我们一起吃饭了。'当时萨姆纳也在，他也提出了同样的要求。林肯虽然脾气温和，但是，他一旦下定了决心，就会非常坚决，任何人也无法使他改变主意。当他要为某事做决定的时候，我总是能一眼看出来，什么时候他是铁了心无法撼动了。起初他会非常兴奋，接着会陷入思考，当他的嘴唇紧紧地抿在一起时，我就知道他已下定决心了，这时，我会顺从他的意思，而别人也迟早会按照他的决定行事。我们最初到华盛顿的时候，许多人认为林肯是软弱的，但环境使他变得越来越强势。我曾经从苏厄德的朋友们那里听说，苏厄德是真正的幕后掌权者，而林肯控制不了苏厄德。我把这个传言告诉了林肯，他回答说：'连我都无法控制自己，苏厄德又怎么能控制我？唯一能影响我的，是我的良心——我的良心与上帝同在——这些人以后会慢慢了解的。'"

"那些攻击他的新闻使他非常痛苦。有时候，我会把这些负面新闻读给他听，而他会求我别再读了。他说：'我受够了，我才不在意他们说什么。如果我是对的，我就生，如果我是错的，我就死；让他们放手跟我斗吧。’我戏谑地回应他，‘兼听则明。’我曾经建议他，对例如蔡斯等那些设计排挤他的人，应该予以惩戒。林肯却宽宏大量地回答‘以德报怨才能化敌为友’。”

“我常常告诉林肯，上帝不会让任何伤害降临到他身上。我们已经度过了四年的任期——血腥可怕的四年——却毫发无伤，不但如此，我相信，我们不会遭遇任何危险。林肯渐渐地开始相信我的话，原先那令他沮丧的宿命观开始随着时间的推移变得越来越模糊。雨过天晴了，战争的结束指日可待了，然而，正当此时，那致命的一击结束了他的一切。”

关于林肯在华盛顿期间的生活习惯，没有人比他的秘书约翰·海先生更具有发言权了。1866年，已经是美国驻巴黎使馆外交官的海先生写信给我，信中真实记录了生活在白宫的林肯。海先生对林肯的刻画是如此生动，于是我忍不住要在这里全文引用。尽管这封信的很多内容是在回答我提出的一系列问题，但它依然十分有趣。信的开头写道：“林肯先生通常在晚上10点到11点之间上床睡觉，如果有重要战事耽搁，他常常要在陆军部待到凌晨一两点。他起床比较早，当他在郊区的‘士兵之家’生活时，他会很早起床，穿好衣服，吃早餐（早餐非常简单：一个鸡蛋，一片烤面包，一杯咖啡等），然后，乘车前往华盛顿。所有这些都会在8点以前完成。在白宫的时候，林肯先生在冬天里不会起得这么早。他睡眠不太好，但会在床上消磨很多时间。‘泰德’通常跟林肯先生一起睡，他会在办公室里闲逛，直到林肯先生躺下睡觉，他才跟着睡，林肯先生喜欢把泰德放在肩膀上扛一会儿，然后再放到床上。林肯号称10点开始工作，但实际上，接待室和大厅在那之前早就人满为患了，人们都迫切地希望第一个冲进办公室见到他。林肯先生在接待方面，特别没有条理。对尼古拉和我来说，让他采用系统的原则安排接待，是一场持续了四年的战斗。他会很快打破我们为他建立起来的每一条规则。尽管广大人民总是向他抱怨，要求他做这个做那个，把他的生活搅得天翻地覆，但他不赞同远离人民。他很少写信，读过的来信不超过他收到信件总量的五分之一。起初，我们努力让他重视这些信，但是后来，他把所有的事情交给我处理，我写的回信他直接签字确认。他自己一星期大概只写五六封信，不会更多。尼古拉负责接待国会成员或其与行政办公室打交道的人员、把总统的信息传达给参议院和众议院、对普通事物进行督查。我负责拆读及回复信件、浏览报纸、管理负责文档记录的职员。尼古拉不在的时候，我也负责做他的那部分工作。当总统在华盛顿以外地区有事务需要办理的时候，由于他很少写信，于是就派尼古拉或我去替他出面。白宫依然每天都挤满了人。中午时，总统吃一点午餐——一份软烤饼；冬天搭配一杯牛奶、一些水果，夏天搭配葡萄。他的晚餐在五点到六点之间，那时我们会离开去就餐。在晚餐结束之前，那些求见总统的人和参议员又都回来了，他们会使总统忙碌整个晚上。有时候，尽管这样的时候很少，林肯先生会把自己关在房间里，不见任何人。有时候，为了休息一下，他会去看一场演说，听一场音乐会或歌剧。他非常有节制，比我认识的任何一个人吃得都少。他除了水什么都不喝，并不是为了遵守什么戒条，而是因为他不喜欢葡萄酒和烈酒。在战争早期那段黑暗的日子里，曾经有一个戒酒委员会的人对他说，部队无法取胜是因为将士们喝了太多的威士忌，于是招来了上帝对他们的诅咒。林肯说，这样的指责是不公平的，因为南方军队喝的威士忌比我们还要多。林肯先生很少阅读，除非我请他特别关注某篇报道，否则他几乎不看报纸。他常常说：‘我知道的要比这些新闻记者多得多’。有人说林肯先生是个谦逊的人，我觉得这种说法很荒谬，没有伟人是谦虚的。像蔡斯和萨姆纳那样的人，他们永远也不会原谅林肯先生有意的自信自大和无意的优越臆断。我相信广大人民能够理解林肯；就好像猫头鹰不能理解彗星的耀眼之处一样，林肯的深奥不是我们所能理解的。[①] 很多情况下，人们对林肯的评价都展示了他们的

① 班克罗夫特对林肯的悼词没能得到那些非常了解林肯的好友们的认可。1866年2月16日，戴维·戴维斯听说了班克罗夫特的评论后写信给我：“收到这封信的时候，你应该已经看到班克罗夫特的演说了。这篇稿子显示了作者的才华，但林肯先生只是做了陪衬的背景而已。他对林肯先生的性格分析是肤浅的。这让我很不高兴，你认为怎么样？”22日他又写道：“班克罗夫特先生对林肯性格中‘不稳定性’的观察完全是一种误判。随着时间的推移，林肯先生越来越稳定和坚决，他的想法从不容易被混淆。如果说，林肯来到华盛顿以后有什么变化的话，那就是他在这些方面变得更好了。我认为他一直都很有主见。他比我想象的更加有自制力。他不易被人左右，这在现

无知和偏见。当接触到林肯真实的性格时，他们的软弱无能就立刻表现出来。我认为林肯本身，无论他的缺点还是优点，都是共和主义的化身。因为，尽管共和党行事有些鲁莽，但共和主义是这个世界唯一的希望，所以，尽管林肯有许多小缺点，但他却是仅次于上帝的最伟大的人物。”

1863年的一个早晨，林肯先生得知白宫拜访室里有一位拜访者声称是他的亲戚。他惊奇地发现，那位拜访者是他小时候的朋友，也是他的堂兄丹尼斯·汉克斯。他肩负着一项不可思议的使命来见林肯。一些从战场上下来，到查尔斯顿休假的士兵，他们的不雅行为触怒了那些住在伊利诺伊柯尔斯乡下的人，双方发生了冲突，骚乱中几个士兵被打死了。冲突中，当地居民的几个头目被抓起来，送到远离家乡的麦克亨利要塞（Fort McHenry）关押。伊利诺伊中心法庭的几个首席律师和一些当地的政治家们都出面替这几个人向法庭求情，但他们的解救努力没有成功。正当大家愁肠百结的时候，有人想起了老丹尼斯·汉克斯与总统的亲戚关系，于是，他们想到送汉克斯去华盛顿，希望利用他和总统的关系帮助他们绝处逢生。这个建议赢得了狱中人的朋友们的赞同。于是，丹尼斯一身新衣，向国家的首都出发了。我曾经听汉克斯详细叙述过那次拜访，他描述了当时自己出现在华盛顿时的情形。我能想象得到，当林肯得知汉克斯肩负的任务时会有怎样的反应。听了汉克斯的话，得知他的来意后，总统去了隔壁房间，过了一会儿，拿了一卷标记着“查尔斯顿骚乱事件”的纸回来。他仔细地打开那卷纸，严肃地拿给汉克斯阅读。林肯安排汉克斯去见战争部长。汉克斯很快就从战争部回来了，他被告知，部长当时不在，于是，汉克斯没能见到那位长官。后来，汉克斯在政府大楼见到了战争部长。总统当着他们双方的面提起“查尔斯顿事件”，关于汉克斯为入狱者的求情，部长用他标志性的直白语言宣称“他们每个人都应该被绞死”。总统仁慈地询问：“如果这些人回家之后能够重新做人，成为好

在是一项难能可贵的特质。班克罗夫特只是从普通民众的角度在分析林肯，他怎么可能真的了解林肯呢？班克罗夫特从没有见过林肯，而且他自己冷得像一根冰柱。选择班克罗夫特，那个从马萨诸塞来的老民主党人，去发表关于林肯的悼词实在是不明智的。”

居民，那么，赦免了他们能伤害到谁？”林肯的话也没能说服这位倔强的部长。总统不愿意驳斥这位军人的立场，劝解行为只好到此为止，于是，这位堂兄没能完成任务，不得不返回了伊利诺伊家乡。①

丹尼斯对斯坦顿（Stanton）先生的印象非常不好，将之形容为“短尾巴的、上蹿下跳的北方佬”。他曾对我说，“我问亚伯，他为什么不把那家伙踢出去？他实在是太讨厌了。”林肯的回答是，“如果我那样做了，那么将很难再找一个能够填补这个空缺的人了。”当林肯接见来访人民时，他的堂兄就坐在办公室里。②他看到了来访的形形色色的人，有人谦虚隐晦，有人傲慢自大，有人不同凡响。一天，一位长相靓丽、衣着时髦的女士请求林肯把她的一个亲戚从监狱里释放出来。她的健谈和个人魅力似乎给总统留下了深刻的印象。听她讲完自己的故事后，林肯在一张卡片上写了几行字，把它装到了信封里，然后示意她拿着信去见战争部长。在信被封上之前，林肯给丹尼斯看了里面的内容。信上说：“亲爱的斯坦顿，不要以貌取人，这个女人很聪明。”很显然，她以女性惯有的方式，夸大了她所提及的案子的重要性。当天下午，另外一位女士前来拜访，这位女士举止更加谦卑，穿着更为简单。她的经历是个经典的老故事：父亲和儿子都在军队里服役，父亲入了狱，于是，母亲要求孩子从军队里退役，回家去帮助母亲。林肯大笔一挥，做出了批示，然后温和地点头首肯了。那女人眼里含着热泪，感激得一句话也说不出来，晕过去了。

① 据我所知，这次骚乱事件的后续是，被关押的人回到伊利诺伊，在那里的州法院接受审判；但是随着诉讼不断被延期，涉案人的立场相继改变，这个案件最终被拖黄了。

② 拜访期间，林肯先生送给丹尼斯一块银表作为礼物，丹尼斯至今仍然保存着那块表，作为他此次华盛顿之行的纪念。

第十八章　授人玫瑰，手有余香

在我们对战争进行全景描述之前，读者的兴趣点可能依然是林肯这个人。在这里，我将引用林肯的两个朋友的话帮大家更好地了解林肯。他们的描述鲜明生动且精确细腻。两人都是林肯挚爱且信任的朋友，但是没有一个在他手下供职；两人都曾被授予某个职位，但都婉言拒绝了。这一点更加强了他们的描述的客观性，因为，通常情况下，我们会认为，那些强大到能够不需要别人的帮助，自己照顾自己的朋友，才能够有足够勇气告诉我们真相。林肯的这两个朋友是乔舒亚·斯皮德和伦纳德·斯韦特。引用他们的原话之前，我需要声明，我所引用的话语都出自他们关于林肯的文字叙述手稿，目前这些手稿就在我手里。

1866年11月6日，斯皮德说："林肯先生跟我所认识的其他任何人都不同，我找不出一个可以与之相对比的参照者。林肯所有的日常起居，包括饮食、睡眠、阅读、谈话，都非常不规律；也就是说，他没有固定的吃饭时间，没有固定的上床睡觉时间，也没有固定的起床时间。阅读到哪儿也不会用笔标出来。他阅读法律、历史、哲学以及诗歌。他对彭斯、拜伦、弥尔顿、莎士比亚的书籍都有所涉猎。林肯有时候也看报纸。我曾经对林肯说：你的记忆力真是太好了，你能记住所有的一切，且永远不会忘记。他回答道：‘不，你错了，我学得很慢，忘得也慢。我的心像一块钢铁——很难在上面刻下什么痕迹，但是，在你划上痕迹之后，几乎不可能擦掉。’我认为，林肯的这番话正是他精神特征的写照。”

林肯性格中的美好之处在于他的简单平实。他不爱慕任何虚荣。他对周围的任何人、任何事都抱有真实而善良的看法。面对自己不了解的事物时，他会不耻下问、谦虚好学，而不在乎这样做是否会影响他的形象。他生命中的全部目标是：诚实待己，这样才能做到诚实待人。

林肯年轻的时候就一直没有恶习。聚精会神的思考就是他的法宝，而我们大部分人只能偶尔聚精会神。林肯常常说，早餐以后他能更好地思考。他在走动的时候，远比坐着、躺着或者站着的时候更容易集中精力。林肯擅长讲典故，他在这方面声名显赫。在我看来，讲述典故大大增强了他在人群中的存在感。林肯是个好学生，但是，他不同于其他好学生的地方在于，他不会在闲暇时酗酒、打扑克或者赌博。他不喜欢那些。闲暇之时，他喜欢阅读奇闻轶事，借以放松。林肯曾经学习过写作，他喜欢创作结构紧凑的短句。说到这里，我们必须提一下，林肯非常崇拜约翰·卡尔霍恩的风格。我记得，我曾经给他读过卡尔霍恩先生在参议院回应克莱先生的一篇演讲：针对克莱先生在演说中援引的先例，卡尔霍恩先生在回应演说中提到（我记得大致是这么说的）：“根据先例来立法，就是把昨天的错误当成今天的规律。”林肯对此观点非常赞同，并大肆宣扬。

跟其他人不一样的是，林肯的公众生活和私人生活完全和谐。如果林肯相信他是对的，是与真理和正义同在的，那么，他将非常强硬。否则，他就表现得很谦卑。

林肯的日常谈话和他所做的演讲、所写的信件一样，表面上看，言语朴质（除了葛底斯堡演讲以外），没有什么艺术性，没有华丽的辞藻。但是，林肯的演说是美国文学中不会被遗漏的珍珠。他的话语和私人信件中也满是瑰宝。

我和林肯先生在战争期间的联系，或者说是关系，经常被评论，而且经常被夸大。因此，我觉得有必要说明一下，在林肯四年当政期间，他从来没有要求我在本州之外做过任何事情。我也从来没有向他建议过采取什么样的措施和政策将有助于联邦的健康成长。

我对《解放奴隶宣言》的看法是，林肯先生在发表这个宣言之前很久，就预见到了它的必要性。他本来不希望发表这个宣言，但是，当他看到这个措施的实施能够为我们的军队增加战斗力的时候，终于把它发表了出来。我听说，某些来自西部的国会议员指责林肯先生表里不一。我从来不相信这种指责，因为他曾经亲口告诉我，这种指责是错误的。我对林肯十分了解，因此对他的话深信不疑。起先，我对发表这份宣言持反对态度，我把自己的观点告诉了林肯。我清楚地记得，当我们讨论这个问题的时候，林肯似乎非常确信地指出，随着时间的推移，我会慢慢意识到这个宣言的智慧之处。在这次谈话中，他提到了过去的一件事，他说他曾经一度情绪非常低落，以至于他真的想过自杀。那个时候，他对我说“他没有做过任何一件值得让人记得他的存在的事情”，他的名字不会被人牢记，他没有值得让世人铭记的成就，而那些正是他生活的目标和追求。他提醒我回忆那次谈话，并且郑重地强调说，“我相信，此举（意思是解放奴隶的宣言）一出，我所追求的目标将会实现。”我们的这两次对话中间间隔了二十多年。

我和林肯先生的倒数第二次会面发生在他做最后一次就职报告十天之前。当时，国会即将闭幕。国会刚刚召开了一次重要会议，大家对林肯即将签署的重要法案非常关注；拜访总统的人从早到晚络绎不绝。他们有人前来抱怨，有人来表达不满，仿佛潮水一样奔腾不休。林肯的体力和精神几乎被耗尽了。在这种情况下，他让我去见他。来到白宫的时候，林肯已经提前下达指示，我立即被准许进入。当我进入办公室的时候，里面已经非常拥挤，而更多的人——其中有不少是参议员和国会成员——还等在外面。我一进入屋里，总统就告诉我，他一结束会见就马上来见我，我可以在等待期间看看报纸，或者做些其他消遣。当我进入等候室的时候，发现壁炉旁边坐着两位穿着简朴的女士，她们正在紧张地等候着总统的接见。拜访者们不断进来，陆续离开，每个人都专注于自己的事情，他们离开时有的人显得很满意，有的人却显然因为没有达到目的而失落沮丧。

接待时间结束了。等候室里除了我、总统和那两位女士外，没有别人了。总统显得有些许烦躁，他转向那两位女士说："女士们，我能为你们做些什么？"两人立刻开始讲述。从她们的话里，他很快了解到这两个女人一个是丈夫被关在监狱里的妻子，另外一个是儿子被关在监狱里的妈妈，两个男人都是因为反对宾夕法尼亚西部草案被关了起来。"好了，"他说："别再说了，把你们的诉状给我。"那位年长的女士回答道，"林肯先生，我们没有诉状；我们不会写字，也没钱让人给我们写诉状，而且，我觉得最好还是直接来见你。"林肯说："哦，我了解你们的案子了。"他拉铃命令去请达纳（Dana）将军，让将军把因为反对宾夕法尼亚西部草案而被关押的所有人的名单拿来。将军很快带着名单来了。林肯询问那些罪犯的犯罪的程度是否有所不同。将军回答说他对此一无所知。"那么好吧，"林肯说，"这些人也受够罪了，我考虑了一下，打算把他们全部释放。所以，将军，起草相关命令吧，我会在上面签字的。"事情办好后，将军离开了。林肯转身面向女士们说："现在，女士们，你们可以走了。"两个人中，年轻的那位女士快步上前，感激地跪倒在林肯面前。"起来，"林肯说，"别跪我，感谢上帝吧，走吧。"年纪大的女士眼含热泪走上前来，表示她的感谢之情，"再见，林肯先生，"她说，"我们在天堂相遇之前，我可能再也见不到你了。"这是她的原话。她紧紧握着总统的手，林肯也被深深地打动了。他快速地把她的右手放到自己的双手里，陪着她走到门口说，"我是个麻烦缠身的人，恐怕我将来去不了你说的那个安息之所了，但是，如果我真的能去那里的话，我会找到你的。我相信，你希望我与你天堂再见的祝福是我得到的最好的祝福。再见。"

现在就剩我们俩了，我对总统说："林肯，以我对你敏感个性的了解，你没有被刚才那一幕杀死，真是个奇迹。"他想了一会儿，然后无精打采的回答道："是的，从某种程度上来说，你是对的，我真不该承受那些现在每天必须经历的人和事。我现在非常不舒服；最近我的手脚经常觉得冰冷，我应该上床睡一觉；但是，你刚刚看到的这种事情不会伤害我，因为，事实上，那一幕是今天唯一一件让我忘记我的处境，或者给我带来一点欢乐的事情。颁布了那个命令，我让两个人得到了快乐，而且解救了许多穷苦的灵魂的痛苦。那位年纪大的女士，"他接着说，"没有虚伪做作，她说话时的表情我看得清清楚楚，她说话的时候，脸上闪烁着母性的光辉。在一天里，做一件正确的事情使两个人得到快乐，这样做很值得。斯皮德，我希望那些最了解我的朋友们谈到我的时候，对我的评论是：他授人玫瑰，手有余香。"多么温暖的情感！多么美好的回忆啊！

在一封署名日期为1866年1月17日的信里，斯韦特先生表达了对林肯的回忆。我认为，信里有许多真实而生动的描述，尽管有些内容在前面的章节里已有所涉及，但我仍然相信，在这里插入没有精简的信件原文，将会使林肯的形象更加生活化。

1866年1月17日，伊利诺伊州芝加哥

威廉·亨利·赫恩登阁下

伊利诺伊州，斯普林菲尔德

亲爱的先生：我今天收到了你的信，信里要求周五给你写回信。我担心，如果我耽搁了，你不能及时收到此信，所以，我把今天晚上匆忙之间的想法告诉你吧。我不知道把你的第二次演说稿放在哪里了，也就没有读到。其实，你第一次演说发表以后，我就没有再读过你的演说稿。因此，我所说的内容是基于我自己的想法，而不是基于你的演讲。

林肯的一生都在衡量力量对比和最终结果。世界于他而言无非就是一个因果关系链。他相信有果必有因；他不相信结果能被加速或者阻碍。他的整个政治观念体系，特别是关于奴隶问题的观点，都是基于这种认识。我认为，他从一开始就相信，反对奴隶制的呼声将最终导致奴隶制的覆灭，他从一开始就基于这一假设结果而行动。他的策略是，让自己提前走到适当的位置，静静地等在那里，直到事情进展到那儿。林肯的这种行动方针，使得处在当时环境中的人很难理解他所说和所做的事情。还记得吗，1858年，林肯和道格拉斯进行辩论演说的时候，林肯只用了第一场演说的头十句话就击败了道格拉斯。“分裂之家”的说法在当时是不合时宜的，那是应对选战而提出的。但是，林肯把它看成是一个抽象的事实，而且那个演说本身证明了他具有前瞻性的正确立场。我当时认为，那些话是林肯在仓促之间无意识地说出来的，但是随后的事实证明，它们是经过深思熟虑的，是成熟的观点。迪基法官说过，1856年，林肯在布卢明顿举行的第一届共和党大会上发表的一篇演讲里提到过同样的观点，在大会结束以后，他（迪基）提醒林肯注意这些言论。

林肯用实际行动，而不是用讲空话，来证明了他的观点是正确的；但当时，在迪基强烈的要求下，林肯发誓将不会再公开宣讲这个观点。1859年夏，当林肯和一些密友在布卢明顿吃饭的时候，大家讨论到了他在斯普林菲尔德演讲的主题。我们都坚持认为，“分裂之家”之说是一个大错误，但是林肯为自己做了辩护。最后他说，“好吧，先生们，你们可能认为那篇演讲是一个错误，但是我从来都不相信这个，将来会有一天，你们会意识到它是我讲过的最明智的话。”

林肯从来不相信政治联合，因此，一个人或者一群人是支持还是反对他，对他来说没有什么不同，这些因素不会影响他对自己成功的感觉和判断。如果当选了，他会相信，没有人能够打败他；如果落选了，他会相信，本来就不可能有人选他。因此，当林肯当选为总统候选人的时候，他从来没有希望通过政治联合或者安排谋划的方式做些什么。他认为，事情的发展有其必然性，人们不必过多理会。我记得，在芝加哥大会之后，一大部分东部势力对林肯被提名表示不满。当时尖锐的冲突在纽约和宾夕法尼亚上演，当时的局势下，大家统一行动、和谐一致似乎非常有必要，林肯却一直反对在统一党的方向上做任何努力。芝加哥大会之后，我安排瑟洛·威德先生去斯普林菲尔德劝说林肯，我也参加了那次会面，但林肯什么也没有说。有人建议派戴维斯法官去纽约和宾夕法尼亚做调查，看看我们能在那里做些什么。林肯同意了，但是我一直都认为，他是不情愿地同意的。

林肯认为，竞选的压力是促使共和党统一的外部力量。如果连这种外部力量都无法产生任何结果，那么任何个人的努力都是徒劳的。他认为，如果结果良好，那也是因果关系所造就的。林肯沉稳地坐镇斯普林菲尔德，他仿佛是麦加圣地的化身，而政客们如同教徒般被其吸引，蜂拥着前去朝拜。他应付着每个来访者，与他们泛泛而谈，却让他们一无所获地离开。他为第二次提名所做的努力也是朝着这个方向。我相信他非常想得到那次提名。他比第一次更想得到提名，但是，从一开始他就不鼓励朋友们为此而进行任何努力。而他的对手们都在暗中努力。蔡斯手里掌握着3—4个秘密社团，并得到来自全国的政治献金支持；弗里蒙特（Fremont）一直在积聚力量。林肯从不会做任何事情去妨碍他们的努力，或者是帮助自己。

很多人都认为，林肯太保守了，林肯的顾问们建议他表现得积极主动一些，以满足激进派的要求。1863年10月，我曾就此和林肯谈过，并且试图劝导他在自己每年一度的述职中提出废奴的宪法修正案。我告诉他，我不是特别激进派，但是我相信战争的结果就是奴隶制的消亡；国会将通过废奴修正案，给奴隶自由，现在正是提交这个议案的时机。我还告诉他，如果他对此议案表现出局外人的支持立场，那样就不会有人再逼他采取更激进的措施，但是如果他不表这个态，他的竞争对手就会乘虚而入。他突然转向我说，“奴隶的解放问题现在不是进展得很好么？”我回答说：“是很好”。他接着说：“我以前从来没有借助政治手段提升我的个人地位；现在也不想开这个头。我能看到，奴隶解放的那一天很快就会来临，只要耐心等待，那只是迟早的问题；企图阻止这个潮流的人都会遭遇失败。”

他的对手们毫不吝啬地挥霍钱财；报纸期刊等舆论被收买后转而开始攻击他。我偶然得悉，华盛顿的一家报纸，被人收购后将转而反对他，于是，我跟他讨论如何采取防范措施，但我从他那里得到的唯一表示是，得知这家报纸即将反对他，他感到很遗憾。该发生的事总会发生，即使他知道了，也无法改变既成事实。你知道，《先驱报》的贝内特（Bennett）先生，是传媒界鼎鼎有名的人物，他掌握的报纸非常有影响力。这位老绅士希望能得到林肯的关注，并且表示愿意资助他。贝内特先生派他的一位密友来到华盛顿，示意林肯，如果他能邀请贝内特来访，并且接见他，他的报纸会对林肯积极报道。贝内特先生没想要别的，他只是想被关注。而林肯谈到这个的时候却说，“我明白，贝内特已经赚了很多钱，现在，他想让我给他地位。我从来没有邀请过布赖恩特先生或格里利先生；因此，我也不会特别邀请贝内特先生。”其实，林肯想说的是，他每天都在接待各类人的拜访；如果贝内特先生愿意来，他也同样会受到接见。

尽管他似乎完全没有作为，但他从来不怀疑自己会被第二次提名。有一次，我和他在办公室讨论谁会真正支持他，他告诉我，如果我说不出来，他可以给我一份参议院里会给他投票的人的名单。在一轮选举之后，我点出五六个人，告诉他，他对这些人的判断失误了。他说，“你现在可能会这么想，耐心等到大会结束后，到时候你再看结果。”他对人性了解得非常透彻。他心里仿佛有一个账本，里面计算着事情将如何进展。有那么三四个月，我曾经非常紧张，生怕事情出现差错，这时他就给我推论，解释这件事将如何在当时的大潮流下发展演变，比如立法机关将做出何种决议，代表团将下达何种指示等等，而事情的发展的确如同他预料的那样，丝毫不差地发生了。这些事实，以及发生过的许多类似事件，使我相信，林肯完全是在运用一种不同于其他任何人的方法来谋划他的政治事业。

竞选期间，林肯会忽视人的因素，以及微不足道的小事情的影响，但他会密切关注事件的发展趋势，以及可能影响事件发展的巨大外部因素。

战争期间，林肯的一切行动都遵循着一个原理：那就是，北方的统一最为重要。尽管纷纷扰扰的杂务会令他不胜其烦，但他心里始终思忖着，如何能把各种政治派别统一起来，让大家齐心协力。

战争期间，林肯显示出了其作为总统的伟大之处。有一次，大概是在战争中期，我在晚上11点左右的时候离开白宫，来到“士兵之家”，我们一起讨论了国家所处的混乱局面，特别是密苏里州和肯塔基州的情况。当我们在门口分手的时候，林肯说：“我可能不如其他总统那样功勋显赫，但是我相信，我在团结内部派别、一致对外方面已经竭尽全力。”在人事问题上，人们称林肯为“整顿者”。他是这个世界上最为独特的整顿者。哈利法克斯（Halifax）在他的年代是一个伟大的整顿者，但与林肯站在一起，他一定会自愧不如；但是，林肯从来不会整顿原则道义，他只是整顿人事。林肯总是利用他得到的政治献金来满足不同派系的需求。威德宣称，他在纽约有一个记录本，上面记录了林肯会见各派别的情况，各派别从林肯那里得到的资助比他们从其他任何渠道得到的钱都多，但即使这样也无法满足他们的胃口。

他们都来找林肯，都从他那里得到过好处，但他们却都在抱怨受到了不公平的待遇，因为他们贪得无厌，他们的胃口总是在不断胀大。他们知道，从林肯那里能得到最大利益，于是从来不浪费任何机会索取。林肯给敌人的好处比给朋友的还多，因为他在考虑依附于他的派系的时候，让朋友得到抽象的感情补偿，同时用礼物安抚敌人，两者相抵。因此，他的朋友经常抱怨，他们付出的牺牲比得到的回报要多。原因就是，“他那里总是僧多粥少，不够分。”

各派的依附造就了他和国家的成功；因此，他总是精于就此进行计算。林肯所需要的是各派的归附，只要能达到这个目的，他会毫不吝惜地为此付出代价。

幽默诙谐是他性格中最大的特点之一。他对趣闻的喜好使他的讲话经常带着笑点。如果他听到了一个已经被提炼过的有明显笑点的故事，他不会喜欢那故事，因为是被提炼过的。如果是一个包含了智慧思想的粗俗故事，他会只注意到其智慧之处。几乎每一个会讲粗俗故事的人，在某种程度上思想都有点粗俗；但是林肯不一样；他的思想纯净而高贵，他的道德观无可挑剔，没人会对此表示怀疑。智慧的闪光之处有时会存在于粗俗和智慧相交的地方，而让他追随的是其中的智慧精髓。它如同蒙尘的珠宝，林肯会将其从尘土中发掘出来，去其糟粕，使之成为能被放在大庭广众之下展示的珍宝。

林肯心地善良。他的心里充满了温和的情感，而且非常人性化，但是，他性格中的温柔一面不会影响到他的判断力。在做出判断的时候，他会将其性格中的温和面适度收紧，但绝不会紧到扯断的程度。大多数善良的人在做出判断决策的时候，都会被自己性格中的温和一面所影响。但是林肯不会；他的温和性格在其做决策时起的作用，只是会让他处事更加平和大度。只有出现了性命攸关的情况，林肯才会违反这条原则。有时候，为了救某些可怜家伙的性命，林肯会做一些他自己知道错误的事情。我记得，有一天我们在他的房间里相谈甚欢，当时他的桌子上摆放了一大堆文件，他坐在桌边与我聊天，忽然，他好像想到了什么，转过身来说："斯韦特，就谈到这里吧，明天是罪犯枪决日，我必须把这些文件看完，看能否找出什么借口让那些可怜的家伙免于一劫。"他桌子上的那些文件是关于第二天要被枪决的人的法庭资料的记录。他查阅那些记录不是为了看证据是否充足；而是在找法律的漏洞，为了救命。

林肯的一些朋友坚称，他缺乏强烈的感情。但是我认为，这是一个误会。作为总统，林肯的日常工作涉及面很广，出于公平起见，他不能只考虑一小部分人的利益。如果能够理解他的处境，这方面的抱怨就会相应减少，他不是个滥用职权的人。

林肯从不记仇，他从来不会根据自己的喜好来评判一个人。如果有什么任务需要完成，他会毫无偏见地认为，他的敌人也能像其他人一样做得很好。如果某人曾经诽谤过他，或者曾经对他存有偏见，但这个人却是某个职位的最佳人选，林肯会毫不犹豫地把职位给他，就像对待朋友一样。

我认为他不会因为某人是他的敌人或者不喜欢某人，就把他排除在外。

我认为，作为一个演讲家，他的最大诀窍在于表达能力强，说话清楚明白。当林肯先生叙述案情经过的时候，他的叙述本身就是一种辩护，案件陈情的结束意味着辩护已经胜利了一半。据说，某位欧洲王室成员在妻子健在的情况下，想要再结婚。一位绅士听说这件事后问道："那怎么可能？""哦，"他的朋友回答道："他可以结婚，然后让格拉德斯通（Gladstone）先生去解释此事。"这充分说明了格拉德斯通的辩论能力有多强。

林肯先生的语言表达能力比我见过的任何人都强。他给人的第一印象通常是，他陈述对手的案情时，能够比对手自己叙述的更清楚。但他会公平全面地尊重事实，从来不忽略或跳过任何不利于己方的地方。

在此之后，林肯开始为己方做辩护，当他辩护的时候，所有的人都能感觉到他的话语里充满了感情。但是，如果他觉得对方提出的反对意见很有道理，而且在他的心里，他觉得己方不是正义的一方，那么，他的辩论将显得软弱无力。林肯运用逻辑思维去分析别人的想法时，与分析自己的想法一样深入透彻。如果他连自己都无法说服，那么，他就没有说服别人的威力。一生之中，林肯从来不做强词夺理的诡辩。我想，当他经手一个实在是理亏的案件时，他的辩护将是毫无功效的。如果他不能掌握整个事件的来龙去脉，并且对己方怀有信念，他压根就不会去接手。

回顾林肯的一生，我怀疑他从来没有就任何事情征询过任何人的建议。他会听每一个人说话；他也会将每一个人所说的内容听进去；但是，他几乎从不征询别人的意见。我从来没有见过他在处理一个案件的时候去询问任何一个律师的意见。

作为一个政治家和总统，林肯通过自己的深思做出所有的推论，他一旦认定了某事，就再也不会怀疑它的正确性。

人们对林肯性格的认识存在一个很大的误区，很多人把他看成是一个坦白直率，老实的，不懂人情世故的人。再没有比这更大的误会了。林肯是个表里如一的公正坦诚的人。他心思敏捷，非常聪明，善于谋划。他如同一个棋艺高手，把所有的人、所有的事都掌控于手中。林肯与朋友之间的友谊能维持一生之久；他能让愤怒的敌人赞赏他。这不是靠耍小聪明或阴谋诡计得来的，而是因为他的远见卓识和精明强干。他总是有意给人留下侃侃而谈的印象，实则却让对方不得要领。他对那些无关痛痒的事情可以开诚布公地大谈特谈，但没人能了解他的真实目的，或者根据他当下的举措洞悉更远的将来。

你问我林肯在生命结束之前有没有改变过宗教信仰。我想没有。因为，随着林肯肩负起国家的重担，伟大的责任感令他忐忑，他对宗教的敬畏之心以及对上帝和正义的信仰与日俱增。林肯一直信仰自然宗教，他和时常去教堂的那些教徒一样相信上帝，但是，他对上帝的评价亦如他对其他一切事物一样，有自己的一套体系。他很少拘泥于礼仪和形式，事实上，他根本就不关心任何形式。他内心充满了自然而然的宗教信仰。他相信伟大的真理，相信严格履职，相信对上帝肩负的责任。他认为，上帝的旨意就是拨乱反正。如果用教会的教义那些条条框框来衡量的话，他与一名合格的教徒相距很远；但是如果用行为的纯洁性、动机的诚实性、正义的忠实性以及把上帝作为至高统治者来衡量的话，那么他符合真正虔诚教徒的所有要求，他的整个生命就是像爱自己一样热爱上帝、热爱人民的一生。

——忠实于你的，伦纳德·斯韦特

第十九章　英雄倒下，曙光升起

关于林肯先生的总统生涯可以单开一章讲述。在首席法官托尼的主持下，林肯宣誓就职。此后的历史就是一部美国通史，而且曾经被很多人完美而详尽地讲述过。因此，我可以忽略这方面的细节描述，这并不会损害读者对我所刻画的林肯形象的理解。

现在，让我们将场景转换到动乱时代。南方的叛乱彻底爆发，南方的演说家和新闻媒体也随之发动强攻，后来终于爆发了萨姆特要塞（Fort Sumter）袭击，这使新上任的林肯总统不得不面对残酷的内战。① 林肯的军事知识得自于1832年与有名的印第安酋长“黑鹰”的战斗，他在国会的巡回演说中曾经公布过这段过往。除此之外，他没有积累过其他任何军事经验。因此，大

① 林肯向我描述过他与道格拉斯的最后一次会面。“一天道格拉斯冲了进来，”他说，“他告诉我刚收到伊利诺伊的朋友发来的电报，鼓励他站出来处理埃及事务，他正在犹豫，到底是应该留在华盛顿，还是前往埃及，他想让我告诉他，究竟怎样做才是最有利的。我告诉他，自己做决定，但建议他，可能在伊利诺伊会做到最好。听了我的话后，他立即与我握手告别，匆忙去赶下一班火车。从此，我再也没有见过他。”——亨利·惠特尼，1866年11月13日信件手稿。

家都认为，鉴于目前整个国家面临的严峻形势，他将不得不完全依靠那些职业军人。而这些人仓促之间都被传闻所误导，他们错误地以为林肯是个民主派作风的人。于是，每个人都以为自己有权利提醒林肯他的职责；林肯本人也清楚地意识到，作为一个战争期间的总统，他在军事方面有很多不足，大家都以为，他会让军官们和内阁大臣们去管理政府、指挥战争。当时，无论是新闻媒体，还是广大人民，或是政客们，他们谁都没有想到，这个出身为乡村律师，现在坐上美国第一行政长官交椅的人是一位最独立自主的人。当危机来临的时候，林肯在内阁里的对手们，以及各地的人们，都会知道，他，且只有他，才能够掌控全局。

在林肯初为总统的相当长一段时间里，他并没有树立起自己的威信；也就是说，如果战争的规模没有扩大到一定程度，他可能会允许军队或内阁行使控制权。[①] 在参议院做了十年议员的国务卿，熟稔国际事务，单纯地以为，林肯总统对于处理国际事务不会有成熟的定见。其他的内阁官员也是如此认为。但是，他们后来被吓了一跳！这是一个老套的故事：沉睡的狮子一觉醒来的故事。老政治家们不信任林肯，但他们同时又渴望林肯能够建立起自信，他们已经做好准备，准备从实质上控制住国家的决策权。他们相信，总统将不得不依赖他们的支持。但林肯给了他们一个深刻的教训，让他们意识到，林肯不是个可以讨价还价的人。

从军事上来看，仅次于萨姆特要塞战役的另一个重要战役是牛奔河之战（the battle of Bull Run）。林肯的一位老朋友[②] 叙述了总统对这次战役的看法。这位老朋友与林肯在伊利诺伊立法局就已经认识。战争期间，他一直在华盛顿就职。“战役之后的那天夜里，我陪着两个来自威斯康星的国会议员一起到白宫，去打听马纳萨斯（Manassas）那边的消息，但却没能从苏厄德那里，

① 1861年8月之前，我已经在华盛顿处理了一阵印第安事务，有一天，我跟林肯打趣地说，“所有的一切都在卷入战争，我想，你很快也要我去参军了。”林肯从文件堆里抬起头，非常幽默地说，“我正在制造将军呢，过两天当我需要制造一个军需处长的时候，一定是你。”——H. 惠特尼，1866年6月13日信件手稿。

② 罗伯特·威尔逊，1866年2月10日手稿。

或其他地方得到任何消息。后方士兵里流传着各种各样的谣言，但是除了这里有一场大战以外，没有任何确定的消息，从战场上回来的送信人大都九死一生。给总统和战争部长传递信息的人一个接着一个，但是局外人却得不到什么有价值的消息。得知林肯先生在战争部，我们也赶到那里，但发现那里已经聚集了一大群人，大家都对战事一无所知。我们只好暂时在附近休息等待。不一会儿，林肯先生和他的私人秘书尼古拉先生一起要返回白宫。我的同伴建议我上前去打听消息，因为我和总统是老相识。我听从了他们的建议，总统告诉我，尽管他不觉得告诉我有关战役的消息有什么害处，但是战争部长却禁止他把消息透露给不在军队服役的人。'这些军部的家伙，'他抱怨着说，'对我非常严格，我后悔没能忍住告诉你这些；但是我想，在我真正掌控全局之前，我必须服从他们。''但是，总统先生，'我坚持道，'如果你不能告诉我具体消息，至少你能指出大概结果，即，结果到底是好还是坏。'这个建议启发了他，他倾身过来，抓住我的胳膊，把他的脸放到我的耳朵附近，用一种尖锐的但是不太响亮的声音缓缓说道，'真的……嗯……啊……很糟。'这是我第一次听到他用市井语言。后来，得知战争的细节以后，我意识到，在当时的情况下，没有比'糟糕'更合适的词了。"

"在牛奔河之战后大概一个星期，"林肯的另一个老朋友——伊利诺伊来的惠特尼——回忆道："我给林肯先生打了个电话，没什么特别的事，主要是把堪萨斯欧塞奇（Osage）教会学校的修女拜托我转交给林肯的礼物送给他。我抵达的时候正好碰上内阁休会，于是我接到指示，立刻到他的房间去见他。房间里已经聚集了一大群拜访者，看到我进来后，总统立刻像以前一样热情地跟我打招呼。当房间里清走了一部分人以后，国务卿苏厄德走进来，提到了关于新墨西哥属权的问题。'哦。我知道了，'林肯说：'那里没有管辖者也没有管辖机构。对了，你知道吉姆·莱恩（Jim Lane）；那秘书是他的人，秘书一定能找到他。'苏厄德离开了，林肯的话给我和苏厄德印象是，林肯想摆脱苏厄德，自己掌管外交事务的处理权。其他几个前来求见，但林肯指示说他很忙，不能见他们。他像孩子一样嬉笑着告诉我各种各样的趣闻，其中相当一大部分故事是关于查尔斯·詹姆斯·福克斯（Charles James Fox）的，林肯还向我打听了几个伊利诺伊老朋友的近况。正当我们聊天的时候，有人通报詹姆斯将军来了。这位将军送口信过来说，他那天晚上要离开华盛顿，临走之前必须要和总统谈一谈。'好吧，这家伙手里掌控着大炮，'林肯说，'我想我必须见他。告诉他我接见完惠特尼以后就见他。'詹姆斯见林肯期间，没有其他拜帖再送给林肯。詹姆斯在五点左右离开，离开的时候声称，'在整个国家处于水深火热时，总统跟一个伊利诺伊的乡巴佬热火朝天地聊粗俗段子。'但是，不管詹姆斯将军多么恼怒，无论人们怎么想，其实总统整个心思都扑在了战争上。林肯拿下标注着战争所在地的地图，"惠特尼继续说，"然后给我讲述了牛奔河战役之初，他们是如何讨论战情，以及后来采取的一切部署的经过。他反对这次战役，而且，就指着这幅地图向斯科特将军解释了敌人可能借助铁路运输加强在马纳萨斯峡谷的军力部署，利用便利的铁路，他们可以很容易把部队调集到那里，置我们于绝境。'我向斯科特将军解释了我方在铁路运输方面的匮乏，'林肯说，'相反，铁路运输是对方的优势，但是斯科特固执己见，不肯承认失败的可能。现在看来，我是对的，斯科特也明白这一点。一直以来，我的计划是，在攻打马纳萨斯之前，佯攻里士满，分散其军队的注意力。麦克莱伦将军现在采取的方案正是这样。'林肯先生告诉我，他向麦克莱伦将军推荐了一个计划：计划把炮舰派往里士满上游河域——不是詹姆斯河——借此分散敌人的注意力，然后再用主力攻打马纳萨斯，拖住那里的敌人。我趁机提醒林肯，麦克莱伦是个野心勃勃的家伙，他似乎想取代林肯。'我非常乐意，'林肯回答说，'只要他能结束战争。'"①

惠特尼先生和总统的这次会面意义非凡，因为林肯向他阐述了自己心中谋定的关于压制叛乱和打败南方军队的初步计划。"总统，"惠特尼先生继续说，"指着他面前的地图，告诉我他打算怎么对付叛乱。他伸出他长长地食指，指着地图上的弗吉尼亚，'我们必须把他们从这儿赶出去（马纳萨斯峡

① 战争期间对林肯的访谈，其中记录了许多林肯独特的表达方式。

谷），’他说：‘把他们从这里清除出去，那样他们就无法威胁到这里（华盛顿），也无法进入马里兰。我们必须全面彻底地封锁他们的海港，必须派一支军队进入东田纳西，去那里传播联邦统一的观点，最后必须依靠当地人民的厌战情绪，向他们的领袖呐喊：‘我们受够了，我们不能再忍受了。’”

这就是林肯先生1861年夏天制订的痛击叛乱的计划。随着战争的发展，卷入其中的志愿者从只有75,000人，扩大到10万至50万人，而战争所耗费的物资达到5亿美元，这些数据已经载入了史册。战争的展开使北方必须要做三件事：开通密西西比河、封锁南方海港，以及占领里士满。为了实现这些伟大的计划，战争机器缓缓开动了。期待已久的巨变来临了。随着战火的蔓延，绝望痛苦的人们仰天疾呼：“我们的总统能胜任这项任务么？”现在的林肯已经成为全国人民公认的冷静而公正的总统。

1862年年初，在西南部获得的辉煌胜利，使联邦军很有可能从叛军手中夺回肯塔基、田纳西和密苏里，但这种战略优势却被麦克莱伦拖拉的行动和不积极的政策抵消了。麦克莱伦在前一年的11月接任了斯科特将军。虽然林肯以一贯的和蔼作风容忍了麦克莱伦，但是，麦克莱伦发现，经过战争的洗礼，林肯总统已经成熟起来，他已经掌控了战争的走势，并且决定自己做陆海两军的真正指挥官。尽管遭到斯坦顿的坚决反对，但林肯看到了麦克莱伦身上具有的领导才能和作战能力，于是，仍然任命麦克莱伦为陆军统帅。当新闻媒体和广大人民都在反对麦克莱伦——当年的维克斯堡战役英雄——的时候，林肯的知人善用、明察秋毫的能力得到了再一次证明。

随着血腥战争的继续，林肯实施了他总统生涯中最辉煌的行动——颁布了《解放奴隶宣言》。宣言的发表使林肯的名字永远铭刻在历史的丰碑上。他的名字牢牢地和奴隶解放运动联系在一起。在许多人心目中，解放奴隶已成为迫切的需要。林肯在此之前已经为宣言的发表做过许多艰苦的努力，但是他不想仓促发表这项宣言，以免效果不佳。由于不理解林肯的良苦用心而质疑其软弱，温德尔·菲利普斯（Wendell Phillips）在新英格兰发表巡回演说期间，曾谩骂并公开嘲笑林肯；霍勒斯·格里利在纽约的《论坛报》上攻击他。此外，那些身为废奴主义者的老朋友们也因此而对他产生怨恨和敌意。1861年秋，弗里蒙特将军宣布解放他麾下的黑奴，但总统却宣布弗里蒙特将军的命令无效，因为总统觉得他的行为属于僭越，且当时时机不成熟，解放奴隶的行动为时过早。这些促成了狂热的反对浪潮。许多个人和团体都以上帝的使者身份，日复一日地来拜访他，并且希望他迅速解放奴隶。1862年8月，霍勒斯·格里利重申“两千万人民的祈祷”声明，反对继续耽搁废奴。以上举措是外部压力。林肯先生一生都在履行逐步地解放奴隶这一信条。早在1848年，林肯就在国会上倡导过这个主张；出于军事需要，他不能相信逐步解放奴隶的时机已经成熟。所有来自外部的胁迫，以及内部的奉承，都没能撼动他。无论是面对赞扬还是批评，他都同样淡定。他好像一位沉稳的舵手，又如同超脱了世俗一般，俯瞰着世人的矛盾冲突，冷静地等待着时机的到来。终于，这个伟大的时刻来临了。林肯召集了全体内阁，会上宣读了《解放奴隶宣言》的法令。法令颁布了，没有改变，没有迟疑，不可取消，非常成功。法令的颁布感动了人民，他们再次鼓起了信心和勇气，广大人民认为，这是一项光荣的事业。人们“真诚地相信这是在军事需要的基础上，颁布的一项顺应时代潮流的公平的法案”。此法案的颁布，使林肯总统“得到了世人的称赞以及万能的上帝的褒扬”。我相信，林肯先生希望自己因为解放了黑人而彪炳史册。林肯充分意识到此项法案具有重大的历史意义和责任，因此，他宣布，该法案是“他执政的中心法案，是19世纪最重大的事件”。一直以来，林肯都是黑人的朋友，从他还是一个孩子的时候就曾经为了反抗蓄奴制而进行过辛酸的、不屈不挠的斗争。他在法庭上，在演说中，在州立法机关，在国家立法机关，都倡导过废奴这个目标。而且，他用自己的鲜血作为祭祀，最终献身于这份伟大的、为自由而战的事业当中。随着时光的流逝，参与过战争的老一辈们逐渐退出了历史舞台，让我们祈祷，我们将永远不会忘记他们的爱国主义英勇事迹。即便随着时间的流逝，抛头颅洒热血的斗争细节已逐渐淡去，我们仍然希望，每一个自由人的朋友，每一个自由劳动者，都永远铭记林肯伟大的历史成就。

随着战事的发展，林肯先生的政策不免会受到很多批判。他的一些政治对手不失时机地抨击他的执政方式。林肯谦恭温和而且非常耐心地对待这些批评指责，但是当不满不断扩散开来的时候，林肯觉得有必要公示一下他的政策目标。不只在一个场合下，林肯指出《解放奴隶宣言》的益处，平息了要求即刻和平的喧嚣。在以下的写给伊利诺伊州斯普林菲尔德的詹姆斯·C.康克林（James Conkling）[①]的信件中，林肯对受邀参加将在其家乡举行的“无条件统一”大会一事给予了答复，他不仅驳斥了中立的倡导，而且显示出对时局的纯熟应对的技巧：

1863年8月28日，华盛顿白宫

尊敬的詹姆斯·C.康克林

亲爱的先生：

你邀请我参加9月3日在伊利诺伊州议会大厦举行的“无条件联盟”大会的信已经收到了。

对我来说，回到家乡去会会老朋友是一件非常惬意的事；但是，因为职责所在，我无法离开。

这个大会是为所有对联盟做出无条件奉献的人而召开的；我相信，我

---

①“1889年1月11日，伊利诺伊州，斯普林菲尔德

杰西·W.魏克阁下

亲爱的先生：

我随信附上一封林肯先生于1863年8月26日给我的信的副本。我已经仔细将它与原稿进行了对比，并确认其内容与原件基本相同。只是，原稿是以‘我充分知晓’为开篇句，而副本中有句话‘你说你将为黑人的自由而斗争’没有被包括在原稿中，这句话是林肯先生于第二天加在电报中的内容。下面的这张字条是林肯先生亲笔所书，并随信附上的：

‘[私人]战争部

1862年8月27日华盛顿特区

亲爱的康克林：

现在无法离开这里，因此就写一封信来代替吧。你是最好的一个公众读者之一。我只有一个建议——读的时候放慢节奏。上帝保佑你，上帝保佑所有联邦成员。——亚伯拉罕·林肯’

历史学家班克罗夫特先生，在评论这封信的时候认为，给我写信的是个对林肯政策持反对意见的人。事实上，我是受‘无条件联盟’会议主办人的委托，邀请林肯先生前来参加这个大会，而林肯以这封信为媒介，对他的对手予以了反驳性答复。——詹姆斯·C.康克林”

在政界的老朋友们会对我心存感激，因为我团结了那些无党派、无恶意的人士，使得他们没有做出有愧于国家的事情。

有些人对我不满意。我要对这些人说：你们渴望和平；你责备我没有带来和平。但是，我们怎样才能得到和平呢？只有三个可行的办法：

一是，武力镇压叛乱。这正是我们在努力做的事情，你同意吗？如果你同意，那么我们的立场是一致的。如果你不同意，第二个办法是，放弃联邦。我反对这样做，你呢？如果你同意，请清楚地说出来。如果你不支持使用武力，也不支持联邦解散，那么只剩下折中解决这个办法可行。我不相信折中能解决任何问题，不相信折中能保持联邦的统一。我所相信的是与之相反的方法。叛乱的后盾是他的军事力量——南方的军队。那支军队主宰着南部所有的郡县，以及其境内所有的人民。如果我现在提出折中条款，无论这些条款是谁制定的，只要它是不利于这支军队的，那么在当前形势下，它绝对不可能在南部得到贯彻，因为即使达成了折中协议，没有军队的同意，没有人有能力去执行协议。举个例子：当南方的难民和北方的和平人士聚在一起开会，并达成了恢复联邦的折中协议，这个协议如何能把李将军率领的南部军队赶出宾夕法尼亚？只有米德的军队才能把李的军队赶出宾夕法尼亚，甚至让它永远消失。

即使折中协议能够达成，落于纸面，并有南部统治者的签字，这些也无法影响李的军队。对我们来说，与敌人交涉这种折中协议的举动，只能是浪费时间，且置我们于不利的境地。有效的和解协议必须由那些控制叛军的人签署，或者，由那些被我们的军队从叛军手中成功解救出来的人签署。我向你保证，据我所知，目前为止，没有任何叛军控制者，或者南部执政者主动与我们接洽，并提出达成和平协议的请求。

所有的变化和曲意奉承都可能是骗人伎俩。我向你发誓，如果此后这样的协议有可能被签署，我一定不会对你保密——根据美国宪法，我是人民的公仆，因此，我要向你们负责。

坦白地说，你在黑人问题上对我不满意，很有可能是因为我们在此事上的观点不同。

我希望所有的人都是自由的，但是你似乎不是这样想的。我相信，你也乐见联邦统一，因此，我既没有采用，也没有提议过任何与你的观点相悖的措施。我建议补偿那些因为废奴制的实施而遭受损失的人们。而你答复说，你希望买卖黑奴免税。而我并没有给奴隶买卖加税，希望借此能避免因为税收增加，引发不满，导致联邦崩溃。

你不赞成《解放奴隶宣言》，而且可能不会去落实它。你说它是违反宪法的——我跟你想的不同，我认为宪法赋予总统在战时颁布特别法律的权利。事实上，此事的本质在于奴隶是财产，毫无疑问，战争的法则之一就是，无论敌人还是朋友的财产，都可以因为战时之需而被充公？

而且，剥夺敌人的财产不是正好能够有利于我们，而伤害敌人吗？世界上所有的军队都会毁坏不能带走的敌人的财产，甚至为了自己的财产不落于敌人之手而亲自销毁它；即使在文明世界，交战双方都会利用除了野蛮屠杀以外，所有可能的办法去损人利己，

被排除在外的恶劣手段包括屠杀那些没有战斗力的人。

无论是否有效，解放奴隶的宣言已成为法律。

如果它无效，它就不需要被撤回。如果它有效，那么撤回也不能让死者复生。你们中的有些人声称撤回宣言就能让联邦重新统一，正常运转。

为什么在宣言发布后，而不是在其发布前出现如此说法？

在宣言发布之前一年半里，我一直都在就此事给南方打预防针。在宣言发布前100天，我特意给南方发了一条通知，提前通知他们宣言即将发表，并规劝他们迷途知返。

宣言发表之后，战事明显向着有利于我们的方向在发展。我知道，我们军队里很多指挥过重要胜利战役的指挥官都认为，宣言的发表以及黑人加入部队给叛军带来了最沉重的打击，如果不是黑人士兵的帮助，很多重大战役就不可能获胜。在指挥官中，拥有这样观点的人，他们从来不是废奴主义者，也不是共和党的拥护者，他们只是单纯从军事角度出发来表明这样的立

场。我承认，不顾一些人的异议发布了宣言，并武装起黑人，部分是出于军事考虑。[①]

你说，你不会为了解放黑奴而斗争。他们中的一些人似乎愿意为了你而战斗，但这无关紧要。

你尽管放手去为了拯救联盟而战斗。我发布宣言的目的就是帮助你拯救联盟。当你击败了所有与联盟对抗的反动势力，那个时候，如果你还要继续战斗，那么你可以为不解放黑人而战斗。

我相信，在你为联盟而战斗的时候，黑人们应该已经停止了对敌人的帮助，这等于他们帮助你削弱了敌人，你同意么？在我看来，在为挽救联盟而进行的战斗中，黑人士兵们所做的贡献，一点也不比白人士兵少，你觉得呢？

但是黑人和其他人一样，他们的行为是有目的的。如果我们什么也不能给他们，他们为什么就要为我们战斗？如果想让他们用生命来为我们而战的话，他们必须有更强大的动机——于是，我们许诺给他们自由。而且，既然我们已经说到了，就一定要做到。

从现在的迹象看来，情况已明显好转。一切都已归于平静。感谢伟大的西北之战所做的贡献。除此之外，其他战场的情况也有所好转。在往北三百英里的新英格兰、恩派尔（Empire）、基斯通（Keystone）和泽西，正在形成左右包抄合围之势。而在南方，黑人们也为我们助了一臂之力。

在这点上，他们在历史上的贡献将被白纸黑字记载下来。这是一场全国的战斗；任何为这场战斗做出贡献的人都不应被排除在史册之外。取得了海军战役胜利的人们固然值得骄傲，但这些战绩还不是全部，在安提塔姆（Antietam）战役、默弗里斯伯勒（Murfreesboro）之战、葛底斯堡战役中，以及其他不出名的小战役中，士兵们都表现得英勇无畏。历史不会忘记为之奋斗的美国军人。他们的足迹留在深海区，在海湾，在内河，而且一直延伸到内陆。衷心地感谢他们。为了人民——为了人民所坚信的原则——为了人类

① 惠特尼1866年6月13日信件手稿。

广阔的未来——衷心地感谢他们。

和平距离我们已经越来越近。我希望它可以很快到来，且持续到永远。事实证明，枪杆子里出政权，企图玩弄政治手段达到目的的人都会付出代价。那些参加了战斗的黑人，他们在战场上紧咬牙关，握紧拳头，眼神镇定，端稳刺刀，他们为完成全人类的解放事业做出了贡献；而有一些白人，他们抱着恶毒的心肠，用骗人的言论企图阻止这一历史进程的发展。

但是，我们不要对胜利过于乐观，我们要循序渐进，稳扎稳打。让我们冷静下来，让我们不懈努力，让我们不要怀疑上帝的公正，他会在合适的时间给我们合理的答案。—— 亚伯拉罕·林肯

1864年夏和秋，林肯参加了第二次总统竞选，6月8日，林肯与副总统候选人，来自田纳西的安德鲁·约翰逊组成竞选搭档，在布卢明顿获得提名。在俄亥俄州克利夫兰召开的反对派大会上，弗里蒙特被提名为反对派总统候选人，但他9月份就被淘汰出局。于是总统竞选的候选人就剩下了林肯和芝加哥民主党大会提名的乔治·B. 麦克莱伦将军。

这是一场白热化和痛苦的竞选。到处都有反对的声音。军法署署长（霍尔特）发表了一篇骇人听闻的报告，称有确凿证据表明北方存在一个由民主党人控制的秘密组织，如果林肯当选总统，该组织将试图通过革命方式推翻政府，借以维护南部反叛者的利益。该组织密谋等待时机成熟的时候在北部，尤其是纽约市发动政变。①

① “我和其他一些人都曾经向林肯提起过，在北方和边境一些州存在着很多不正规的军事法庭，它们所做出的军事审判很多是违宪和错误的；它们的判决不能、也不应该被高等法院所认可，它们的发展是对民主的威胁。林肯说，他反对绞刑，他不喜欢处死同伴，如果世界上除了他之外没有其他刽子手，那么世界将不会那么血腥。当约瑟夫·E. 麦克唐纳去向林肯求情，请求他赦免那些被印第安纳特别军事法庭宣判死刑的军人时，林肯回答说他不会绞死他们，但他补充说，‘我会把他们关在监狱里，免得他们对政府不利。’因此，我非常满意林肯对那些军事法庭，特别是北方的一些军事法庭的裁决所持的反对态度。”——1866年9月10日戴维·戴维斯写给 W.H.H. 的信。

“鲍尔斯，米利根等人被印第安纳州军事陪审团判为犯有阴谋罪，我是他们的辩护律师。1865年年初，我去华盛顿求见总统，试图为我的当事人游说求情。我以前认识总统，早些年的时候，曾经和他在伊利诺伊的巡回法庭中有过交集。我的当事人已被宣判死刑，除非总统干预，否则他

林肯先生以他自己独特的方式稳步前进。在前面的章节里，斯韦特先生已经向我们讲述了，当林肯为了既定目标而努力的时候，他会表现得多么淡定从容。林肯认为，作为总统，他一直尽职尽责。而且，他坚信，尽管存在反对势力，但他一定会再次当选。把印第安纳州纳入共和党的版图指日可待。下面这封写给舍曼（Sherman）将军的信里，林肯表达了他对这件事的看法，以及他关于如何确保选票优势的观点。

1864年9月19日，华盛顿白宫

舍曼少将：

印第安纳州竞选将在10月11日举行，即使我们在印第安纳州竞选失利，也是失利给政府内部人士，这远比失去维护联邦统一的战争要次要的多。如果我们在11月份的总统竞选中失利，如果新的当选人是反战人士，那么，我们将面临着巨大风险，因此，我们一定要做到防患于未然。尽管我们有可能在印第安纳州的投票中败北，但是计划仍在继续进行。印第安纳州是10月份唯一重要的投票州，而士兵们因为参战无法参与投票。在没有安全隐患的前提下，如果你愿意让一些士兵回家投票，我不会反对。他们不必为了总统竞选而留下，但可以为了你的需要而返回。这绝不是一个命令，而只是为了向你表示，在确保安全的情况下，你可以自己做出决定和判断。——亚伯拉罕·林肯[①]

们必死无疑。参议院的亨德里克斯先生不相信总统会赦免这些人，他陪我一起去了白宫。傍晚的时候，我们前面还有许多人在排队等待总统的接见，所以我们只可能和总统进行一个非常简短的会面。出乎我们预料的是，林肯先生见到我们后非常高兴，他很高兴地与我一起回忆了过去的事情。我们一直谈到将近11点。他浏览了当事人的卷宗，挑出了记录中几处明显的错误。他解释说，为了纠正这些错误，法律文件将不得不被送回法庭重新审查，估计这些程序会耗费很长一段时间，'你可以回家了，麦克唐纳先生。'他愉悦地对我说，'这些文件绕了一大圈被送回来的时候，我会派人再叫你过来；我想这些流程可能要耗费一年多的时间吧。'他指着地图上，河岸对面的弗吉尼亚山脉，补充道：'我希望不再有杀戮。'这些文件开始了它们漫长而迂回的审批流程，果然，当它们再次抵达华盛顿时，林肯先生预言的和平已经实现了。"——1888年8月28日，约瑟夫·E.麦克唐纳向J.W.W.的陈述。

① 未公开出版的手稿。

选举的结果是，林肯势不可当地获得全面胜利。他得到的选票数量超过40万张，大大超过此前历史上美国任何当选总统的得票数量。他不仅获得了印第安纳州的支持，而且得到了以下所有州的支持：新英格兰、纽约、宾夕法尼亚、所有西部的州，以及西弗吉尼亚、田纳西、路易斯安那、阿肯色和新设立的内华达。麦克莱伦只拿下三个州：新泽西、特拉华，还有肯塔基。正如格兰特（Grant）在他的贺电中所说："对国家来说，竞选结果比打了一场胜仗还要有价值。"林肯再一次站到了国会大厦前，在曾经的对手萨蒙·蔡斯主持下宣誓就职。在前任大法官罗杰斯·托尼病逝后，林肯亲自任命蔡斯为继任法官。战争问题已步入自行解决的轨道，残忍的奴隶制已经铲除，和平的曙光已经展露。①

在就职演说中，林肯严肃但和蔼地呼吁南方同胞们迷途知返。带着兄弟般的真挚情感，林肯要求在严格遵守《解放奴隶宣言》的基础上重现和平。"我们对任何人都不怀恶意，我们对任何人都抱有好感。"他恳请国人："上帝让我们明辨是非，让我们继续奋斗，完成我们正在进行的工作，去治疗国家的创伤，去照顾艰苦作战的志士，去抚恤他们的孤儿遗孀，尽力实现并维护

① 下面是一段与和平委员会的使命有关的内部历史，大家可能会感兴趣：

"我注意到，1月31日下午一点钟，将进行与废除奴隶制有关的宪法修正案的投票。那天早上，反对党追交了一份报告，说和平委员即将，或者已经抵达了这个城市。如果这个情况属实，那么修正案的提交可能会失败，由于和平委员会成员不支持此修正案，在他们的劝说下，那些可能会投赞成票的人，很容易改为投反对票。因此，我给总统写了这个便条：

'1865年1月31日，众议院

亲爱的先生：

和平委员已经在路上，或者已经抵达本城的消息，已经在众议院传开了，并且已经被反对派所利用。如果这是真的，我恐怕我们要输掉这个议案了。请告诉我这不是真的。—— J.M. 阿什利，致总统'

我几乎立刻就收到了总统的回复，回复就写在我送出的便条背面：

'到目前为止，据我所知，和平委员不可能在城里。——亚伯拉罕·林肯，1865年1月31日'

"林肯先生知道，当时和平委员正在前往门罗（Monroe）要塞的路上，他接见了委员会成员。你知道他是怎么答复我的便条的，而且知道他的答复所言不虚。你知道后来他是怎样接见了那些不应该出现在城里的，所谓的委员会成员。当林肯给我写回复的时候，他已经决定，要拖住委员会，不能让他们出现在城里。林肯写那个纸条的时候有一两位先生在场，在把便条送给我之前，他把那个便条读给他们听了。"——J.M. 阿什利，M.C.，1866年11月23日信件手稿。

在我们之间和我国与各国之间的公正，以及持久的和平。”春天来了，北方军如同从冬眠中醒来的雄狮，开始准备结束战争。舍曼率领的大军完成了现代史上最伟大的长征，翻越了田纳西的崇山峻岭，穿过佐治亚，来到海边。与此同时，无视大众讽刺和报纸谩骂的格兰特将军，正率领大军穿过沼泽和山谷，缓慢向里士满推进。托马斯在田纳西打败了胡德，把他打回老家，并最终使其军队意志消沉，四分五裂，走向灭亡。年轻的谢里登（Sheridan）经过一系列的策划之后，把厄尔利（Early）赶出了谢南多厄（Shenandoah）峡谷。海军的“基萨奇”（Kearsage）号战舰把亚拉巴马击沉在国外海域，法拉格特（Farragut）击败了莫比尔（Mobile）。此外，联邦军队毫无争议地占领了从湖泊到海湾的西部以及密西西比峡谷。此时，英勇的舍曼所率领的大军，不顾危险地穿过敌占区，从海边向里士满挺进。那里格兰特用斗牛犬般不屈不挠的精神，牢牢地困住李将军的部队。不久，李将军带着他支离破碎、伤亡过半的军队从里士满仓皇撤退，格兰特紧追不舍。几天以后，在阿波马托克斯（Appomattox）法院大楼里，在四月温暖的阳光照耀下，曾经不可一世，现在土崩瓦解的南军终于缴械投降了。和平之光冉冉升起，压在国人心头长达四年之久的战争噩梦，以及多年的疲倦煎熬终于消散了；所有的人都在欢呼雀跃。

林肯先生来到弗吉尼亚，看到了战争破坏下，弗吉尼亚满目疮痍。他目睹了波托马克（Potomac）军团的血战。在里士满投降的那一天，林肯随着胜利的联邦大军进驻了这座城市。里士满——曾经的弗吉尼亚首府——此时硝烟弥漫，几成废墟。他真正认识到了战争的狰狞一面。在弗吉尼亚，林肯也体会到了黑人真挚的感激之情。他们从四面八方涌来，围着林肯，大声且快乐地呼喊着他的名字，向他致敬，把他当成救世主。滑铁卢战败后悲哀逃窜的拿破仑也曾梦想这等风光，可惜这风光只属于林肯。林肯回到华盛顿，充满快乐地宣布联邦胜利的时代已经来临，和平回到了人们中间。

“战争结束了。持续了四年、困扰国民生活的叛乱结束了。叛军首府里士满已经攻下；李的军队已经投降；联邦的旗帜在空中飘扬，政府的统治权得到巩固。1861年4月14日，安德森上将在塞姆特要塞升起叛军的旗帜。四年之后的4月14日是个星期五。安德森在同样的地方升起了美国国旗，民众被组织起来前去观看升旗仪式。整个国家都为和平的回归，以及国家重新繁荣富强的前景而欢腾。林肯总统也享受着这样的快乐，但是，在他的内心深处，有一份其他人永远也不能了解的更强烈且深厚的情感。四年来一直压在他肩上的重担终于被卸下，他的辛勤工作终于取得了丰硕的成果。他看到这项曾经令他缺乏信心的伟大使命终于要完成了。战争带来的痛苦就要终止；壮士们为了国家的统一而抛头颅洒热血，帮助他取得了不朽的功勋；现在，他终于可以致力于治疗战争的创伤，可以通过英明施政使联邦重新融合。林肯的内心充满了激情，他打算宽宏大量地对南方占领区人民施以仁政。被迫经历了四年的风暴以后，带着慈爱天性的温暖，他看到了自己第二个任期的天空日渐晴朗。林肯从不祥的预感中解脱出来，憧憬着美好的未来。”

但是，唉！人类的自信是多么地虚无缥缈！暗杀的恶魔悄悄走近。在大家为了和平的回归而欢呼雀跃的时候，林肯先生被约翰·魏尔克斯·布思在福特剧院（Ford's Theatre）暗杀了。他的去世是美国历史上最悲哀、最令人难忘的一页。尽管常常被提及，我还是忍不住在这里重新讲述一下那令人痛苦的悲剧性的细节。①

多年来，林肯先生一直预感到自己将在达到巅峰后被悲情地打倒。他没有提前采取预防措施。过去发生了许多针对他的威胁，以至于他的朋友们很担心，他们常常敦促他不要一个人外出。对他们的祈求，他只有一个答案："如果他们杀了我，我的接任者可能更加糟糕，在我们这样一个生活习惯简单的国家里，暗杀是可能的，而且如果他们一旦下定决心，就一定会付诸实施。"

不管他对自己的悲剧性命运做过什么样的预测，实际上，悲剧来临的那一天，他毫无预感。像往常一样，他起床去做日常工作。在4月14日那个永

① 这次暗杀的细节、凶手追捕以及那些阴谋策划者的结局，我将引用纽约的格特鲁德·加里森女士在这个主题上做的研究和调查。J.W.W.

远不会被忘记的日子里，林肯总统像往常一样过了一天。早上，他的儿子罗伯特·林肯上尉和父亲一起吃早餐。这个年轻人刚从李投降的地方回来，他详细描述了战争结束时期所有重大事件的情况，而总统听得十分有兴趣。早餐后，总统花了一个小时与科尔法克斯（Colfax）议长探讨了他在内阁即将采取的施政政策。11点，他召开了内阁会议，格兰特将军出席了会议。他花了一个下午和奥格尔斯比（Oglesby）州长，耶茨参议员，以及其他来自伊利诺伊的一些朋友们在一起。华盛顿福特剧院的经理邀请他去看晚上的戏剧表演，那是由劳拉·基恩（Laura Keene）领衔主演的现代话剧《美国表兄》（*Our American Cousin*）。这部戏现在已经闻名遐迩，当时还鲜为人知。林肯很喜欢戏剧。林肯在偏远地方长大，在那个年代，大城市以外的人没有机会看戏，美丽的演员和话剧艺术对他来说是新鲜和赏心悦目的。他热爱莎士比亚，每逢有话剧大师表演莎翁戏剧，他一定不会错过。但是那天晚上，他不想去剧院。现代话剧对他来说没有吸引力；但是他遵从了太太的意愿，还是去了剧院。和他们一起前往剧院的还有纽约参议员哈里斯的女儿哈里斯小姐和继子拉斯伯恩（Rathbone）少校。

剧院里人很多。晚上九9点20总统一行进入剧场。当他们穿过人群，走向“国家包厢”的时候，观众起立向他们热情地欢呼。当时没人能想到，一个小时之后，热情的欢呼将演变为惊恐的尖叫。悲剧的制造者布思在晚上10点左右进入了剧场。他事先做了周密的计划，但其中不无瑕疵。他在剧院后面准备了一匹快马，准备作案后骑马潜逃躲到马里兰的群山里。他走向位于舞台左面第二层台阶上的总统包厢，那原本是一个套间式的包厢，但用来分离室和厅的隔板已被拿掉，所以，原本套间式的包厢变成一个开放式的包厢。

布思冷静地走进剧院，仿佛饶有兴致地瞥了一眼舞台，然后慢慢走向通往总统所在包厢的外层通道。在通往包厢门的内层通道尽头，守着一位总统的“信使”，其任务是免于总统被人打扰。布思递了一张名片给他，告诉他是林肯先生叫他来的，于是，他被允许进入了。得到进入的许可后，布思关上大厅的门，然后拿出了一块为暗杀事先准备的木板，把木板的一端插入距地面约四英寸高的墙壁凹槽里，另一端插入比那个凹槽高几英寸的门板的一个线脚上，使外面的人无法进来。包厢有两个门。他在其中一个门板上用手钻钻了个洞，然后用刀将洞挖大，使洞的尺寸比弹孔大一些，以便他通过洞孔窥视整个包厢内的情况。两个门都有弹簧锁，为了确保门不被锁死，他拧松了插销的螺丝。

布思的刺杀是经过事先周密计划的，总统及其随行人员的座位都是他的同谋事先安排好的。剧院的工作人员，斯潘格勒（Spangler），是布思在剧院的同谋。总统坐在包厢左手的角落，距离观众最近的一把扶手椅里。他的右边坐着林肯太太。距离他们俩稍远一点，右边坐着哈里斯小姐，她左边是拉斯伯恩少校。林肯太太在专注地看戏，朝前斜着身子，一只手放在丈夫的膝盖上。总统靠着自己的一只手，另一只手摆弄着布帘的褶皱。他侧面朝着观众，脸上带着微笑。

布思从右边的门快速进入包厢，马上开了枪。子弹从总统的左耳下方打入，尽管总统当时没有即刻死亡，但他完全没有了意识。

拉斯伯恩少校听到了枪声，之后迅速看到离总统六英尺远的暗杀者，两人扭打在了一起，但他被甩开了。布思扔掉手里的枪，拔出一把又细又长的刀子，刺伤了少校。然后他左手攀附着包厢的栏杆，快速滑向八九英尺下的舞台。在他滑下去的过程中，出了点小意外，打乱了布思所有的计划，且最终使他落入法网。林肯的包厢下悬挂着一面美国国旗，布思从包厢里跳下来的时候，他的马刺挂到了旗子的褶皱上，撕裂了国旗，扭伤了他的脚踝。落地的时候，布思是膝盖着地的，但他很快站了起来，戏剧性地穿过了舞台，挥舞着手里的大刀，大声喊着弗吉尼亚州的格言："暴君罪有应得！"后来又补充道，"为南方人报仇！"他从舞台的另一面逃跑了，从女主角的扮演者基恩小姐的面前跑过。当时在场的唯一一个对此做出了反应的人是斯图尔特，一名来自华盛顿的高个子律师，他紧跟着跳上舞台去追赶布思，但是他太迟了。所有的一切都发生得太快、太戏剧化了，以至于观众中许多人都目瞪口呆，不能明白为什么上演了一幕戏剧内容外的东西。最后，当大家终于意识到发生了什么事情的时候，剧院里立刻乱成了一锅粥。女人们有的尖叫，有的哭泣，有的晕厥。男人们咒骂着，咆哮着，或者被惊呆了。基恩小姐走到前面，祈求惊慌失措的观众们安静下来。然后，她拿着水和药物走进了总统的包厢。很快，医疗救助被传唤来，但已经太迟了。谋杀者的子弹完成了它邪恶的使命。总统在他的椅子上几乎一动不动，而且再也没有说过话，或者意识清醒地做过任何手势。

他们立刻就把总统送到剧院对面彼得森（Petersen）先生家，但是第二天，4月15日早晨7点22分，总统在那里去世了。

人们会记住林肯被杀的夜晚。同一晚，躺在床上的国务卿苏厄德也遭到袭击，而且胳膊受伤。

林肯被刺杀迫使当局不得不加强警备，以对付更大规模的阴谋，这起谋杀给公众带来了恐慌。这起可怕的事件造成的紧张气氛，使那些对总统被刺一无所知的人，也隐约感到有可怕的事情发生。骑兵们频繁穿过华盛顿寂静的街道，传播着悲伤的浪潮，电报线把这个可怕的事实带到了每一个地方。1865年4月15日，整个国家的人民从他们的和平梦中醒来，得知他们的保护者、领袖、朋友已经被一个疯子“复仇者”谋害了。W.O. 斯托达德（Stoddard），在他的《林肯传记》中写道，“家家户户都充满悲哀。在得知这个可怕的消息时，北方和南方一样，人们都感到震惊和难以置信。”随之而来的是人类历史上最著名的哀悼场面。以前一位深受爱戴的统治者去世的时候，钟声曾经被敲响过，但是从来没有像那天那样，所有的钟都被敲响，且钟声显得如此哀痛。商业交易停止了，人们自发地聚集在一起默哀，党派的界限和区域的仇视似乎也被搁置在了一边。

暗杀发生在星期五晚上，接下来的星期天，这片土地上所有的教堂都举行了葬礼，每一个教堂都笼罩着哀伤。

林肯先生的死带给广大国民无以言表的震惊。为联邦军队的胜利而举行的庆祝狂欢突然变成了悲痛的哀悼。当电报将这条可怕的消息传递至全国各地的时候，每一个人都目瞪口呆，且非常悲痛。当悲伤的浪潮从首都传来的时候，公众的心从高处坠落。在全国的大城市里，所有的商业活动马上停止了。所有的船只，所有的教堂塔尖，所有公共建筑都下半旗致哀。千千万万的人沉浸在相同的感情里，人们围在每一个公众场所去聆听公众演讲者演讲，不管他们的演说内容是什么。

路上相遇的人们紧紧握着手，沉默不语，然后突然大哭。以前那个喜气洋洋、充满希望的国家，现在陷入了突如其来的悲伤的深渊。世界不会忘记此时的情景——美国人民陷入了发自内心的哀痛和深深的悲伤。

做过防腐处理的总统遗体被移到了白宫，在那里举行了一场小规模的追悼会。之后，总统的棺木被转运到了国会大厦，林肯的遗体在椭圆大厅停放一天，供公众瞻仰。将遗体送回伊利诺伊的行程已经准备就绪。第二天（4月21日），出殡的火车在万千哀痛中离开了华盛顿。火车在沿途所有的大城市都做了停留，以便人们能有机会再最后看一眼这位杰出的总统的遗容。灵车一路向西，穿过郊区、村庄及城市，行驶15,000多英里，蜿蜒穿过广袤的国土。这在整个美洲大陆，甚至全世界的历史上都是前所未有的。在这次悲伤的行程中，每一站都有长长的人流排队经过灵车，为的是最后一次瞻仰已逝总统的遗容。农民放下农场的活计；工匠暂别作坊；群众和士兵排成一队前行；而大城市的人更是不计其数。从华盛顿出发的灵车首先开往巴尔的摩，接下来是哈里斯堡、费城、纽约、奥尔巴尼、布法罗、克利夫兰、哥伦比亚、印第安纳波利斯、芝加哥，最后到达斯普林菲尔德。当灵车经过纽约的时候，前来送别的人不计其数。神情肃穆的人们脱下帽子，安静地站在明媚的春光里，沉痛地注视着总统的灵柩。当灵车缓缓驶过的时候，很多人想起了林肯在葛底斯堡说中说过的一番关于死亡的话："随着时光的流逝，世界可能不会记住我们所说过的话，但是，它永远也不会忘记勇士们所做过的事。"

人们记得，1861年2月22日，当林肯在费城的独立大厅冉冉升起美国国旗的时候，他说道，《独立宣言》不仅带来了国家的解放，"而且我希望在不远的将来，它也能给全世界带来解放。但是，如果国家的解放需要有所付出的话，那么，我宁愿被暗杀，宁愿在这片土地上付出血的代价，也不愿意投降。”

在林肯去世之后，人们才真正对他的伟业有所了解。这时，全国人民才意识到，他们曾经拥有却已经失去了怎样的一位总统。1865年4月29日，纽约的一份报纸评论道：“现在，曾经认识林肯的人们终于意识到，他那总是带着的浓浓悲伤表情的，布满皱纹的脸预示了他的悲惨的命运。他性情温和，简单随意，言谈举止诙谐幽默，所有这些特征仿佛一道光环，萦绕在他高大的身躯周围，使他整个人显得愈发高贵而强大。令人略感安慰的是，林肯的离去发生在战争即将结束之际，一切尘埃落定之际。林肯活着的时候已经看到了漫漫长夜之后的第一缕曙光。同摩西一样，他指引着我们穿过蛮荒之地，他满怀爱国主义情怀，看到未来的国家将是一片充满和平的富足乐土。他深情地凝视着这一切，上帝啊，他却无法与我们一起分享胜利的果实。”

亨利·沃德·比彻在4月23日发表的一篇关于林肯的演说中讲道：“取得了辉煌战果的烈士已驾鹤西去，他将永垂不朽。每一站的人民都为他送行。各城市、各州郡，自发而来的人民充当着他的护柩者，庄严的礼炮也为他轰鸣哭泣。死亡，死亡，死亡，他曾这么预言。华盛顿死了么？汉普登（Hampden）死了么？那些应该活着的人们死了么？被解放的奴隶们可以自由地往来出入，他们可以无拘无束地前往以前不能去的地方，而林肯的功绩也随之渗透至无所不在。现在，林肯的生命注入到了无限的事业之中，他所取得的丰硕成果将无人可及。广大的人民们，我们要战胜悲伤，继续前进。我们要牢记，他用鲜血为我们换来了忠诚、法律和自由。”

灵车在5月3日抵达斯普林菲尔德。灵柩被运到了政府大楼，展示于议会大厅——这里正是1854年，林肯对奴隶制度的罪行发表猛烈抨击的地方。议会大厅的大门缓缓打开，林肯的灵柩被抬了出来，林肯的旧识们伤心地从灵柩前走过，他们前来送这位静静地躺在那里的老友最后一程。整整一天一夜，川流不息的人群恭敬地走过灵柩。这些人有的是他在律师协会的同事；有的是不谙世事的孩子，他们可能还不懂这让人难忘的一幕意味着什么，但是将来他们肯定会告诉自己的子孙，关于林肯之死的悲伤故事。

第二天早晨10点，255人的唱诗班高声合唱："安息吧，困扰的灵魂，"灵柩的盖子永远地合上了。遗体被运到外面，放置在送葬队伍最前面的灵车上，约瑟夫·胡克（Joseph Hooker）将军负责护送灵柩前往橡树岗公墓（Oak Ridge Cemetery）。在那里，马修·辛普森（Matthew Simpson）主教发表了一篇传神的墓地演说，华盛顿德高望重的格利（Gurley）博士献上了结束祈祷。当众人齐声吟诵"你放心地去吧"，墓穴的门被打开，林肯的灵柩被放进他最后安息的地方。

人们很快就得知，林肯之死是一场阴谋。除了林肯，阴谋刺杀的对象还有国务卿苏厄德，可能还包括约翰逊副总统、战争部长斯坦顿、格兰特将军等。在刺杀林肯之前，布思还曾经给约翰逊递了一张拜帖，可能有杀他的意图。苏厄德先生受了伤，但是很快就复原了。在暗杀之夜，本该陪着林肯去剧院的格兰特将军，因为临时有事不能前往，而逃脱了劫难。总的来说，阴谋的计划很拙劣，执行得也很蹩脚。其中牵涉到大概25个人。莎莉特（Surratt）夫人、戴维·C.哈罗德（David Harold）、刘易斯·佩恩（Lewis Payne）、爱德华·斯潘格勒、迈克尔·奥洛克林（Michael O'Loughlin），乔治·阿泽罗德特（George Atzerodt）、塞缪尔·阿诺德（Samuel Arnold），以及布思从包厢跳下来摔断腿后给他接腿的塞缪尔·马德（Samuel Mudd）医生，都被逮捕，并接受了审判。

行刺之后，布思轻易地逃离了剧院，和哈罗德一起骑马逃到了马里兰。骑兵们搜遍了整个国家，终于在刺杀发生11天后，在拉帕汉诺克（Rappahannock）皇家码头附近的加勒特农庄的一个谷仓里发现了他们。士兵们包围了谷仓，命令里面的人投降。命令了两次以后，哈罗德在布思的咒骂中投降了，但是布思拒绝投降，并宣称他誓死不做俘虏。小队长点燃了谷仓。一个记者这样描述当时的场景：

"谷仓的内壁着火了，火焰蔓延到房顶，房顶的每个黄蜂窝和蜘蛛网都冒着火光，红得发紫的火焰将谷仓的一角烧得坍塌下来。谷仓的房梁、柱子、仓里堆得很高的牧草，以及干柴堆都开始燃烧。火光将布思企图逃跑的身影照射得时隐时现。士兵们站成一排，用身躯组成铜墙铁壁，挡住了布思的退路。一声爆裂之后，康格（Conger）上校看到威尔克斯·布思拄着拐杖直直地站在火光里。火光闪烁中，布思扔掉了拐杖和卡宾枪，然后两手发力，慢慢爬向纵火的士兵，并开枪将其打死。他的眼睛泛着光，冒着火，瞪得溜圆，他脸上的表情是暴风雨来临前的平静，他带着复仇的表情凝视着面前的士兵。火焰照亮了他的身影，却模糊了前来逮捕他的士兵们的身影。有那么一刻，他转过身盯着火焰，好似要冲过去灭火，但很快放弃了这种徒劳的想法。像一名久经沙场的老兵一样，布思冷静地转过身，关上门，泰然自若地端起卡宾枪，决心赴死。他的这种举动我们称之为绝望。枪架在了他高高的前额上。

就在那时，波士顿·科比特（Boston Corbett）中士透过一个缺口，朝布思开了一枪。子弹打中了布思的脖子。他被抬出谷仓，放在了干草上。四个小时后，他死了。在他被误导的灵魂走向沉寂的时候，他低声说了什么，贝克中尉弯下腰去倾听，‘告诉妈妈我为国而死，’他虚弱地说。喘息一会儿之后，他重复了那句话，并且补充道，‘我认为，我做了应该做的事。’

躲避追捕者和逃亡的日子使布思变得苍白憔悴、肮脏不堪、头发蓬乱。他剃掉了原来的络腮胡，头发剪短到只贴着头皮，他和哈罗德都穿着南部军队的灰色制服。

布思的尸体被送到了华盛顿，在‘蒙托克’（Montauk）舰上进行了尸检。4月27日晚，尸体交给了两个划小艇的人，他们声称秘密处理了尸体，但是，除了他们之外，没有人知道尸体的下落。关于布思最后安息的地方有很多个版本的故事，但是，没有人能说得清真相。

科比特中士在没有得到命令的情况下射杀了布思。贝克上校最后对康格上校和贝克中尉的命令是：‘不要打死布思，活捉他。’从某种程度上说，科比特是个狂热分子，他曾经因为违反纪律被军事法庭判处枪决。虽然那个命令没有执行，但是他被逐出了军队。他隶属于纽约骑兵部第十六队L分队。他生在英国，但长在美国。他精通帽饰生意，在波士顿生活的时候，加入了卫理会教会。因为从来没有接受过洗礼，所以他曾经因为没有教名而不知所措。后来，他用了波士顿这个名字，以纪念他皈依的地方。据说，他现在住在堪萨斯，并且从政府部门领取养老金。

五个同谋的人接受了审讯，其中的三个，佩恩、哈罗德和莎莉特夫人被绞死。马德医生被押送至德赖托图格斯群岛（Dry Tortugas），在那里流放了几年。在当地爆发流行病期间，他为黄热病患者做了很多工作，因此受到赦免，后来回到了故乡。两年以前，他在华盛顿附近的故乡马里兰去世。阿泽罗德特也被押送到德赖托图格斯群岛，几年前死在那里。约翰·莎莉特逃到了意大利，在那里做了教堂卫士。他被休斯（Hughes）大主教发现。虽然此案不属于引渡法里规定的案件，但意大利政府出于好意，还是把他交回美国审判。第一次审判时候，陪审团悬而未决。第二次审判时，爱德华·皮尔庞特（Edward Pierrepont）担任政府辩护律师，以诉讼时效已过为由，使莎莉特免受处分。莎莉特开始演讲授课，第一站是马里兰的罗克维尔。华盛顿《晚星报》（*The Evening Star*）报道了这篇被广泛传播的演讲，演讲内容是如此无力，于是他的演讲生涯就此结束。后来，他去了巴尔的摩，据说他现在仍然生活在那里。斯潘格勒，那个换布景的人，作为布思的从犯也被送往德赖托图格斯群岛，刑满后出狱，十年前去世。奥洛克林因为包庇同谋犯而被捕，并送往德赖托图格斯群岛，死在了那里。

悲剧发生的夜晚以后，福特剧院再也没有上演过任何剧目。暗杀事件发生10到12天以后，福特试图营业，但被斯坦顿阻止了。政府出资十万美金买下了剧院，并把它改成了医疗博物馆。福特是同情南方的人士。直到四年前他还经营着两家剧院，一个在华盛顿，一个在巴尔的摩。给布思提供马匹的同业商会会员艾利森·内勒（Alison Naylor），现在仍然生活在华盛顿。林肯被刺杀时和他一起坐在包厢里的拉斯伯恩少校在四年前去世。跳上舞台追布思，并且告诉观众他从过道逃跑了的斯图尔特最近刚刚去世。奇怪的是，现在很少能找到那天晚上在剧院的人。劳拉·基恩几年前也去世了。

布思这个刺客是著名的英国悲剧演员朱尼厄斯·布鲁特斯·布思（Junius Brutus Booth）的第三个儿子，而且他的哥哥埃德温·布思（Edwin Booth）也同父亲一样在戏剧界赫赫有名。当布思主演刺杀悲剧的时候，他年仅26岁。他化名约翰·威尔克斯开始了他的职业演艺生涯，做专职演员的时候，他的名声不错，但是没有任何特别的建树。他主要在南部和西部演出，偶尔也来过纽约几回。在刺杀林肯之前的一段时间，他因为支气管感染而放弃了演员职业。那些认识他，并在那个致命的星期五见过他的人都说，他好像被某种可怕的命运笼罩着，时常透露出焦躁不安。他知道总统一行那天晚上会出现在福特剧院，他问一位熟人是否会去看晚上的演出，而且告诉此人如果去的话一定会看到精彩绝伦的表演。他的眼睛大而黑，头发黝黑而卷曲，身材不错，体型高大，说话也幽默诙谐。”

在布思死后，弗雷德里克·斯通（Frederick Stone）为哈罗德辩护。他被授权声明，林肯被杀的原因是，总统于4月11日在白宫台阶上发表的一篇演讲里表达了一个观点。他当时说：“要想大赦全部叛乱分子，首先要给大家选举权，或者，至少我们应该宣布，那些有文化以及服过兵役的人拥有选举权。”布思就站在林肯前面的人群里，他对身边的哈罗德说：“那意味着黑人也将拥有公民身份。上帝啊！我帮他实现这个愿望。”但是不管起因是什么，布思都将因为自己的所作所为而遭到谴责。事实上，他可能精神出了问题，但是，不论当时他是否心智健全，或者他是否愚蠢，他都会因为谋杀了林肯总统—— 那个耐心、宽容地指引着我们国家平稳度过暴乱危险的伟大舵手——而让自己臭名昭著，声名狼藉。

对于林肯之死，南方也深表悲痛，声称失去了一个朋友；当联邦就要取得至高无上的权利的时刻，他的意外离去，更加坚定了北方人民的信心。他如同光芒四射的太阳，突然陨落，每个人都觉得国家陷入了黑暗；但是，厚厚的云层很快透出了金光，整个天空都熠熠生辉，他用对明天美好的希望照亮了每个地方。他的名字将永远是自由的象征。他完成了伟大的事业，他将永远被人民铭记于心。以前，他经常遭到痛斥和谩骂，他曾是恶意、仇恨的妒忌攻击的目标；现在，他是改革运动的倡导者。过去的他只有权力，现在的他拥有不可抗拒的神圣名望。林肯先生的一生和悲剧性的死亡开辟了历史的新纪元，从此以后，在共和主义的法典上，再也没有其他理论比《解放奴隶宣言》更有资格被美国人民称为最伟大的真理。天堂的大门缓缓打开，迎接着林肯的灵魂，他的精神将流芳百世。随着自由的大军向前挺近，黎明的曙光越来越亮，天终于要亮了。

林肯的历史地位，以及他的个人特质，随着美国内战的结束而终有定论。作为一名击退了600万叛军、解放了400万个奴隶、向世界展示了民有、民治、民享的伟大政治领袖，他无疑为历史书写了浓墨重彩的一笔。

为了维护联邦的统一，国家付出了惨重的代价。一代又一代美国人，甚至还没有出生的美国人，以及全人类，在未来的岁月里都会为美国发生的第一次内战的可怕经历和牺牲而哀痛。在流血和牺牲之上，在死去人们的尸骨之上，在战争制造的一片废墟之上，祖先们在17世纪的罪行于19世纪得到了救赎，而亚伯拉罕·林肯则是为了拨乱反正而付出的最大祭品。在战争带来的杀戮痛苦和眼泪之上，林肯出现了，他作为宽恕的标志，给了人们以无限希望。

林肯的一生留给我们的经验是：无论世事如何境迁，无论社会怎样发展进步，建立在毅力之上的真实而持久的伟大，不会随着时间的流逝而消失。

林肯不具有傲人的天资。就资质而言，很多普通的美国人都强过他。然而，他却做到了别人无法做到的事情！他之所以能取得成功，不是靠雄辩，不是靠逻辑性，不是靠对思想的把握，不是靠政治家的风度，不是靠控制了指挥权，也不是靠勇气。他的成功不是依靠所有这些独立的因素。但是，所有这些构成他"毅力"的特质结合起来，造就了林肯，一个美国历史上——可能也是世界史上——最高大、最重要的人物。

第二十章　回声[①]

林肯去世后不久，J.G. 霍兰博士从马萨诸塞来到伊利诺伊，为这位死去的总统搜集传记材料。这位绅士和我共度了几天，我竭尽所能地给予了他帮助。我很高兴能接待他，对他即将出版的书也非常感兴趣。我深知，即使像我这样曾与林肯先生长时间亲密相处的人，也不能完全了解他。因此，我很好奇，在访问了林肯过去的朋友以后，霍兰先生会怎样描写他。

在出版的林肯传记中，霍兰这样说："笔者和大量声称与林肯先生很熟悉的人交流过，但是没有两个人对他的评价完全一致。事实上，林肯先生往往会对不同的人展现出不同方面的自己。要描绘林肯先生与人交往的独特性，可以这么说，通过律师职业和政治事业得以认识林肯的人，可能会对他持有完全相反的看法。譬如说：有人认为他是一个非常有野心的人，但也有人认为他没有一点野心；有人说他是忧郁而悲哀的人，但也有人说他是最快乐的

① 本章的主体部分是我于1866年给斯普林菲尔德的民众所做的演讲，威廉·亨利·赫恩登。

人；有人说他是有信仰的人，但也有人说他不是基督徒，还有人说他内心深处是基督徒，只是他自己没有意识到而已。关于他是否是基督徒的问题，还是‘对这方面说得越少越好’；有人说，他是最黠慧的人，但也有人说他一点也不狡黠；有人说他个人情感强烈，但也有人说他没有什么个人情感——他只有对每个人都抱有好感而已；有人说他具有不屈服的意志，但也有人说他几乎没有意志；有人说他是个暴君，也有人说他是有史以来最心软，最友善的人；有人说他心性纯洁简单，但不擅长讲笑话，也有人说他言辞巧妙，但那只是重述别人的言辞；有人说他坦率而公正，也有人说那只是表面文章而已；有人说他是一个粗鲁的人，也有人说他是个真正的绅士；有人说他是人们的领袖，有人说他总被别人领导；有人说他冷漠淡然，也有人说他容易受强烈感情的感染。

对于这些不同的印象，我们只有追溯到它的根源才能对这个人有充分的理解，或者才能知道为什么他会让人产生如此不同的评价。人们只抓住了他性格中不同的方面，只是他根据需要而展现在人前的不同面的自我。”①

霍兰博士的调研只是发现了林肯与朋友们交往时展现出的不同侧面——他是一个情绪复杂多变，拥有很多侧面的人。他从来没有向任何一个人展露过完全的自我。因此，从某种程度上讲，有人怀疑他是深藏不露的人。即使那些

① 我想在这里说一下，一位至今仍然健在的，林肯在斯普林菲尔德律师协会的同事对林肯的想法和性格做出如下评价。出于某些原因，我不方便在这里公布他的名字，我还保留着20年前他写的手稿。手稿里，他说道：“受到特别请求，我在此写出自己内心对前任美国总统林肯的看法，我做此描述的目的仅仅是为了回答律师兄弟的请求，没有任何其他目的。我和林肯先生一直都是好朋友，我们之间有十余年的交情，我对他的看法建立在多年的事业和生活接触过程中，没有受到他升迁为总统后给公众留下的印象的任何影响。无论是他生前的伟大，还是死后的光荣，都不能改变我早年形成的个人观点。从生理学和颅相学上来说，林肯长得有点抱歉。他身材高大，非常骨感，但却肌肉强壮。他的头很小，且形状有点不匀称。他长着大而宽的下巴；大而厚的鼻子；小而薄的嘴；温柔的浅蓝色眼睛。我得说，他介于维纳斯和赫拉克勒斯（Hercules，大力神）之间。我认为，像他这样长相的人，却拥有一颗堪称伟大的心，实在是有些不协调。归根结底，林肯之所以能在普通人之中鹤立鸡群，是因为长相过于平凡，内心却高贵而伟大，头脑灵活而深奥。林肯是个公平、诚实、人性化的人，在心的召唤下，他走上了为完成一生伟大的目标而奋斗不息的道路。那种强烈的感情，或者说坚定的情操，使他一反平日优柔寡断的性格，使他行事刚强果断。”

对他进行过多年研究的人也无法说他们彻头彻尾地了解他。我一直以为，我是最了解他的人，但是，他在许多情况下会展现出的特性是我完全不熟悉的，特别是在他当选总统之后，我对他的认识和了解很不充分。在这一章里，我将对生活在我身边的林肯的特征做一些回忆性描述，让人们自行评论。如果我的描述与某些人心目中的林肯形象不符合，请恕我无能为力。我对林肯真实生动的描写，以及对他个性特征的研究，可能与霍兰博士的描述有所不同。

林肯先生有六英尺四英寸高。当他离开家乡前往华盛顿的时候，他51岁，健康状况良好，几乎没有白发。他高大结实，肌肉发达，却非常骨感。他的胸很薄，肩膀很窄，站立的时候有点向前倾——人们称之为溜肩膀。他的身形有点像肺痨患者。他通常180磅重。他的肌体组织——而不是结构和功能——反应缓慢。对他来说，从心脏到手足的血液循环需要很长一段距离，在他的肌肉得到大脑下达的命令之前，他的神经系统也不得不在空白区游离很长一段距离。他的身材结构松散，但很坚韧；他的躯体看起来有点褶皱枯萎，皮肤暗沉，头发是暗色的，看起来一副愁苦模样。他整个人，从身体到思想到工作都很慢，似乎需要加油润滑。生理上而言，他是一个非常有力气的人，能轻易提起400磅—600磅的东西。他的思想和身体一样运行缓慢，却强壮发达。因此，他很少受到身体上或心理上的伤害。身体结构的独特性使他在公众生活上比别的人更具有优势。美国没有人——世界上几乎也没有人——像林肯在华盛顿那样，经历了如此多的磨难后还能存活下来，且还能连任总统。

林肯走路时显得小心翼翼，他的步伐非常坚定；他长长的胳膊和手垂在身体两侧。走路的时候，他两只脚的内侧几乎平行。走路时，他的两只脚会平踩在地上，而不是脚后跟着地；抬脚的时候，他会把整只脚很快地抬起来，而不是从脚趾头开始抬起，因此，他走路时显得没有弹性。他走路的姿势显得摇摇晃晃，带点儿疲态，仿佛心境消沉、痛苦，整个人好似在起伏波动。第一次见到他的陌生人，或者没有近距离观察过他的人，看他走路的姿势会觉得他是个狡黠的人——会觉得他有些不着调，但事实上，他只是走得谨慎而坚实。坐在椅子上的时候，他比一般人高不了多少。因为他的腿和胳膊有点过长，这与他的身高不成比例。只有当他站起来的时候，他才显得比别人高很多。

林肯的头有点长，从眉骨到大脑的部分有点高，他的头形向后倾斜，前额像是以低角度朝后生长，林肯的头形有点类似克莱，与韦伯斯特那几乎呈直角形的头形完全不同。据帽商测量，他的帽子内径是7.125英寸，他的头宽——两耳之间的宽度——是6.5英寸，从前颅到后脑勺的宽度是8英寸。这样量的话，他头部的尺寸大约属于中等。他的前额窄而高，他头发的颜色几乎是偏黑的深色，当他用手指拨弄头发，或者当风吹起他的头发的时候，它们会杂乱地竖起来。他的颧骨高且突出。他的下巴长且上弯；他的眉毛就像山坡上的岩石；他长长的灰黄色的脸布满皱纹，且皮肤总是干巴巴的，他脸上的汗毛这一丛那一丛的分布不均；他脸颊的肤质好似皮革；他的大耳朵几乎呈直角从头部伸出，一半是天生的一半是因为戴帽子的缘故；他的下唇厚厚地悬着，且向下弯曲，当他把下巴向前伸出的时候，嘴唇则向上弯曲。他的脖子细长，头在上面非常平衡；他的右脸颊上有一个长长的色素痣，喉部有喉结。

亚伯拉罕·林肯就是这样站立、这样行走、这样行动、这样的外表。无论从哪方面来说，林肯都不是一个英俊的人，但也不是丑陋不堪；他相貌平庸，不修边幅，行为中庸。他不爱炫耀，不爱故作尊贵，他的举止仪态都很简单。他的长相很悲情；走路的时候，他那浓浓的忧郁气息似乎要流溢出来。他明显的忧郁特征给朋友们留下了深刻的印象，而且激起了大家对他的同情——这也是他获得巨大成功的途径之一。①

---

① 林肯的忧郁向来能给所有人留下深刻的印象。他永远是一副悲伤地面孔，这成了他最显著的特征。而他为什么如此忧郁的原因是朋友们经常讨论的话题。约翰·T. 斯图尔特说，那是因为他的消化系统有问题。他的肝不能正常工作，而且他的肠也不太好。“我过去常常建议他吃蓝药片，”斯图尔特说，“去华盛顿之前，他采纳了我的建议。在他当总统以后，又坚持了五个月。但是，当我去国会的时候，他告诉我，他停了药，因为药物让他很痛苦。”读者无法意识到，林肯的忧郁曾经发展到抑郁症的程度。林肯在伊利诺伊立法机关的一个同事说过：“有时候，林肯的精神抑郁是如此强烈，以至于他连一把袖珍小刀都不敢携带。”以下两个因素相叠加，大大加剧了林肯性格中悲哀的一面：一是家庭生活持续不断地纠结，他不得不默默承受这个因素的困扰；二是他模糊不清的地位和卑微的出身，每当联想到这些事情，他敏感的心就会抽痛。

至于这些病态状况的起因，我一直认为，那不是任何观察和推理能够解释的。它根深蒂固，林肯是一个矛盾的混合体：他有时忧郁，有时心不在焉，但有时也会因为幽默诙谐带给人们欢乐。但是我认为，很多年来，他一直不知道什么是真正的快乐。

林肯先生并不总是那么忧郁，有时候，他也会很高兴地走到街上，遇到了朋友时会如常问候声“你好啊”，并用两只手紧紧与人握手，真诚地表示热情欢迎。在冬天的早晨，你会看到他胳膊上挎着篮子，迈着大步走向市场，他脖子上围着老旧的围巾，他的儿子威廉或泰德跟在他身后，不断孩子气地向他发问。而作为父亲的林肯却因为过分投入到自己的沉思中，而对孩子提出的问题置若罔闻。①

如果见到朋友或者有朋友路过，林肯会从迷离的状态中惊醒过来，忽然想起他在印第安纳州时听到的一个小故事，然后硬是拽着别人讲故事，别人没得选择，只能聆听。

因此，我要重复一下，林肯是个无论站立、行走、还是说话都很独特的人。他有些怪异，但是，当他的内在灵魂被激情点燃的时候，他那灰色的眼睛，他那平庸的长脸，以及他所有的外部特征都会因为洋溢在脸上的激情而

与生俱来，无法克服，无法掌控。也许那是从遥远的祖先血统中遗传而来的结果，也许那只是南希·汉克斯悲惨生活的再现。真正的原因难以判断。不管怎么说，那是他性格特征的一部分，无法摆脱。

①“我和林肯是多年的邻居，我们两家人非常熟悉。林肯先生过去常常到我家来。他脚上穿一双松松垮垮的拖鞋，一条褪了色的裤子用吊带扎着。他经常来我家拿牛奶。我们的房顶有点低，有一天他说：‘吉姆，你得把你的房顶加高点儿；在你家我几乎不能站直。’他过去常常对我娇小的妻子诉说小个子有许多优势：‘在耗费的木料和布料更少的情况下，他们能过得很舒服。’林肯的院子里光秃秃的，灌木稀少。有一次，我惊奇地发现，他在院子里种了一些玫瑰，但很快他就对此不闻不问了。他从来不种藤本植物或者果树，他似乎对这些东西不感兴趣。有一次，在我的建议下，他准备在后院的角落里开辟一个花园，但是一个季节的辛勤劳作后，他立刻改变了主意。林肯有自己的马，在家的时候，他会亲自喂马、刷马；他还自己喂奶牛、挤牛奶，自己织布。林肯先生和他的太太的日子过得马马虎虎。林肯太太常发脾气，在她暴怒的时候，她的丈夫会尽量不去理她。有时候，他会嘲笑她，但大多数时候，他会趁机带上一个孩子出去溜达。我曾经听林肯太太说，如果林肯先生能在家里多陪陪她，她会更爱他一些。有一天，当林肯先生不在家的时候——他去了芝加哥办案——我和他的妻子一起把他家的房顶掀了，加高了房子。那栋房子原先是整体结构的一层半高的房屋。当林肯回来的时候，看到自己家的房子显得非常惊讶。他在人行道上拦住一位先生问道：‘你能告诉我林肯住在哪儿吗？’得到肯定的答复后，林肯神情肃穆地走进了自己家。”——詹姆斯·古尔利，1866年2月9日陈述。

变得生机盎然，光彩照人。这时候的他仿佛被上帝灵魂附体一样。

我曾经用相同的问题同时询问过林肯先生的朋友和仇敌，我问他们对林肯的看法。一位不偏不倚，对林肯没有成见的先生说："与平常人相比，林肯先生的感知力有点慢，有点扭曲，有点病态。"如果他想表达的意思是，林肯先生看问题的角度比较独特，且比较敏感、比较容易被感动的话，那么我会对上述陈述表示赞同。我不赞成有些人把林肯先生评价为：感知力慢、冷漠、精明的人。他看到的每一件事物都有自己精准的形状和颜色。对有些人来说，生活中许多人和事都包裹了一层美好的外表，并因此而给人一种完美的假象。但林肯往往能够剥去那些事物的华丽外衣，一眼看到事物的本质。这是因为他善于思考，不易被外部的幻象所迷惑。林肯不重视名誉和头衔——他总是用冷漠不屑的态度对待争名逐利。他的观点和看法既不扭曲，也不病态，他会用精神视角去看所有的事情，没有衍射或折射。他不冲动，也不富于幻想；但却冷静、沉稳且精确。他会将所有的智力光芒都投射在一个物体上，经过一段时间的沉淀之后，实体和本质自然分隔开来，形状和颜色自然显现出来，随后所有的一切都在他脑海里清晰明确起来。如果说他有错误的话，那就是他所看到的事物是其本质，因此不像我们眼中看到的事物那样美好。他自动过滤掉了事物中的不真实、不准确、空洞及欺骗性。他看事情严格而死板，毫不灵活生动。他看到的是普通人看不到的事实，但是他却看不到那些浮于事物表面的东西。

在有些人看来，所有的事物都是有生命的，都是有灵魂的。但对于林肯先生来说，没有事物是独立存在的个体。他用心作为衡量一切事物的标准。他的心理活动是自由的，在寻求真理的路上，他是无情而坚决的。如果他一旦觉醒去寻求真理，所有细小的错误都会被他发现，所有的不真实都会在他面前现形。形形色色的传记作者们并没有发现林肯先生的本质特征；或者即使看到了那些特征，他们也很遗憾地没有给予重视。牛顿看到苹果从树上掉到地上而得出了宇宙的规律；欧文通过观察动物而有了灵感；斯宾塞通过观察种子的生长发现了奥秘；莎士比亚从人们的笑声里发现了人类的天性。大自然给了所有这些人提示。林肯先生不是从一个故事里发现了哲理，或者从一个笑话里找到了教训，他站在一个崭新的起点，一个经常给自己提示的位置。这个世界和人类，原则和事实，所有的一切都会给他提供灵感。它们持续不断地让他思考。他的想法奇特而原创，那是因为他本人就是这些独特事物的创造者。

他的观点繁多，记忆力超强。他用词独特，看法原创，表达方式新奇。文字和语言是思想的两个对立面，是思想的另一半；它们好像来复枪里射出的子弹，在强大的火焰和推力作用下，以不可抗拒的力量追逐目标。在选择用词的时候，林肯先生经常会不知所措。他经常为给自己的想法找一个适当的表达而感到困惑：首先，因为他不是英语语言大师；其次，因为在现有的大量词汇中，很少有词语能准确地表达出他想法的色彩、威力和敏锐。这就解释了为什么他经常要借助故事、格言、笑话来表达自己的观点：为了易于理解。几千年来，人类一直在对事实进行收集、使用和分类，因此，林肯的思想观点与前人相比，没有任何优势。于是，他开始着手于挖掘所有事实的深层基础，然后在此基础上建立起自己新的观点。他独特的思维方式驱使他建立新的观点。他的思想成果丰硕而且绵绵不绝。

事实上，与美国历史上其他与他地位相同的人比较，林肯先生阅读得少，思考得多。他没有彻底读完过上个世纪及本世纪任何一本巨著。年轻的时候，他读过《圣经》。年纪大些后，他读过莎士比亚。尽管这些他都没能通读，但他却经常引用其中的名言。他现在已经被公认为伟人，但问题是，究竟是什么使他变得伟大？我得重复一下，那是因为他比任何一个美国人，或者说，比世界上任何一个人，都读得少，想得多。他拥有独创性和让人尊崇的思考力。除此之外，他以小心谨慎而著名，他思考的时候全神贯注，表达的时候十分连贯。他对任何事情都耐心而持久。这些都是构成他成功的了不起的基础。

林肯不仅能从自然、人类和原则中得到启示，不仅有精准的感知力，而且还能从事物的表面现象将其还原到起始和根源状态——在那里，外力作用造就了一切事物的成因和影响。他会在大街上停下来分析一台机器。他也会把一个东西削开，然后计算它有多少个斜面，斜度有多大；掌握和确定了这些以后，他会把那个松木枝裁成一个宽阔的横切面，然后剥皮染色。他观察分析的对象范围广阔：钟表、公车、语言、轮桨、习语等等都是他的研究对象。在他就某事形成自己的想法之前，在他就某物表达自己的意见之前，他必须要了解其起源、本质、特性、大小、重量等因素。他必定要对其进行上下左右，里里外外的透彻了解。他经常对我说，对事物进行彻底的考察和了解，是他的天性。他总会对一个观念和想法进行分析，然后追根溯源，并追寻到其动机。在分析事实和原则的时候，他是冷酷无情的。一旦全面彻底地完成了这些步骤，他会立即形成一个观点，而且把它表达出来。他不墨守成规，也不盲从于权威。于是，每一件事都要经过他的思想之火进行分析检验。当他最后决定要行动的时候，他的想法清晰敏锐，他的言语字字珠玑。他通过分析对比进行逻辑推理，他所有的对手都佩服他原创的思想、他的简洁明了、他的定义深刻和卓越的表达力；而如果林肯要继续追寻下去，他们则会诅咒其心怀叵测。重复一下，他们会诅咒他！通常情况下，时间会起到拨乱反正的功效，会把错误纠正过来。而没有什么错误是林肯所不能发觉的。

尽管林肯天生具有准确敏锐的洞察力，尽管他是一个分析家，也是一个见解深刻的思想家，他仍然会在对一些小事进行判断时，表现出单纯的孩子气。对于“判断”这个词，我不是指心理学家们所说的那种推理，我所指的是理解；我之所以在这里使用“判断”这个词，是为了描述那种决定某事是否恰当、是否和谐的能力。我总是在想，有时候也会对林肯说，林肯的智力结构上缺少这种特质。如果某事涉及原则问题，或者牵涉某人的权益，林肯会非常注意。但是，他从来感觉不到，穿着一件便装短上衣去参加晚宴和穿燕尾服去参加晚宴有什么区别。他也从来意识不到，给一个传教士讲粗俗的笑话有什么不恰当。①

① 1857年的某一天，一位女演说家来到斯普林菲尔德做公开演说，演说地点就在议会大厅的北边。由于当时女演说家非常少，因此，她的演说吸引了大批的听众。在她的演说中，为了显示自己的时尚前卫，她使用了“一丝不挂”这个成语用来形容人们难言的困惑。这个成语的使用非常突兀，因为前面没有任何幽默的铺垫。当这个成语出口之时，广大听众为了表达对演讲者的敬意，刻意保持了全场鸦雀无声。而这时，大厅角落里一个人粗哑而高声地笑了起来，是那种突然的、

像我前面说过的那样，林肯先生没有信仰。他只相信那些能够看得到、摸得着，并且伸手可及的东西。他在相信某物之前，需要先尝一尝，闻一闻，甚至想要抓在手里感受一下。这样明确的思想确定，必然需要时间。林肯的特长在于，能够为满足自己的求知欲而做深度的挖掘。因此，给予他一定的时间，让他形成自己的观点后，这些观点将很难被推翻。它们像洪水一样势不可当；像数学中的逻辑一样有说服力。但是仍然会有人问道："林肯先生有良好的常识么？"关于这个问题的答案五花八门。

林肯先生认为，人性的首要法则是动机。他分析出我头脑中所有令我不感兴趣的行为。我过去常常认为，行动本身应该是纯洁、公正，完全不带自私因素的，但是，他让我抛弃了那个谬见。林肯的观点是，人的一切行动都是由一定的动机引起的，这些动机的本源是自我。他不同意我的无动机论和无私论。当我自认为毫无动机地做了某事之后，我会告诉他。他会详细地分析检视所有的细枝末节。在他得出结论以后，我不得不承认，他把其中的自私因素彻底地暴露在光天化日之下。尽管他善于分析人性法则，却不能对独立个体的动机做出恰当的解释。他非常不善于察言观色，他甚至无法分辨因为发怒而脸色苍白和因谦虚而脸色发红之间的区别。在区分每个表情代表什么意思的时候，他的知识有限得可怜。

在林肯先生独特的性格里，占支配地位的特征排列顺序是：第一，强大的理性；第二，良知和出色的理解力；第三，对公平和正义的崇尚；第四，对真和美的尊重。林肯的道德观及内心世界的所有想法都是彻底运用理性的结果。他的生活和行动严格尊崇理性，理性是逻辑的宝座，是原则的本源，是人的神性的体现。对林肯的研究必须从理性的角度和高度来进行。林肯是个谨慎、耐心而持久的人，他的思想具有连续性，他具有深度分析的能力。他思路清晰，观点明确，就像前面提到的一样，他对真理的追求不屈不

爆发性的笑声。那笑声把演讲者吓着了，而且令全场观众跟着哄堂大笑，并爆发出热烈的掌声。大家都回头去看发出笑声的究竟是什么人，结果看到了尴尬的、局促不安的、脸红得像个小学生一样的林肯。没有人能解释他为什么会大笑。很显然，当时他正在沉思走神，而且在走神时想起了什么有趣的事情，于是，没有顾忌到周围的环境而大笑出声。这个经历让他感到非常尴尬。

挠。他会挑选出理论中的精髓，然后对其进行清楚、有力、直接的推理。他的推理结论会令所有人佩服。从超拔的理性和逻辑方面看，林肯是我见过的最强的人。当他为真理而战时，会带着不可抗拒的非凡气势和力量。无论是在库珀学院，还是在其他地方，他那些已印发的演讲稿都无可辩驳地证明了这一点。林肯在法庭上的辩护——尤其是伊利诺伊州最高法院的辩护——如果那些辩护词被保留下来的话，能够更清楚地证明这一点。为了做出完美的推理，林肯经常沉浸在思考之中，经常花费大量时间做准备工作。推理的目的是为了知道真相，而真相是推理的动力来源，林肯本身是个热爱真理的人，推理就是他的精神食粮。

良知是林肯先生性格中的第二大特征，这里的良知指的是唤起人们对公正的爱的能力。良知所指引的方向是公正，而公正与正义和平等息息相关；它无所不在，且无时无刻不在决定着所有行动的方向。林肯先生一直拥有深厚、宽广和强大的良知。他进行推理的目的是为了做判定，推理使他明辨是非、辨析对错、知晓公正。他的良知指引着他采取什么样的行动。他的良知支配着他的内在，他的内在公正而善良。林肯并非公正的化身，有时候，他也会有失偏颇，但总体而言，他是公正的。由以上叙述可以得出结论，如果林肯先生善于推理且具有良知，那么他一定是个诚实的人。事实上，他的确是个诚实的人，如果授予他“诚实的亚伯”的称号，他当之无愧。诚实是他的行动准则。

林肯的理解力超强；也就是说，他能够理解事物的准确状态，并由此来决定它们关系的远近。理解力不要求对事情进行推理。尽管林肯是个独特的、有原创力的人；尽管他超越了自我，又依赖自我；尽管他很少吸收别人的观点；但通过阅读他的演讲、文章和信件，我们能感觉到他很好地理解了别人的观点。林肯性格中最强的一点，是他对自己能力的了解——他做了什么，为什么这么做——在这方面，他做的比他那个时代的所有人都好。林肯深刻地了解自己所处的环境，特别是政治环境。在这方面，他比那些更博学，或受过更专业训练的人都要出色。

林肯是一个非常敏感的人，他甚至敏感到缺乏自信的程度。他经常把自己藏在人群之中，让自己泯于众生，难以辨认。他并非对别人的赞扬和公众的看法不自信。他没有自大自负的恶习，没有贵族习性，他既不傲慢，也不虚荣。他是个温和、安静而不显眼的绅士。

提到林肯先生的判断力时，人们对他的内心和人道精神的看法众说纷纭，彼此矛盾。有人说他冷酷无情而顽固；有人说他热心亲切。与他第一次接触的人，首先注意到的会是他的头脑和良知；在此之后，人们才会逐渐注意到他所显露出的心地温柔的天性。但是，他温和的特性总是服从于他高贵的正义感和平等感，即他的良知。他的良知服从于他的思想，他的心服从于他的思想和良知。他的人道精神服从于他的公正感和永久的正义。他的心是他这三个“器官”——如果我们可以称它们为“器官”的话——中位置最低的，或者说他的心是“良知”、“思想”以及“心”这三个特性中最弱的。

有人在排序的时候把这个顺序颠倒了，认为他的心才是统治一切的特性。这种排序建立的基础是：林肯是个充满爱心的人，他真挚地热爱真理、公平和正义。但现在存在的问题是：林肯究竟是个冷酷无情的人？还是个热情亲切的人？有人可能同时兼顾心灵美、头脑强、充满良知么？通常情况下，人们的一些特性应该强过另外一些，某些特性应该处于主导地位，某些特性应该处于不断摇摆变化之中。我们首先要明白，热心人意味着什么？除去公平正义不提，热心是指不顾自己，为了别人而自愿奉献？是指出于对人类的仁爱，而主动投身于拨乱反正的斗争之中？如果是这样的话，林肯先生是一个冷酷的人。黑人被奴役、被剥夺了基本权利；奴役黑人这种行为本身就是对人性原则的破坏。权力意味着责任和义务。林肯先生是总统，作为总统，他有自己的职责。从他宣誓就职那个时刻起，他的正义感、他对原则的尊崇就已经将他放到了奴隶制的对立面。但是，他这么做是因为爱么？他自己回答了这个问题：“如果不废除奴隶制度能够换取联邦的统一，那么我不会解放奴隶。”他解放奴隶的行为完全是形势所迫，并不是因为爱。这个事实可以用来反驳那些过度热情的朋友的论点。

总的来说，林肯的生活是冷酷的——至少对于那些认为他很冷漠的人来说，事实是这样的。然而，他具有巨大的潜在的爱的能力，但爱的对象首先必须是某种原则，随之而来的还有正义和真实，这在他的眼中才是可爱的。当人道被压抑的时候，他会爱上——那是一种抽象的爱。他很少甜言蜜语，但他却是个人尽皆知的温柔慈祥的人。他对自己的性格做了如下的批注："对任何人不怀恶意，对一切人心存宽厚。"他渴望深厚而浓烈的爱，他没有恨意，没有恶意。他能对有缺点的人始终宽容大度，就像他对原则的始终尊崇一样。

"难道林肯先生不是一位具有伟大人道精神的人吗？"一个朋友曾经问我。对这个问题，我的回答是："这个问题不是已经回答了么？"假定我没有回答，那么我们需要好好探讨一番。人道精神的意思是什么？是指他有许多人类的天性么？如果是，我想他是一个具有人道精神的人。如果上面所说的含义无法令人满意，或者不对，那么，它是指林肯是个温柔善良的人，那么我也同意这个观点。但是，如果由此得出结论，说林肯会为了对朋友的友爱，而牺牲哪怕是一点点真理和正义，这就是他的人道精神，那么在我看来他就既称不上温柔，也称不上善良，更没有任何人道精神可言。人性的法则就是这样，一个人不可能同时具有完美的头脑、完美的良知，以及完美的心灵。我们的造物主就是这样造人的。上帝通过理性照耀我们的道路，让我们能大胆地前进。林肯的魅力就在于他在理性、良知和内心之间达到了良好的平衡。他的美名一定寓于此，否则就是子虚乌有。

林肯先生不仅感知力超凡、意志力坚强、理解力卓越、独创性无双、理性超拔、热爱真善美、温柔善良、富有同情心，而且，在适当的时候，在合理的情况下，他还能把所有这些因素很好地结合在一起。透过他超凡的感知能力——来自大自然的恩赐、独创和力量；透过他超拔的理性、理解力、良知、温和、同情心、爱心；他近乎完美地践行了人性以及人性弱点所能诠释的伟大的道德律令："己所不欲，勿施于人。"

关于林肯先生的意志力，也有两种说法：一种是，他没有任何意志力；另一种是他有坚强的意志力。两个相反的说法都各有拥护者。林肯很尊重人类思想的基础性原则。他首先热爱的是真理，其次是正义，第三是良善。他的思想为真理而斗争，他的灵魂触及事物的本质。他不关心形式、途径和方法等非实质性的东西。按照他自己对世界的建构以及思维架构，他不可能在意这些东西。他从未对某种东西或某个人抱有特别浓厚的兴趣，无论对金钱、财产、官爵、等级、礼仪，还是类似的东西，他都不很在意。他天性中没有任何贪婪之心，也没有其他恶习。他痛恨在法律、哲学以及其他科学中加入人为的技术性规则——他认为，那些都是一些无所不在的形式——是建立在主观的看法和想法上，而不是建立在真理和正义的基础上。对他来说，这些事物似乎缺乏本质，而他不认同它们是因为它们约束了他天赋的创造力。就像孩子的衣服不适合父亲的身材一样，那种狭隘而挑剔的观点不合乎林肯的口味。通常情况下，林肯对城镇事务和当地选举不感兴趣；他既不参加有关城镇利益的会议，也不关心它们的进展，这是他的天性。谁当选了这个或者那个社团或者铁路公司的领导，谁赚了大钱，谁要去费城，这会花多少钱，谁要结婚了，朋友中的谁得到了这个或者那个职位，谁当选街道委员会成员或者健康检查员了，所有这些他完全不关心。如果一件事没有涉及真理、正义或公平的原则，他就绝对不会被其打动。[①]

他不明白人们为什么为了一点荣誉，或者一个小小的职位、一点点薪水，就不顾一切地争斗。有一天，林肯在华盛顿这样对我说；“如果这些自由人——这个政府——完全堕落，那肯定是因为他们为了争夺政府公务员职位——他们想借着这样的工作不劳而获。”林肯曾经为了找到这种弊病的根源而颇为苦恼，即便在国家生死攸关的当口，它仍然在像传染病一样蔓延。

因为林肯对人们通常感兴趣的争权夺利毫无兴趣，因此，有些人称他对

① 一个天性充满仇恨和恶意的家伙总是反对林肯和他的朋友们，逮着机会就谩骂他们。但他为了自己的利益，说服林肯去见伊利诺伊州州长，以便为自己在州自卫队里谋求个职位。因为这个请求没有违背重大原则性问题，所以林肯不便拒绝。林肯的朋友们听说这事以后非常愤怒，并对他的行为进行了公开指责。得悉自己冒犯了朋友们，林肯很伤心。“不过，”几天以后，林肯在办公室里给我详述这事的时候说，“我一点也不能拒绝那个家伙向我提出的请求。有时候我觉得，”他干巴巴地补充道，“我没有生为一个女人是件好事。”

朋友冷漠且不知感恩。这种评价既不公正，也不公平。林肯先生对朋友非常忠诚；在很多情况下，他跟他们像铁哥们儿。但是，因为他生性内敛，也不能体会他们对于权力的热衷，于是，他被称为忘恩负义。其实他不是那样的人。他看起来可能有点被动，事不关己，不以满足朋友的热切要求来衡量友谊的忠诚度，但他不是一个忘恩负义的人。他也不是一个自私的人，如果一个行为将使别人遭受不公，哪怕那样做能让自己当上总统，他也不会去做。如果有人说，亚伯拉罕·林肯比任何其他人都有野心，因此，他是一个自私的人。我没看出这有任何不妥。在同样的状况下，我们都会做同样的事情。

前面说过，林肯先生的思想运转富有逻辑，但缓慢而谨慎。尽管他对简单的事实、规则和方法关心有限，但他非常关心真理和规则的正确性。在争论中，他谨慎地把所有形式化的东西，以及不重要的东西都假定成对手。有时候，他会为了一场辩护而准备十个方案，然后，毫不犹豫地把九个方案扔到一边，就像扔垃圾一样决然。但是那仅存的第十个，会成为一个实质性的问题，他会为之投入全部的精力。在真理和正义的基础原则上，林肯像钢一样坚定，像铁一样坚韧。他像维持世界运转的规律一样可靠、真实和不可或缺。他鄙视支持或采取虚假的立场，与之相应地，他的良知使他不会做不公正的事情。林肯在做"分裂之家"演讲的时候，有人要求他牺牲哪怕一丁点儿他的真理信条，这时他的灵魂发出愤怒的呼喊："除非万物化为乌有！"①

这就是林肯的意志。对于那些不重要的事情，他很容易受到别人影响；但是，在另外一些问题上，他会坚如磐石。于是，产生了对他普遍流行的截然相反的说法。我们只能说，当有必要的时候，他是讲原则和不屈服的，而在其他情况下，他不会那样做。前一刻，他还像温和的空气一样圆通而胸襟宽阔；下一刻，他会像引力本身一样顽固得坚不可摧。

①"我再一次感觉到，由于林肯先生对我来说，太过真实，太过诚实，因此我简直无法给他写赞美之词，而且，我也不会试着去写颂词。我确信，如果他还活着，会觉得对他和他的传记作者来说，真实准确的认识比阿谀奉承的溢美更有价值。我爱林肯这个人，因为他就是他，即使他形象粗犷、举止粗鲁，即使他头发蓬乱、眼神悲伤而梦幻。我喜欢看到林肯，我希望真实地描述他，否则宁可不写。"——1867年1月22日，罗伯特·戴尔·欧文，手稿。

至此，我已经就林肯性格中的四个主要特征——理性、理解力、良知和爱心——进行了回顾。在这一长篇关于他独特性格的回忆中，没有什么比他对真理的热爱更令人印象深刻。它以绝对的优势，超过了其他因素。他的一生经历证实了，他永不会为了任何人、任何目的而放弃最基本的真理。

林肯先生曾经犯过的，或承认的所有错误都出自于以下这些缺点：渴望凭直觉判断；缺乏对人类行为和脸部特征做出快速、精准认识的能力；渴望中规中矩；温和心及怜悯心；以及，轻信的天性。他以毫无保留的诚实对待自己，而且认为别人也是这样。他从来不怀疑人，因此在对付这些人的时候，他很容易被强加一些东西。

林肯先生所做过的所有明智和美好的事情都源于他伟大的理性、良知、理解力、爱心，以及他对真善美的热爱。我现在讲的是他的个人才能及品性，不是这些的结合或者结合的结果。我们可以把这些特征和品性在抽象的层面上做无限的延展，然后看它们能产生什么效果。例如，把温柔的心、强大的理性、广博的理解力、高贵的良知，和对真善美的热爱所有这些特征进行合理的配置和实际的运用，必定会造就一个伟大的人及其伟大的人道精神。

关于林肯的魅力，笼而统之，可以做如下归纳：他的雄辩来自卓越的逻辑推理能力、超强的理解力、对原则的尊崇；来自清晰准确的洞察力；来自冷静巧妙、提纲挈领抓住事物核心关键，且能够对事物进行归纳总结，并将之转换为各阶层人们都能理解的语言的能力。他的语言清晰明确，不可能被误解或者长期误传。他行得正立得直，任何一个聆听他的人都会被说服，认为他有思想、会表达。他的想法谈不上普遍、全面，他的思维谈不上包罗万象、迅速敏锐，它们通常都是急智下产生的。但是它们深邃、长远、坚定，如同一部壮观的机器旋转着厚重的轮毂为大地留下深深的辙印。

林肯先生是个非常敏感的人，因此，本着“己所不欲，勿施于人”的原则，在对待别人的时候，他避免伤害别人的心或引起别人的不愉快。他经常考虑别人的感受，无论他们的地位出身。看到他第一眼的时候，人们会被他平庸的相貌、简单的举止，以及真诚、坦率和真实所打动。他不夸张做作，没有令人望而生畏的故作高贵的气息。他总是平易近人，非常民主。每一个遇到他的人都会觉得，他是个有魅力的人，见到他是一种荣幸，没人因为和他在一起而受到伤害，除非这些人是完全咎由自取。

大家一致认为，“林肯是一个诚实的人”。他的这一特征紧紧抓住了大众的心，使他们以一种盲目的宗教般的忠诚信任他。他悲伤忧郁的脸博得了人们的同情。在最为黑暗的日子里，是人们发自内心的支持鼓舞着他。同情是人类采取行动的最强、最高贵的诱因之一。人民用同情和爱来支撑着他。林肯对人们有无限的号召力；他仿佛给人们套上了看不到、摸不着的枷锁，使他们越过危险和绝望，一起走向最后的胜利。人们信任和崇拜林肯是因为他性格单纯。他从不让自己远离人民，他是他们中的一员。他们一起经历困苦，一起斗争，一起希望；大家结合在一起，融合成一体，变得思想统一、意志统一、行动统一。在这部大戏中，如果林肯充分静观事态的发展情况，然后再采取行动，那么，长时间的等候本身就是一种犯罪，因为，他的背后是千千万万的人民。当最后的一击来临的时候，它能准确无误地命中目标，天庭的电闪雷鸣都来为其助威。一位天生的国王不是统治人民，而是指引他们，根据时代的趋势，引导他们随之转变。林肯建立了被后世史学家称为最伟大的保守主义的治国功勋。

无论如何，林肯独特的性格特征带给了他超凡的气度、惊人的力量和雄辩的威力；无论如何，林肯曾运用法律武器，在所有时刻，对所有人都进行了公平、人道、诚实，不偏不倚的裁决；无论如何，林肯曾用他那温柔慈祥，却意志力坚强的方式拨乱反正；无论如何，林肯曾通过辛勤的劳作和极度的耐心面对一切艰难险阻。所有这些综合在一起，使林肯得到了历史公正的评价。如今，人们把他定义为一个政治家、演说家、国家元首，以及一个普通人。这些头衔贯穿了他的不同身份、不同职业；它们就是他的法则；是他的天性；它们就是亚伯拉罕·林肯。

1831年春天，高大的、瘦削的林肯坐着一条孱弱的小船，沿着桑加蒙河漂流而下。就像一片浮木一样，他暂住下来。他是个没有过往历史的陌生人，他一文不名、孑然一身。他为了生活而辛勤劳作、疲惫不堪，仰望着伊利诺伊的首府。三十年后，这个人从桑加蒙河起身，带着朋友的支持、权力的庇佑、人民的祝福祈祷，去担任这个世界上最伟大国家的统治者。

亚伯拉罕·林肯领导勇敢的美国人民为了国家的生存而顽强斗争。他将永远是一个唤起后人好奇心的历史角色。他坚强、诚实、睿智和光辉的一生将永远散发着独特的魅力。如果不是仰赖他保守的治国之才、他对人民智慧的极端自信、他在摸索前进的道路时实事求是，而不以理念为先，这个国家今天可能已分裂为两个政府。他那循环不足且脆弱的血液；他的有利于避免冲动的反应迟缓的感官；他的健硕威猛的身形；他那独特的便于保存实力的机体构造；他无比的耐心、惊人的毅力、高明的谋略和爱心；所有这些使这个国家免于分裂，当时分裂意味着国家将走向不可修复的毁灭。

林肯是美国历史上最中心的人物，我们文明中最高尚的典型。当后世子孙看到他的成就和行动，他们会做出评判。不管是不是天降大任，亚伯拉罕·林肯都是时势造就的英雄。

附　录

未出版的家信

以下林肯写给他亲戚的信件一度保存在我手里。因为这些信从来没有完整地出版过，所以我想专门把它们附在这里。这些信体现了林肯先生对父亲和继母的深情，以及他开始每一项事业时的慎思，读来饶有趣味。且让我以他当国会议员时从华盛顿写给父亲的一封信来展开这一部分。

1848年12月24日，华盛顿

我亲爱的父亲：

您7日的信我前天晚上已经收到了。非常高兴能送给您20美元，您说有了那个数目您的地就不会被卖掉了。我纳闷的是您居然能把对您的判决给忘了——更纳闷的是那个原告能让您忘了这么长时间，因为我一直以为您有足够的钱去支付判决的数目。在您支付以前一定要确认您没有付过或者至少您不能证明您付过这笔钱。

告诉妈妈我爱她也替我问候所有亲人。

挚爱您的儿子，

亚伯拉罕·林肯

林肯对他的继兄，约翰·D.约翰斯顿一直怀有一种真正的兄弟深情。林肯给约翰斯顿写了很多信。这些信大多平常，但是字里行间流露出林肯关于家庭的良好价值观。约翰斯顿，林肯著名的继兄，就我所知，恰好是林肯指责的那种游手好闲的人。在每次紧急情况下他都依赖林肯的帮助。通常林肯会提供帮助，并附上一些平常但实用的建议。以下是林肯给约翰斯顿的信。

1850年2月23日，斯普林菲尔德

亲爱的哥哥：

你关于邮递契约的信昨天已经收到了。我已经给你开了一个120美元的支票，我自己做的担保。让你的邮政局长下午来这儿确认一下，然后去兑了。你的前一封信，提到某人要求领退休金，我也收到了。我把那个要求给管这事儿的人看了，他们的结论是他不能领退休金。

因为你没提，所以我想你还不知道我们失去了我们的小儿子。他病了15天，在这个月的第一天早上走了。这不是我们的第一个而是我们的第二个孩子。我们非常怀念他。

你的弟弟，匆匆

亚伯拉罕·林肯

下面是另外一封，但是没有注明日期。

约翰·D.约翰斯顿收。

亲爱的约翰斯顿：

你要求的80美元我觉得最好现在不要给你。许多次当我帮了一点你以后你对我说，“现在我们能很好地过下去了。”但是不久我发现你又陷入了困窘。现在这事只能说是由于你行为中的某个缺点造成的。那个缺点，我想我知道。你不是懒，但是你有点游手好闲。从我看到你的那天起，你是否认认真真地工作过一天，我真的很怀疑。你不是不喜欢工作，但是很少工作，只是因为似乎工作挣的钱在你看来太少。这种无益的浪费时间的习惯就成了你最大的难题；你应该改掉这个习惯。这对你来说特别重要，对你的孩子们来说更为重要。对他们更重要是因为他们还有更长的路要走，在他们染上这个坏习惯之前，预防它上身比染上之后改掉它要容易得多。

你需要一些现金，我建议你应该认认真真地去为那些会让你劳有所得的人工作。让父亲和你的孩子们管理家里的事情，种庄稼，还有收庄稼；而你去挣大头儿，或者偿还你所欠的债务。你能挣到这些，——为了保证你能从你的工作中得到很好的回报，我现在向你保证，从今年5月起的一年之内，只要你从你的劳动中得到一个美元，不管是得到了现金还是偿还了债务，我将额外给你一美元。也就是说，如果你自己一个月挣了十块钱，从我这里你将得到另外十块，这样你工作一个月就能得到二十块。我的意思不是说你应该去圣路易斯或者去加利福尼亚的铅矿或金矿去挣最好的薪水，但是你可以去离家比较近的柯尔斯县。现在如果你能这么做，你将很快摆脱债务，而且，更好的是，你会拥有一个再也不会让你欠债的习惯。但是如果我现在就帮你把欠下的钱还完了，明年你会像以往一样债务缠身。你说你会把你死后安息的地方卖70—80美元，那么你低估了你的安息之地，因为我确信按照我给你提供的建议，你工作四五个月就能赚到七八十美元。

你说，如果我给你这笔钱，你会把地抵押给我，然后如果你没能把钱还回来你就用你的财产来还。胡说八道！如果你现在有地还不能活，那么你没了它怎么还能活？你对我一直很好，我的意思也不是对你不好。相反，如果你听从我的建议，你会发现对你来说它比八十美元的八倍还要值得多。

挚爱你的，

弟弟，

亚伯拉罕·林肯

以下这封信写于托马斯·林肯生命即将走向终点的时候，说明了林肯是多么看重他与继兄之间的关系。

1851年1月12日，斯普林菲尔德

亲爱的哥哥：

前天我收到了一封来自哈丽雅特在格里纳普写的信。她说她刚从你家回来；还有父亲的情况非常不好，可能康复不了。她也说了你给我写了两封信，而且尽管你不期望我现在回去，但是你很疑惑我为什么不写回信。两封信我都收到了，我没有回信不是因为我忘了或者冷漠，而是我觉得我的信于事无补。你已经知道我希望父母在他们的有生之年不管是健康也好，生病也好，都能过得舒舒服服；而且我确信如果需要，在他生病的时候你可以以我的名义给他请一个医生或者做任何其他的事情。我手头有工作，很难走开。即便没有工作这一层拖累，事实上我妻子也卧病在床（只是小病，我觉得没什么危险）。我衷心希望父亲能够康复；告诉他祈祷和信任我们伟大、善良和仁慈的造物主，他无论何时都会给人以力量。他掌管一切，巨细靡遗，不管是麻雀落下，还是我们有多少根头发。他不会忘记那些信任他的将死之人。告诉父亲如果我们现在见面我怀疑是否痛苦要多过欢乐；但是如果现在他不幸走了他很快就能和那些可爱的以前走了的人们有个愉快的聚会，而对剩下的我们来说，上帝会帮助我们要不了多久就去与他们会合。

收到信后请回复。

挚爱你的，

亚伯拉罕·林肯

父亲去世后，林肯对他的继母和他的没有出息的、不幸的继兄的关心没有丝毫懈怠。他写道：

1851年8月31日，斯普林菲尔德

亲爱的哥哥：

随信附上土地的契约。我们都很好，勿念。我们这里大概两周没有霍乱了。

代我向所有人问好，特别是妈妈。

你永远的，

亚伯拉罕·林肯

没有比下面这封信更实际和郑重其事的建议了：

1851年11月4日，谢尔比维尔

亲爱的哥哥：

我前天到查尔斯顿的时候得知你急着把现在住的地卖掉，搬到密苏里去。这两天我一直在想，觉得这实在是一个愚蠢的主意。在密苏里你做什么能比在这儿强？那里的土地更肥沃么？你在那里不工作能种出更多的玉米、小麦和燕麦么？那里有比这里更多的人帮你干活吗？如果你想工作，那么你现在待的地方就是最好的地方；如果你不想工作，那你到哪儿也活不了。从一个地方迁到另一个地方对你来说没有好处。这些年你没有种地，你想卖掉那块地换钱花。如果你真的卖掉那块属于你也养活过我的地，以后你就真的连一个能容身的墓穴也找不到了。你搬家到密苏里就会把卖地的钱花去一半，另一半你会吃喝然后耗尽，最后连个立锥之地都买不到。我有责任阻止这种愚蠢的行为。你现在自己的收支是平衡的，妈妈的花销也不成问题。东部的四十英亩地我想在妈妈有生之年留给她；如果你不打算种，把它租出去也足够养活妈妈；至少把它租出去能贴补一些家用。她的嫁妆里还有另外两个四十英亩，她可以给你，不必谢我。

不要误会。我写这封信没什么恶意。我希望尽我所能让你去面对事实。

你一贫如洗是因为你虚度了光阴，这就是事实。你的一千、一万个理由都是胡扯，全是自欺欺人。只有工作才能救你。

帮我给妈妈带个话：查普曼告诉我他想让你去跟他一起生活。如果我是你我会去试一段时间。如果你觉得累了（我想你不会），可以回自己家。查普曼对你非常好；我对他能让你在那里过得非常愉快深信不疑。

您忠实的儿子，

亚伯拉罕·林肯

这一系列以一封林肯在巡回法庭中写的信结束。

1851年11月9日，谢尔比维尔

亲爱的哥哥：

在我给你写上一封信之前，我没有收到你的来信。我的想法没变；但是如果卖掉那块地我可以得到三百美元给妈妈用的话，只要她不反对我就不反对。不过在那之前我会草拟一份合同，确保能拿到那些钱或者至少能拿到10%。

至于亚伯，我不是为了我自己要带他走；我明白他想和我一起生活，这样他可以上学，有个好的起点，这也是我所希望的。如果我到家的时候我俩之间没有因为之前的反对和我带他走这事闹得不愉快，那么如果方便我会带他走。

匆匆，

亚伯拉罕·林肯

巡审中的小插曲

1847年春天，塔兹韦尔县法院在特里蒙特村巡回的时候，我作为证人被羁押了整整一个星期。林肯忙着办几个案子，其中有一个是和斯诺兄弟的案子。这斯诺兄弟，如证据显示（两个都是未成年人），从一个叫老凯斯的人那里买下了一套“牧场装备”（就是两三头牛和一副犁）；但是付钱的日子到了不付款却请求未成年人保护。票据在林肯手里。案件提交了，陪审团也选好了。斯诺兄弟没有否认那个票据，但是想通过他们的辩护律师指出他们是未成年人，而在签订合同和交货的时候凯斯先生对此是知道的。林肯先生认同这些说法，并用他特有的语言说：“是的，先生们，确实如此。”未成年保护法被当堂宣读，而且它的有效性也得到了认可。被告律师被允许跳过原告律师质询环节向陪审团陈述所有事实，而且以他的身份说明这些未成年人不能为合同负责。你能想象这时我开始心神不宁了。“什么！”我想，“这个善良的老人，他信任这些男孩子，却被错待至此，就连他的辩护律师，林肯先生，也沉默地屈服了！”我看着法庭上的特里特法官，但是从他平静庄严的举止上什么也看不出来。就在那时，林肯先生缓缓站了起来，奇怪地半弓着腰，用他清晰平静的声调开始发言：“陪审团的先生们，你们愿意这些孩子带着他们性格中的可耻和不光彩来开始他们的生活么？如果你们愿意，我不愿意。关于如何判断名声，请大家跟我一起重温这些值得我们所有人去思考的不朽话语：

“无论男人女人
名誉是他们灵魂中最贴心的珍宝
如果有人偷走了我的钱袋，他不过偷走了一些废物
那不过是些毫无价值的东西罢了
它昨儿是我的，现今是他的，而它也曾经是千万人的奴才

但是谁偷去了我的名誉
盗走我那不能使他富有的东西
却使我真正变穷了”

然后他站直了，用一种兄弟般的感情看着被告，他的长长的直直的胳膊伸向对面的律师，继续说：“陪审团的先生们，如果不是这些律师的建议，这两个可怜的无辜男孩也不会尝试这种低级的恶行。”接下来的几分钟里他又指出高贵的法律也会被滥用，毫不留情地指责了那些作践自己职业的人。他总结道：“现在，先生们，把这两个男孩安排到怎样的世界的权力就在你们手中。”他在法庭上只是为这些年轻人进行了辩护；他甚至没有提过他的委托人的名字。那些陪审员，并没有另行开会，就决定了被告必须偿还债务；而那两个孩子在听了林肯的话后，在陪审团决定之前就表示愿意付钱。整个辩护的持续过程不超过五分钟。——1882年4月10日，乔治·W. 米尼尔的陈述。

林肯的律师同伴

从他1854年重新进入政坛，直到他擢升当了总统，林肯在斯普林菲尔德的律师协会中的同伴是约翰·斯图尔特、斯蒂芬·洛根、约翰·麦克勒纳德、本杰明·爱德华兹、戴维·洛根、E.B. 赫恩登、W.J. 弗格森、詹姆斯·马西尼、C.C. 布朗、N.M. 布罗德韦尔、查尔斯·凯斯、约翰·罗塞特、S.T. 赞恩，詹姆斯·康克林、谢尔比·卡洛姆，还有 G.M. 舒特。其他人还有，著名的约翰·帕尔默和理查德·奥格尔斯比，他们有时候从邻近的县过来和我们一起办案子，做同方律师或反方律师，但是严格来讲，直到战争结束他们也没有成为我们律师协会的成员。——W.H.H.

和道格拉斯的休战协定——欧文的证词

对话是在林肯和赫恩登的办公室进行的，在场的还有P.L.哈里森，威廉·赫恩登、帕斯卡尔·伊诺斯，还有我自己。事情的起因是这样：1854年10月4日和5日在斯普林菲尔德的辩论以后，威廉·杰恩、约翰·卡西迪、帕斯卡尔·伊诺斯、笔者，还有其他一些我现在想不起名字的人联名要求林肯跟道格拉斯没完，直到“把他逼进死胡同”或者让他大声求饶。林肯后来对我们解释说，皮奥里亚辩论后的第二天，道格拉斯来找他，奉承其在领土问题上带给道格拉斯的困扰比所有美国参议院中的反对派加在一起还要多，因此，道格拉斯建议两个人都放弃演说，直接回家去。他向林肯建议说如果林肯能够回家而不是跟着他，他就不会再安排任何活动，不再做演讲，回家，并在接下来的竞选中保持沉默。林肯真的没有再做一篇演讲直到竞选结束。——1866年2月8日B.F.欧文的陈述，未发表的手稿。请参考第十二章相关内容。

布卢明顿大会

以下是一份参选1856年5月29日召开的布卢明顿大会代表的号召书副本，当时伊利诺伊的共和党成立了。大家可能还记得我在林肯电报的指示下签了他的名字。最初的文件我几年前给了一位在波士顿的朋友，内容大致如下：

我们，桑加蒙县的公民，联名反对撤销密苏里协议，反对现任政府的施政纲领，赞成恢复华盛顿和杰斐逊的治国政策，建议于5月24日星期六下午两点在斯普林菲尔德市举行桑加蒙县大会，由大会产生参加布卢明顿大会的代表。

亚伯拉罕·林肯，
威廉·亨利·赫恩登及其他人

林肯在此事中的明确立场和他在大会上的演讲，无疑为他在共和党中的领导地位铺平了道路。——威廉·亨利·赫恩登

办公室讨论——林肯对于战争的看法

1859年的一天早上，林肯和我因为都迫切地感觉到内战的可能性，所以在办公室就这个题目展开了讨论。“那些主张各州自决的人，”林肯说，“就好比那些非要用小的原则来承载大的原则的人。”对我而言，战争似乎不可避免，但是当我们客观地看这件事的时候，我担心北方很难控制各阶层的人民和各种情绪，一旦打起仗来，很难组成一支有生力量；我担心我们缺少伟大的人物领导我们向前。林肯非常相信北方人民，相信当他们直面冲突的时候，所有的歧见都会消失，而且大家会团结一心。为了说明他的想法他用了这样的比喻：“去河岸边用一个粗漏勺装满沙砾，用力晃动之后你会看到那些小的卵石沉下去掉到了地上，而那些个儿大的还在漏勺里。多次重复晃动后你会发现，在留在漏勺里的卵石中，最大的那些会升到最上面来。好的，”他继续说，“如果，像你说的，战争不可避免而且会从中间波及到周边，给国家带来动荡，你会发现这个过程中那些小人物会随着动荡从我们视线里消失。大部分群众会在某种坚实的基础上留下来，而那些大人物会登上顶端。后者

中一个比所有其余的人都伟大的人将会武装好冲向前——这就是战争中人民的领袖。”我当时还没有意识到团结起来为了一个共同的目标而战斗的人民拥有多么巨大的力量；我更是做梦也没有想到那个很快就要出现的领袖就是此刻在我身边的这个人！——威廉·亨利·赫恩登

林肯与不可知论者

在1860年的总统竞选中，有些人因一些理由反对林肯，其中的理由之一就是林肯曾经是不可知论者社团的成员。当这个控告放在他门前的时候他写了如下信件给他的一个极为信任的政治朋友。我从最初的手稿抄写了一份：

[机密]

1860年7月21日，伊利诺伊州，斯普林菲尔德

尊敬的A. 乔纳斯

亲爱的先生：

您20日的来信已经收到了。我认为在美国人眼里我是不是不可知论者都一样好甚至更好；但是事实上，我从来就不是不可知论者，不管是在昆西还是在其他什么地方。我在昆西待过一天两夜，那时确实有不可知论社团，可那一天两夜你都和我待在一起。一生中在那之前我都没有去过，后来直到1858年和道格拉斯进行联合辩论之前也没再去过。1854年，我在那儿的某个大楼里做了演说，讲完以后你和其他人带我去了一个牡蛎沙龙，在那里度过了一个小时，而且你是和我一起走着去，然后夜里很晚的时候和我一起从昆西大厦离开的。我乘着驶往那不勒斯的马车赶在早晨天亮之前，沿着演说前一晚来时走的同一条路线往回返。我来时你是在昆西大厦门口接的我。几天

之后，我知道，理查德森就开始说我加入了不可知论社团。当我听说这种说法之后，像我之后很快做的，我反省了我做的一些可能会引起那种暗示的往事。然后我记起来，最后一晚和你分开的时候，我去旅店的办公室去拿我早上的通行证，有人告诉我那里没有那条线的驿站，而且我必须在车夫就寝之前去看一下，以确保他第二天早上能叫我；然后一个仆人就被派去和我一起去找那个车夫，那个仆人带着我走了一两个街区以后叫我停下来，他往前走了大概十来步，然后我听到他叫某人，那人回应了他。声音显然是从房子的上部传来的，那人说保证会驾着马车去昆西大厦找我。我就回到旅店上床睡觉，然后天亮之前马车来叫我拉上我走了。这就是事情的全部经过。

我从来就没有在昆西加入不可知论社团我想能被一直待在社团里的那些资深人士轻易证明，他们从来就没有在那儿见过我。一两个这样的人的书面陈述就足让事情平息下来。

现在，提醒一句。我们的对手认为如果他们强迫我公开否认这个控告就从某种程度上来说冒犯了美国人民，这样他们就能加上一分。因为这个原因，我一定不能公开表示我对这项控告的关注。

忠实于你的，

亚伯拉罕·林肯

林肯关于选举权的观点

有一次，在为斯普林菲尔德市做律师期间，我在高等法院打了一个官司，是关于对投票进行法律规范是否有效或是否合宪的案子。我是正方律师。尽管是一个城市的案子，它确实对选举权进行了一些限制。作为林肯的合伙人我希望他能在辩论涉及这个问题的时候帮助我。他拒绝这么做。他说:“我反对去限制或者妨碍选举权;如果可以,我愿意帮助延伸或者扩大这种权利。我想提升人们——去扩大而不是缩减他们——的权益。”——威廉·亨利·赫恩登

暗杀者布思的葬礼

布思的尸体一到华盛顿——从波托马克河上来——就立刻被从拖船上移到了停在海军船坞码头的一艘炮舰上。在那里它停放了大概36个小时。在那里海军军医及其参谋还有其他的官员一起检查了尸体,然后尸体被几个熟识的人确认了身份。到第二天晚上,后来成为“战争部刑侦局”局长的L.C.贝克将军接到战争部长斯坦顿的命令去处理尸体。斯坦顿说:“找个地方好生放着,让全国人民都知道这个喜讯。”我授命去帮助贝克将军。尸体被放到了一艘划艇中,然后一个可靠的人划着船,我们静静地在河上漂流。河岸上挤满了观看的人。我们被愤怒冲昏了头,带了一个很沉的球和链子,很快口口相传我们要把尸体沉在波托马克河里。夜幕降临,完全遮掩了我们的行动。在夜幕的掩护下我们慢慢地把尸体拖回到炮舰上。

尸体然后被从划艇中提上来,通过河岸上一扇开着的门运到了石头地板下面一间曾经作过监狱小屋的房间里,那里已经挖好了一个浅浅的墓。于是尸体裹着美国毯作为“裹尸布”被葬在了那里。它一直埋在那里直到布思的同谋被绞死,然后尸体被取出来和同谋一起埋葬了。后来我听说这些遗体又被取出来交给了布思的朋友们。布思及其同伙现在长眠在马里兰巴尔的摩的家族墓地。——摘自后来成为陆军中尉和哥伦比亚特区第一骑兵队A.Q.M.的L.B.贝克的手稿。

律师协会同伴给林肯的颂词

结合了怪诞和忧郁的文才与诗意深深影响了林肯。高雅的作品，无论是散文还是诗歌，以其易变无常，跟永恒的现实形成了鲜明的对比。这成为林肯头脑中深刻的烙印。对于忧郁的沉溺使得他喜爱背诵并且十分欣赏一首名叫《不朽》的诗。他对那些诗句有一种奇怪的喜好，它们所承载的正如他的命运。当杀手的子弹击中他的时候，他已经得到了此前从来没有恩宠过凡人的不朽的荣誉。他把叛军赶出了他们的首府，使不可一世的叛匪成为败将，他拯救了自己的国家，结束了四分之三个世纪以来的分裂。古代征服者的傲慢和专横不是他的统治之道。他以纯粹爱国者的姿态，温和自得地驰骋在现代政治的疆场。作为当政的领袖，他在战场上得到了永生。他向被误导的南方人民显示了他的善良宽厚，以及重振国家的决心。他带着乐观和希望重回白宫，宁愿忍受又一个四年的漫长时光。

心系国事之余，他来剧院寻找片刻的欢娱。人们惊叹他的到来；美丽的女人和勇敢的男人对他报以欢呼和亲切的微笑；舞台布景美轮美奂；现场演出熠熠生辉；拱形的穹顶别具匠心；这一切带给他欢欣无限。在这片重获自由的土地上，人民的心和着他心脏的节律一起跳动。演出突然中断——隐约听到一声枪响。除了包厢内的亲友，没人意识到发生了什么。紧接着一声尖叫，就像谋杀者拧痛了女人的心；林肯先生傲人的身形在死亡中沉陷。这一幕变得极度混乱，难以名状，令诗人饮恨，令画家悲泣。唯有曾是被害人心头大爱并曾再三吟诵的这些诗句才能描绘此情此景：

“一眨眼，一呼吸，
从花样的健康到苍白的死亡，
从行进的轿车到棺材和寿衣，

哦，肉体凡胎有什么值得欣狂？”

[摘自尊敬的劳伦斯・韦尔登1865年6月在伊利诺伊州斯普林菲尔德的美国法庭举行的律师协会会议上的演讲]